분노치료 워크북 3rd

ANGER THERAPY WORKBOOK 3rd

류창현 저

박영story

"매일 자기분노를 해독하라!"

(Detox Self—Anger Every Day!)

머리말

"분노치료 워크북(Anger Therapy Workbook)"을 집필할 수 있도록 한량없는 사랑과 지혜와 은혜로 인도해 주신 하나님께 먼저 이 모든 영광을 돌립니다. 부족하고 연약한 필자를 위해 헌신해 주시고 사랑해 주시고 평생의 삶을 통해 가르침을 주시고, 격려를 아끼지 않으신 부모님의 깊은 사랑과 헌신과 인내에 머리 숙여 감사를 드립니다.

넓고 깊고 끝이 없는 지식의 바다를 볼 수 있도록 지식의 창을 열어주시고, 깨닫게 해주시고, 잠재력을 일깨워 주시고, 혼신을 다해 학문할 수 있도록 친히 역할모델과 멘토가 되어 주신 진정한 인생의 코치이신 류재호, 곽화자 부모님께 항상 고마움을 전합니다.

"분노치료 워크북(Anger Therapy Workbook)"은 그동안 필자가 임상심리치료현장에서 꾸준히 연구하고 축적해 온 연구 성과와 이론과 실제인 자기분노조절(Self Anger Management), 문제해결중심(Problem Solving Focus) 그리고 심리사회대인관계기술훈련(Psychological Social Interpersonal Skills Discipline)을 토대로 한 13회기의 심리치료과정으로 구성되어 있다. 이는 많은 시행착오를 거쳐 10년 동안의 연구 자료들을 수집한 성과물이다. 그중에서도 21세기에 사는 사람이라면 누구나 쉽게 공유하고 공감할 수 있는 현대의 급격한 삶의 변화 속에서의 부적응 · 부조화 · 불균형으로 파생된 스트레스 요인들과 더불어 개인 · 가족 · 사회의 갈등과 분노유발상황들은 높은 수위에 직면하고 있다. 이러한 시대적 변화와 부적응 · 부조화 · 불균형을 대처하고 해결하는 방안으로서 통합인지행동치료(Integrative Cognitive Behavior Therapy)와 복식호흡웃음치료(Abdominal Breathing Laughter Therapy)를 본 저서에 소개하였다.

다양한 심리치료기법들을 통해 현대인은 자신의 분노를 인지하고, 분석하고, 통제하고, 그리고 다스릴 수 있는 문제해결중심(Problem Solving Focus)으로서의 자기분노조절(Self-Anger Management), 자기분노치료(Self-Anger Therapy) 및 심리사회대인관계기술훈련(Psychological Social Interpersonal Skills Discipline) 등을 학습하고 시연하는 것이 본 저서의 주요 목적이다. 아울러 이러한 핵심 기제들을 통해 개인에 삶의 질과 사회적 · 공유적 관계의 질을 향상하고, 대인관계의 융통성과 수용성을 높이고, 효과적인 의사소통기술을 함양하고, 최상의 관계를 형성하고, 지속적인 삶의 균형을 유지하고, 온유한 자기를 영위해 나아가는 것이 바로 본 저서가 지향하는 목표이다.

연구를 끝낼 수 있도록 도움을 주신 천안소년교도소, 대전교도소, 안양교도소, 의정부교도소, 공주교도소, 청송교도소, 여주교도소, 소망교도소, 천안보호관찰소, 안산보호관찰소, 평택보호관찰소, 홍성보호관찰소, 수원보호관찰소,고양보호관찰소, 성남보호관찰소, 나사렛대학교 평생교육원, 한국분노조절센터(Korean Anger Management Center) 등의 기관에서 수고와 헌신을 아끼지 않으신 박현조 소장님(전 순천교도소), 김영식 소장님(전 군산교도소), 경의성 소장님(천안소년교도소), 최성학 소장님(안산보호관찰소), 서호원 소장님(평택보호관찰소), 김만곤 소장님(천안보호관찰소), 황진규 소장님(법무부), 박영준 소장님(수원보호관찰소), 심재술 소장님(홍성보호관찰소),이법호 소장님(고양보호관찰소), 문태윤 과장, 이국희, 이영미, 김경렬, 조연호 팀장님, 이규문, 유애숙, 이동일, 임익삼 계장님, 고종용, 박영숙 주임 등 많은 관계자께 깊은 감사를 전합니다.

오랜 기다림 속에서도 교정에 박하림, 최윤서, 은선경 선생님과 사진에 도움을 주신 김승희 선생님에게도 고마운 마음을 전합니다. 또한, 변함없이 저술을 후원해 주신 안종만 회장님, 안상준 대표님 그리고 정연환 과장과 양수정 편집자에게도 깊은 감사를 드립니다.

John Steinbeck의 「분노의 포도」에서 "분노의 그림자는 아픔이다!"라고, 저자는 「최신분노치료」에서 "분노(忿怒)는 자신의 내 · 외면에 미분화된 자아와 미해결된 과제로 인한 정서파편(情緖破片)으로 표류하는 한(恨)의 소인(素因)이다."라고 정의하였다. 분노의 어둡고 음침한 그림자 속에서 상실, 좌절, 실패, 무력감, 결핍감, 외로움, 낙담, 고통으로 시달리며 아파하는 자신의 삶과 가족과 사회생활을 쉽게 포기하고 파괴하려는 사람들에게, 본 저서를 통해서 자신의 의식적 · 무의식적 억압 · 저항 · 한 · 우울 · 불안 · 강박 · 집착 · 외상 · 상실 등의 깊은 이면에 숨겨진 정서, 즉 그늘에 가려진 분노(shadowed anger)를 자각하고, 인정하고, 분석하고, 통제하고, 코칭하고, 교시하고, 자기치료(Self Therapy)할 수 있는 "수용의 지혜(wisdom of acceptance)"를 배우는 지침서가 되길 희망한다.

본 저서를 읽는 모든 독자가 자신들의 인생의 장에서 한 발 더 나아가 분노를 통제하고 다스리고 아울러 자신들의 사고, 감정, 행동, 영성과 삶의 전적인 책임자(責任者)이며 승리자(勝利者)가 되길 축복합니다!

"사랑은 사랑을 낳고, 분노는 분노를 낳는다!"

2022년 12월
광교산 아래 끝자락에서
저자 Rev. Dr. 류 창 현

목차

주제 I 아직도 가야 할 길! (The Road Less Traveled!)

주제 II 나를 깨라! 그래야 산다! (The Breakout Principle)

주제 III 불완전할 수 있는 용기!

주제 IV 모두가 다른 인격체이다!

주제 V 경청의 힘! (The Power of Listening!)

주제 VI 용서는 축복의 통로이다!

주제 VII "가슴으로 살자!"

주제 VIII 결자해지(結者解之)를 행하라!

주제 IX 결초보은(結草報恩)을 행하라!

주제 X 긍정의 힘 (The Power of Positive!)

분노조절, 문제해결중심, 그리고 심리사회대인관계기술훈련을 위한 통합인지행동치료(ICBT)

현대인의 급격한 삶의 변화 속에서의 부적응 · 부조화 · 불균형으로 파생된 적대감(hostility), 분노(anger), 공격성(수동공격성(passive aggression), 능동공격성(active aggression), 격분(rage), 그리고 스트레스 요인(stressor) 등은 개인, 가족구성원, 그리고 사회구성원의 갈등과 분노유발상황을 높은 수위에 치닫게 한다. 이러한 견해를 바로 직시하고 해결하기 위한 핵심 기제들인 통합인지행동치료(Integrative Cognitive Behavior Therapy, ICBT)와 복식호흡웃음치료(Abdominal Breathing Laughter Therapy, ABLT)를 소개했다. 아울러 자신의 분노를 자각하고(recognize), 인정하고(acknowledge), 분석하고(analyze), 통제하고(control), 그리고 다스릴(maneuver) 수 있는 문제해결중심(Problem Solving Focus, PSF)으로서의 자기분노조절(Self Anger Management, SAM), 자기분노치료(Self Anger Therapy, SAT), 그리고 심리사회대인관계기술훈련(Psychological Social Interpersonal Skills Discipline, PSISD) 등을 중심으로 학습하고 시연하고자 한다. 즉, 본 통합인지행동치료 프로그램(Integrative Cognitive Behavior Therapy Program, ICBTP)의 주요 목표는 공유적인 관계의 질과 효과적인 의사소통의 질을 통한 삶의 질(quality of life)을 고양시키고, 대인관계의 융통성과 대처능력을 높이고, 그리고 삶의 균형을 유지하고 영위해 나아가는 데 있다.

본 통합인지행동치료 프로그램(ICBTP)은 3가지 주요 목적에 초점을 맞추고 있다. 첫째, 인간과 인간 간의 최상의 관계형성(better relationship)을 맺는 데 있다. 필자는 최상의 관계형성기법을 다음과 같이 세 가지로 요약하여 기술하고자 한다. 즉, ① 나와 내 자신간의 최상의 관계형성하기(I-I Better Relationship) ② 나와 가족구성원간의 최상의 관계형성하기(I-Family Member Better Relationship) ③ 나와 사회구성원간의 최상의 관계형성하기(I-Social Member Better Relationship) 등을 구성한다.

둘째, 실존치료, 현실치료, 그리고 의미치료를 통한 자신의 탐욕(貪慾)을 버리고 현실에 자족(自足)을 하며 살아가는 데 있다. 즉, 자신의 마음을 비우며(empty yourself) 성실과 정직과 겸손한 삶을 유지하면서 하루하루 영적 · 심리적으로 성장하고 진화하는 과정을 일컫는다. 마음을 비우는 단계는 너무 많은 고통과 아픔이 뒤따를 것이다. 때론 자신의 길과 이익을 부인하거나 버리고서 공동체의 목적과 공익(公益)에 초점을 맞추어 적응 · 균형 · 조화를 이루어 나아가야 하기 때문이다. 인간의 사욕(四慾), 즉 식욕(食慾), 탐욕(貪慾), 성욕(性慾), 그리고 명예욕(名譽慾)을 비우고 버리기 위해 성경은 다음과 같이 지침을 전하고 있다. "이는 세상에 있는 모든 것이 육신의 정욕과 안목의 정욕과 이생의 자랑이니 다 아버지께로 좇아 온 것이 아니요. 세상으로 좇아 온 것이라."(요일2:16) "욕심이 잉태한즉 죄를 낳고 죄가 장성(長成)한즉 사망(死亡)을 낳느니라."(약1:15) 인간의 사욕(四慾), 즉 식욕(食慾), 탐욕(貪慾), 성욕(性慾), 명예욕(名譽慾)은 죄(罪)와 범죄(犯罪)를 촉발시키며, 이것들이 장성하게 되면 결국 인간은 사망(死亡)의 늪에 빠지게 된다. 인간의 욕심의 이면에는 분노가 내재한다. 인간의 과도한 욕심은 과도한 분노를 유발시킨다. 따라서 자신의 욕심조절은 곧 자신의 분노조절을 의미한다.

셋째, 자신의 건강한 인격형성을 통해 보다 나은 자기분노조절과 대인관계를 형성하는 데 있다. 건강한 인격형성을 위해서는 ① 정직 ② 성실 ③ 책임 ④ 절제 ⑤ 용서 ⑥ 사랑 ⑦ 지식 등이 요망된다. 즉, 건강한 인격형성을 위해 먼저 정직의 삶이 수반되어야 한다. 부귀, 명예, 권력, 그리고 학식의 높낮이를 떠나 인간은 정직의 삶을 영위하도록 최선을 다해야 한다. 이를 통해서 대인관계에서의 가장 중요한 신뢰감을 형성할 수 있기 때문이다. 아울러 성실의 삶, 책임의 삶, 절제의 삶, 용서의 삶, 그리고 사랑의 삶을 유지해 나아가야 하며, 이로써 능동적 · 독립적 자기(active independent self)의 삶으로 거듭나게 될 것이다. 다시 말하면, 능동적 · 독립적 자기(active independent self)의 삶은 자아 · 동조적(ego-syntonic)[1] 삶과 자아 · 비동조적(ego-dystonic)[2] 삶에서 벗어나게 할 수 있는 유일한 기법이다. 위에 있는 ① 정직 ② 성실 ③ 책임 ④ 절제 ⑤ 용서 ⑥ 사랑 ⑦ 지식 등으로 자기실현을 할 수 있는 방법은 배움에 있다. 즉, 혼신을 다한 배움을 통해서 자신의 고착(fixation), 고정관념(stereotype), 편향된 · 왜곡된 사고(biased and distorted thought)의 틀을 깰 수 있으며, 이로써 자신의 삶의 영역도 재창조할 수 있게 된다.

자기분노조절(SAM), 자기분노치료(SAT), 그리고 심리사회대인관계기술훈련(PSISD)에 기초한 통합인지행동치료 프로그램(ICBTP)의 내용과 구성을 간략하게 소개하면 다음과 같다.

본 통합인지행동치료 프로그램(ICBTP)은 총 13주 동안에 걸쳐 매주 1일간 매회 5시간씩, 총 13회기를 실시한다. 본 프로그램의 내용과 구성의 출처를 소개하면 다음과 같다. 류창현(2006, 2009, 2011)의 최신분노치료, 최신웃음치료, 교도소를 웃기는 남자!, 의사소통기술-친밀감 만들기, 서수균(2004)의 분노조절 집단인지행y6동프로그램, Marsha M. Linehan(1993)의 DBT(Dialectical Behavior Therapy), Herbert Benson과 William Proctor(2003)의 나를 깨라! 그래야 산다!(The Breakout Principle), Beck(1979)의 우울증의 인지치료, Mark Gilson & Arthur Freeman(2006)의 우울증의 인지치료(Client Workbook), Thomas J. Harbin(2000)의 분노표현기법, Glenn R. Schiralsi & Nesissa Hallmark Kerr (2002)의 분노표현기법과 역할극, William Davises(2000)의 분노표현기법, W. Robert Nay(2004)의 분노표현기법, Redford Williams & Virginia Williams(2000)의 ABC분노표현기법, Morgan Scott Peck(1978)의 아직도 가야할 길(The Road Less Traveled), Ron Potter-Effron & Pat Potter-Efron(1995)의 분노표현기법, Semmelroth(2002)의 3가지 분노사고 전환명령기법, Howard Kassinove & Raymond Chip Tafrate(2002)의 분노조절(Anger Management), Adam Blatner (1996)의 사이코드라마기법, Jon Kabat-Zinn(2005)의 마음 · 챙김 · 명상과 자기치유, 이강일(2002)의 자기최면, 김기태(2005)의 알코올중독의 이해 및 알코올중독자의 회복 훈련, Beck(1988)의 사랑만으로는 살 수 없다. 허준(2008)의 동의보감, 이제마(2003)의 동의수세보원, Salvador Minuchin(2006)의 Mastering Family Therapy, 이정균(2003)의 정신의학, John Axford & Chris O'Callaghan(2004)의 Medicine, Robert D. Enright (2001)의 「Forgiveness Is A Choice」, Nancy McWilliams(2004)의 정신분석적 심리치

---

1) 자아 · 동조적(ego-syntonic) : 나르시시즘, 피해의식, 애정결핍이 복합된 상태로서, 약간의 스트레스와 불쾌한 상황에서도 감정이 폭발하며, 이는 주위 사람들에게 상처와 분노감을 안겨주지만, 자신에 있어서는 문제가 전혀 없다고 느끼는 상태를 일컫는다

2) 자아 · 비동조적(ego-dystonic) : 자기 스스로를 괴롭히는 "자아 · 비친화성", "자기소외"라는 의미이며, 강박증, 편집증과 같은 자신을 고통스럽게 만드는 증상이다.

료, 김정규(2004)의 게슈탈트요법, Jacobs, Masson & Harvill의 「Group Counseling Strategies and Skills」, Corey, Corey & Corey의 「Groups Process and Practice」, Hughes, Ginnett & Curphy의 「Leadeship」 등과 같은 다양한 치료기법들을 응용하여 적극 활용하였다.

주제 I

아직도 가야 할 길!

(The Road Less Traveled!)

제1회기

집단 프로그램 소개 및 구조화

A 목적

집단구조화와 청소년 및 성인들의 자기분노조절(SAM), 자기분노치료(SAT), 문제해결중심, 그리고 심리사회대인관계기술훈련을 위한 통합인지행동치료 프로그램(ICBTP)에 대한 개괄적인 소개 및 이론적 이해를 교육한다.

B 회기 진행 과정

1 진행자 및 집단구성원 소개

1) 진행자 및 집단구성원의 자기소개(15분 동안 자기소개서 기록한 후 자신을 소개한다. 또는 자기소개서를 다른 집단구성원이 소개할 수도 있다.)

2 프로그램 소개

1) 집단 프로그램 진행 : 주 1회, 5시간씩, 총 13주, 총 13회기 실시함
2) 개인, 가족구성원, 그리고 사회구성원의 자기분노조절(SAM), 자기분노치료(SAT), 문제해결중심(PSF), 그리고 심리사회대인관계기술훈련(PSISD)을 위한 통합인지행동치료 프로그램(ICBTP)의 목적 및 내용
3) 집단구성원의 적극적인 참여를 위한 동기부여 및 집단치료 프로그램에 대한 기대 나누기(지금 여기서 당신 자신은 어떤 부분에 대해 전문적인 도움을 받기를 원하고 또한 어떤 구체적인 변화를 시도하기 원하는가?)

3 집단규칙 주지시키기

집단프로그램 수칙으로 다음 6가지 원칙들을 주의시킨다.

1) 당신 자신의 내면을 경청하고 성찰하며, 상대방을 경청한다. 상대방을 적극적으로 경청하기 위해 시선맞추기, 긍정적 얼굴표정, 언어 · 비언어표현을 사용한다.

2) 상대방의 의사표현을 존중한다.

3) 상대방을 있는 그대로 수용한다("인간은 실수할 수 있다!", "모든 사람은 불완전한 인간이기에 불안한 존재이다!").

4) 진행자의 집단프로그램 진행에 보다 적극적 · 긍정적 · 창의적 · 생산적 · 진취적 · 희망적 · 열정적으로 참여한다.

5) 당신 자신을 먼저 지지, 공감, 칭찬, 감사, 용서, 사랑, 수용("나는 충분한 존재이다!")하려고 노력하고 동시에 상대방을 지지, 칭찬, 감사, 용서, 사랑, 수용("당신도 충분한 존재이다!")하려고 노력한다.

6) 당신 자신을 개방하는 데 있어 윤리적 · 도덕적 · 법률적으로 위범하지 않는 한에서 자신을 노출한다.

※ 집단 규칙 준수 동의 서명 20 년 월 일 사인 ______________________이다.

4 아이스 브레이킹 진술문(Ice-Breaking Statement)

집단 구성원들 중에는 자기분노조절과 자기분노치료 집단프로그램에 비자발적으로 참여할 수도 있고 자발적으로 참여할 수도 있다. 이로 인해 집단 구성원들이 무언의 침묵으로 저항을 보인다면, 아이스 브레이킹 진술문(Ice-Breaking Statement)을 사용하여 집단에 만연한 침묵의 저항을 깰 수 있을 것이다.

"내가 지금 여기서 침묵을 하는 이유는 ______________________________ 이다."

5 자기 자신과의 만남 시연하기: 자기분노인식하기

당신 자신의 장점과 단점, 즉 자신의 주된 성격특성들인 정체성, 영적 · 심리적 · 사회적 · 문화적 · 종교적 · 교육적 · 인종적 · 민족적 · 정치적 · 환경적 · 경제적 · 가족적 가치관, 시각, 영향, 목표, 특권, 기질, 특징, 재능, 한계, 강점, 약점, 감정(우울, 불안, 스트레스, 긴장, 분노, 공격성), 억압, 강압, 당위, 강요, 역할모델, 과신, 고정관념, 편견, 왜곡, 편파 등을 가진 자기 자신에 대해 객관적 이해와 성찰을 조력하기 위해 빈의자기법(empty seat technique)을 시도한다.

6 자기분노와의 만남 시연하기: 자기분노인정하기

당신 자신의 내적 · 외적 분노를 만나기 위해 자신의 내현적 분노와 외현적 분노를 이해한다. 내현적 분노는 죄책감, 자책감, 수치심, 후회, 속죄, 철수, 철회, 억압, 억제, 화병, 미움, 질투, 우울, 불안, 긴장, 공포, 열등의식, 자살, 게임중독, 약물남용, 자기주장결여, 강박증 등을 포함하며, 외현적 분노는 언어적 폭력, 신체적 폭력, 경제적 폭력, 종교적 폭력, 정서적 폭력, 성폭력, 적대감, 공격성, 격노, 경멸, 반사회성, 방화, 살인 등을 포함한다. 자기 자신의 내현적 분노와 외현적 분노를 자각하고, 인정하고, 내려놓고, 포기하고, 죽이기 위해 빈의자기법(empty seat technique)을 시도한다.

7 집단구성원의 분노유발상황을 탐색하고 공유하기

당신 자신의 가족생활, 학교생활, 그리고 직장생활에서 야기된 분노유발상황에 대한 자신의 진솔한 감정과 분노대처에 대해 기술하고 발표한다(30분). 즉, 가족생활에서의 분노유발상황은 부부간, 부자간, 부녀간, 그리고 자녀간의 미해결된 분노(저항, 상실, 좌절, 실패, 상처, 억압, 억제, 경직, 강박, 당위, 강요, 경직, 강박, 대인관계의 어려움, 갈등)를 초래하며, 학교생활에서의 분노유발상황은 부적응 · 부조화 · 불균형으로 인한 대인관계의 어려움과 갈등을 초래하며, 그리고 직장생활에서의 분노유발상황은 부적응 · 부조화 · 불균형으로 인한 대인관계의 어려움과 갈등을 초래한다. 각기 상황에 대해 탐색하고 공유하라.

1) 가족생활에서의 분노유발상황에 의해 파생된 부부간, 부자(모자)간, 부녀(모녀)간, 그리고 자녀간의 미해결된 분노(저항, 상실, 좌절, 실패, 상처, 억압, 억제, 경직, 강박, 당위, 강요, 대인관계의 어려움, 갈등)에 대해 기술하라.

(1) 부부간의 분노유발상황을 기술하라.

(2) 부자(모자)간의 분노유발상황을 기술하라.

(3) 부녀(모녀)간의 분노유발상황을 기술하라.

(4) 자녀간의 분노유발상황을 기술하라.

2) 학교생활에서의 분노유발상황은 부적응 · 부조화 · 불균형으로 인한 대인관계의 어려움과 갈등을 초래한다. 이에 대해 기술하라.

3) 직장생활에서의 분노유발상황은 부적응 · 부조화 · 불균형으로 인한 대인관계의 어려움과 갈등을 초래한다. 이에 대해 기술하라.

(1) 당신 자신의 분노유발이 자신의 삶에 미치는 가장 큰 부정적인 영향을 기술하라.

(2) 당신 자신의 분노유발이 가족생활에 미치는 가장 큰 부정적인 영향을 기술하라.

(3) 당신 자신의 분노유발이 학교생활에 미치는 가장 큰 부정적인 영향을 기술하라.

(4) 당신 자신의 분노유발이 직장생활에 미치는 가장 큰 부정적인 영향을 기술하라.

5) 만일 당신 자신의 분노(忿怒)를 스스로 통제하고 조절하고 해결할 수 있는 대처능력과 문제해결능력을 갖게 된다면, 자신의 삶에 기대되는 긍정적인 영향과 자신의 삶에 질의 실질적 · 직접적인 변화(성격, 자유, 배려, 사랑, 용서, 인내, 경청, 존경, 칭찬, 지지, 공감, 친밀감, 신앙의 질, 삶의 향유, 최상의 관계형성, 의사소통의 질, 공유적인 관계의 질, 대인관계기술, 고통감내, 역지사지)를 기술하라.

(1) 당신 자신의 삶에 기대되는 긍정적인 영향과 변화(성격, 자유, 배려, 사랑, 용서, 인내, 경청, 존경, 칭찬, 지지, 공감, 친밀감, 신앙의 질, 삶의 향유, 최상의 관계형성, 의사소통의 질, 공유적인 관계의 질, 대인관계기술, 고통감내, 역지사지)를 기술하라.

(2) 당신 자신의 삶에 질의 실질적 · 직접적인 변화(성격, 자유, 배려, 사랑, 용서, 인내, 경청, 존경, 칭찬, 지지, 공감, 친밀감, 신앙의 질, 삶의 향유, 최상의 관계형성, 의사소통의 질, 공유적인 관계의 질, 대인관계기술, 고통감내, 역지사지)를 기술하라.

6) 만일 당신 자신의 가족구성원들 각자가 분노(忿怒)를 스스로 통제하고 조절하고 해결할 수 있는 대처능력과 문제해결능력을 갖게 된다면, 가족구성원간의 삶에 기대되는 긍정적인 영향과 가족구성원간의 삶에 질의 실질적 · 직접적인 변화(성격, 자유, 배려, 사랑, 용서, 인내, 경청, 존경, 칭찬, 지지, 공감, 친밀감, 신앙의 질, 삶의 향유, 최상의 관계형성, 의사소통의 질, 공유적인 관계의 질, 대인관계기술, 고통감내, 역지사지)를 기술하라.

(1) 부부의 관계에 기대되는 긍정적인 영향과 삶에 질의 실질적 · 직접적인 변화(성격, 자유, 배려, 사랑, 용서, 인내, 경청, 존경, 칭찬, 지지, 공감, 친밀감, 신앙의 질, 삶의 향유, 최상의 관계형성, 의사소통의 질, 공유적인 관계의 질, 대인관계기술, 고통감내, 역지사지)를 기술하라.

(2) 부자(부녀)간의 관계에 기대되는 긍정적인 영향과 삶에 질의 실질적 · 직접적인 변화(성격, 자유, 배려, 사랑, 용서, 인내, 경청, 존경, 칭찬, 지지, 공감, 친밀감, 신앙의 질, 삶의 향유, 최상의 관계형성, 의사소통의 질, 공유적인 관계의 질, 대인관계기술, 고통감내, 역지사지)를 기술하라.

(3) 모자(모녀)간의 관계에 기대되는 긍정적인 영향과 삶에 질의 실질적 · 직접적인 변화(성격, 자유, 배려, 사랑, 용서, 인내, 경청, 존경, 칭찬, 지지, 공감, 친밀감, 신앙의 질, 삶의 향유, 최상의 관계형성, 의사소통의 질, 공유적인 관계의 질, 대인관계기술, 고통감내, 역지사지)를 기술하라.

(4) 자녀간의 관계에 기대되는 긍정적인 영향과 삶에 질의 실질적 · 직접적인 변화(성격, 자유, 배려, 사랑, 용서, 인내, 경청, 존경, 칭찬, 지지, 공감, 친밀감, 신앙의 질, 삶의 향유, 최상의 관계형성, 의사소통의 질, 공유적인 관계의 질, 대인관계기술, 고통감내, 역지사지)를 기술하라.

8 상호영향 및 대인관계영향모델 학습하기

상호영향과 대인관계영향모델은 인간과 인간간의 다양한 관계형성을 위한 어떤 특정한 상황에서도 자신이 보다 선호하는 긍정적 · 부정적, 합리적 · 편향적, 그리고 건설적 · 왜곡적인 사고(思考), 정서(情緖), 행동(行動)을 결정지을 수 있는 자유의지(free will), 자유선택(free choice), 그리고 자유권리(free right)를 소유하고 있다는 데에 기초한다. 즉, "인간은 자신과 타인 간에 의식적 · 무의식적 또는 자발적 · 비자발적인 상호관계를 형성한다. 또한 이러한 상호관계 속에서 우리는 좋은 · 나쁜 도식(good & bad schema1)으로 인한 좋은 · 나쁜 영향(good & bad impacts1)을 상호간에 주고받게 된다."

우리 자신과 유사한 성격특성(personality traits)은 자신에게 피해를 주었던 가해자의 성격기질에 의해 역전이(counter · transference)를 촉발한다. 이는 타인에게 쉽사리 투사하게 되며 대인관계에 지대한 손상을 준다. 따라서 자신의 깊은 정서(emotion) 속에 잠적해 있는 깊은 상처, 분노, 원한, 우울, 강박, 집착, 좌절, 실패, 상실, 수치심, 죄의식, 열등의식 등의 외상과 잔여유형이 내면화된 성인 아이(adult child)가 아직까지도 미분화된 자아(undifferentiated ego)로서 존재하여 자신을 분노의 종(a servant of anger)으로서 조정을 하게 된다.

만일 당신 자신의 자기정체성(Self-Identity)이 훈련되고, 성장하고, 확장되고, 실현되어 지속적으로 진화할 수 있다면, 타인의 부정적 반응에 의해 파생된 역기능(malfunction)과 역전이(counter · transference)를 보다 더 거시적 · 객관적인 통찰력과 긍정적 · 건설적 · 능동적 · 직접적 · 창의적 · 합리적 · 논리적 · 대안적 · 실용적 · 기능적 · 철학적 · 경험적 · 낙관적인 대처능력(coping ability)과 비가시적 논리의 칼(invisible mes of logic) 대기를 통해 대인관계의 어려운 문제들을 해결해 나아갈 수 있을 것이다. 필자는 이를 다음과 같이 명료화하고자 한다. "내 안에 너 있고 네 안에 나 있다!" 다시 말하면, 인간은 흔히 상호영향과 대인관계영향을 주고받음으로써 인간과 인간간의 관계성을 형성하며 살아간다.

다음 그림 1은 상호영향 및 대인관계영향모델을 제기하고 있다.

그림 1 • 상호영향 및 대인관계영향모델

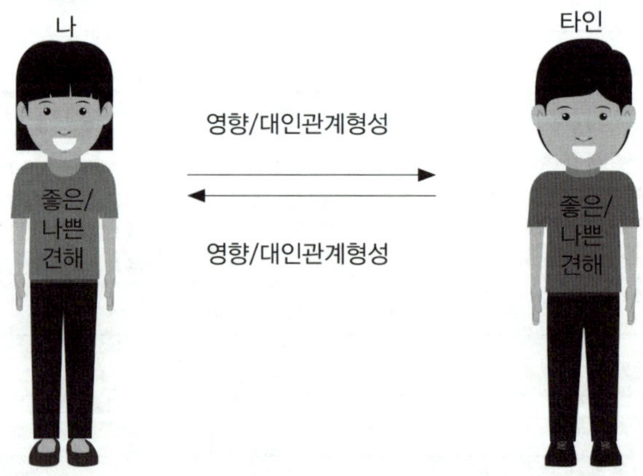

1) 도식 또는 스키마(schema)라고도 일컬음 : Segal(1988)은 도식(schema)을 "과거반응과 경험의 조직화된 요소들은 연속적인 지각과 평가를 이끌어낼 수 있는 지식에 대한 비교적 응집력이 있고 지속적인 본체를 형성한다."고 정의하고 있다. "새로운 경험이 내면화되고 이해되는 정신의 모델 또는 틀이다. 개념과 이들의 상호관계에 대해 위계적으로 조직된 기술 체계. 도식은 경험을 통해 형성된 전형적 지식의 덩어리로 대상, 일련의 사건, 사회적 상황을 표상하며, 새로운 정보는 도식에 의해 표상되어 있는 기존의 정보와 상호작용한다."(naver.com, 백과사전)

상호영향 및 대인관계영향모델에서 자기분노조절(SAM), 자기분노치료(SAT), 문제해결중심(PSF), 그리고 심리사회대인관계기술훈련(PSISD)의 시연이 요망되는 상황들은 다음과 같은 세 가지 대인관계의 어려움과 갈등에 의해서 야기된다.

1) 나(좋은 견해) – 타인(나쁜 견해)의 대인관계형성 : 즉, 나는 타인에 대한 (가식적인) 좋은 감정, 행동, 견해로 영향을 미치기 원하지만, 반면에 타인이 나에 대한 지속적인 나쁜 감정, 행동, 견해로 영향을 미치는 대인관계를 일컫는다.

2) 나(나쁜 견해) – 타인(좋은 견해)의 대인관계형성 : 즉, 나는 타인의 성격, 과오, 실수로 인해 유발된 지속적인 나쁜 감정, 행동, 견해로 영향을 미치기 원하지만, 반면에 타인이 나에 대한 (가식적인) 좋은 감정, 행동, 견해로 영향을 미치는 대인관계를 일컫는다.

3) 나(나쁜 견해) – 타인(나쁜 견해)의 대인관계형성 : 즉, 서로 간의 성격, 과오, 실수로 인해 유발된 지속적인 나쁜 감정, 행동, 견해로 상대방에게 영향을 미치기 원하는 대인관계를 일컫는다.

9 부정적·편파적·강박적·집착적·반추적 사고 전환하기

"생각대로 보면 생각대로 보인다!" 모든 인간은 장단점(長短點)을 가지고 있으면서도 자신의 단점과 결점을 너무도 쉽게 간과하고, 회피하고, 묵인하고, 용서하지만, 상대방의 단점과 결점을 결코 덮어주고, 간과하고, 용서하는 데에는 무척이나 힘겨워 하는 경향이 있다. 다시 말하면, 인간은 매우 주관적 · 이기적인 본성으로 진화하는 존재이다. 인간은 자신이 다른 사람을 미워하고, 시기하고, 증오하고, 격분하고, 반항하고, 그리고 무자비하게 공격하고 싶은 것처럼, 다른 사람(배우자, 가족, 친구, 동료, 타인, 후배, 선배)도 역시 자신에게 미움, 시기, 증오, 적대감, 분노, 격분, 공격성, 복수를 퍼부을 수 있다는 지극히 평범한 진리(眞理)를 깨닫고 수용하며 살아가야만 한다. 이에 대한 최선의 해결책(解決策)으로서 우리는 상대방의 결점과 과오를 비난하고 조롱하기 이전에, 먼저 자신을 관찰하고 반영하기 위해 보다 긍정적 · 건설적 · 능동적 · 직접적 · 창의적 · 합리적 · 논리적 · 대안적 · 실용적 · 기능적 · 철학적 · 경험적 · 낙관적 사고로 상대방의 감정, 상황, 문제 등의 이면 속 깊이 숨겨진 의도(hidden agenda), 불충족된 원함(unmet want), 존중(respect), 인정(acknowledgement), 욕구(desire), 잠재성(potentiality), 창의성(creativity)을 탐색하고 공유할 수 있어야 한다.

만일 당신 자신이 모든 이치(理致)와 대상(對象)을 긍정적으로 보려고 노력하면 할수록, 이 모든 것을 긍정적으로 생각할 수 있게 되고, 긍정적인 정서를 갖게 되고, 비로소 긍정적인 말과 행동을 이끌어 내게 된다. 반면에 당신 자신이 모든 이치(理致)와 대상(對象)을 부정적으로 보려고 노력하면 할수록, 이 모든 것을 부정적으로 생각할 수 있게 되고, 부정적인 정서를 갖게 되고, 비로소 부정적인 말과 행동을 도출시키게 된다.

10 자기분노조절 S.T.A.기법[2] 시연하기

만일 당신 자신의 분노를 촉발시키는 부정적 상황이 전개되었다면, 모든 것을 잠시 옆에 내려놓고 다음 그림 2 자기분노조절 S.T.A.기법을 시연하라. 차후에 이를 기억하여 반복적 · 지속적으로 실천에 옮겨라(복식호흡과 함께 실시하라!).

그림 2 • 상호영향 및 대인관계영향모델

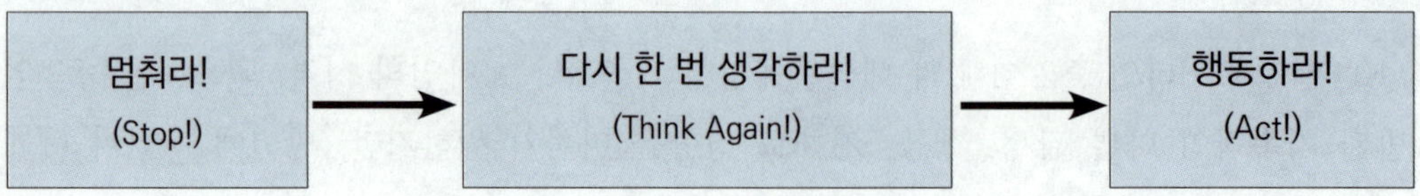

먼저 자신의 분노유발상황(우울, 불안, 긴장, 스트레스, 강박, 공황, 갈등)을 알아차리고(자각하고, 인식하고) 이를 과감히 인정하면서, "앗! 분노다! 분노다! 분노다!"라고 외치면서 자기분노조절 S.T.A.기법을 시연한다.

① 멈춰라!(Stop!) : 생각을 멈춰라! 말을 멈춰라! 행동을 멈춰라!

② 다시 한 번 생각하라!(Think Again!) : 자신의 부정적인 생각, 말, 행동을 잠시 멈추고 문제유발상황을 보다 문제해결중심적인 관점으로 생각을 전환하라. 즉, 자신의 부정적 · 왜곡적 · 편파적 · 반추적 · 강박적 · 집착적 사고, 견해, 해석, 평가, 의미, 의사소통을 보다 더 긍정적 · 건설적 · 합리적 · 낙관적 · 창의적 · 논리적 · 실용적 · 기능적 · 경험적 · 철학적 · 생산적 · 대안적 · 손익적 사고,[3] 견해, 해석, 평가, 의미, 의사소통으로 과감하게 바꿔라.

③ 행동하라!(Act!) : 보다 더 긍정적 · 건설적 · 합리적 · 낙관적 · 창의적 · 논리적 · 실용적 · 기능적 · 경험적 · 철학적 · 생산적 · 대안적 · 손익적 사고, 견해, 해석, 평가, 의미, 의사소통에 기반을 둔 최선의 해결책과 대안을 선택하라. 그런 후, 이에 부합하는 최적의 행동을 정직하고 일관되게 실행하라!

11 직면의 용기(Braveness of Confrontation)

시선맞추기(eye contact)를 3분 동안 실시한다. 단, 상대방을 노려보지 말고 최대한 편안하게 응시할 수 있도록 노력한다. 처음엔 어색하고 불안해도 시간이 흐름에 따라 차츰씩 적응되어갈 것이다.

아주 간단한 행동에도 고통스런 심리적 내용들이 따른다는 것을 보여주기 위한 연습이다. 이 연습을 통해서 참여적 행동에는 장애물들이 생기기 마련이라는 것을 예상할 수 있으며, 그것들을 단순

2) 자기분노조절 S.T.A.기법을 "자기불안조절", "자기우울조절", "자기강박조절" 등으로도 대체하여 활용할 수 있다.
3) 손익적 사고란 자신의 부정적 · 왜곡적 사고에 대한 손실과 이득을 스스로 따져보는 것을 의미함(득실론).

히 지니고서 앞으로 향해 가는 것이 가능함을 깨닫게 해주는 기법이다.

이 연습을 하는 동안에 우리는 각자 상대방의 눈을 3분 동안 바라볼 것이다. 실제로 이를 실행할 경우에 생각보다 더 길게 느껴질 수 있을 것이다. 자! 짝을 지어서 서로 마주 본다. 상호 간에 시선을 맞추고 노려보지 말고 응시한다. 말을 하거나 크게 웃거나 다른 행동을 표현하지 마라. 단지 그대로 있으면 된다. 자! 이제 여러분의 마음이 그렇게 할 수 없는 모든 종류의 이유들을 말할 것이다. 신체적 감각을 주거나, 웃고 싶은 마음이 들거나, 혹은 입 냄새가 나지 않을지 걱정할 수도 있다. 시간이 흐름에 따라 지루해지거나 산만해질 것이다. 그러나 이 연습의 목적은 이러한 것들이 일어날 때, 단지 그것을 알아차리고(자각, awareness), 이 모든 것들이 각성(arousal)되는 것을 자연스럽게 경험하면서 이를 단지 알아차리는 것이 중요한 목적이다. 즉, 자신이 다른 생각이 들면, "아! 내가 지금 주의가 산만하여 다른 생각을 하고 있구나!" 다시 자신의 생각과 주의를 상대의 시선맞추기에 집중을 하고 계속 시연하면 된다. 상대방을 평가하려고 하고, 부정적인 면만 탐색하려고 하고, 독심술로 상대의 마음을 떠보려고 하고, 그리고 자신의 결점을 감추려하는 자각이 들 때, 그저 이를 있는 그대로 알아차리면 된다.

12 인생타기(Climbing Life) : 인생목표설정 및 성취하기

최근에 필자는 가까운 산을 등산한 적이 있다. 홍성에 용봉산, 청주에 양성산 등이다. 목표는 그 산 정상으로 설정하고, 신선한 공기, 산새 소리, 계곡, 대 자연의 미소에 흠뻑 빠져 용봉산을 오르고 있었다. 그러나 오르기 바로 전에 점심을 과대하게 먹고 바로 산을 탔기 때문에 속이 매우 불편했다. 산도 멀미를 하나! 도중에 점심때 먹은 음식을 다 토해내야만 했다. ~악! ~악! ~악! 필자는 평상시에 운동을 규칙적으로 하지도 산을 몇십 년 동안 타 본 경험도 없는 사람들 중에 한 사람이었다(바다를 더 선호함). 등산에 대한 사전 정보, 지식, 경험적 도식이 전혀 충전되지 않았던 것이다. 이를 통해서 등산을 하기 전에 준비과정이 필요하다는 것을 깨달았다. 준비과정에서는 자신이 소망하고 꼭 가고픈 산(인생의 목표, 꿈, 비전)을 설정하는 것이 선행되어야만 할 것이다. 그리고 산을 오르기 전에 지나친 과식(목표를 향한 과도한 집착과 탈진)은 금물이며, 또한 한 번에 많은 힘을 사용해서 쉬이 지치는 것도 금물이다(충동적 행위). 즉, 힘의 균형을 분배하고 유지하며 산행하는 것이 매우 중요하다(인생의 목표를 향해 일관된 삶, 노력, 훈련, 교육, 창조).

등산은 삶의 여정과도 비유된다. 즉, "산타기(Climbing Mountains)는 곧 인생타기(Climbing Life)이다."라는 것이 필자의 지론이다. 즉, 산의 정상을 오르기 위해서 자신의 모든 힘을 다해 주의를 집중하고, 목표를 향해서 한 걸음 한 걸음씩 보이지도 않는 정상을 향해서 힘겨운 발을 내딛는 것이다. 인생도 이와 다를 바가 없다는 것은 모두가 인지하는 것일 것이다. 자신의 주어진 삶의 현장이 좋든 괴롭고 고독하고 힘겹든 간에 계속해서 한 걸음씩 한 걸음씩 앞으로 자신의 인생목표, 삶의 질, 공유적인 관계의 질, 신앙의 질, 자기훈련, 자기실현, 자기확장, 그리고 자기초월 등을 향해서 직면해 나가는 것이 바로 우리의 인생여정에서 맛볼 수 있는 최선의 진미이며 별미인 것이다.

필자는 "산타기(Climbing Mountains)" 즉, "인생타기(Climbing Life)"를 통해 네 가지 삶의 지혜를 얻게 되었다.

1) 겸손(humility)

인간이 아무리 강하고 지혜롭다 자만해도 이 대자연의 법칙(the laws of nature) 앞에서는 저절로 숙연하지 않을 수가 없다. 산 정상을 오를수록 자신의 힘, 재능, 능력, 신분을 초월하게 되고 한계를 느끼게 된다. 또한, 그 누구나 가파른 등산코스에 직면하게 될 때면, 허리와 목을 숙이고 주의를 더 욱더 하게 된다.

2) 대자연의 힘(the power of great nature)

대자연의 힘을 인정하는 것은 인간의 인간됨을 인지하는 것이다. 즉, 자연(상대)을 인정하고 수용할 때만이 자신을 탐색할 수 있게 되고, 수용할 수 있게 되고, 한계를 깨닫게 되고, 결국엔 진화시킬 수 있게 되는 것이다. 자신의 한계를 모르는 사람은 아직 미숙하고 불완전한 사람이며, 다른 사람들과 자신 스스로를 인정하거나 수용할 수 없게 된다. 또한, 이들은 용서와 사랑을 할 수 있는 메커니즘을 형성될 수 없게 되어 대인관계형성에도 매우 어려움을 나타낸다.

3) 자기실현(self-actualization)

인생의 행복은 자기실현(self-actualization)에 기초한다. 물론 이러한 실현을 위해서는 책임, 일관성, 정직, 훈습 등이 뒷받침되어야만 한다. 과도한 목표설정으로 인해 분주하게 역동하기보다는 작은 일과 과제로부터 시작해서 그것을 성취하는 작은 기쁨과 행복을 얻고 경험하는 것이 매우 중요하다. 이러한 자기실현과정을 통해 축적된 경험과 기술은 큰 과제를 맞게 되었을 때 보다 일관된 수행능력(책임, 성실, 정직, 전문성, 지식, 지혜)을 발휘하게 된다. 즉, "작은 일(과제)에 충성할 수 있는 자는 큰 일(과제)에도 충실하게 수행할 수 있는 자질과 능력을 갖추게 된다."는 것이다. 사실 자기실현과정에는 단독헌신(unilateral commitment)과 고통감내(pain tolerance)가 수반된다. 즉, 자신실현과정에서 파생된 많은 노고와 고통을 즐기고 감내하면서 배움을 통해 단독헌신적인 직면을 해 나아가는 것이 바로 삶의 지혜이다. 벤저민 프랭클린은 "고통은 가르침을 제공한다."고 묘사하고 있다. 인생의 실수, 상처, 상실, 좌절, 실패를 통해서 우리는 새로운 교훈, 경험, 가르침, 안내, 훈련, 감내, 순응, 창의력 등을 체득하게 된다. 이것이 바로 삶의 자산이요 삶의 지혜이다. 즉, "인간은 고통 속에서 인내하며, 즐거워하며, 성장한다!"

4) 자기초월(self-transcendency)

"자연은 자연으로 돌아가는 자연의 법칙을 순응한다." 인생의 최종점은 다시 자연으로 돌아가는 과정이다. 이 과정은 결코 함구의 과정과는 달라야 한다. 자연으로 돌아가는 과정은 자기초월(self-transcendency)의 과정이다. 자신의 몸, 정신, 영혼 등을 비우고 자연의 법칙에 순응하는 것이 바로 초월의 과정이다. 누구나 정상에 올라가면 내려와야 하며, 내려오면 종점에 도달하게 된다. 이러한 인생의 종점을 지혜롭게 직면하고 수용하는 과정이 바로 자기초월의 과정이다. 자기초월의 과정을 통해서 현실의 삶을 보다 더 직시하게 되고 소중히 여기게 된다. 필자는 "죽음 앞에 인간은 누구나 평등하다."고 부연(敷衍)한다.

13 Morgan Scott Peck의 삶의 직면하기(The Confrontation of Life!)

Peck(1991)의 "아직도 가야 할 길!(The Road Less Traveled)"에서는 인생의 끊임없는 문제와 고통을 직면하기 위해서 "혼신의 힘을 다한 배움만이 모든 문제를 해결할 수 있다"고 강조하고 있다.

대부분의 정신질환자들은 "자신의 문제와 과거의 잊고 싶은 아픈 상처, 상실, 좌절, 실패에 대한 이야기를 하는 것이 매우 복잡하고 아픔을 다시 반추해서 혼란스러운 문제를 발생시킬까봐 두려워한다. 혹시 자신이 가만히 침묵을 하면 아무런 일도 일어나지 않고 그냥 넘어갈 수 있지 않을까 하는 생각을 한다. 자신이 아무 말도 하지 않고 있으면 언젠가는 자신의 문제가 저절로 사라져 버릴 것이라고 생각을 한다." 문제와 외상과 상처를 있는 그대로의 상태로 간과(看過)해 두고 있다. 그러나 그것들은 자신을 위해서 결코 사라져 주지는 않는다는 점에 주목해야 한다. 그러므로 우리가 자신의 문제와 외상과 상처 앞에 서서 용기 있게 담대히 직면하고 대처하지 않는다면, 그것은 그대로의 잔여유형(residual type)으로 남아있게 되며, 지속적으로 신경적 · 정신적 장애를 야기한다. 이러한 문제는 간헐적이 아닌 지속적인 자기훈련(self discipline, 영성훈련, 사고훈련, 정서훈련, 행동훈련)과 자기확장(self aggrandizement)의 과정을 통해서 해결되고 완성될 수 있다.

Peck은 이러한 혼신의 배움을 이루기 위해서는 5가지 기법들을 다음과 같이 기술해주고 있다.

1) 즐거움을 나중으로 미루고, 해야 할 일들을 지금 당장 시작하라!

의무, 책임, 어려운 과제 등을 먼저하고 즐겁고 여가활동처럼 쉬운 일들을 나중에 하는 것을 의미한다.

2) 자신이 책임진다!

책임을 회피하지 말고 자신의 삶과 과오에 대한 책임감을 갖고 사는 것을 의미한다. 대부분의 사람들은 "이러한 문제는 흔히 다른 사람들도 겪는데!" 또는 내가 어쩔 수 없는 사회적 · 정치적 상황으로 인해 발생된 것뿐이야. 그러므로 다른 권력 있는 사람들이나 부유층들, 또는 이 사회나 정부가 나를 위해서 이 문제점을 해결해 줘야만 해! 정말 이것은 내 개인적 문제가 아니야!"라고 생각한다. 이러한 문제해결관점은 자신의 문제를 더욱더 최악으로 악화시킨다. 이를 해결하기 위해서는 먼저 자신의 삶의 문제들로부터 도피하지 말고, 그때그때 직면하고 도전해 가면서 해결해 나아가야만 한다. 자신의 문제에 대해서 피하지 말고 의무와 책임을 다해야만 한다. 즉, "이 일은 내 문제가 아니야!" 식이 아닌 "이 일은 내 문제이고, 이를 해결하는 것도 내게 달려있다!"라는 자신의 수동적 · 의존적 · 왜곡적 · 부정적 · 편파적 자기(passive dependence self)의 사고유형을 보다 능동적 · 독립적 · 합리적 · 긍정적 · 객관적 자기(active independence self)의 사고유형으로 더 변화시킬 수 있는 용기와 직면의 자세를 취해야 한다.

이는 부모들에게도 마찬가지로 적용될 수 있다. 부모는 흔히 자녀들에게 "너희들은 내 말대로 하되, 내 행동대로는 하지 마!"와 같은 언행의 비일관성(in-consistency)과 이중구속(double bind)의 역할모델이 아닌 자신들의 삶의 영역에서 언행의 일관성(consistency)의 역할모델을 유지하고 이끌어 나가는 것이 매우 중요하다.

당신 자신의 일생(一生)에서 진정한 삶의 자유를 만끽할 수 있는 자유인으로 살아가기 위해서는 반드시 자신의 사고, 정서, 행동, 영성과 삶에 대한 전적인 책임을 스스로가 져야만 한다.

3) 진실에 헌신하라!

정직하고 성실하게 그리고 새로운 일에 과감하게 도전하면서 사는 것을 의미한다. 타인에 대한 의존성(dependency)을 버리고 자기확장을 위해서 자기훈련을 향한 삶의 성실과 정직을 토대로 노력하고 도전하는 것이다. 의존성(dependency)은 사람들로 하여금 끈질기게 상대 배우자에게 불안정한 애착(insecure attachment)을 하게 만드는 "찐득이(clingy type)" 역할을 한다. 이는 어린 시절 부모의 사랑결핍으로부터 시작되며, 계속적으로 주는 것보다 받는 것을 추구하는 성향이 많다. 이는 건강한 성인으로서의 성장, 성숙, 발전, 그리고 진화보다는 성인아이(adult child)로 퇴행을 부추기며, 건강한 대인관계형성을 파괴(破壞)하고, 상대방의 성공을 고양(高揚)해주기보다는 파멸(破滅)의 길로 인도한다.

4) 균형을 잡아라!

인생의 목적, 의무, 책임, 방향 등의 융통성과 결단성 있게 균형을 잡는 능력을 의미한다. 즉, 균형을 잡기란 유연성(flexibility), 탄력성(resiliency), 수용력(acceptance), 관대함(gentleness)을 제공해주는 훈련이다. 용감한 사람은 지속적으로 온전히 정직하고 성실한 삶을 영위하려고 노력을 해야 하면서도 필요할 때는 적절히 진실을 숨길 수 있는 능력도 가져야한 한다. 또한, 진실로 자신의 책임이 아닌 것은 거절할 줄도 아는 기술을 소유해야만 한다. 예를 들면, 복잡 다양한 현대사회에서 우리가 성공적인 삶을 영위하기 위해서 자신의 실생활에 적용할 수 있는 실질적이고 적절하며 효과적이고 유용한 분노표출, 분노표현, 그리고 분노통제 등과 같은 기법들을 반드시 훈련하여 실용적으로 현재 자신이 처한 분노유발상황에서도 자연스럽게 그리고 자발적으로 적용할 수 있는 대처능력(coping ability: 대처사고(coping thought), 대처진술(coping statement), 대처행동(coping behavior))을 촉진시켜야 한다. 즉, 심사숙고하면서 자신을 분석하고 평가한 후에 분노감정을 표현하는 방법, 직접적이며 자연스럽게 자신의 분노감정을 표현하는 방법, 아주 냉정하고 침착하게 분노감정을 표현하는 방법, 때론 적당하게 소리를 지르고 미친 듯이 분노를 유발하면서 분노감정을 표현하는 방법 등을 훈련을 통해서 반드시 숙달해야만 한다. 이러한 훈련기법에는 호흡을 통한 근육이완법, 분노조절, 분노치료, 웃음치료, 사회심리대인관계기술훈련, 친밀감형성, 변증법적 행동치료, 자기교시훈련, 인지행동치료 등을 활용할 수 있다. 이들을 통해서 우리에게 주어진 삶을 기쁘고 행복하게 영위해 나가려면, 격분에 의해 파괴적이지 않은 범위 내에서 보다 현실적 · 합리적 · 건설적 · 긍정적 · 자발적인 언행의 균형을 유지할 수 있는 자기확장을 위한 자기훈련이 필요하다.

5) 서로 사랑하라!

Peck은 사랑을 "사랑은 느낌이 아니다!(No SUV Lines!)", "자기 자신과 타인의 영적 · 정신적 · 정서적 · 행동적 성장, 발달, 그리고 진화를 할 수 있도록 도와줄 목적으로 자신을 확대시켜 나가려는 자기훈련의 의지이다!"라고 정의한다. 즉, 정신적 성장의 목적을 두고, 자신의 자아성장과 타인의 성장을 확대해나가는 진화의 과정을 통해, 자신을 사랑하고 타인과 더불어 사랑하는 관계를 지향한다. 우리가 자신을 사랑하지 못하면서 타인을 사랑할 수도 없게 된다. 또한, 자기훈련이 결여된 사람들은 자기 자녀들을 훌륭한 인격으로 성장시키도록 도움을 줄 수가 없게 된다. 진정한 사랑(true love)은 거저 주는 것이 아니다. 사랑은 지각 있게 주는 것이고, 마찬가지로 지각 있게 주지 않는 것이다. 지각 있게 칭찬하고, 지각 있게 비판하고, 지각 있게 편안하게 대해주고, 지각 있게 논쟁하고, 투쟁하고, 맞서고, 몰아대고 밀고 당기는 것이다. 즉, 사랑은 "지도"를 필요로 하는 관계이다. 지각이 있다는 것은 신중한 판단에 바탕을 두는 것이고, 이 판단은 본능 이상의 것을 요구한다. 우리는 심사숙고해야 하며 때로는 고통스러운 결정을 해야 할 때도 있다. "사랑이란 행동하는 만큼 사랑하는 것이다!" 즉, 사랑과 사랑이 아닌 것의 차이점은 선과 악처럼 지극히 객관적인 현상이지 주관적인 현상은 아니다.

14 건강한 가족의 6가지 특징

Stinnet & Beam(2007)은 건강한 가족이 그들의 화목함을 유지하고 형성하기 위해서 다음과 같이 여섯 가지의 특징을 지니고 있다고 주장하고 있다.

① 헌신(commitment) : 가족구성원들은 서로의 안녕과 행복을 위해서 헌신할 줄 안다.

② 감사와 애정(appreciation and affection) : 건강한 가족구성원들은 서로 상대방의 진가를 인정하고 고마움과 애정을 표현한다.

③ 긍정적 대화(positive communication) : 건강한 가족구성원들은 지지, 배려, 용기, 사랑, 용서, 지침 등과 같은 대화의 시간을 많이 가지며, 이를 통해서 대화기술과 화법을 숙달하게 된다.

④ 함께 시간보내기(time together) : 건강한 가족구성원들은 함께 많은 시간을 보내며, 동시에 높은 질적 시간(여행, 운동, 자전거타기, 경비행기조정배우기, 독서, 자서전, 저서, 및 논문쓰기)도 함께한다.

⑤ 영성성장(spiritual well-being) : 삶의 영성성장을 위해 건강한 가족구성 원들은 삶의 새로운 비전과 신앙을 통해 한발 더 성장한다.

⑥ 스트레스와 위기에 대한 대처능력(ability to cope with stress and crisis) : 건강한 가족구성원들은 자신과 가족의 스트레스와 위기문제들을 이완하고 해결할 수 있는 심리적 건강과 문제해결기술을 가지고 있다.

15 사랑하는 것과 사랑받는 것

Beck(2008)은 부부간의 보다 나은 관계형성을 통한 성숙한 사랑은 다음과 같이 13가지의 기본적인 요소들을 소유하고 있다고 특징화한다.

① 따뜻한 감정 : 시간이 지나면 사랑의 열정(사랑하는 사람에 대한 강박적 사고, 이상화, 같이 있고 싶은 강렬한 욕구, 만났을 때의 설렘과 헤어짐의 절망감)은 사라지고, 따뜻한 마음, 즉 정(情)이 대신하여 그 자리를 채우게 된다.

② 배려 : 배려는 상대방을 믿고, “당신이 나에게 얼마나 중요한 사람인지 모른다. 당신에게 일어나고 있는 일에 관심이 있고, 항상 당신을 돌보고 싶다.”는 사실을 상대방이 느끼도록 하는 것을 의미한다.

③ 애정표현 : 애정의 표현은 상대에게 따뜻한 감정을 유발시킨다.

④ 수용 : 부부관계에서는 상대방을 무조건 수용한다. 정치, 종교, 이론, 사람에 대한 견해에 차이가 있어도 상대방을 비판하지 않고 차이를 인정하는 것이다.

⑤ 공감 : 공감은 상대의 감정인 경험, 고통, 즐거움, 기쁨을 함께 나누는 능력이다.

⑥ 민감성 : 상대의 관심이나 상처받기 쉬운 점등 상대와 함께 그의 마음속에 앙금이 되어 있는 문제가 무엇인지 생각을 해보는 것이다.

⑦ 이해 : 이해는 민감성과 비슷한 면이 있지만, 한 걸음 더 나아가게 한다. 즉, 이해를 받고 있다는 느낌은 상대의 눈으로 문제를 볼 수 있는 능력에 의해서 유래된다.

⑧ 동료의식 : 동료의식은 부부생활에서 가장 중요한 하나이며, 이는 서로가 동료로서 함께 일을 계획하고 추진하고 진행해 나아가는 것을 말한다.

⑨ 친밀 : 친밀은 일상생활 속의 사소한 이야기를 함께 나누는 것에서부터 성관계와 같이 다른 사람에게는 말할 수 없는 사적인 감정을 표현할 수 있는 범위의 척도를 말한다.

⑩ 우호 : 우호는 상대를 진정한 한 사람으로 보려는 진정한 관심을 표명한다. 한 연구에 의하면, 여자는 막역한 친구를 남편으로 여기기보다는 여자 친구로 보는 반면에, 남자는 가장 좋은 친구를 아내로 생각한다는 것이다.

⑪ 기쁨을 주기 : 상대에게 기쁨과 행복감을 주는 행위는 부부생활에 삶의 의미를 더욱 부여해 줄 수 있다.

⑫ 지지(위로) : 상대의 지지는 특히 어려운 난관에 부딪혀있을 때에 가장 큰 위로와 보호를 느낄 수 있는 방패와 바위가 된다. 이로써 상대배우자는 다시 한 번 제기할 수 있는 용기와 도전의식을 갖게 된다.

⑬ 가까움 : 육체적 가까움뿐만이 아닌 정서적 · 질적 가까움을 의미한다. 예를 들면, 애정의 표현, 수용, 감사, 배려, 칭찬, 경청, 인내, 선행, 미덕, 미소, 지지 등처럼 사랑을 표현하는 행동을 통해 정서적 · 신체적으로 가깝다는 느낌을 피력한다.

16 사랑하는 것과 사랑받는 사람들의 사례들

1) 헬렌 켈러의 사례

"1880년 미국에서 태어난 헬렌 켈러. 그녀는 세상에 태어난 지 9개월 만에 큰 병을 앓아 시력과 청각을 잃고, 입으로는 말도 할 수 없는 삼중고의 가련한 장애아였다. 그러나 그런 고통의 삶을 살게 된 헬렌은 20세기의 기적이란 칭호까지 받는 놀랄 만한 인물이 된다. 보고, 듣고, 말도 못하는 헬렌! 그런 상처로 인해 천방지축이었던 어린 그녀를 전 세계를 놀라게 한 위대한 사람으로 만든 사람은 다름 아닌 그녀의 스승인 앤 설리반이었다. 7세가 될 때까지 제멋대로 행동하던 헬렌 앞에 나타난 가정교사인 설리반선생은, 사랑과 인내로서 어둠 속을 헤매던 헬렌에게 말과 글은 물론 인생의 참의미를 깨우쳐 준다. 헬렌은 설리반선생의 도움을 받으며 열심히 노력한 끝에 20세 때 장애인으로서는 세계 최초로 하버드대학에 입학하였다. 설리반선생은 헬렌에게 "시작하고 실패하는 것을 계속하라. 실패할 때마다 무엇인가 성취할 것이다. 네가 원하는 것을 성취하지 못할지라도 무엇인가 가치 있는 것을 얻게 될 것이다. 시작하는 것과 실패하는 것을 계속하라."고 가르쳤다. 즉, 시행착오를 통한 배움을 역설하고 있다. 헬렌 켈러는 자신의 불행에 꺾이지 않고 극복하여 많은 사람들을 위해 헌신하다가 1968년에 향년 88세에 천국에 입성한다."

2) 강영우 박사의 사례

"꿈이 있으면 미래가 있다. 시각장애인 강영우 박사는 백악관 국가장애위원회 정책차관보, 루스벨트재단고문, UN 세계장애위원회부의장이다. 2003년 미국 뉴욕 주 하이드파크에 세워진 루스벨트 홍보센터 강당에는 127인의 공로자 의자가 있는데 한국인으로 최초로 의자에 이름이 새겨져 있다. 빌 클린턴, 로널드 레이건, 코피아난 UN사무총장, 케네디, 록펠러, 맥아더, 헨리키신저 등과 나란히 이름이 새겨져 있다. 이 얼마나 영광된 삶인가! 미국 건국 이래 각 분야의 지도자를 가장 많이 배출한 필립스학교의 모토는 '나 자신을 위해서가 아닌'이다. 즉, 자신을 위해서보다는 사회와 국가와 세계를 품고 사랑하고 헌신하라는 것이다."

3) 조지미첼의 사례

"미국 민주당 상원원내대표인 조지미첼의 부모는 레바논 출신 이민 1세로서 아버지는 청소하는 일을 했고, 어머니는 영어로 말은 해도 쓰지는 못하는 주부였다. 어머니는 가난 속에서도 아들이 미국시민으로 무상교육을 받고 장학금으로 계속 공부할 수 있는 것에 대하여 감사해야 한다고 가르쳤다. 국가의 세금으로 도움을 받았으니 국가에 결초보은(結草報恩)을 하겠다는 결심을 한다. 또한 미첼이 사임할 때에도 동료 의원들의 만류를 뿌리치고 어머니의 뜻에 따라 국가를 위해 여러 해 봉사했으니 이제는 변호사로 돈을 벌어 아들을 애국하고 봉사하는 인물로 만들기 위해 질 좋은 교육을 시키고자 사임하겠다."고 한다.

4) 로널드 레이건의 사례

"일리노이 주의 조그만 농촌마을에서 구두수선공인 아버지와 전업주부인 어머니 사이에서 태어났다. 어릴 때부터 지독한 근시였던 레이건은 어느 날 골목길에 세워둔 트럭에서 운전사가 벗어 놓은 안경을 발견하고 그것을 통해 본 세상이 너무도 밝고 환하다는 것을 깨닫게 된다. 즉, 그는 세상을 어떤 렌즈를 끼고 보느냐에 따라 세상이 달리 보인다는 체험을 하게 된다. 어머니는 대학교육도 받지 못한 평범한 주부였으나 하나님의 형상의 렌즈로 세상과 미래와 인생을 긍정적으로 보고 그러한 생각과 태도를 의도적으로 아들 레이건에게 전승해 준다. 레이건은 고등학교 졸업 후 대학에 갈 형편이 못되어 몽고메리 워드백화점 점원 모집 광고를 보고 인터뷰를 하였으나 취업에 실패하게 된다. 돌아오는 레이건을 기다린 어머니는 '로널드, 내 아들아, 오늘 나쁜 일이 있었으니 미래에는 반드시 좋은 일이 있을 거다. 이 세상에는 우연히 이루어지는 것은 없단다. 모든 일은 하나님의 섭리 가운데 이루어지는 거야. 그러니까 나쁜 일이 생기는 데도 분명한 이유와 목적이 있는 법이다.'고 격려와 지지를 해주었다. 그는 실직생활을 하다가 아이와주까지 들어와 스포츠 아나운서를 구한다는 광고를 보고 응시해 스포츠 아나운서가 되었는데, 1937년 야구팀의 춘계 훈련장 취재를 위해 캘리포니아에 갔다가 워너브러더스사에서 스크린 테스트를 받고 '사랑은 전파를 타고'라는 영화에서 아나운서 역을 맡게 된다. 만약 레이건이 백화점 점원으로 뽑혔더라면 후일 미국 40대 대통령이 될 수 있었을까? 어머니가 말했듯 나쁜 일도 분명 이유와 목적이 있는 것이다. 인물은 길러지는 것이다. 자신과 같은 평범한 사람도 인물로 길러질 수 있다는 것을 시사한다."

5) C. S. Lewis(1898.11.29-1963.11.22)의 사례

"Lewis는 1952년 9월에 조이 데이빗먼(Joy Davidman)이라는 여성을 처음으로 만나게 된다. 그녀는 젊은 시절에는 무신론자이자 마르크스주의자였다. 두 사람이 처음 만났을 때, 조이는 미국의 소설가인 빌 그레셤(Bill Gresham)의 아내이자 두 아이의 어머니였다. 시인이었던 조이의 결혼 생활은 이미 파경을 걷고 있었고, 부부는 잠정 별거에 합의한 상태였다. 두 사람의 교류가 시작된 것은 1950년에 조이가 루이스에게 편지를 쓰면서부터이다. 1946년경 조이는 마르크스주의자에서 기독교인으로 회심을 하는 데 루이스의 책이 지대한 영향을 미쳤다. 조이는 1953년에 두 아들과 함께 미국에서 영국으로 이주한다. 조이가 이혼을 한 것은 이듬해인 1954년의 일이었다. 단순한 우정을 넘어 본격적인 만남이 시작된 것은 이 무렵의 일로 알려져 있다. 1956년 영국 정부가 조이의 비자를 더 이상 연장해 주지 않자 루이스는 그녀에게 영국 시민권을 얻게 해주기 위해 혼인 신고를 하기로 했다. 50살이 넘도록 독신으로 살아온 루이스를 곁에서 지켜본 친구들 가운데는 반대하는 이들도 있었지만 루이스는 혼인 신고가 조이를 돕는 일이라고 생각했다. 그러나 1956년 10월 조이가 골수암 판정을 받게 되자 루이스는 깊은 충격에 빠진다. 루이스의 어머니 또한 그가 어렸을 때 암으로 사망했다. 죽음의 신이 연적이 된 상황에서 조이에 대한 루이스의 사랑은 급속히 깊어졌다. 두 사람은 1957년 3월 조이의 병실에서 성공회예식에 맞추어 결혼식을 올렸다. 그러나 조이의 죽음은 이미 예고되어 있었다. 결혼식 이후 한때 호전되는 모습을 보였지만, 1959년 가을에 골수암이 재발했다. 조이 데이빗먼 루이스는 이듬해인 1960년 7월 세상을 떠난다."

6) 부시대통령의 사례

미국 41대 부시대통령은 "모든 사람의 삶은 하나의 기적이다. 그러한 기적이 일어나기 위해서는 수많은 사람들의 사랑과 기여가 필요하다."고 언급하고 있다.

17 사랑의 기술을 훈련하라!

Erich Fromm(1956)의 「The Art of Loving」에서는 다음과 같이 사랑의 4가지 요소를 묘사하고 있다. 즉, 돌봄(care), 책임(responsibility), 존중(respect), 지식(knowledge) 등이다. 부모가 따뜻한 돌봄 없이 "사랑한다! 아들아!"라고 말하는 것은 겉치레이며, 공허한 메아리일 뿐이다. 또한 동물과 꽃에게도 물과 자양분을 주어 사랑하며 가꾸어 가듯이, "사랑은 사랑하고 있는 자의 생명과 성장에 관한 우리의 적극적인 관심이다." 이는 또한 자발적인 책임에 바탕을 둔다. 책임은 인간의 존재의 요구에 대한 전적으로 자발적인 행동반응이다. 상대의 "있는 그대로(As Is)"의 모습을 수용하고 일체감을 느끼는 것이다. 즉, "사랑은 자유의 소산"이지 "지배의 소산이 아니다." 또한, 사랑은 자신과 상대의 감정을 숨길지라도 내면을 탐색하고 침투할 수 있는 지식이 필요하다. 우리는 우리 자신을 잘 알고 있다고 말할 수 있지만, 사실 우리는 많은 노력을 기울여도 우리 자신에 관해 모든 것을 알 수 없다. 그리고 우리의 부모, 배우자, 자녀, 동료들 또한 그들의 전체를 이해하고 모든 것을 알 수 있는 지식을 겸비하지는 못한다. 그러므로 인간 영혼의 비밀인 내면의 세계를 향해 우리는 지식의 노를 저어가야만 한다.

사랑의 재결합 없는 인간 분리의 자각은 수치심(shame)의 원인이다. 이는 또한 죄의식(guilt)과 불안(anxiety)의 원인이다. 다른 사람들의 요구는 자신의 요구만큼이나 중요하며, 또한 다른 사람들은 자신보다 더 소중하다. 사랑을 주는 것은 사랑을 받는 것보다 더 중요하고, 사랑을 받은 쪽보다 더욱 더 큰 만족감과 즐거움을 갖게 된다. 인간은 사랑을 함으로써, 자기애와 자기중심적인 상태에 의해 형성된 고독과 격리의 독방에서 벗어나게 되며, 새로운 연합감(union), 공유감(sharing), 그리고 일체감(oneness)을 느끼게 된다. 이뿐만 아니라, 약하고, 무력하고, 병들거나 좋게(착하게) 보이려는 동기로 인한 사랑을 받고자 하는 의존성을 뛰어넘어 사랑을 함으로써 "사랑(Love)"을 산출할 수 있는 잠재력을 지각할 수 있게 된다.

Fromm(1956)은 사랑(Love)을 다음과 같이 정의하고 있다. 첫째는 유아적 사랑(Infantile Love)이다. "나는 사랑을 받고 있기 때문에 나는 당신을 사랑한다!(I love you because I am loved!)" 둘째는 미숙한 사랑(Immature Love)이다. "나는 당신이 필요하기 때문에 나는 당신을 사랑한다!(I love you because I need you!)" 셋째는 성숙한 사랑(Mature Love)이다. "나는 사랑을 하기 때문에 나는 사랑을 받는다!(I am loved because I love!)" 그리고 "나는 당신을 사랑하기 때문에 나는 당신이 필요하다!(I need you because I love you!)" 등으로 사랑을 기술하고 있다.

또한 Fromm(1956)은 신경증의 한 종류로서의 강박신경증(obsessional neurosis)은 보다 더 편향된 부(父)와의 애착관계에 기초하여 발달하며, 반면에 히스테리(hysteria), 알코올중독(alcoholism), 자기주장표현결여, 삶의 현실적 대처능력결여, 우울증(depression) 등과 같은 신경증들은 편향된 모(母)와의 애착관계로부터 유래한다고 제기한다.

18 사랑은 모든 닿을 수 없는 것들의 이름이다!

김훈 에세이 「바다의 기별(생각의 나무)」 중에서는 "모든, 닿을 수 없는 것들을 사랑이라고 부른다. 모든, 품을 수 없는 것들을 사랑이라고 부른다. 모든, 만져지지 않는 것들과 불러지지 않는 것들을 사랑이라고 부른다. 모든, 건널 수 없는 것들과 모든, 다가오지 않는 것들을 기어이 사랑이라고 부른다."

19 사랑은 마음으로 수용(受容)하는 지혜(智慧)의 순수영혼이다!

"사랑은 집착하여 착취하는 갈망의 소유가 아닌, 그저 있는 그대로의 모습을 관조(觀照)하고, 자유롭게 보고, 듣고, 느끼고, 공감하고, 마음으로 수용(受容)하는 지혜(智慧)의 순수영혼(純粹靈魂)이다!"

20 사랑의 정의

성경의 사랑의 장인 고린도전서 13장 4절~7절에서는 사랑을 다음과 같이 정의하고 있다.

"사랑은 오래 참고 사랑은 온유하며 시기하지 아니하며 사랑은 자랑하지 아니하며 교만하지 아니하며 무례히 행하지 아니하며 자기의 유익을 구하지 아니하며 성내지 아니하며 악한 것을 생각하지 아니하며 불의를 기뻐하지 아니하며 진리와 함께 기뻐하고 모든 것을 참으며 모든 것을 믿으며 모든 것을 바라며 모든 것을 견디느니라."

아가서 8장 6~7절에서는 다음과 같이 "사랑을 죽음"과 비교하여 묘사하고 있다.

"너는 나를 인같이 마음에 품고 도장같이 팔에 두라 사랑은 죽음같이 강하고 투기는 음부같이 잔혹하며 불같이 일어나니 그 기세가 여호와의 불과 같으니라. 이 사랑은 많은 물이 꺼치지 못하겠고 홍수라도 엄몰하지 못하나니 사람이 그 온 가산을 다 주고 사랑과 바꾸려 할지라도 오히려 멸시를 받으리라."

"Place me like a seal over your heart, like a seal on your arm; for love is as strong as death, its jealousy unyielding as the grave. It burns like blazing fire, like a mighty flame. Many waters cannot quench love; rivers cannot wash it away. If one were to give all the wealth of his house for love, it would be utterly scorned."

21 Yalom의 비소유적 사랑

"어떤 관계도 소외를 제거할 수는 없다. 우리들 각자는 실존적으로 혼자이다. 그러나 사랑을 통해 소외의 고통을 경감함으로써 다른 사람과 소외를 공유할 수는 있다. 진정 고독한 자만이 참된 관계를 맺기가 가능하다. 인간 존재의 고립된 상황을 인식하고 그것에 단호하게 직면하는 사람은 비소유적 사랑으로 타인과 관계를 맺을 수 있다."

22 Sternberg의 완전한 사랑

친밀감＋열정＋전념(헌신)

23 류창현의 6가지 자기초월모델(Self-Transcendence Model)

자기를 초월하는 과정은 먼저 자기관찰단계가 요망된다. 자신의 사고, 정서, 행동, 영성을 깊이 이해, 관조, 성찰한 후, 비로소 자기분석단계에 임하게 된다. 자신의 사고, 정서, 행동, 영성에 대한 장단점, 긍정적 · 부정적 측면, 잠재력, 창의성, 자율성, 융통성, 탄력성, 재능, 헌신, 도덕지능, 정서지능, 리더십, 예배 등을 분석한 후, 자기훈련단계에 임한다. 자기훈련단계에서는 자신의 단점, 부정적 측면, 열등감, 도덕성결핍, 정서결핍, 이기주의 등과 같은 결점들을 긍정적 · 창의적 도전과 적응을 통해 자신의 사고, 정서, 행동, 영성을 훈련한다. 자기훈련단계에서는 긍정적 자기지지(positive self-support)가 필요하다. 이 단계의 단독헌신과 노력의 정도에 따라서 자기확장(사고, 정서, 행동, 영성)의 정도가 결정된다. 즉, 자신의 사고, 정서, 행동, 영성이 더 확장되면 될수록, 자기실현에 더 많이 도달하게 된다. 자기실현단계를 완성한 후, 자신의 사고, 정서, 행동, 영성을 통합하여 일체를 이루는 자기초월단계에 입문하게 된다. 이 단계에서는 나, 너, 우리, 대상, 물체, 자연, 우주, 하나님 등이 모두 하나로 통합된 본질과 실제의 총제적인 자기로서 살아가게 된다.

그림 3 • 류창현의 6가지 자기초월모델(Self-Transcendence Model)

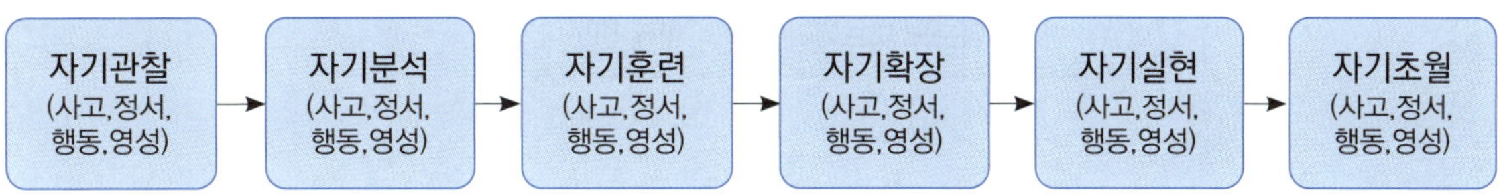

즉, 인간은 자신을 찾는 일(자기관찰, 자기분석, 자기훈련)에 국한하지 않고 끊임없이 자신을 창조해가고 진화(자기확장, 자기실현, 자기초월)하는 생명체이다.

24 류창현의 6가지 자기분노조절과 자기분노치료기술

시편 저자인 다윗은 "분노를 그치고 격노를 버리며 불평하지 말라 오히려 악을 만들 뿐이다."(시편37:8)라고 제기한다. 즉, 분노유발상황에서 자신의 분노를 자각하고, 멈추고, 내보라고 주장한다. 아울러 분노유발상황과 불쾌한 상황에서도 불평과 비난과 좌절을 하지 말고, 보다 긍정적인 사고, 해석, 판단, 지지, 언어, 정서, 행동, 영성 등을 통해 스스로를 조절하고 대처해 나가라는 의미이다.

먼저 자신의 분노를 자각한다. 앗! 분노다! 분노다! 분노다! 그런 후, 자기 자신을 분노하게 만드는 분노유발생각, 말, 행동을 조절하고 통제하기 위해 스스로와 동의하고, 수용하고, 결심한다. 잠시 자신의 분노를 내려놓고, 포기하고, 죽이겠다고 스스로와 동의하고, 수용하고, 결심한다. 인생은 죽음 앞에 모든 것을 내려놓고, 포기하고, 죽는 과정이다. 타인들에게 비난과 모욕하고, 폭언과 폭행하고, 공격하고 죽이는 행동은 실로 자신 스스로에게 비난과 모욕하고, 폭언과 폭행하고, 공격하고 죽이는 행동임을 깨닫고, 자신, 부모, 자녀, 타인을 용서한다. 그런 후, 깊게 복식호흡 웃음요법을 하고 내쉬면서 스쳐가는 바람, 사라지는 안개와 연기, 흘러가는 구름, 흐르는 물과 더불어 자신의 분노, 적대감, 공격성, 우울, 불안, 강박, 두려움, 진강, 의심, 공포, 미움, 증오, 좌절, 낙담, 무기력, 무감정, 무감동, 무망감, 보복, 자살, 살인 등을 멀리 멀리 멀리 내보낸다.

그림 4 • 류창현의 6가지 자기분노조절과 자기분노치료기술

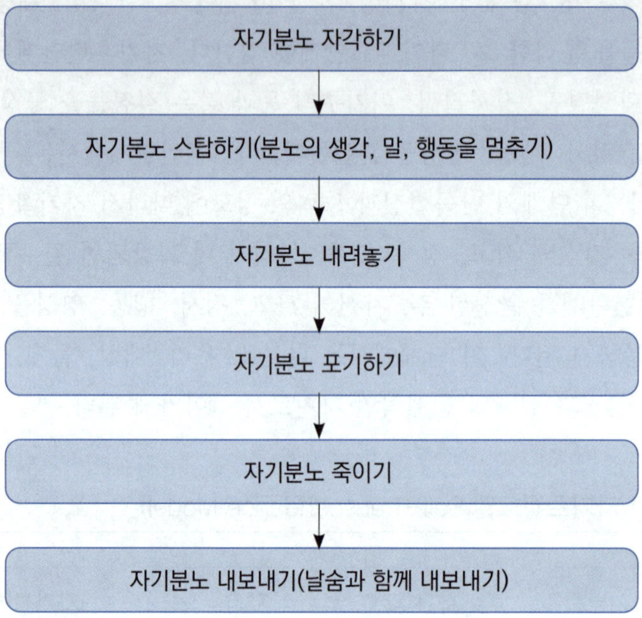

25 과제지연습관통제 10가지 기법(Davis, M., Eshelman, E. R., & McKay, M., 2000: 손정락, 2006)

1) 걱정을 멈추라.

당신은 아마도 하기 싫은 귀찮은 과제를 처리하는 데 시간을 보내기보다는 그 과제에 대한 걱정만 하면서 많은 시간을 허비하고 있을 것이다. 이러한 관점을 자신에게 명확하게 보여주기 위하여, 또는 직면의 용기, 즉 "나도 할 수 있다. 나도 하면 된다. 나도 한 번 해보자는 용기"를 검증하기 위하여, 하기 싫은 과제를 수행하는 데 얼마의 시간이 소요되는지를 기록하라.

2) 작은 것부터 시작하라.

하기 싫은 과제를 시작하고 나면, 당신 스스로 그 과제가 예상했던 것보다는 나쁘지 않음을 발견할 수가 있을 것이다. 작지만 관련된 과제부터 하기 싫은 일을 시작하라. 만일 당신이 잔디밭을 깎거나, 쌓인 설거지나 빨래를 해야만 할 때, 또는 논문 초안을 작성해야 할 때, 가장 쉬운 일과 과제를 선택하여 실행하라. 즉, 먼저 당신에게 부담이 적고 가볍게 해낼 수 있는 설거지나 빨래를 선택하여 끝내는 것이다.

3) 손익(損益)을 평가하라.

당신이 회피하고 싶은 활동을 할 때의 불쾌한 면들을 모두 목록화한 후 그러한 활동들을 미뤘을 때의 결과들을 두 번째로 목록화하라. 그것을 실행하는 불쾌감 대 지연의 비용을 공정하게 평가해 보고, 스스로에게 어떤 목록이 더 많은 불쾌감을 포함하고 있는지에 대해 자문하라.

4) 숨겨진 보상을 스스로 찾아라.

하기 싫은 일을 하지 않음으로써 받게 되는 이점을 찾아보라. 즉, 과제를 미룸으로써 불안한 감정과 실패가능성에 직면하는 것을 회피할 수도 있다. 또한 과제를 완수한 것에 뒤따르는 변화를 회피하는 것의 이점을 생각해보라. 성공은 당신에게 충고를 하거나 당신의 처지를 동정해주고 있는 사람들로부터 현재 받고 있는 관심을 잃는 것을 의미할 수도 있다.

5) 부적신념을 직면하라.

할 필요가 있는 것을 행하는 것을 방해하는 신념에 직면하라. "절대로 나는 이것을 할 수 없어! 불공평해", "나는 완벽하게 그 과제를 수행해야만 해", "내 삶은 편안해야만 해", "낯선 사람들 앞에서 발표하는 것에 대해 생각만 해도 참을 수 없어", "내가 만일 성공하면 어떻게 되지? 그들은 나에게 더 많은 걸 기대할 거야", "실패할 건데, 왜 그걸 해?" 등과 같은 부정적 · 왜곡적 · 편파적 신념들에 직면하라.

6) 저항을 두 배로 강화하라(역설적 의도).

과제의 시작을 미루게 하는 행동들이 무엇이든 과장하고 강도를 강화하라. 아침에 일하지 않고 거울에 비친 자신의 모습을 응시하고 있다면, 더 오랫동안 길게 응시하라. 실제로 자신의 땀구멍 하나까지 살펴보고 얼굴을 섬세하게 관찰하라. 또 다른 예로, 논문을 쓰기가 두렵고 회피하고 싶을 때면, 더욱더 장시간 동안 도서관에 가서 앉아있던지 또는 자신의 컴퓨터 모니터 앞에서 계속해서 아무것도 하지 않고 앉아있으라. 그렇게 무의미하게 있는 시간이 지루해져서 자신의 과제를 수행하고 싶은 마음이 들 때까지 또는 더 합리적이고 건설적이라고 느껴질 때까지 자신과의 관찰을 계속 진행하라.

7) 과제지연에 대한 책임을 져라.

자신의 귀중한 시간을 낭비하는 것을 선택한 것은 바로 자신이다. 과제의 지연과 회피한 활동을 목록화하라. 이러한 행동이 자신의 과제수행을 얼마나 지연을 시켰는지에 대한 실제 소비된 시간을 계산하라. 총시간을 계산하고 애초에 그 일을 끝마쳤다면, 그 남은 시간을 자신이 사용할 수 있는 모든 긍정적인 과제들로 목록화하라.

8) 하기 싫은 활동을 당신이 반드시 해야 할 일과 합류시켜라.

예를 들면, 자신이 운동하기를 싫어한다면, 퇴근하는 도중에 들릴 수 있는 운동센터를 찾아보거나 사무실에서 걸어서 20분 정도의 거리에 있는 음식점을 선택하여 식사를 하러 걸어가라. 만약 학교나 직장을 승용차를 이용했다면, 자전거로 대체하여 통근하라.

9) 싫은 과제를 완수했을 때 그것에 대해 자신 스스로에게 보상을 하라.

예를 들면, 정말 하고 싶지 않은 과제를 완수를 한 후에 자신 스스로에게 보상을 해주기 위해서 영화보기, 레스토랑가기, 쇼핑하기, 전국을 비행하기(여행하기) 등으로 자신에게 보상하라.

10) 과제를 완수하라.

현재 과제를 완수하기 전에는 새로운 과제를 시작하지 마라. 무언가 완수할 수 있다는 새로운 경험은 그 자체로만으로 다음 과제를 수행할 수 있는 지혜, 경험, 내구성, 자기실현, 자기효능감, 성취감, 자기통제력, 삶의 질, 관계의 질을 향상시키고 강화한다.

결론적으로 "훈련된 사람은 미숙한 사람을 훈련할 수 있다(Disciplined people can discipline undisciplined people)." 그리고 "주는 사랑을 하는 사람은 사랑을 받지 못한 사람을 사랑할 수 있다(People who give love can love unloved people)." 이는 지속적인 자기훈련과정(self-discipline process)과 주는 사랑과정을 통해서 완성된다. 이러한 자기훈련과정(self-discipline process)을 통해서 문제해결의 고통, 아픔, 괴로움, 감내 등을 회피하려는 대신 주어진 난관(難關)을 직면하게 되며, 보다 더 혼신을 다한 배움과 시연(試演)을 통해서 끝까지 책임과 인내로 노력하려는 의지소유자(意志所有者)로 거듭나게 된다. 다시 말하면, 수동적 · 의존적 자기(the passive dependence of self)로부터 능동적 · 독립적 자기(the active independence of self)로 변화하는, 성격특성(personality traits)의 총체변형(Quantum transformation)이 초래되는 현상이다.

아우구스티누스는 "당신이 사랑할 수 있고 부지런하다면, 원하는 것은 무엇이든 할 수 있다(Dilige et quod visfac)"고 격려하고 있다. 또한 Dr. Norman Cousins의 "삶의 궁극적 비극은 죽음이 아니고 성장의 가능성을 충분하게 발견하지 못하고 죽는 것이다"는 금언(金言)이 당신 자신의 삶의 여정에 있어 자동항법장치(ANS, Automatic Navigation System)의 기능을 하길 바란다.

26 Novaco(1979)의 분노조절훈련(Anger Control Training)

Novaco(1979)의 분노조절훈련(Anger Control Training)

① 분노유발요인(Anger Triggers): 분노각성(anger arousal)을 유발하는 외적 사건(external events)과 내적 평가(internal appraisals)를 식별하고 이해하기.

② 분노단서(Anger Cues): 개인에게 분노각성수준(anger arousal level)을 알려주는 생리적 · 신체적 · 행동적 · 정서적 · 인지적 단서들을 식별하고 이해하기.

③ 상기하기(Reminders): 분노각성(anger arousal)을 줄이는 기능을 할 수 있는 자기지시진술(self-instructional statements), 즉 진정구를 사용하기.

④ 환원하기(Reducers): 상기하기(Reminders)와 더불어 분노각성(anger arousal)을 감소시킬 수 있는 기술(예; 심호흡(deep breathing), 역산(backward counting), 평화로운 심상(peaceful imagery), 장기적 결과에 대한 고려(consideration of long-term consequences)).

⑤ 자기평가(Self-Evaluation): 이전 단계가 얼마나 잘 또는 형편없이 실행되었는지에 따라 자기강화(self-reinforce)와 자기수정(self-correct)을 할 수 있는 기회.

27 3가지 자기통찰기술(3 Self-Insight Skills)

① 지적 통찰(Intellectual Insight).

② 정서적 통찰(Emotional Insight).

③ 영적 통찰(Spiritual Insight).

28 류창현의 5가지 창의적 발현단계

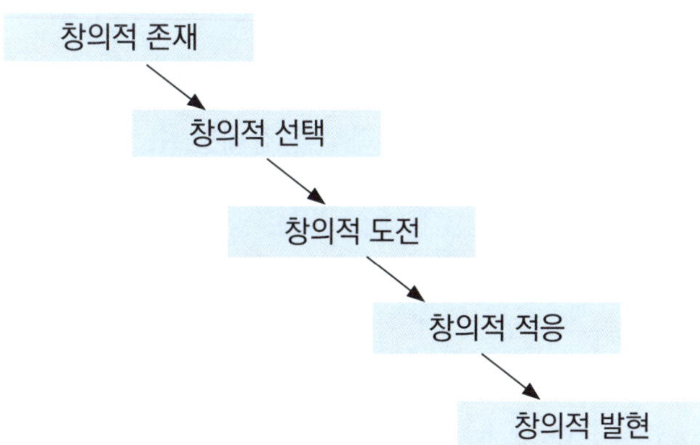

29 자기분노대처진술

① 분노는 포효하는 고통이고, 오직 친절만이 그것을 진정시킨다! (Anger is a roaring pain; and only kindness soothes it!)

② 자기분노조절은 중대한 사업이다! (Self-Anger Management is a Serious Business!)

③ 과연 나의 상처, 상실, 실망, 실패, 좌절, 열등감, 피해의식, 자기연민으로 인해 공격행동을 정당화할 수 있는가?

④ 어렵다는 것은 직면의 용기가 필요하다는 뜻이다!

⑤ 집중, 몰입, 전념은 우울, 불안, 두려움, 분노를 극복할 수 있다!

⑥ 나는 무한한 잠재력을 가지고 있는 창의적 존재이다!

⑦ 나는 내가 믿는 만큼의 능력을 발휘할 수 있다!

⑧ 나는 내가 원하는 목표를 반드시 성취할 것이다!

⑨ 나는 어떤 유혹에도 흔들리지 않을 것이다!

⑩ 과거 실패는 현재 성공의 밑거름이다!

⑪ 불안은 불안을 낳고, 걱정은 걱정을 낳고, 분노는 분노를 낳지만, 용서는 용서를 낳고, 사랑은 사랑을 낳는다!

⑫ 인간은 미움과 분노의 대상이 아니라 사랑과 용서의 대상이다!

⑬ "그런 행동을 하는 데에는 다 그만한 이유가 있었겠지"라고 생각하라!

⑭ 나는 내가 원하는 모습으로 변할 수 있다!

⑮ 15초 자기분노조절기술을 시연하는 자는 하루를 감내할 수 있고, 하루를 감내하는 자는 인생을 감내할 수 있다!

⑯ 배움을 통해 스스로 열정을 키우고 희망을 가르쳐라!

⑰ 고통과 고통 속에서도 웃으며, 인내하며, 성장하라!

⑱ 매일 매일 자기분노(Self-Anger)를 해독하라!

⑲ 변화는 자신 스스로 변화를 시작할 때, 비로소 변화는 일어난다!

⑳ 깨닫지 못하면, 변화는 없다! (No Eureka, No Change!) 즉, 인간은 누구나 깨닫는 만큼 변화하고 성장한다!

㉑ 깨달음은 중독과 죽음조차도 초월한다!

㉒ 진정한 사랑은 아무것도 주장하지 않는다! (True Love Never Professes Anything!)

㉓ 사랑과 성의 완벽은 없다!

㉔ 부모의 잦은 싸움과 갈등이 자녀에게 분노독이 된다. 따라서 여기서 Stop! Stop! Stop!

㉕ 많은 사랑과 안전감을 경험한 사람은 타인에게 친절하고 인내하지만, 불안한 사람은 항상 방어적이다!

㉖ 고통 받고 있는 사람에게 마음의 문을 열어라!

㉗ 인간은 서로 의지하며 살아야만 하는 존재임을 깨달을 때, 비로소 사랑, 용서, 자비, 동정이 생긴다!

㉘ 자신의 원망, 앙심, 분노, 보복 등은 흔히 자신의 거짓말과 자기기만에서 초래한다!

㉙ 거짓기만은 인간을 견디기 힘든 고뇌의 한계를 너머서까지 비참하게 만든다. 거짓기만은 인간의 영혼을 원망과 앙심과 분노로 채운다. 결국 거짓기만은 인간에게 참혹한 고통을 안겨준다!

㉚ 천국은 모두가 거짓말이 아닌 진실만을 말한다. 그래서 그곳이 바로 천국이다!

㉛ 누군가를 진정으로 사랑한다는 것은 그 사람의 한계에도 불구하고 사랑하는 것이 아니라, 바로 그의 한계 때문에 사랑하는 것이다!

㉜ 우리를 구원해주는 것은 인간의 변화가능성에 대한 믿음에 있다. 아울러 자기실현을 위해 자기 스스로가 충분히 기능할 수 있도록 단독헌신할 수 있다는 믿음이다!

㉝ 우리를 구원하는 것은 무지로부터 배우겠다는 의지(will)에서 시작된다!

㉞ 관계유지기술은 상대가 원하지 않는 행동을 인지하고 하지 않는 것이다!

㉟ 배움을 통해 스스로 열정을 키우고 희망을 가르쳐라!

㊱ 자기분노의 첫 번째 희생자(피해자)는 자신이다. 따라서 잠잠히 15초 자기분노조절기술을 시연하라! (3X)

㊲ 성공하고 싶다면 자만, 허영, 독선을 버리고 일생 배우고, 변화하고, 창조하고, 감사하라!

㊳ 분노는 분노를 쫓아낼 수 없다! 용서만이 그렇게 할 수 있다! (Anger can't drive out anger; only forgiveness can do that!)

㊴ 생각과 말이 행동을 결정한다!

㊵ 말이 아닌 행동을 보고 그 사람을 판단하라! 행동은 거짓말을 하지 않는다!

㊶ 정신이 감정을 이기지 못한다! 따라서 정신근육을 성장시켜라!

㊷ 우리는 생존을 위해 하루하루 힘겨운 자신과 전투를 한다! 즉, 인생은 기나긴 자신과의 전투이다!

㊸ 자신을 결코 희생자/피해자로 두지 마라! (Never let yourself be the victim!)

㊹ 자기 자신을 신뢰하고 의지하라!

㊺ 절체절명의 순간을 직면하라!

㊻ 객관적인 식견과 직관력을 발달시켜라!

㊼ 균형을 잃으면 잃을수록 바로 서는 법도 더 잘 알게 된다!

㊽ 긍정적 사고방식(positive mindset), 긍정적 태도/동기(positive attitude/motivation), 긍정적 방법(positive method) 등을 적극적으로 적용하라!

㊾ 자기분노조절(Self-Anger Management)과 자기분노치료(Self-Anger Therapy)의 최선의 해결책은 자신을 그렇게도 격분시키고 폭력적으로 만드는 심리적 원인이 무엇인지 이해하고 인정하는 것이다. 즉, 자기탐색, 자기성찰, 자기에로의 여행이 필요하다!

㊿ 어떤 힘든 고통의 순간에도 희망은 있다!

51 모든 것을 한꺼번에 다 해야 한다는 생각을 할 필요가 없다!

52 난 기꺼이 나의 영웅으로 살겠다!

53 나는 왜 이렇게 쉽게 격분하고 분한 마음이 들면 쉽게 가시지 않은 채 1시간 이상 지속해서 반추하고 되뇌는가?

54 내가 인정, 존중, 관심을 받고 싶은 이 끝없는 갈망은 도대체 어디서부터 왔는가?

55 분노내담자(anger clients)는 살아가면서 자신의 분노발작(anger attack)으로 인한 같은 문제, 같은 실수를 반복하고, 비생산적인 부정적 패턴을 만들어 분노의 악순환을 초래한다!

56 진정한 용서란 상처 준 사람에게 아무것도 요구하지 않는 것이며, 그/그녀를 위해 축복기도를 하는 것이다!

57 잘못했으면 사과하고, 상처를 받았다면 사과를 기다리지 말고 먼저 용서하라. 용서는 지연되거나 사과가 없더라도 나 자신을 치유할 수 있는 힘을 제공한다.

58 상처 준 사람이 자신에게 반드시 진정한 사과와 용서를 구해야만 한다고 생각한다면, 이는 비현실적이고 실현 불가능한 비논리적 강요나 집착이 되어 자신의 우울, 분노, 상실감, 좌절감, 절망감, 외로움, 무망감 등의 덫에서 결코 벗어날 수 없게 된다. 따라서 이를 치료할 수 있는 것을 나 자신이다!

59 "나는 오늘, 이 순간 특별히 나의 일생에서 나를 가장 괴롭혔던 한 사람을 용서합니다. 나의 가장 큰 적이며 원수이며 배신자라고 생각했던 그 사람, 가장 용서하기 힘든 그 사람, 절대로 용서할 수 없다고 생각했던 그 사람을 용서합니다. 이제 나 자신을 용서하지 못하는 마음에서 과감하게 벗어나 사랑, 온정, 감사하는 마음을 가지고 자유롭고 평온하게 살아가겠습니다!"

60 덧없는 인생을 더 이상 원상처(raw spot)와 관계외상(relationship trauma)으로 인해 통제불능(out of control), 두려움(fear), 절망(despair), 좌절(frustration), 분노(anger), 외상 후 격분장애(post-traumatic embitterment disorder) 등으로 고통을 겪으며 살지 않겠다!

61 내(친구, 배우자, 자녀, 부모)가 당신이 절실히 필요로 할 때 나를 도와줄 수 있나요? 또는 내 편이 될 수 있나요? (예 / 아니오)

62 나(친구, 배우자, 자녀, 부모)의 아픔, 상처, 분노, 고통, 행위중독, 약물중독에 당신은 관심을 두고 있나요? (예 / 아니오)

63 내(친구, 배우자, 자녀, 부모)가 외로울 때 당신은 내 곁을 지켜줄 수 있나요? (예 / 아니오)

30 Walton(1998)의 생활양식 탐색하기

나는 늘__________________________________하는 아이였다!

31 Rogers(1951)의 긍정변화의 선순환

Rogers(1951)는 자기자각증가 → 자기수용증가 → 자기표현증가 → 방어력감소 → 개방성증가 등과 같이 긍정변화의 선순환을 제시했다. 우리는 부적응에서 적응으로, 비합리적 신념에서 합리적 신념으로 수정과 변화를 통해 자기와 경험의 일치를 이룬다.

그림 5 • Rogers(1951)의 긍정변화의 선순환

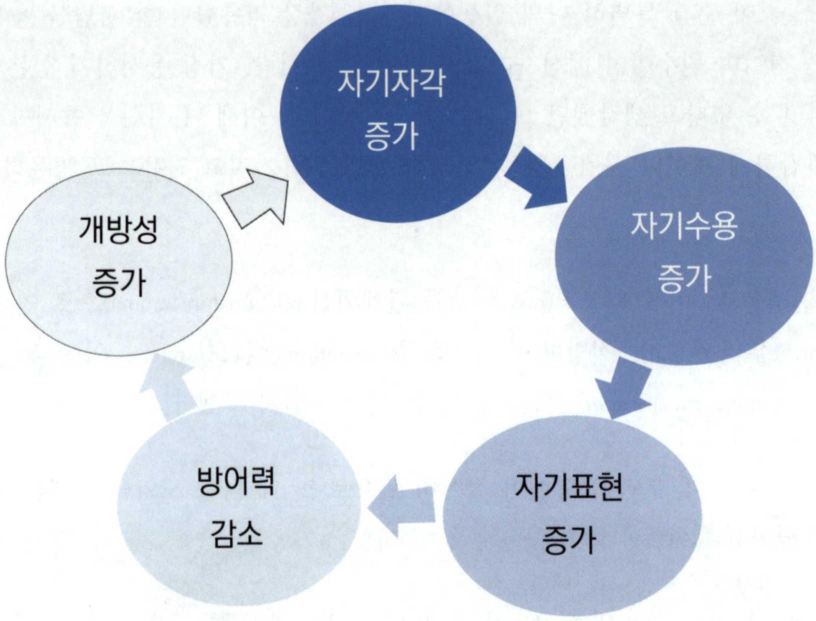

32 먼저 자신을 체크하라! (Check Yourself First!)

① 변화를 위한 생각(Thinking for a Change).

② 분노대체훈련(Anger Replacement Training).

③ 동기강화치료(Motivational Enhancement Therapy).

C 프로그램 토의 및 평가

프로그램 내용 및 진행에 대한 전반적인 피드백을 제공하기

D 과제소개

자기소개양식 작성하기(자신이 어떤 이유로 인해 분노가 유발되는지 또는 어떤 상황(가족, 학교, 직장, 부모, 자식, 배우자, 여자친구, 남자친구)에서 분노가 유발되는지를 보다 자세하게 기술하라.)

자기 소개 양식

1. 이름, 나이, 학교(직장), 현재 거주하고 있는 지역을 기술하시오.

2. 가족의 구성원을 기술하시오.

3. 가족, 친구, 직장동료 중에 누가 어떻게 나에게 분노와 스트레스를 유발시키는지, 최근에 가장 많이 자신을 힘들게 하는 사람과 상황은 무엇이며, 또한 누가 가장 미워서 한 대 패주고 싶거나, 언젠가는 원수를 갚고 싶거나 죽이고 싶은지를 기술하시오. 그리고 자신이 격분을 할 때(이성을 잃었을 때) 어떤 말과 행동을 하는지 기술하시오.

4. 자신이 현재의 꿈과 비전을 기술하시오. 만약에 현재의 꿈과 비전이 없다면, 어린 시절의 꿈과 비전을 기술하시오.

5. 본 심리치료 프로그램을 통해서 지금 자신의 어떠한 구체적인 부분에 특히 도움을 받고 싶은지를 기술하시오(예를 들면, 가족문제, 학교문제, 직장문제, 분노폭발, 성격문제, 인터넷게임중독, 도박중독, 알코올문제, 약물남용, 성문제, 절도).

6. 장래 5년 후, 10년 후, 또는 20년 후의 자신의 모습을 상상하여 기술하시오.

7. 결혼 후 자신의 배우자(남편/아내)에게 해주고 싶은 정신적 · 물리적 선물 5가지를 기술하시오.

8. 결혼 후 자신의 자녀에게 해주고 싶은 정신적 · 물리적 선물 5가지를 기술하시오.

9. 자신의 인생에서 최후의 순간에 어떻게 죽고 싶은지, 배우자와 자녀에게 마지막으로 어떤 유언을 남기고 싶은지 그리고 자신의 묘비의 비문에 어떤 말을 남기기를 원하는지 기술하시오.

『Rev. Dr. 류 창 현(Man of God, Faith, Action, & Laugher)』

「________________________________」

제2회기

분노의 신체증상자각 및 분노의 언어이해

A 목적

자신과 가족구성원의 분노유발상황에서 보이는 분노의 신체증상자각, 마음상태이해하기, Albert Ellis의 정서장애유발요인이해하기, 분노의 언어이해와 분노감정분석하기, 분노감정기술훈련, 분노표현훈련, 그리고 근육이완훈련을 시연한다.

B 회기 진행 과정

1 과제 확인 및 피드백 주기

2 분노유발상황을 떠올려 보기

자신과 가족구성원의 분노유발상황에서 경험하게 되는 신체적 증상과 대처양상을 구체적으로 살펴본다.

예를 들면, 자신의 분노가 유발됐던 상황을 토론하며, 그 당시 경험했던:

1) 자신의 분노유발상황에서의 신체증상을 기술하라.

2) 자신의 분노유발상황에서의 대처행동을 기술하라.

3) 자신의 분노유발상황에서 실제적으로 자신이 말과 행동으로 표현하고 싶었던 분노표출을 기술하라.

3 분노유발상황에서의 신체증상자각하기

분노유발상황에서 자신의 격분으로 인한 신체증상과 신호들을 사전에 자각할 수 있다면, 자신의 분노를 조절할 수 있는 가장 중요한 기법을 당신은 소유하게 될 것이다. 또한, 이러한 신체적 증상과 신호들을 깨닫게 되고 항상 인지하도록 훈습하고 노력한다면, 자신과 가족과 사회를 파괴시키려는 분노는 사라지고 사랑, 용서, 회복, 행복, 그리고 안녕의 미래의 장이 도래할 것이다.

4 자기분노표현양식은?

10점 만점에서 당신의 분노표현양식을 표시하고 그에 대한 적합한 이유를 제시한다(1점은 최저분노유발수치, 10점은 최고조분노유발수치).

1) **분노표출** (1, 2, 3, 4, 5, 6, 7, 8, 9, 10점)
적절한 이유:

2) **분노억제** (1, 2, 3, 4, 5, 6, 7, 8, 9, 10점)
적절한 이유:

3) **분노통제** (1, 2, 3, 4, 5, 6, 7, 8, 9, 10점)
적절한 이유:

5 Albert Ellis의 정서장애유발요인이해하기

최상의 관계형성과 효과적(效果的)인 의사소통(意思疏通)을 하는 데 있어 가장 큰 장벽은 바로 우리의 정서장애(emotional disturbance)이다. 이는 차이점(差異點)과 불일치(不一致)의 성공적인 공유와 윈윈입장(win-win position)을 창출하는 데 어려움(difficulty)을 야기한다. 따라서 우리는 여기서 정서장애(emotional disturbance)에 대한 합리정서행동치료(REBT)의 간결한 개관(succinct overview)을 살펴보고자 한다.

실제적으로 모든 정서장애(emotional disturbance)를 유발시키는 주요한 요인들은 다음과 같다.

- 자신을 비난하기(자신을 용서/수용하지 못하는 자, blaming oneself) : 불안(anxiety), 죄의식(guilt), 우울증(depression), 자신감부족(lack of confidence), 그리고 자기비하(self-depreciation) 등의 감정(感情)들을 야기한다.
- 타인들을 비난하기(타인을 용서/수용하지 못하는 자, blaming others) : 분노(anger), 적대감(hostility), 공격성(aggression), 격분(rage), 유치한 반항(childish rebellion), 과도함(grandiosity), 그리고 사회갈등(social conflict) 등의 감정(感情)들을 야기한다.
- 운명과 세상을 비난하기(운명과 세상을 용서/수용하지 못하는 자, blaming fate or the universe) : 자기연민(self-pity)과 누구나 모든 것을 독단적 · 독재적인 방법(arbitrary & dictatorial manner)으로 통제해야 한다는 강박관념(强迫觀念) 등의 감정(感情)들을 야기한다.

비난(非難)은 자신의 반감(objection)을 "사실적인 현실(factual reality)"로 전이(轉移)시킨다. 이러한 반감(反感)은 흔히 당신과 타인들과의 갈등을 초래한다. 대체로 당신이 생각하는 것을 당신은 느끼게 된다. 그러나 당신 자신의 생각(thoughts), 감정(feelings), 그리고 행동(behaviors)은 함께 동반하며 상호 간에 영향을 미치고 받는다. 당신은 또한 비난(非難)은 "현실(reality)"을 그 자체로서의 의미가 아닌 "현실(reality)"에 대한 부정적 · 판단적 사고(negative judgmental though)로 처리한다는 데에 주목해야 한다.

6 마음의 상태이해하기

Linehan(1993)은 마음의 상태를 다음 그림 1과 같이 묘사하고 있다. 즉, 합리적 마음(Reasonable Mind), 지혜의 마음(Wise Mind), 그리고 정서적 마음(Emotional Mind) 등의 3가지 마음으로 구성된다.

그림 1 • 마음의 상태(States of Mind)

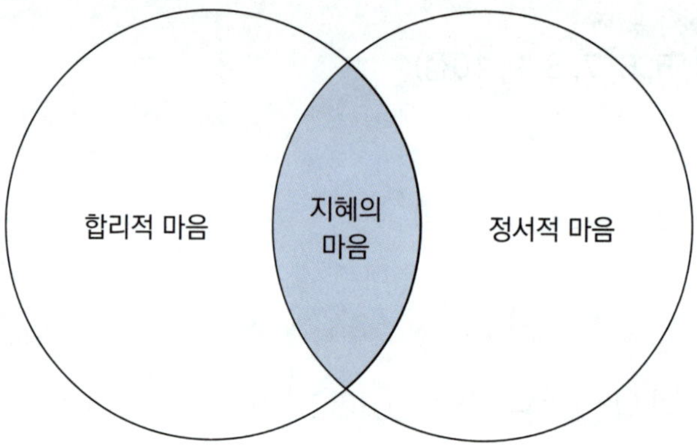

7 분노의 언어이해하기

Linehan(1993)은 분노의 언어를 다음과 같이 기술하고 있다.

분노의 언어

분노	역겨움	심술궂은	격분	짜증	싫음
증오	분개	흥분(선동)	부러움(시기)	적대감	격변(급변)
성가심	격앙	초조(안달)	격멸	빈정댐	잔인성
질투	악의	멸시	좌절	지겨움	고문
학대	격정	비열함	복수심	파괴	불평
폭행	진노	음담패설			

8 분노유발상황이해하기

Linehan(1993)은 분노유발상황을 다음과 같이 10가지로 제시하고 있다.

분노유발상황

① 권력을 잃은 상황

② 지위를 잃은 상황

③ 존경을 잃은 상황

④ 모욕감을 받는 상황

⑤ 당신이 기대한 대로 일들이 성취되지 않는 상황

⑥ 신체적 고통을 겪는 상황

⑦ 정서적 고통을 겪는 상황

⑧ 누군가·무언가에 의해서 신체적·정서적 고통이 수반되는 위협을 받고 있는 상황

⑨ 중요하고 즐거운 활동이 방해를 받거나, 지연되거나, 중단되는 상황

⑩ 자신이 원하는 무언가를 얻지 못하는 상황

9 분노감정유발해석하기

Linehan(1993)은 분노감정유발에 관한 해석을 다음과 같이 6가지로 제시하고 있다.

분노감정유발해석

① 고통이 수반될 것이라는 기대

② 자신이 부당한 대우를 받고 있다는 사고

③ 일이 반드시 다르게 됐어야만 한다는 사고

④ "내가 옳아"라는 고정된 사고

⑤ 상황이 위법적이고, 그릇됐고, 불공평하다는 판단

⑥ 과거의 분노유발상황을 처음부터 다시 반추하려는 사고

10 분노정서경험식별하기

Linehan(1993)은 분노정서경험을 식별하기 위해서 다음과 같이 11가지로 제시하고 있다.

분노유발상황

① 불합리한 느낌
② 통제력 상실의 느낌
③ 극도로 정서적인 느낌
④ 몸이 굳거나 경직되는 느낌
⑤ 얼굴이 상기되거나 달아오르는 느낌
⑥ 신경증적인 긴장감, 불안감 또는 불쾌감의 느낌
⑦ 분노가 폭발할 것 같은 느낌
⑧ 근육이 굳는 느낌
⑨ 이를 물고 입을 꽉 닫음
⑩ 울부짖음; 눈물을 멈출 수 없는 느낌 또는 울부짖다가 자신의 처지가 무척 억불하고 분하다 생각되어 돌연히 눈물을 멈추고 상대에게 폭발할 수 있는 느낌(필자)
⑪ 때리고, 벽을 치고, 무언가를 던지고, 폭발하고 싶은 느낌

11 분노표현과 분노행동식별하기

Linehan(1993)은 분노표현과 분노행동식별을 다음과 같이 14가지로 제시하고 있다.

분노표현과 분노행동

① 찌푸린 얼굴 또는 미소를 짓지 않음; 비열하거나 불쾌한 얼굴표정
② 이를 갈거나 비호감적인 방식으로 표현함
③ 비웃음
④ 홍조 또는 상기된 얼굴표정
⑤ 분노동기를 언어적으로 공격하는 것; 비판하는 것
⑥ 분노동기를 신체적으로 폭력을 가하는 것
⑦ 음담패설과 저주를 퍼부음
⑧ 고함을 치며 소리를 지름
⑨ 불평하거나 심술궂게 행함; 불쾌한 일들에 관해서 언급하는 것
⑩ 당신의 손과 주먹을 꽉 쥠
⑪ 공격적이거나 위협적인 몸짓
⑫ 무언가를 사정없이 치거나, 물건을 던지거나, 부수어버림
⑬ 무거운 발걸음 또는 발을 세게 구르는; 문을 세게 닫고 나가는 행동
⑭ 다른 사람들과의 계약으로 인해 마음을 앓거나 철회시킴

12 분노잔존효과식별하기

Linehan(1993)은 분노잔존효과를 다음과 같이 7가지로 제시하고 있다.

분노잔존효과

① 주의력이 좁아짐(인지협착 및 낮은 IQ)
② 분노하게 한 상황에만 집착함
③ 분노하게 만든 상황만 반추해서 생각하게 되고, 그밖에 다른 것들을 생각할 수가 없게 됨
④ 과거에 분노하게 한 또 다른 상황들을 회상하고 반추하게 됨
⑤ 분노하게 만드는 미래의 상황들에 대해서 상상함
⑥ 이인증, 해리적 경험, 무감각
⑦ 극도의 수치심, 공포, 다른 부적 정서들

13 호흡조절요법 및 점진적 근육이완훈련

① 이완훈련의 필요성 강조 : 이완=통제(즉, 이완은 통제를, 상상은 최면을!)

② 점진적 근육이완훈련의 소개

③ 점진적 근육이완훈련의 이론적 배경

④ 긴장감과 이완을 느껴보기

⑤ 점진적 근육이완훈련준비

* 불안, 우울, 두려움, 분노는 이완과 공존할 수 없다!

C 복식호흡 및 점진적 근육이완훈련 소개

하버드 의대 정신과 의사인 Jacobson 박사는 부교감신경을 강화시키고자 호흡법과 점진적 근육이완기법(Progressive Muscle Relaxation Technique)을 창안하여 의학과 심리학계에 널리 활용하고 있다. 인간의 2가지 자율신경은 부교감신경과 교감신경을 구성하고 있다. 부교감신경은 우리 몸의 안정을 감지하고 이완하는 기능을 하며, 반면에 교감신경은 우리 몸의 위험성을 감지하고 그에 대처하고자 몸을 긴장시키는 반응을 한다. 그러므로 복식호흡과 근육이완훈련을 하는 주된 목적은 부교감신경을 강화하고자 하는 과정에 있다.

1 복식호흡 웃음치료 시연

① 조용하고 안락한 장소를 배정하고 준비된 명상음악 또는 클래식음악과 함께 편안한 자세로 시작한다.

② 왼손은 가슴에 오른손은 배꼽 밑에 자리하고 되도록 배 위의 오른손만 오르고 내리도록 하면서 복식호흡을 실시한다. 즉, 가슴은 가만히 두고 배로만 복식호흡하고 약간의 미소를 지으면서 실행하는 것이다.

③ 들이쉬면서 마음속으로 하나, 둘, 셋, 넷, 다섯을 세고, 내쉬면서 온몸에게 "나는 편안합니다!", "나는 아주 평안합니다!", "오늘 하루도 수고 하셨습니다!", "나는 지금 자유롭습니다!", "나는 지금 아주 행복합니다!", "나는 지금 내 자신을 사랑합니다!", "나는 감사합니다!", "나는 지금 내 자신을 용서합니다!", "나는 지금 부모님을 용서합니다!", "나는 할 수 있습니다!", "나는 하면 됩니다!", "나는 최선을 다하겠습니다!" 등과 같은 자기최면의 긍정적 표현들을 마음속에 그리고 상상하며, 연속적으로 잔잔하게 자신에게 자유, 평화, 용기의 암시성(suggestibility)의 메시지를 제시해 준다.

④ 몸의 긴장을 풀고 부드럽게 호흡하면서 평소의 정상적인 호흡횟수와 깊이를 유지한다. 무리한 과다호흡은 금한다.

⑤ 복식호흡을 하면서 배 밑에 놓인 오른손에 주의를 모으고 집중한다.

⑥ 하루에 두 차례, 한 번에 15~30분 정도 실행한다.

⑦ 연습결과를 매일 호흡훈련기록지에 기록한다.

2 점진적 근육이완훈련

우리 몸의 주요 16개의 근육조직을 긴장시키고 점진적으로 근육이완을 하는 기법으로서 크게 2가지 이점은 다음과 같다. 첫 번째로 긴장 · 이완 반응은 시계추와 같아서 긴장하면 할수록 이완하기가 쉬워진다. 두 번째로 의도적인 긴장은 긴장상태에 의해 야기되는 감각과 이완 시의 감각 사이의 차이를 분명히 알 수 있게 해준다. 이러한 차이점을 인지하게 되면, 우리 신체의 긴장반응에 대해 쉽게 알아차리게 될 수 있으며 동시에 근육이완기법을 사용할 수 있는 장점이 있다.

필자는 3단계(three steps)로 복식호흡을 실시한다. 첫 번째, 복식호흡을 할 때 호흡소리에 주의(attention)하면서 최대한 호흡을 들이쉬고(들숨, 5초), 두 번째, 최대한 호흡을 유지하고(유지, 5초), 세 번째, 천천히(slowly) 자신의 호흡소리에 주의(attention)를 하면서 호흡을 내쉬기(날숨, 5초)를 한다.

근육이완훈련을 할 때, 카운트는 다음과 같이 3단계로 실시한다. 최대한 목소리 톤(tone)을 부드럽고 명확하게 그리고 시간 간격을 유지하며 카운트를 하는 것이 매우 중요하다.

① 호흡 들이쉬기(들숨하기, Inhalation, 5초) : 1, 2, 3, 4, 5.

② 호흡 유지하기(유지하기, Holding, 5초) : 5, 4, 3, 2, 1.

③ 호흡 내쉬기(날숨하기, Exhalation, 5초) : 5, 4, 3, 2, 1.

단, 노약자, 임산부, 공황장애, 불안장애, 우울증, 강박증, 편집증의 환자에게는 카운트의 시간을 짧게 끊어서 실시할 수도 있다.

『자! 모두 편안한 자세를 취합니다:

1. 자!, 천천히 호흡을 들이쉬고(5초), 유지하고(5초), 내쉽니다(5초). (3회 진행, 약 45초 후)
2. 자!, 눈의 근육을 긴장시켜 보겠습니다. 눈을 꼭 감고 계세요(콘택트렌즈를 낀 경우는 너무 꼭 감지 않도록 주의). (약 15초 후) 자!, 편안하게 눈의 근육을 풀어주시고, 눈의 근육을 긴장시켰을 때와 이완시켰을 때를 비교해 보세요. (약 15초 후)
3. 자! 이번에는 치아를 긴장시켜 보겠습니다. 양 치아를 꽉 물면서 기장시켜 주세요. 이제 편안하게 양 치아를 풀어 봅니다. 양 치아를 긴장시켰을 때와 이완시켰을 때를 비교해 봅니다. (약 15초 후)
4. 자! 이번에는 아래 이마를 긴장시켜 보겠습니다. 양 눈썹을 모으고 미간을 기장시켜 찌푸려 주세요. (약 15초 후) 자! 이제 편안하게 이마 근육을 풀어 봅니다. 아래 이마를 긴장시켰을 때와 이완시켰을 때를 비교해 봅니다. (약 15초 후)
5. 자! 목의 근육을 긴장시켜 보겠습니다. 목 뒤의 침대나 목 받침을 목으로 지그시 누르듯이 목에 힘을 줍니다. (약 15초 후)
6. 자! 양손을 사용해서 앞이마, 양쪽 머리(왼쪽 귀 부분, 오른쪽 귀 부분), 뒷머리 등 순으로 근육을 긴장시켜 보겠습니다(필자). (약 60초 후) 자! 편안하게 힘을 풀어주시고 머리 근육이 긴장되었을 때와 이완되었을 때를 비교해 봅니다. (약 15초 후)
7. 자! 이제부터 이완훈련을 시연하겠습니다. 양손 주먹을 꼭 쥐어서 양손 근육을 긴장시켜봅니다. 팔, 손, 손가락에 차츰 증가하는 긴장감을 느껴 봅니다. (약 15초 후) 이제 긴장을 풀고 손과 팔을 이완시킵니다. 손에서 느껴지는 따뜻하고 묵직해 오는 느낌에 주의를 기울입니다. 근육을 긴장시켰을 때와 풀어주었을 때의 느낌을 비교해 봅니다. 이완된 손의 느낌을 계속 느껴봅니다. (약 15초 후)
8. 자! 양팔 근육을 긴장시켜 봅니다. 팔을 들어 굽히고(알통을 만들 듯이) 팔에 힘을 주어 봅니다. 팔, 어깨, 등으로 긴장감이 차츰 증가하는 것에 주의를 기울입니다. (약 15초 후) 팔의 힘을 풀어주시고 팔이 힘없이 떨어지도록 내버려 둡니다. 양쪽 팔 근육을 긴장시켰을 때와 풀어주었을 때의 느낌에 주의를 기울입니다. (약 15초 후)
9. 자! 이번에는 양어깨 근육을 긴장시켜 보겠습니다. 양어깨를 양 귀까지 올려주세요. (약 15초 후) 자! 이제 양어깨 근육을 편안하게 풀어주십시오. 양어깨 근육을 긴장시켰을 때와 이완되었을 때의 차이점을 느껴봅니다. (약 15초 후)
10. 자!, 이제 아랫배의 근육을 긴장시켜 보겠습니다. 아랫배를 들여보낸 채 가만히 계십시오. (약 15초 후) 자! 편안하게 아랫배 근육을 이완시켜 주세요. 긴장되었을 때와 이완되었을 때를 비교해 봅니다. (약 15초 후)

11. 자! 아랫배를 맹꽁이처럼 부풀게 하겠습니다. 복식호흡을 하면서 배를 부풀리세요. (약 15초 후) 자! 편안하게 아랫배 근육을 이완시켜 주세요. (약 15초 후)

12. 자! 이제 가슴의 근육을 긴장시켜 보겠습니다. 숨을 들이쉰 다음 가슴을 조금 위로 당기고 멈추세요. 숨을 내쉬면서 편안하게 이완시켜 보겠습니다. (약 15초 후) 가슴의 근육이 긴장되었을 때와 이완되었을 때의 차이를 느껴봅니다. (약 15초 후)

13. 자! 이제 발과 다리의 근육을 긴장시킬 차례입니다. 양발을 들고 몸의 바깥쪽으로 발끝을 쭉 뻗어보겠습니다. 양발과 다리의 근육에 힘이 들어가고 긴장된 것을 느껴봅니다. (약 15초 후)

14. 자! 이제 양발을 들고 몸의 안쪽으로 발끝을 쭉 오므려보겠습니다. 양발과 다리의 근육에 힘이 들어가고 긴장된 것을 느껴봅니다. (약 15초 후) 이제 편안하게 풀어주시고, 긴장했을 때와 이완했을 때의 차이를 음미해 봅니다. (약 15초 후)

15. 자! 이번에는 양 허벅지의 근육을 긴장시켜 보겠습니다. 두 다리를 모아들고 양손으로 허벅지를 서로 눌러주세요. 근육의 긴장을 느끼세요. (약 15초 후) 자! 이제 편안하게 풀어주시고, 다리가 긴장되었을 때와 이완되었을 때를 비교해 봅니다. (약 15초 후)

16. 15초 자기분노조절기법(필자) / 자기분노조절 버튼프레스기법(필자) 시연하기』

『자! 이제 점점 더 깊이 이완되어 갑니다. 자신의 호흡을 관찰해봅니다. 아주 규칙적으로 호흡하고 계십니다. 한번 들이쉴 때마다 이완이 깊어 갑니다. 한 번씩 내쉴 때마다 편안하게 이완감이 온몸 구석구석 퍼져갑니다.

더욱 깊은 이완 상태로 들어가도록 도와드리겠습니다. 다섯부터 하나까지 세겠습니다. 제가 세는 동안 점점 더 깊게 그리고 편안하게 이완되고 풀어져서 아주 고요한 휴식상태로 들어가는 것입니다. 다섯, (약 5초 후) 넷, (약 5초 후) 셋, (약 5초 후) 둘, (약 5초 후) 하나. 아주 깊고 고요한 휴식상태입니다. 편안한 이완상태를 유지하면서 이번에는 호흡에 주의를 기울여 봅니다. 조용히 복식호흡을 계속하십시오. (약 20초 후) 복식호흡을 계속하시면서 한번 상상해 봅니다.

편안한 이완상태를 유지하면서 이번에는 호흡에 주의를 기울여 봅니다. 조용히 복식호흡을 계속하십시오(약 20초 후). 복식호흡을 계속하시면서 상상해 보겠습니다. 바닷가 모래밭에 따스한 햇볕을 받으며 누워있습니다. 갈매기가 소리 내며 주변을 날아다니고 있습니다. 참 평화롭습니다! 부드럽고 따뜻한 모래도 느껴집니다. 한번 손으로 부드러운 모래 한 줌을 움켜보겠습니다(20초 후). 자! 이제는 시선을 파도로 돌리겠습니다. 파도가 내 발밑을 치고 빠집니다. 한번 두 발로 밀려오는 파도를 느껴보겠습니다(20초 후). 자! 이번에는 양손을 펼쳐서 바닷물을 한번 만져보겠습니다(20초 후). 싱그러운 바다 냄새가 밀려옵니다. 한번 바다 냄새를 맡아보시겠습니다(20초 후). 자! 이제는 돌아와야 할 시간입니다. 손을 들어 갈매기에게 작별인사를 하겠습니다(15초 후).

자! 이제는 산으로 한번 가보겠습니다. 골짜기에 계곡이 보이고, 맑은 물이 흐르고, 아름다운 꽃(계절별로: 싱그러운 나뭇잎, 단풍, 눈 덮인 산))도 수를 놓고 있고, 새들도 보입니다. 산봉우리에 앉아 바람이 얼굴에 스치는 모습에 한 번 주의를 기울여 보겠습니다(20초 후). 자! 오른손을 들어 불어오는 바람을 느껴보겠습니다(20초 후). 이젠 바람을 엄지와 검지를 사용해 잡아보겠습니다(20초 후). 싱그러운 꽃, 나무, 풀, 공기 냄새를 맡아보겠습니다(20초 후). 아주 평화롭고 편안하고 행복합니다.

자! 이제는 힘겨웠던 하루의 일과 여정을 마치고 집으로 돌아왔습니다. 집 안에 있는 욕조에서 혼자 몸을 담그고 있는 자신을 상상해 봅니다. 물은 적당히 따뜻하고, 수증기가 보이고, 향긋한 비누 냄새가 느껴집니다. 목까지 차는 따뜻한 물에 몸을 담그고 있습니다. 팔로 물을 휘저어 봅니다. 물결이 일어나면서 간지러움이 내 피부를 통해 전해집니다. 편안하고 느긋하게 그 물결을 느껴봅니다. 느껴봅니다. 계속 이 장면을 그려봅니다. (약 1분 후) 자! 이젠 모두가 깨어나야 할 시간입니다. 이제 깨어날 때는 그늘에 가려진 분노(shadowed anger)도 한도 우울도 불안도 두려움도 없는 아주 편안하고 담대한 상태로 깨어나게 될 것입니다. 갑자기 깨어나지 마시고 숫자에 따라 천천히 깨어나겠습니다. 다섯에서 하나까지 세겠습니다. 지금부터 점점 정신이 들게 될 것입니다. 둘에 눈을 떠주시고, 하나에는 평소의 각성상태로 돌아가겠습니다. 하나(5초 후), 둘(5초 후), 셋(5초 후), 넷(5초 후, 자! 모두 눈을 떠주세요), 다섯(5초 후). 아주 상쾌합니다. 편안합니다. 감사합니다. 행복합니다. 갑자기 몸을 움직이지 마시고 천천히 움직이시기 바랍니다.』

D 프로그램 토의 및 평가

프로그램 내용 및 진행에 대한 전반적인 피드백을 제공하기

E 과제소개

자기분노수기 작성하기(자신의 분노를 유발시키는 분노유발상황과 상대방의 입장에서 자기분노수기를 기술하시오)

자기분노척도(Self-Anger Scale)(Nay, 2004)

척도(%)	신체감각 (Physical Sensations)	원하는 행동 (Desired Behaviors)
0-20		
21-40		
41-60		
61-80		
81-100		

자기분노분석 I(Self-Anger Analysis I)(Nay, 2004)

무슨 일이 있었는가?	당신이 원했던 것은 무엇인가?
상황기술하기(누구와, 어디서, 무슨 일이 있었는가?):	카메라 체크(Fact Check):
암묵적/맹목적 기대:	현실적 기대:

자기분노분석 II(Self-Anger Analysis II)(Nay, 2004)

사고(thoughts)/자기대화(self-talk):	합리적 · 대안적 자기대화(사고, 객관화, 계획):
1.	1.
2.	2.
3.	3.
4.	4.
5.	5.

자기 소개 양식

다음 제시된 내용대로 진실하고 성의 있게 기술하시오.

1. 자신의 분노유발상황을 기술하시오.

2. 원인을 누가 어떻게 먼저 제공을 하였는가?

3. 분노유발상황시의 나의 분노대처사고 및 행동은?

4. 만일 그 당시에 자신의 분노를 통제할 수 있었다면, 당시 그 상황은 어떻게 변화하였을까?

5. 분노유발에 의한 우발적 사건결과에 초래되었을 때, 당신의 부모님, 배우자 또는 자식의 심정은 어떠할까?

6. 피해자(그/그녀)의 부모, 배우자, 그리고 자식의 심정은 어떠할까?

7. 앞으로 유사상황이 전개된다면 어떻게 대처할 것인가?

8. 자신을 용서해주고, 당신의 부모, 배우자, 자식에게 용서를 구하기.

9. 피해자와 그/그녀의 부모, 배우자, 자식에게 용서를 구하기.

10. 본 분노조절 및 심리사회기술훈련 프로그램을 통해서 기적적으로 자신의 분노가 통제되고 조율이 된다면, 가장 먼저 자신에게 어떠한 변화가 기대되는가? 또한, 가족, 학교, 직장에서는 어떠한 변화가 기대되는가?

자기 소개 양식

다음은 L군(18, 남, 폭력)의 진실(眞實)하고 성의(誠意) 있게 기술된 자기분노수기양식의 한 예이다. 기술된 양식을 주의 있게 읽고 자신의 자기분노수기양식에 기술하시오.

1. 자신의 분노유발상황을 기술하시오.

나는 분노는 사람의 감정이라고 생각한다. 대부분의 경우에는 어떤 이의 판단(행동 또는 생각)을 이해하지 못할 때 발생한다. 그렇기 때문에 대부분의 나의 싸움은 오해 때문에 생긴다.

2 원인을 누가 어떻게 먼저 제공을 하였는가?

내가 분노를 느낄 때는 주위에서 들이대거나 무시하거나 짜증나게 하면 참다 참다 못하면 터져서 격분하는 성격, 또는 욱하는 성격을 소유하고 있다. 이것이 다혈질이라고 한다. 가끔은 나도 나 자신을 통제 못할 때도 있다. 그리고 엄마가 뭐라고 할 때에는 잔소리 때문에 무척 짜증이 나기도 한다. 날씨가 더워지면 주의에서 그냥 건들기만 해도 짜증이 나고 화가 치밀어 오르는 경향이 있다. 원인 제공은 주위에서 나한테 욕을 하거나 자는 나를 깨우거나 시끄럽게 하면 짜증이 나고 분노가 치밀어온다.

3. 분노유발상황시의 나의 분노대처사고 및 행동은?

나는 상대방과 이야기를 하다가 서로 간에 생각이 맞지 않아서 말싸움을 하다보면 서로 간의 의견 충돌이 생겨서 많이 싸우게 된다. 상대인 친구가 뒤에서 무시하는 소리나 욕을 하면, 내가 그것을 참지 못하고 나 자신도 모르게 친구를 때리는 경향이 많다. 또한, 내가 분노가 유발하면 벽을 주먹으로 치거나 혼자서 욕을 하고 소리를 지른다. 예전에는 참다 참다 못하면 주위에 있는 사람들이나 지나가는 사람들, 나를 빤히 쳐다보는 사람들에게 소리를 지르거나 때리곤 했다.

4. 만일 그 당시에 자신의 분노를 통제할 수 있었다면, 당시 그 상황은 어떻게 변화하였을까?

내가 만약에 그때에 내 자신의 분노를 참고 통제할 수 있는 방법을 알았다면, 이곳에 와서 교육을 받지 않았을 것이고, 학교도 퇴학을 당하지도 않았을 것이고, 치료비와 합의금으로 많은 돈을 헛되게 버리지도 않았을 것이다. 지금쯤 나는 고등학교에서 대학을 가기 위해서 공부를 하고 있을 것이다. 그리고 보호관찰에서 수강명령교육도 받지 않아도 되고 법원까지도 가는 일도 없었을 것이다.

5. 분노유발에 의한 우발적 사건결과에 초래되었을 때, 당신의 부모님, 배우자 또는 자식의 심정은 어떠할까?

부모님께서는 내가 분노를 유발하게 되면, 먼저 흥분하지 말고 마음을 차분히 가라앉히라고 하신다. 제가 분노를 하면 얼굴이 붉어지고 확 티가 난다면서 화내지 말라고 하신다. 내가 그렇게 하지 않았더라면 서로 맘 편히 지내지 않았을까? 라고 생각을 해보게 된다. 내가 앞으로 분노를 느끼게 되면, 마음을 가라앉히고 서로의 의견이 일치하지 않더라도 상대방의 생각도 존중해 주어야 할 것 같다.

6. 피해자(그/그녀)의 부모, 배우자, 그리고 자식의 심정은 어떠할까?

저의 부모님도 이번 사건으로 인하여 마음이 많이 상하셨다. 잠도 못 자고, 밥도 잘 안 드시고, 치료비와 합의금을 마련하시려고 이리저리 전전긍긍하셨던 것이 지금도 눈에 선하다. 피해자분들의 마음에 많은 상처와 한이 생겼다고 생각한다. 내가 그렇게 하지 않았더라면 서로 맘 편히 지내지 않았을까? 라고 생각을 해보게 된다. 내가 앞으로 분노를 느끼게 되면, 마음을 가라앉히고 서로의 의견이 일치하지 않더라도 상대방의 생각도 존중해 주어야 할 것 같다.

7. 앞으로 유사상황이 발생한다면 어떻게 대처할 것인가?

앞으로 유사상황이 발생한다면 골똘히 생각을 한 뒤, 분노행동으로 인한 뒤에 따를 책임과 벌에 대해서도 한 번쯤 생각하게 될 것 같다. 이로 인해 앞으로는 유사한 상황이 일어나지 않도록 말과 행동에 하나하나 주의를 해야 될 것 같다.

8. 자신을 용서해 주고, 당신의 부모, 배우자, 자식에게 용서를 구하기.

내가 지금까지 살면서 내 생각과 행동이 옳다고 생각하고 행동을 했는데, 내가 잘못 생각하고 행동을 한 것 같다. 항상 내 마음에 안 들면, 상대방에게 욕을 퍼붓고 때리기까지 하며 상대방에게 모욕을 하고 다니며, 때리는 일을 서슴지 않고 했다.
지금까지 내가 했던 방식들이 모두 잘못됐다는 것을 이제야 알게 된 것 같다. 그리고 내가 부모님과 같이 살게 된지 이제 겨우 1달이 조금 넘었다. 이전에는 초등학교 때부터 고모의 집에서 살면서 친구들과 어울리면서 안 좋은 일들만 일삼아 왔다. 앞으로는 부모님과 같이 살면서 상대방에게 욕설을 하거나 때리지 않고, 말로 풀도록 노력을 해보겠다.

9. 피해자와 피해자의 부모, 배우자, 자식에게 용서를 구하기.

피해자분들께는 제가 했던 모든 말과 행동들을 생각해보면, 정말로 죄송하고 피해자분들이 저를 용서해주신다면 앞으로 다시는 이런 일이 없도록 주의하겠습니다. "저를 용서해주세요!", "진심으로 사죄를 드립니다!"

10. 본 분노조절 및 심리사회기술훈련 프로그램을 통해서 기적적으로 자신의 분노가 통제되고 조절이 된다면, 가장 먼저 자신에게 어떤 변화가 생길 것이라고 기대하는가? 또한, 가족생활, 학교생활, 직장에서는 어떤 변화가 생길 것이라고 기대하는가?

본 분노조절 프로그램을 통해서 제가 가지고 있는 분노와 안 좋은 습성을 다 버리고 고치고, 다시는 이런 곳에 오지 않도록 교육이 끝나는 날까지 성의 있게 열심히 받겠습니다. 앞으로 내 인생에 기적이 일어난다면, 나는 육군하사관이 되어서 조국을 방위하는 직업군인이 되었을 것입니다.

주제 Ⅱ

나를 깨라! 그래야 산다!

(The Breakout Principle!)

제3회기

도식치료와 분노조절 통합인지행동치료

A 목적

- 도식치료(Schema Therapy) : 18가지 초기부적응도식을 자각한다.
- 분노경험과 자동적 사고의 관련성을 이해하고 자신의 분노관련 자동적 사고를 적극적으로 탐색해 본다.
- 자신의 자동적 분노사고, 일차적 자동적 분노사고, 이차적 자동적 분노사고를 식별한다.
- 자신의 왜곡된 내적·외적 귀인을 식별한다.
- 자신의 부정적 사고와 부정적 행동유형을 과감히 깬다!

B 회기 진행 과정

1 회기 진행 워밍업

태극권 복식호흡웃음치료 및 점진적 근육이완 시연하기

2 과제확인 및 피드백 주기

3 도식치료(Schema Therapy)

18가지 초기부적응도식(the Early Maladaptive Schema, EMS)(Young, 1999) 중 단기 인지치료에서는 3가지의 인지적 현상에 초점을 둔다. 즉, 자동적 사고(automatic thoughts), 인지왜곡(cognitive distortions), 그리고 잠재적 가정(underlying assumption)이다. Young(1999)은 성격장애(personality disorder)에 있어 보이는 주요한 3가지 성격특성들을; 경직성(rigidity), 회피(avoidance), 그리고 대인관계의 어려움(interpersonal difficulty) 등으로 기술하고 있다. 즉, 경직성(rigidity)은 사고의 부정확성(inaccuracy)과 부적응(maladaptiveness)에 관련된다. Millon(1981)은 성격병리(personality pathology)에 관한 중요한 2가지 특징으로서 적응적 경직성(adaptive inflexibility)과 악순환(vicious circles)으로 구체화했다: "개인이 다른 사람들에 관련하여 목적을 이루고 스트레스를 대처하기 위해 사용되는 대안전략(alternative strategy)은 매우 적으며, 경직되게 실행된다." Millon(1981)은 자기패배연속성의 악순환(惡循環)을 다음과 같이 설명하고 있다. "방어적 속박감(protective constriction), 인지왜곡(cognitive distortions), 그리고 행동일반화(behavior generalization) 등과 같은 기제들은 사람들의 새로운 학습을 제한하고, 뜻밖의 기쁜 상황들을 왜곡시키며, 그리고 유년 시절의 문제와 환상을 재활성화시키어 타인들에게 반응을 유발한다."

Millon(1981)은 성격특성(personality traits)을 개인이 그것들을 소유하고 있는 것에 대해 "정상적(건강한 것)이라고 생각하는 것(feel right)"이라고 기술하고 있다(자아 · 동조적(ego-syntonic): 나르시시즘, 피해의식, 애정결핍이 복합된 상태로서, 약간의 스트레스와 불쾌한 상황에서도 감정이 폭발하며, 이는 주의의 사람들에게 상처와 분노감을 안겨주지만, 자신에 있어서는 문제가 전혀 없다고 느끼는 상태를 일컫는 것).

성격장애환자들은 사고와 감정들이 고통스럽기 때문에 회피하거나 지워버리는 경향이 있다. 이러한 "인지적 회피(cognitive avoidance)" 또는 "정서적 회피(emotional avoidance)"는 혐오적 조건화(aversive conditioning)로 설명될 수 있다: 불안(anxiety)과 우울증(depression)은 기억(memory)과 연상(association)을 회피(avoidance)에 이르도록 조건화한다. 전통적 정신분석적 관점에서는 억압(repression)(즉, 회피)과 같은 방어기제를 성격장애에 가장 유력한 요인으로 본다. 만성적인 환자들(chronic patients)은 그들의 가슴 속 깊이 자리 잡은 상황과 정서를 고찰하는 것을 회피한다. Millon(1981)은 "억압(repression)은 혼란스런 감정을 잊어버리거나, 새로운 것을 학습하거나, 그것들을 가능한 보다 더 건설적인 대처방안을 방해한다."고 설명한다.

대인관계의 어려움(interpersonal difficulty)은 성격장애환자의 세 번째 특징이다. 사실상, DSM-IV 성격장애 정의의 대부분 히스테리성(histrionic), 정신분열성(schizoid), 의존성(dependent), 편집성(paranoid), 회피성(avoidant), 그리고 경계선 성격장애(borderline disorder) 등을 포함하여 대인관계의 어려움을 시사하고 있다.

대부분의 초기부적응도식(EMS: the Early Maladaptive Schema)은 자신의 환경 속에서 가지고 있는 무조건적인 신념이자 느낌을 표출한다. Segal(1988)은 도식(schema)을 "과거반응과 경험의 조직화된 요소들은 연속적인 지각과 평가를 이끌어낼 수 있는 지식에 대한 비교적 응집력이 있고 지속적인 본체를 형성한다."고 정의하고 있다. 다음은 도식영역과 관련된 18가지의 초기부적응도식(the Early Maladaptive Schema)이다.

「단절과 거절」(Disconnection and Rejection)

단절과 거절은 사람의 보호, 안전, 안정성, 양육, 공감, 감정공유, 수용, 그리고 존중의 욕구들에 대한 기대가 예상할 수 있는 방법으로는 충족되지 않을 때 유발한다. 전형적인 가족발단은 분리되고, 냉정하고, 거절하고, 억제하고, 외롭고, 무시하고, 감정이 격하기 쉽고, 예측불가능하고(즉, 분노폭발), 또한 학대를 가한다.

1) 유기/불안정(Abandonment/Instability)

지지와 관계를 형성할 수 있는 사람들에 대해 불안정하거나 신뢰할 수 없는 사람으로 지각한다. 중대한 사람들(significant people)은 정서적으로 불안정하고, 예측불가능하고(즉, 분노폭발), 신뢰할 수 없고, 또한 불규칙적으로 참여하기 때문이다; 그들은 곧 죽기 때문일 것이다; 또는 그들은 보다 나은 누군가에게 호의를 베풀기 위해서 환자를 포기하기 때문에 정서적 지지, 관계, 용기, 실질적 보호를 계속해서 제공할 수가 없게 될 것이다.

2) 불신/학대(Mistrust/Abuse)

다른 사람들이 상처주고, 학대하고, 굴욕을 주고, 부정을 저지르고, 거짓말을 하고, 또한 이용할 것이라는 기대이다. 손상이 의도적이거나 부당하고 심한 과실로 인한 결과로 인식되는 것이 일반적으로 관련된다. 자기가 항상 다른 사람들과의 관계가 배신으로 끝나거나 불공평한 대우를 받고 있다고 판단한다.

3) 정서결핍(Emotional Deprivation)

정서지지(emotional support)의 평균치(normal degree)에 대한 자신의 욕구가 다른 사람들에 의해서 적절하게 충족되지 않을 것이라는 기대이다. 박탈감의 주요 3가지 종류는 다음과 같다.

(a) 양육결핍 : 주의, 애정, 온정, 또는 친교(형제애)의 부재.

(b) 공감결핍 : 이해, 경청, 자기공개(self-disclosure), 또는 다른 사람들로부터의 감정의 상호공유의 부재.

(c) 보호결핍 : 용기, 지도, 또는 다른 사람들로부터의 지침(指針)의 부재.

4) 결함/수치심(Defectiveness/Shame)

자기가 결함이 있고, 악질이고, 쓸모없고, 열등하고, 또는 관계에 있어 무가치하다는 감정; 만약에 자신이 드러나면, 중요한 인사들에게 사랑받지 못할 것이라는 감정. 아마도 비평, 거절, 그리고 비난에 대한 과민성도 수반된다; 자의식(self-consciousness), 비교, 그리고 다른 사람들 주위에서의 불안; 또는 자신이 인식하고 있는 결점들에 대한 수치감이다. 이러한 결점들은 사적인(즉,

이기심, 분노충동, 비수용적 성적 욕구) 것일 수도 있고 공적인(즉, 탐탁지 못한 신체의 외모, 비사교성(social awkwardness) 것일 수도 있다.

5) 사회적 고립/소원(Social Isolation/Alienation)

자신이 세상으로부터 고립되고, 다른 사람들과 다르며, 또한 어떤 집단이나 공동체의 일부가 되지 못한다는 감정이다.

「자율성장애 및 수행장애」(Impaired Autonomy and Performance)

분리, 생존, 독립적인 역할기능, 또는 성공적인 수행을 할 수 있는 자신의 인식된 능력이 자기 자신과 환경에 의해 방해를 받게 된다는 기대이다. 전형적인 가족발단은 밀착되고, 아동의 자긍심을 손상시키고, 과잉보호하며, 가족 외부에서 유능하게 업무수행을 성취한 자녀들에 대한 보상(강화)이 부족하다.

6) 의존/무능력(Dependence/Incompetence)

다른 사람들로부터의 많은 도움 없이는 자신의 일상적 의무들을 효율적인 방식으로 처리할 수 없다는 신념이다(즉, 자기 자신을 돌보기, 일상의 문제들을 해결하기, 공정한 판단을 하기, 새로운 과제에 도전하기, 좋은 결정을 내리기). 흔히 무력감으로서 나타난다.

7) 손상과 질병에 대한 취약성(Vulnerability to Harm or Illness)

절박한 재앙이 언제라도 닥쳐올 것 같고 자신은 이를 막을 수 없다는 과장된 두려움이다. 두려움은 다음 사항들 중 하나 또는 그 이상에 초점을 두고 있다:

(a) 의학적 재앙(즉, 심장발작(heart attack), AIDS)

(b) 정서적 재앙(즉, 정신이상이 됨)

(c) 외적 재앙(즉, 엘리베이터 추락, 범죄자에 의한 피해, 비행기 추락, 지진)

8) 밀착/미숙한 자기(Enmeshment/Undeveloped Self)

충분한 개별화와 정상적 사회발달이 결여됨으로 인해 자신이 중요한 한 사람 또는 그 이상의 사람들(종종 부모들)과의 과도한 정서적 말려듦으로 밀착되는 현상이다. 적어도 밀착된 사람들 중에 한 사람은 생존할 수 있는 능력이 없고, 다른 사람들의 지속적인 지지 없이는 행복해질 수가 없다는 신념이다. 다른 사람들과 부적당한 개인정체성에 의한 숨 막히거나 복합된 감정들을 포함한다. 공허감, 당혹감, 방향상실감, 또는 자신의 존재에 대한 지나치게 의문을 갖는 사례 등과 같은 경험을 한다.

9) 실패(Failure)

자신이 실패했거나 불가피하게 실패를 할 것이고, 자신의 동료들에 비해서 성취의 영역에서(학교, 직업, 스포츠, 등등) 근본적으로 부적절하다는 신념이다. 종종 자신이 다른 사람들보다 더 우둔한, 서투른, 무능한, 무지한, 더 낮은 신분에 있는, 성공하지 못한다는 신념을 포함한다.

「한계장애」(Impaired Limits)

내적 한계, 다른 사람들에 대한 책임감, 또는 장기간 목표지향에서 어려움을 의미한다. 다른 사람들의 권위를 존중하는 데, 협력하는 데, 헌신하는 데, 또는 현실적인 개인의 목표를 세우고 이루는 데 어려움을 보인다. 전형적 가족발단은 책임지기, 상호협력 방식 취하기, 목표설정 하기 등에 관련한 적절한 직면, 훈련, 그리고 한계보다는 허용, 방임, 지도결여, 또는 우월감에 의해서 특징지어진다. 어떤 경우에서는 아동이 불안의 정상적인 수준에서 감내하도록 요구되지 않았거나 적당한 감독, 지도, 또는 지침(안내)을 받지 못할 수도 있다는 점이다. 자신의 실패와 실수를 인정하고 수용하지 못한다.

10) 특권/과장(Entitlement/Grandiosity)

자신이 다른 사람들보다 더 우월하다는 신념이다; 특별한 권리와 특권(면책권) 등의 자격이 주어졌으며; 보통 사회적 상호작용을 이끄는 상호권리규칙에 의해서 얽매이지도 않는다는 신념이다. 현실적이든, 남들이 이성적으로 생각하든, 다른 사람들에게 손실을 가져다주든 간에; 권력과 통제권을 성취하기 위한(주의와 인정을 우선하지 않고) 우월감에 대해 지나친 초점을 두는(즉, 가장 성공적이고, 유명하고, 부유한 존재로서) 등의 자신이 원하는 것은 무엇이든지 할 수 있고 가질 수도 있다는 주장과 관련된다. 때론 다른 사람들의 필요와 감정에 대한 공감과 사려가 전혀 없이 타인들과 과도하게 경쟁하려 하거나 지배하려 한다; 자신의 권력과 견해를 내세우고 강요하며, 또한 자신의 욕구를 충족시키기 위해서 다른 사람들의 행동을 지배하려는 것을 포함시킨다.

11) 자기통제/자기훈련결여(Insufficient Self-Control/Self-Discipline)

자신의 개인적 목표를 성취하는 데 충분한 자기통제와 고통감내, 또는 자신의 정서와 충동에 대한 과대한 표현을 자제하려는 것을 힘겨워하거나 거부하려한다. 경미한 형태에서 환자들은 불안-회피(discomfort-avoidance)에 대해 지나치게 강조한다; 고통, 갈등, 직면, 책임, 지나친 노력 등을 회피하려는 경향은 개인적 성취, 헌신, 정직 등을 이루지 못하게 한다.

「타인지향성」(Other-Directedness)

사랑과 인정을 얻고, 자신의 관계를 유지하고, 또한 보복을 피하기 위해서 자신의 욕구를 희생하며, 다른 사람들의 욕구, 감정, 그리고 반응에 지나치게 초점을 둔다. 자신의 분노와 자연적 성향에 관해서는 억제하거나 자각이 부족하다. 전형적인 가족발단은 조건적인 수용에 바탕을 두고 있다: 아동들은 반드시 사랑, 관심, 승인 등을 얻기 위해서 자신들의 행동을 억제해야만 한다. 많은 가정에서는 아동 각자의 고유한 필요와 감정들보다 부모의 정서적 필요와 욕구 또는 사회적 수용과 지위에 더 가치를 둔다.

12) 복종(Subjugation)

자신이 억압을 받고 있기 때문에 다른 사람들에게 자신의 권리를 바치고, 지나치게 복종하는 것을 의미한다. 일반적으로 분노, 보복, 유기를 회피한다. 복종(subjugation)의 두 가지 주요 유형을 다음과 같이 분류한다.

(a) 필요의 복종 : 자신의 선호, 결정, 그리고 욕구의 억제

(b) 정서의 복종 : 정서표현, 특히 분노의 억제

일반적으로 자신의 욕구, 의견, 그리고 감정은 다른 사람들에게 타당하거나 중요하지 않다는 인식과 관련한다. 빈번히 덫에 빠진 느낌에 대한 과민성을 동반해 지나치게 맹종함으로써 나타난다. 대체로 분노를 촉발하게 하며, 부적응적인 증상에서 명백하게 나타난다(즉, 수동-공격적 행동, 통제할 수 없는 분노폭발, 신체화증상, 감정의 위축, 행동화, 물질남용).

13) 자기희생(Self-Sacrifice)

일상적인 상황에서 자신의 욕구충족을 희생하고, 다른 사람들의 필요에 자발적으로 충족시켜주기 위해 지나친 초점을 맞추는 것을 의미한다. 가장 공통된 이유는 다른 사람들에게 고통을 안겨주지 않기 때문이며, 이기심에서의 죄의식을 회피하기 위해서이며, 또는 궁핍하게 인식되는 다른 사람들의 관계를 유지하기 위해서이다. 종종 다른 사람들의 고통에 대한 과도한 민감성에 의해서 파생된다. 때로는 자신의 욕구가 적절하게 충족되지 않았다는 느낌과 돌보아 주었던 사람들에 대한 분노감을 유발하게 한다(상호의존개념과도 일치한다.).

14) 승인추구/인정추구(Approval-Seeking/Recognition-Seeking)

자신의 안정되고 진실된 의미를 희생하고, 다른 사람들로부터의 승인, 인정, 또는 관심을 얻거나 맞추는 것을 지나치게 강조한다. 자신의 자존감은 자신의 자연스러운 성향보다는 다른 사람들의 반응에 주요하게 좌우된다. 때론 인정, 찬사, 또는 관심을 얻기 위한(권력과 통제권에 중점을 두지는 않고) 수단으로서 신분, 외모, 사회적 수용, 돈, 또는 성취 등에 지나치게 역점(力點)을 둔다. 자주 삶의 중요한 결정을 확실치 않거나 만족스럽지 않게 내리게 되며, 또한 거절에 대해 과민한 반응을 초래한다.

과잉경계와 금지(Overvigilance and Inhibition)

자신의 자발적인 감정, 충동과 선택 등을 억제시키기 위해서 지나치게 역점을 두며, 또한 행복감, 자기표현, 이완감, 친밀한 관계, 또는 건강 등을 희생시키고, 업무수행과 윤리적 행동에 관해 엄격함, 내면화된 규칙과 기대를 충족시키기 위해 지나치게 역점을 둔다. 전형적인 가족발단은 엄격하고, 요구가 많고, 그리고 때론 체벌(體罰)을 가하는 환경이다. 즐거움, 기쁨, 이완감보다는 업무수행, 의무, 완벽주의, 규칙준수하기, 정서를 감추기, 실수하지 않기 등을 더 중요하게 부각시킨다. 이는 일반적으로 비관주의와 걱정의 이면(내면의 숨겨진 의도 또는 의제)에 자리한다. 만일 자신이 경계심과 조심성을 항상 발휘하지 못한다면, 모든 일들은 실패로 끝날 것이라는 신념이다.

15) 부정성/비관주의(Negativity/Pessimism)

긍정적이고 낙관적인 면을 최소화하고 간과하는 반면에 부정적인 면만(고통, 죽음, 손해, 실망, 갈등, 죄책감, 분개, 미해결된 문제, 잠재적인 실수, 배신, 잘못될 수 있는 일들) 광범위하게 평생토록 집착한다. 일반적으로 직업, 재정, 대인관계상황 등의 넓은 범위에서 모든 일들이 결국엔 심각하게 잘못될 것이라든가 또는 자신의 삶의 국면이 잘 진행되고 있는 것처럼 보이지만, 끝내 실패할 것이라는 과장된 기대감과 관련한다. 대개 재정파산, 손해, 모욕감, 또는 열악한 상황에 빠지게 되는 것 등과 같은 시행착오(試行錯誤)에 대한 지나친 두려움과 관련한다. 잠재적인 부적 결과들이 과장되기 때문이며, 이러한 환자들은 종종 만성적 걱정, 경계, 불평, 또는 우유부단에 의해 특징화된다.

16) 정서적 금지(Emotional Inhibition)

일반적으로 다른 사람들에 의해 승인을 받지 못하거나, 수치심의 감정, 또는 자신의 충동에 대한 통제력 상실 등을 회피하기 위해서 자발적인 행동, 감정, 또는 의사소통에 대한 지나친 금지를 한다. 가장 공통된 금지의 영역은 다음사항들과 관련한다.

(a) 분노와 공격성의 금지

(b) 긍정적 충동의 금지(즉, 즐거움, 애정, 성적흥분, 놀기(유희))

(c) 취약성을 표현하는 데 대한 어려움과 자신의 감정과 필요에 대해 자유롭게 의사소통을 할 수 없는 어려움.

(d) 정서를 무시하는 반면에 합리성에 대해 지나친 역점을 둔다.

17) 엄격한 기준/혹평(Unrelenting Standards/Hypercriticalness)

행동과 업무수행의 매우 높은 수준의 내면화 된 기준을 충족시키기 위해서 또한 일반적으로 비판을 회피하기 위해서 자신이 부단히 노력해야만 한다는 신념에 기초한다. 압박감으로 가득차 있고, 여유를 갖기가 힘들며, 자신과 다른 사람들에게 혹평을 전형적으로 초래한다. 즐거움, 이완감, 건강, 자존감, 성취감, 관계만족감 등에 심한 장애를 시사한다. 엄격한 기준은 전형적으로 다음과 같이 시사한다.

(a) 완벽주의, 지나치게 섬세한 주의, 또는 기준에 비해서 자신의 업무수행능력을 평가절하 한다.

(b) 엄격한 규칙, 삶의 다양한 영역에서의 "당위(should)", 비현실적으로 높은 도덕적 · 윤리적 · 문화적 · 종교적 신념 등이다.

(c) 더욱 많은 것을 성취하기 위해 시간과 효율성에 과도하게 집착한다.

18) 처벌(Punishment)

사람들은 실수에 대해서 반드시 가혹한 처벌을 받아야만 한다는 신념이 있다. 자신의 기대치와 평균치를 충족시키지 못하는 사람들(자기 자신을 포함함)에게 분노하고, 비관용적이고, 처벌적이고, 그리고 참지 못하는 경향성을 포함한다. 일반적으로 정상(상황)참작하기를 싫어하며(reluctance), 인간의 불완전함을 허용하지 못하며, 또한 공감을 하려 하지 않기 때문에 자신과 타인들의 과오와 실수를 용서하기에 어려움을 갖는다.

4 최근 분노유발상황 떠올려 보기

분노유발상황에서 떠오르는 부정적 · 편파적 · 왜곡적 · 주관적 사고들을 구체적으로 경험해 본다.

① 최근에 자신, 가족, 학교, 직장, 타인에게 발생한 분노유발상황을 한 가지 떠올려본다.

② 눈을 감고 그 상황을 가능한 구체적으로 상상해본다.

③ 분노감이 생생하게 경험되는지를 손을 들어 확인해본다.

④ 분노가 올라오는 상태를 유지하면서, 머릿속에 저절로 떠오르는 생각과 기억(잔상기억, 잔향기억)[1]에 주의를 모아본다.

⑤ 생각이 웬만큼 떠올랐으면 눈을 뜨고, 떠올랐던 생각을 순서대로 적어본다.

⑥ 자신의 생각에 대한 확신을 백분율(100%)로 표시해 본다.

⑦ 돌아가며 자신의 분노경험을 이야기한다.

5 분노에 대한 인지적 이해 : 부정적 자동적 분노사고

① 대부분의 분노내담자들(anger clients)이 흔히 보이는 인지적 특성들은 다음과 같다.

"내가 원하던 일이 아니다. 잘못되었다."

"충분히 의도적인 일이다. 통제할 수 있는 일이다. 그/그녀는 일부러 날 무시하고, 괴롭히고 있다."

"난 잘못이나 책임이 전혀 없다/전적으로 타인과 환경과 이 사회 탓이다."

"타인들이 잘못할 경우 경멸이나 처벌받아 마땅하다."

---

1) 잔상기억: 시각정보처리로서 장기기억에 저장된 기억. 잔향기억: 청각정보처리로서 장기기억에 저장된 기억.

예를 들면,

산악회모임에 자주 늦고 회비를 안 내는 친구 웨슬리(Wesley)가 있다. 그는 이번에 역시 예정 시간보다 2시간이나 더 늦게 도착하여 목적지를 변경할 수밖에 없는 불상사가 발생하게 되었다. 그럼에도 불구하고 미안한 기색도 하나 없고 밀린 회비도 전혀 내지 않는다.

② 우리에게 좋은 일들은 즐거움과 기쁨과 보상을 선물로 가져다주지만, 스트레스는 우리에게 불안, 우울, 분노를 축적시키게 된다. 그러나 외적환경요인뿐만 아니라 내적인 부정적 자동적 사고(negative automatic thought)도 불안,우울, 분노의 기저요인이 된다(Gilson & Freeman, 2006: 최병휘, 2006).

불쾌한 상황유발	왜곡적 · 부정적 · 편향적 자동적 사고
"직장을 잃었어!"	"이제 다시는 취직을 못할 거야!"
"어머니가 돌아가셨어!"	"난 이제 완전히 혼자야!"
"부모님이 이혼하셨어!"	"난 이제 혼자서 살아야 해!"
"난 늘 아파!"	"나는 더 이상 견딜 수 없어!"
"난 점점 늙어가고 있어!"	"나는 곧 죽을 거야!"
"아내가 날 떠났어!"	"난 아내 없이는 살 수 없어!"
"자식이 다 컸다고 대들어!	"난 이제 힘도 없고 쓸모없는 인간이야!"

③ 이러한 불쾌한 상황들을 보다 긍정적이고 건설적인 시각과 관점으로 이해하고 전환한다면 합리적 · 긍정적 · 대안적 · 중립적 사고와 도식이 형성될 것이다(Gilson & Freeman, 2006: 최병휘, 2006).

불쾌한 상황유발	합리적 · 긍정적 · 대안적 · 중립적 사고
"직장을 잃었어!"	"이제 다시는 취직을 못할 거야!"
"어머니가 돌아가셨어!"	"난 이제 완전히 혼자야!"
"부모님이 이혼하셨어!"	"난 이제 혼자서 살아야 해!"
"난 늘 아파!"	"나는 더 이상 견딜 수 없어!"
"난 점점 죽어가고 있어!"	"나는 곧 죽을 거야!"
"아내가 날 떠났어!"	"난 아내 없이는 살 수 없어!"
"자식이 컸다고 대들어!"	"난 이제 힘도 없고 쓸모없는 인간이야!"

즉, 우리는 모든 부정적인 상황들을 피할 수는 없다. 그러므로 우리의 부정적으로 왜곡되고, 편향되고, 고정화된 사고를 변화시킴으로써 긍정적·건설적 사고로 거듭나야 한다. 셰익스피어는 햄릿에서 "선하거나 악한 것은 없다! 생각이 그렇게 만들 뿐이다!"(햄릿, 2장 2막 중)라고 묘사해주고 있다. 필자는 "생각대로 보면, 생각대로 보인다!"로 대언하고자 한다. 즉, 긍정적인 시각에서 상대를 바라보려고 노력하면, 긍정적인 시각으로 상대가 보일 것이다. 반면에, 부정적인 시각으로 상대를 바라보려고 노력한다면, 부정적인 시각으로 상대가 보일 것이다.

* 합리적 사고와 비합리적 사고는 동시에 공존할 수 없다!

6 일차적·이차적 자동적 분노사고를 식별하라!(서수균, 2004).

- 일차적 · 이차적 자동적 분노사고에 대한 교육
- 자신의 분노유발상황에서 파생되는 일차적 · 이차적 자동적 분노사고를 식별하라.
- 일차적 · 이차적 자동적 분노사고 척도 결과를 알려주고 이에 관해서 이야기해 본다.

1) 일차적 자동적 분노사고

예를 들면,

"일부러 날 괴롭힌다."
"너무 이해를 안 해준다."
"난 혼자다."
"아버지는 당신 뜻대로만 한다."
"날 무시한다."
"내가 자기 졸병인가?"
"내가 오늘 죽어도 아무도 찾아오지 않을 것이다."
"쟤가 오늘 내게 눈을 흘기다니 제정신이 아니군!"

2) 이차적 자동적 분노사고

예를 들면,

"나쁜 인간!"
"구제불능이다."
"그냥 두고 볼 수 없다.",
"본때를 보여 주겠다."
"한 방 날려주고 싶다."
"저런 인간은 처벌을 받아도 싸다."
"너나 잘하세요."

7 왜곡된 내·외적 귀인(Internal·External Attribution)을 식별하라!

인간은 자신의 일과 과제가 큰 성과를 가져 왔을 때에 그것을 쉽게 자신의 탁월한 재능과 업무수행능력으로 귀인 하는 경향이 있다. 이를 내적귀인(Internal Attribution)[2]이라 일컫는다. 반면에, 자신의 일과 업무과제가 실패를 불러왔을 때에는 부모, 배우자, 동료, 그럴 수밖에 없었던 상황, 운 등과 같이 너무도 쉽게 실패의 원인을 타인과 환경에 귀인 하는 외적귀인(External Attribution)의 경향을 가지고 있다. 즉, 쉽게 자신에 의한 과제(project)의 실패의 원인을 타인과 환경에 귀인 시키는 주된 원인을 살펴보면, 타인과 환경을 질타함으로써 자신의 자존심손상을 최소화하여 보호받을 수 있고 또한 과제가 성공했을 때에 자신의 업무능력과 재능을 높임으로 인하여 자신의 자존심이 고양되기 때문이다. 이러한 현상을 자존심을 보호해준다는 측면에서 자기본위적편파(Self–Serving Bias)라 한다.

인간은 자신과 다른 사람들의 성공과 실패의 원인을 다르게 평가하고 귀인 하는 경향이 있다. 이를 방어적 귀인(Defensive Attribution)이라 한다. 즉, 다른 사람들의 성공을 운과 부모의 경제적 기반 등으로 귀인하고, 실패는 그들의 업무수행능력부족으로 귀인 시키는 경향이 있다. 반면에, 자신의 성과는 자신의 뛰어난 천재성과 탁월한 업무수행능력으로 부추기며, 실패는 자신이 운이 없음과 타인의 탓으로 귀명하는 경향이 있다.

8 Berkowitz(1990)의 좌절-공격성과 분노유발에 대한 가설모형

A • Berkowitz의 좌절–공격성가설

1단계 : 개인이 추구하는 목적을 이루지 못한다.

2단계 : 좌절은 분노를 유발한다.

3단계 : 분노는 공격적 행동을 유발하게 된다.

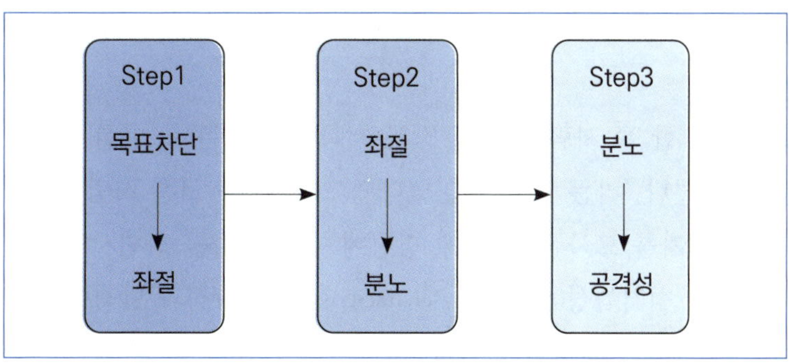

2) 성공과 실패의 원인을 찾는 방식으로 어떤 사건과 상황에 관한 원인이 무엇이라고 생각하기에 따라서 인간의 감정, 동기, 업무수행, 행동 등이 크게 달라질 수 있다.”

B • Berkowitz의 분노유발가설(서수균, 2004)

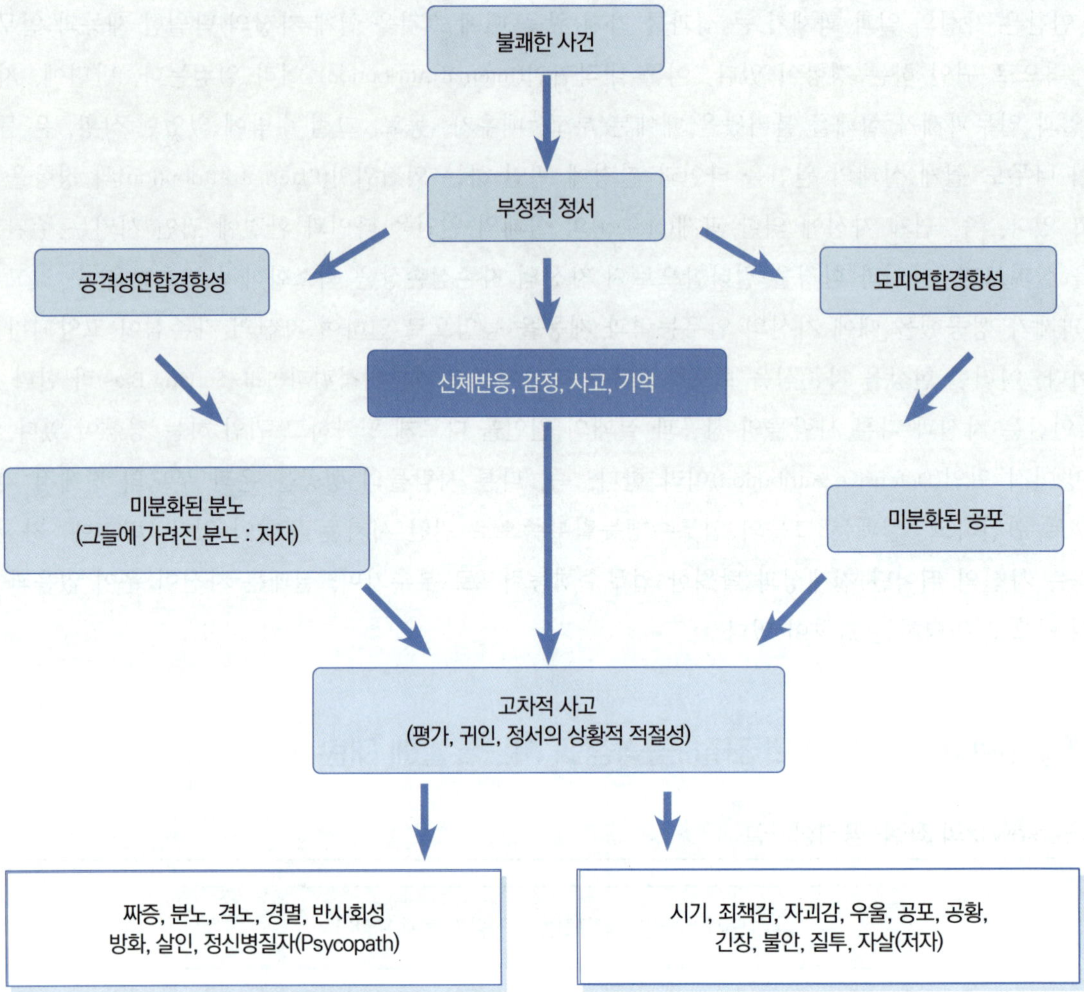

9 자신의 부정적 성격특성(personality characteristics)을 바꿔라!

두 명씩 파트너를 이루어 앉는다. 모든 참가자들에게 자기가 좋아하는 성격특성(personality characteristics)과 싫어하는 성격특성을 각각 다섯 가지씩 종이 한 장에 적도록 한다. 목록을 다 적고 나면, 상대방에게 자기가 적은 목록을 교환하라고 한다. 모든 파트너는 동시에 교실에 동그랗게 둘러 앉아 실습을 한다.

쌍을 이룬 파트너들 중 한 쪽 사람이 짝이 작성한 목록을 읽는다. 예를 들면, "나는 하루도 술을 마시지 않으면 잠을 못 이룬다."라는 항목을 읽었다면 그 목록을 읽은 사람은 자기가 그 성격특성을 가졌다면 어떻게 느낄 것인가를 묘사한다. 실제 경험에 대해 묘사를 하면서 약 3분간 목록에 있는 항목에 관해 가능한 추론하여 성격특성(personality characteristics)의 장점과 단점에 담긴 의미 등을 추측하면서 이야기를 해 나간다. 자기가 작성한 목록을 읽도록 한 목록 작성자는 자기 파트너가 실습을 끝낼 때까지 듣고는 있지만 반응을 하지는 않는다. 한 사람이 파트너의 목록에 있는 것을 읽고 이야기를 한 것처럼 나머지 파트너도 똑같은 요령으로 진행해 간다. 양쪽 파트너는 서로의 목록을 다 읽고 난 후에 서로 피드백을 주고받으며 이야기를 나눈다. 참여자가 옳고 그릇된 것이 중요한 것은 아니다. 목록에 있는 성격특성(personality characteristics)에 근거하여 직관으로 추측을 한다는 점이 핵심이다.

A. 자신의 좋은 성격특성(장점).

1.________________
2.________________
3.________________
4.________________
5.________________

※ 목표설정하기

B. 자신의 나쁜 성격특성(단점).

1.________________
2.________________
3.________________
4.________________
5.________________

※ 비워버리기/합리적 · 건설적 사고 전환 (논리의 칼 대기)

※ 다음은 다양한 주제들(흡연, 음주, 부부싸움, 성격특성)에 대한 손익비율 목록(cost-benefit ratio list)을 작성해 보고자 한다.

1) 다음은 자신의 흡연에 대한 손익비율목록(cost-benefit ratio list)이다. 실제 자신의 흡연에서 기인하는 이득(장점)과 손실(단점)에 대해서 각각 5가지씩 기술하라.

A. 자신의 흡연의 이득(장점).

1.________________
2.________________
3.________________
4.________________
5.________________

※ 목표설정하기

B. 자신의 흡연의 손실(단점).

1.________________
2.________________
3.________________
4.________________
5.________________

※ 비워버리기/합리적 · 건설적 사고 전환 (논리의 칼 대기)

2) 다음은 자신의 음주에 대한 손익비율목록(cost-benefit ratio list)이다. 실제 자신의 음주에서 기인하는 이득(장점)과 손실(단점)에 대해서 각각 5가지씩 기술하라.

A. 자신의 음주의 이득(장점).

1.________________
2.________________
3.________________
4.________________
5.________________

※ 목표설정하기

B. 자신의 음주의 손실(단점).

1.________________
2.________________
3.________________
4.________________
5.________________

※ 비워버리기/합리적 · 건설적 사고 전환 (논리의 칼 대기)

3) 다음은 부부싸움에 대한 손익비율목록(cost-benefit ratio list)이다. 실제 부부싸움에서 기인하는 이득(장점)과 손실(단점)에 대해서 각각 5가지씩 기술하라.

A. 부부싸움의 이득(장점).	B. 부부싸움의 손실(단점).
1.________________	1.________________
2.________________	2.________________
3.________________	3.________________
4.________________	4.________________
5.________________	5.________________
※ 목표설정하기	※ 비워버리기/합리적 · 건설적 사고 전환 (논리의 칼 대기)

4) 다음은 자신의 고질적인 성격특성에서 대한 손익비율목록(cost-benefit ratio list)이다. 실제 자신의 고질적인 성격특성에서 기인하는 이득(장점)과 손실(단점)에 대해서 각각 5가지씩 기술하라.

A. 자신의 성격특성의 이득(장점).	B. 자신의 성격특성의 손실(단점).
1.________________	1.________________
2.________________	2.________________
3.________________	3.________________
4.________________	4.________________
5.________________	5.________________
※ 목표설정하기	※ 비워버리기/합리적 · 건설적 사고 전환 (논리의 칼 대기)

10 단점을 장점으로 고양(高揚)하라!

우리는 장점을 개발하는 것이 중요하고 이를 통해서 자신의 삶의 목표를 계속적으로 지향하는 것은 더욱더 주요(主要)하다. 그러나 자신의 단점을 인식하고 수용하는 것도 매우 중요하다. 단점과 두려움은 우리의 삶을 고갈시킬 수 있기 때문이다. 자신의 약점인 부인, 거부, 방어기제를 뛰어넘어 가장 인간적인 자신의 불안정한 모습에 다가가고, 정확하게 지목하고, 수용하고, 이를 보완 및 개선할 수 있는 방법과 자신의 모습을 있는 그대로 받아들이고 웃을 수 있는 복식호흡웃음치료와 분노조절기법을 통하여 자신의 단점을 장점으로 바꿀 필요가 있다. 이 기법들을 통해서 우리는 전념하는 단계에서 확신의 단계로 향상될 것이다. 또한 이러한 변화를 위해서는 "수용의 지혜", "직면의 용기", "존재의 용기", "자기분석", "지적 통찰", "정서적 통찰", "영적 통찰" 등이 필요하다. 자신의 취약점을 인정하고, 수용하고, 관찰하는 사람들은 많은 사람들로부터 인정을 받게 된다. 우리는 자신의 불안정한 부분을 낙천적 · 긍정적인 열정, 용기, 수용으로 변화시킬 수 있게 된다. 이는 자신을 개선하고, 치료하고, 확장해 나아가는 데 반드시 필요한 자기훈련단계이기도하다. "자신의 약점을 두려워하지 마라! 이를 정화(淨化)하고, 승화(昇華)시키고, 고양(高揚)하라!"

11 자기 비밀을 과감히 폭로하라!

모든 집단구성원은 종이에 각자의 비밀을 두 가지씩 적는다. 비밀은 그 사람의 집단에 드러내기 불편한 것이어야 한다. 비밀을 적은 후에 종이는 접고 익명성이 보장되도록 집단에 있는 다른 구성원의 것과 잘 섞는다. 종이를 집단구성원에게 나눠 주고 종이를 받은 집단구성원은 자기의 종이를 받지 않았는지 확인한다.

모든 집단구성원들은 마치 자기의 개인적인 비밀인 것처럼 차례대로 감정을 실어서 읽는다. 모든 집단구성원들은 처음 폭로하는 비밀인 듯 전개하고 그것을 자기 생애에 비밀로 간직하며 사는 것이 어떤 느낌이었는지를 설명한다. 모든 사람들이 약 10분간 비밀의 내용과 연관된 감정, 견해, 대안, 태도에 대해 표현한다.

자신이 익명으로 쓴 비밀을 다른 이들이 공감적으로 친절하게 표현해주는 것에 매우 놀라기도 하고 안도하기도 한다. 또한 일반적으로 자신의 비밀이 집단구성원에게도 공통된 주제라는 점 때문에 신선한 충격과 유대감을 갖게 된다. 정서적인 문제에 대해 감정을 공유할 수 있다는 것을 통해서 집단은 응집력, 유대감, 일체감 등이 강화된다. 자기 비밀을 과감히 폭로 하기는 다양한 기능을 담당하는데, 공감대형성(rapport building)과 심리사회대인관계기술을 발단시킬 뿐 아니라 더 나아가 집단 활동의 준비 작업으로 기여하게 된다.

자기 비밀 수기 :

1) ______________________________

____

____

____

2) ______________________________

____

____

____

12 자기분노조절(Self Anger Management)과 자기분노치료 (Self Anger Therapy)를 위한 통합인지행동치료(ICBT)

- 복식호흡 3회기 시연하기! : 자연스럽게 들숨과 날숨을 시연하기.

- 복식호흡 웃음요법을 3회기 시연하기! : 들숨과 함께 살짝 미소를 짓고, 잠시 호흡을 5~15초간 유지하고, 입을 2~3cm 정도 벌리고 날숨과 함께 웃는다. 들숨과 함께 양손을 꽉 쥐고, 입을 2~3cm 정도 벌리고 날숨과 함께 웃으면서 양손을 180°로 활짝 펴준다.

- 타임아웃!(Time out! Time out! Time out!)

- 자기분노조절 로댕 웃음요법 시연하기!(류창현, 2014) : 분노가 유발된 상황에서 잠시 자신의 분노를 옆에다 내려놓고, 로댕 자세를 취하고, "지금 이 상황에서 지속적인 분노와 격분이 내게 어떤 도움이 될까?", "지금 이 상황에서 지속적인 분노와 격분이 내게 어떤 행복을 가져다 줄 수 있나?", "지금 이 상황에서 지속적인 분노와 격분이 내게 어떤 의미인가?", "지금 이 상황에서 지속적인 분노와 격분이 나의 삶의 질을 높여줄 수 있나?", "지금 이 상황에서 지속적인 분노와 격분이 나를 공유적인 관계로 개선해줄 수 있나?", "지금 이 상황에서 지속적인 분노와 격분이 내가 할 수 있는 최선의 해결책인가?", "지금 이 상황에서 지속적인 분노와 격분이 내가 할 수 있는 최선의 대안인가?", "만일 지금 이 상황에서 지속적인 분노와 격분을 하지 않는다면, 나는 상대와 과연 어떤 모습으로 있을까?" 등과 같이 논리의 칼 대기(논박하기)를 하면서, 오른쪽 검지로 오른쪽 볼에 버튼프레스하고 동시에 오른쪽으로 고개를 들고 크게 웃으면서 왼쪽으로 갖다 온다(2X). 그런 후, 약간(1/3 정도)의 복식호흡(들숨과 날숨)과 함께 미소를 지으면서 "하~하~!", "호~호~!" 추임새 웃음요법을 시연한다.

- 안구이완 웃음요법(Eye Movement Desensitization Laugh) 시연하기! : 분노, 불안, 우울, 강박적 사고, 강박적 행동, 긴장, 스트레스가 유발될 때에 얼굴에 살짝 미소를 짓고 복식호흡웃음요법을 시연하면서 안구를 좌우로 20회기씩 돌려 이완해 준다.

- 자기분노조절 버튼프레스 복식호흡 웃음치료 시연하기!(류창현, 2014) : 분노가 유발된 상황에서 잠시 자신의 분노를 옆에다 내려놓고, One, Two, Three 카운트를 하면서 양손의 엄지손가락으로 검지와 중지손가락을 터치한 후, 검지를 세우고 엄지와 중지는 작은 원형을 만든다. 세운 양쪽 검지손가락으로 크게 원형을 그리면서 "자기분노조절 버튼프레스(Self-Anger Management Button Press)[3]라는 말과 함께 양쪽 검지손가락을 터치하여 프레스 한 후, 박수를 치며 "합(Hip)" 이라고 크게 외치고 복식호흡을 하면서 눈, 입(미소를 지으면서 치아는 꽉 물기), 양손(주먹을 꽉 쥔다.), 괄략근, 허벅지, 발 등과 같이 몸 전체에 긴장을 주며 기마자세를 취한다. 날숨과 함께 입은 웃음을 지으며 크게 벌리고 양손을 180° 활짝 펴주면서 온몸을 이완시키면서 몸을 바르게 세운다.

---

3) 자기분노조절 버튼프레스(Self-Anger Management Button Press)"를 "자기불안조절 버튼프레스", "자기우울조절 버튼프레스", "자기강박조절 버튼프레스", "자기자살조절 버튼프레스", "자기좌절조절 버튼프레스", "자기비난조절 버튼프레스", "자기무력감조절 버튼프레스" 등과 같이 다양한 조절 버튼프레스 기법으로 사용할 수 있다.

• 혀깨물기! : 격분으로 인한 폭언과 폭행이 유발된 상황에서 자신의 혀를 깨물면서 잠시 동안 사고, 감정, 행동, 언어 등을 조절한다.

• 엎드려 팔굽혀펴기! : 자신의 분노, 우울, 불안, 강박, 공황 등을 팔굽혀펴기로 분산시킨다.

• "앗! 분노다! 분노다! 분노다!" : 자기분노자각기법으로 "앗! 분노다! 분노다! 분노다!" 3번씩 외치면서, 자신의 감정을 자각한다.

• "앗! 생각하지 마! 생각하지 마! 생각하지 마!(Thought Stopping!)" : 자신의 분노, 우울, 불안, 스트레스, 강박, 공황 등과 관련된 반추적인 침투적인 핵심신념을 잠시 내려놓기 위해 사용한다.

• "자신과 타인에게 실수할 수 있는 권리를 주어라!"

• "자기분노대처사고!(Self-Anger Coping Thoughts!)" : 자신을 불행하게 만드는 비합리적 · 비현실적 · 자기파괴적 사고, 신념, 강요, 당위, 요구, 명령, 원함을 단호하게 거절한다.

• "왜 모든 일들이 내가 주장하는 대로만 반드시 되어야 하는가?"
  No! No! No!
  Stop! Stop! Stop!
  Rejection! Rejection! Rejection!

• "유용한 합리적 신념들을 쉽게 선택하고 창안하기!"(Albert Ellis & Ted Crawford, 2000: 류창현, 2011).

"비록 내가 매우 중요한 목표들에 실패(失敗)하거나 좋아하고 사랑하던 사람들로부터 거절당하는 것을 싫어할지라도, 나는 여전히 꽤 행복한 존재(fairly happy existence)로서 살아갈 수 있어야만 한다."

• "자기의사소통기술!(Self-Communication Skills!)" : 효과적인 의사소통 기술을 위해 다음 2가지 원칙들을 활용한다(Albert Ellis & Ted Crawford, 2000: 류창현, 2011).

첫째, 당신 자신을 보다 덜 불안(anxiety)하게 하기 위해서는 자기의사소통(self-communication)을 관찰(觀察)하라.

둘째, 타인들과 최상의 관계를 만들기 위해서 그들과 함께 공유하고 있는 자기의사소통(self-communication)을 경청하라.

• "자기선호표현(Self-Preference Expressions)" : 만일 당신이 단지 약간의 분노를 유발하고 있다는 것을 자각할 수 있다면, 당신 자신의 당위(should)와 강요(must)를 다음 같은 자기선호표현으로 바꾸어 표현하라(Albert Ellis & Ted Crawford, 2000: 류창현, 2011).

"나는 만일 당신이......................... 해주신다면, ... 은(는) 더 좋겠어요!"

- “자기분노대화기법 I(Self-Anger Talk Technique I)” : 자신의 분노유발 상황에서 자기분노대화기법을 통해 분노를 조절하라.

“지금 이 상황에서 내가 이렇게 생각하는 것이 과연! 과연! 과연! 적절한(올바른 또는 긍정적인) 생각인가?”

“지금 이 상황에서 내가 이렇게 말하는 것이 과연! 과연! 과연! 적절한(올바른 또는 긍정적인) 말인가?”

“지금 이 상황에서 내가 이렇게 행동하는 것이 과연! 과연! 과연! 적절한(올바른 또는 긍정적인) 행동인가?”

“지금 이 상황에서 내가 이렇게 분노하는 것이 과연! 과연! 과연! 적절한(올바른 또는 긍정적인) 행동인가?”

“지금 이 상황에서 내가 막 말하려고 생각하는 것이 과연! 과연! 과연! 적절한(올바른 또는 긍정적인) 말인가?”

“지금 이 상황에서 내가 막 행동하려고 생각하는 것이 과연! 과연! 과연! 적절한(올바른 또는 긍정적인) 행동인가?”

“지금 하는 언행(말과 행동)이 과연! 과연! 과연! 내가 당장 하고 있는 일과 관련이 있는가?”

“지금 하는 언행(말과 행동)이 과연! 과연! 과연! 내가 당장 하고 있는 일에 도움이 되는가?”

“지금 하는 언행(말과 행동)이 과연! 과연! 과연! 내게 어떤 행복을 가져다 줄 것인가?”

- “자기분노대화기법 II(Self-Anger Talk Technique II)” : 자신의 분노유발상황에서 자기분노대화기법을 통해 분노를 조절하라.

“지금 하는 언행(말과 행동)이 과연! 과연! 과연! 내 인생목표에 어떤 도움이 되는가?”

“지금 하는 언행(말과 행동)이 과연! 과연! 과연! 내게 최선의 삶을 이끌어 줄 수 있는가?”

“지금 하는 언행(말과 행동)이 과연! 과연! 과연! 내 삶에 창의적 발현을 이끌어 줄 수 있는가?”

“지금 하는 언행(말과 행동)이 과연! 과연! 과연! 잘되는 나로 만들어 줄 수 있는가?”

“지금 하는 언행(말과 행동)이 과연! 과연! 과연! 내게 어떤 의미인가”

“지금 하는 언행(말과 행동)이 과연! 과연! 과연! 내게 창의적 능력을 제공해 줄 수 있는가?”

“지금 하는 언행(말과 행동)이 과연! 과연! 과연! 나를 성숙한 인격으로 성장시켜 줄 수 있는가?”

“지금 하는 언행(말과 행동)이 과연! 과연! 과연! 내 삶에 긍정적인 변화를 가져다줄 수 있는가?”

멈춰라! → 긍정적으로 생각하라! → 긍정적으로 변화하라!
(Stop!) (Think Positive!) (Positive Change!)

- "무조건적인 자기수용(Unconditional Self-Acceptance, USA)"하기!(Albert Ellis & Ted Crawford, 2000: 류창현, 2011).

당신은 불완전(不完全, fallible)한 존재(存在)이다. 게다가 당신은 흔히 비효율적(inefficiently)으로, 그릇(badly)되게 그리고 비도덕적(immorally)으로 행동할 것이다. 무척이나 심하게 당신은 행동을 할 것이다. 그러므로 당신은 자신 스스로를 비하(卑下)시키는 행동을 삼가하고, 자기비하(自己卑下)로 인해서 자신의 불완전성(fallibility)을 더 증폭시킨다는 사실을 자각하고, 이러한 자신의 불완전성(不完全性)을 무조건적으로 수용(unconditionally accept)하라.

- "무조건적인 타인수용(Unconditional Other-Acceptance, UOA)"하기!(Albert Ellis & Ted Crawford, 2000: 류창현, 2011).

자신의 배우자를 포함한 모든 사람들이 또한 불완전한 존재이다. 만일 당신이 현명하다면, 당신은 타인들을 그들의 결점(缺點, warts)과 실패(失敗, failings)에도 불구하고 무조건적인 타인수용(Unconditional Other-Acceptance, UOA)을 할 것이다. 무슨 일이 있어도 무조건적인 타인수용(UOA)을 한다는 것은 타인을 "있는 그대로(as is)" 수용한다는 것이다. "완벽주의 내담자들(perfectionistic clients)"에게 "당신과 함께 있기를 원하는 데에는 어떠한 완벽한 이유도 필요치 않습니다!"라고 수용한다.

- "무조건적인 세상수용(Unconditional World-Acceptance, UWA)"하기!(Albert Ellis & Ted Crawford, 2000: 류창현, 2011).

생활환경들, 즉 당신의 환경(environment), 생태환경(ecology), 경제(economics), 그리고 정치(politics) 등은 완벽과는 거리가 멀며, 당신, 자신의 배우자 그리고 타인들에게 수많은 문제들을 초래한다. 힘들겠지만! 당신은 이러한 상황들을 좋아할 필요는 없다. 만일 당신이 이러한 상황들과 맞서 싸울 의지가 있다면, 이러한 상황들을 증오하라. 그러나 당신이 현실적으로 바꿀 수가 없다면, 이러한 상황들을 수용하라. 자신 스스로에게 심한 격분을 일삼거나 주어진 상황을 더욱 악화시킬 필요는 없다. "예스!(Yes!)"라고 말하면서 수용하라.

- "비판을 건설적인 제안으로 수용하기!"(Albert Ellis & Ted Crawford, 2000: 류창현, 2011).

자신의 배우자가 논쟁한 비판의 칼로 당신 스스로를 찌르지 마라. 그리고 그 비판의 칼로 인해 보복(報復, retaliation)을 하기 위해서 그/그녀(배우자)의 등을 찌르지 마라. 심지어 당신과 자신의 배우자가 고려하기에 건설적인 제안을 할 수 없는 상황에 놓여있을 지라도, 비판(批判)을 하나의 "건설적인 제안(constructive suggestion)"으로 재구조화하라. 자신의 상처 받기 쉬운 자아(vulnerable ego)를 잠시 동안 내려 놓고 포기하고, 동시에 어떤 비판의 어조(語調)를 무시하고, 비판의 분노어조(angry tone)이면에 담고 있거나 숨겨졌을지도 모를 유익한 제안들(beneficial suggestions)에 대해 생각하라. 만일 당신이 정직하게 하나의 좋은 "제안(提案)"을 찾게 된다면, 그것을 말하라. 만일 당신이 "제안(提案)"을 좋아하지 않는다면, 당신과의 관계를 향상시키기 위해 노력하려는 자신의 배우자의 "좋은 의도(意圖)"에 진솔하게 감사하라.

- "집게손가락으로 엄지손가락 주위를 문지르면서 돌리기!" : 복식호흡 웃음요법과 더불어 집게손가락으로 엄지손가락 주위를 돌려주면서 자신의 분노, 우울, 불안, 긴장, 두려움, 강박을 이완한다.
- 비가시적 논리의 칼 대기!(Invisible Mes of Logic!)" : 자신의 부정적 · 왜곡적 · 편향적 사고와 신념에 의해 형성된 역기능적 사고선(dysfunctional thought line)에 과도하게 집착하거나 의미확대를 하지 말고, 논리적 · 합리적 · 철학적 · 경험적 · 기능적 사고로 논박하거나 비가시적 논리의 칼로 그 사고선을 잘라버린다.
- "자기소망 자각하고 선택하기!" : 자기 자신이 진정으로 무엇을 원하는 지를 자각하고 이를 실행하기 위해 자기의미에 대한 의지로 선택하고 결심한다(권석만, 2013).

  ① "오직 나만이 내가 만든 세계를 변화시킬 수 있다!"

  ② "변화하는 것은 결코 위험한 일이 아니다!"

  ③ "나는 실로 원하는 것을 성취하기 위해 변화해야 한다!"

  ④ "나는 충분히 변화할 수 있는 의지와 에너지를 가지고 있다!"

- "문제는 단지 문제일 뿐이다!" : 자신의 문제에 대한 과도한 의미확대나 의미축소를 하지 말고 문제를 있는 그대로 수용한다. 즉, 문제는 해결하기 위해 존재한다. "그 이상도 그 이하도 아니다!"라고 지각할 수 있어야 한다. 문제를 해결하고 대처하기 위해 이를 있는 그대로 수용하고, 혼신을 다해 배우고, 고통을 감내한다. 결국 이는 자신의 강점과 창의성으로 진화한다.
- "상대방의 제안과 요구에 대한 대처기술!" : 당신은 자신을 통제하려는 상대방의 노력들에 대해 다음 4가지 주요 방법들로 대처할 수 있다(Albert Ellis & Ted Crawford, 2000: 류창현, 2011).

  ① 제안(suggestion) 또는 요구(demand)를 수용하라!

  ② 제안(suggestion) 또는 요구(demand)를 반대하라!

  ③ 제안(suggestion) 또는 요구(demand)를 무시하라!

  ④ 제안(suggestion) 또는 요구(demand)의 조건을 탐색하고 타협하려고 시도하라! (당신은 심지어 상대방이 원하는 한 부분을 수용하면서 또 다른 부분을 반대할 수도 있다.)

- "직면의 용기!" : 학교생활이 아무 재미도 의미도 없어 포기하겠다는 우울증 M내담자(M, 18)에게 "나는 네가 학교의 의미를 찾기 위해서 학교를 포기해서는 안 된다고 생각해! 앞으로 2년 동안 .1% 또는 .01%씩 노력하고 감내해서 졸업한 후 그 의미에 대해서 다시 생각해 보자꾸나!"
- "존재의 용기!" : 인생이 전혀 의미가 없고 무기력하고 무망감으로 인해 자살하겠다는 우울증 M내담자(M, 18)에게 "나는 네가 인생의 후반부까지(40살 후) 살아본 후, 자신의 가치, 의미, 존재, 영향력, 업적, 능력, 우월성, 완전성, 창조성 등에 대해서 한번 생각해봤으면 좋겠어! 그때까지 .1% 또는 .01%씩 노력하고 감내해서 자기효능감(Self-Efficacy), 자기통제력(Self-Mastery), 성취감(Achievement-Confidence) 등을 형성해 나가자!"
- 팔짱끼기 자기분노조절기법(Crossing Arms Self-Anger Management Technique, 날개기법)(류창현, 2014) : 자신의 분노가 유발될 때, 자신의 분노를 자각하고 작은 미소와 들숨과 더불어 양손으로 자신의 가슴을 꽉 감싸 안으면서 "나는 조금 지나면 진정이 될 것이다!", "나는 이전처럼 분노를 통제할 수 있다.", "나는 파란색(푸른 하늘, 푸른 바다, 푸른 산, 소나무)을 생각할 수 있다." "사랑해, 창현!", "나는 평화롭다!", "나는 자기분노조절을 시연할 수 있다!", "나는 분노보다 더 위대하고 의미 있는 소중한 존재이다!" 등을 암시한다. 팔짱을 낀 상태에서 다시 양손을 바깥쪽으로 활짝 피면서 자신의 분노사고, 불안사고, 우울사고, 강박사고, 공황사고, 긴장사고, 저항사고를 날숨과 함께 내보낸다.
- "선악기법(Good VS. Evil Technique) 시연하기!" : 당신 자신에게 향한 상대방의 악언(惡言)과 악행(惡行)에 똑같은 방법으로 대응하지 말고 선언(善言)과 선행(善行)으로 대처하고 수용하여 통합을 이루어 낸다.
- "주장적인 공유를 공유적인 주장으로 바꿔라!" : 절대적인 강요, 당위, 주장에 기초한 공유가 아닌 상호간의 공유적인 관계를 바탕으로 주장을 한다.
- 중용적 사고와 단어 사용하기 : 매우 극단적 · 이분법적 사고와 단어를 자제하고 보다 순화된 중용적 · 중립적 사고와 단어를 선택하여 사용한다.
- 부부대화기법 : 서로 돌아가며 하루에 30분씩 경청하기. 경청하는 순간 간단한 제스처 이외 질문이나 반박을 피한다.
- 매직박스(Magic Box) : 부정적 · 왜곡적 · 편향적 · 강박적 · 핵심적 · 자동적 사고들이 침투하여 반추할 때, 뇌의 한쪽에 놓인 매직박스에 이 모든 사고들을 넣는 상상을 하며, One, Two, Three를 외치는 순간 호흡(바람, 연기, 구름, 시냇물)과 함께 사라지게 한다.
- 휴지통비우기(Empty a Wastebasket) : 부정적 · 왜곡적 · 편향적 · 강박적 · 핵심적 · 자동적 사고들이 침투하여 반추할 때, 뇌의 한쪽에 놓인 휴지통에 이런 사고들을 클릭하여 집어넣는 상상을 하고, One, Two, Three 카운트를 하면서, Delete Key를 누르는 순간 "즈 · 즈 · 즈" 소리와 함께 사라지게 한다.

• "자기분노대처진술문 · 온유한 감사언어로 부부싸움하기!" : 부부싸움을 할 때, 서로의 불일치와 차이점으로 인해 쉽게 비난, 비판, 모욕, 욕설, 조소, 저주 등과 같은 말을 하고 격분하게 된다. 이 때 자신의 분노의 언어를 알아차리고, 멈추고, 내려놓고, 포기하고, 죽이고, 날숨과 함께 내보낸 후, 다음과 같이 온유한 감사의 언어로 바꾸어 표현하도록 시도한다. 소리 지르듯 큰소리로 자기분노대처진술문을 사용한다.

"나는 당신이 건강을 위해 술과 담배를 줄였으면 고맙겠어요!"

"나는 당신이 과로와 폭식을 하지 말고 운동으로 몸을 챙겼으면 더 좋겠어요!"

• "부정적 · 편향적 · 왜곡적 사고선(Thought Lines) 끊기!" : 자신의 검지와 중지 손가락을 가위형태로 만들어 정신적 · 정서적으로 연결된 부정적 · 편향적 · 왜곡적 · 강박적 사고선들(thought lines)을 과감하게 끊어버린다.

• 워리타임!(걱정시간 따로 빼돌리기, Worry Time!) : 자신의 침투적 · 자동적 · 반추적 · 부정적 · 왜곡적 · 편향적 · 고착적 · 비합리적 · 비현실적 · 역기능적 사고에 과도한 의미와 의심을 부여하여 지금 당장 집착하거나 강박하지 말고(현재의 귀중한 시간을 허비하지 말고), 차후 시간을 따로 떼어 생각할 시간을 가져라!(잠자기 전 기도시간, 명상시간, 양치시간, 목욕시간, TV시청시간, 인터넷게임시간, 산책시간, 커피시간, 전철과 버스탑승시간을 활용함). "그러므로 내일 일을 위하여 염려하지 말라. 내일 일은 내일이 염려할 것이요. 한 날의 괴로움은 그 날로 족하니라."(마 6:34).

• "방탄창(Bullet-Resistant Window)" 시연하기! : 타인의 비난과 비판에 분노하지 마라. 타인의 비난과 비판을 다루는 비결은 이를 깊이 받아들이지 않는 것이다. 즉, 덜 상처받는 것이다. 덜 스트레스 받는 것이다. 덜 분노하는 것이다. 덜 불안해하는 것이다. 이를 위해 연습이 필요하다. 남들의 비웃음도 웃어넘길 줄 알아야 한다. 비난과 비판을 받는 사람보다는 비난과 비판을 하는 사람이 자신의 문제에 화가 나거나, 과도한 경쟁심이나, 시기와 질투로 인해 타인에게 투사의 도구로 비난과 비판을 선택한다. 따라서 자신과 타인의 공간 사이에 "방탄창"을 심상화하면서 거친 폭언, 욕설, 비난, 비판, 저주[4], 음담패설 등이 방탄창을 맞고 반사되는 상상을 하면서 너무 부정적인 언어 · 비언어 메시지를 직접적으로 받아들이지 않는 것이다. 즉, 타인의 비합리적 · 비현실적 · 비논리적 · 비실용적 · 역기능적 · 강박적 언행에 자동적 · 습관적으로 쉽게 상처를 받는 자아상을 보호하기 위한 시연이다.

"방탄창!", "방탄창!", "방탄창!", "방탄창!", "방탄창!", "방탄창!"

• "그리고/또는 사고(And/Or Thought)" 시연하기!(Albert Ellis & Ted Crawford, 2000: 류창현, 2011). : 상호간에 최상의 관계를 형성하고 유지하기 위해서 "거나/또는 사고(Either/Or Thought)"가 아닌 "그리고/또는 사고(And/Or Thought)"로 전환시킨다. 즉, 한쪽 의견에 편향되거나 왜곡시키지 않고 양쪽 모두의 의견들을 존중하고 고려하는 합리적 사고를 의미한다. 예를 들면, "나도

4) 전도서에는 "사람이 하는 모든 말에 네 마음을 두지 말라. 그리하면 네 종이 너를 저주하는 것을 듣지 아니하리라. 너도 가끔 사람을 저주하였다는 것을 네 마음도 알고 있느니라."(전 7:21~22)라고 제기하고 있다.

불완전하지만 그런대로 괜찮은 사람이고(And/Or Thought) 당신도 불완전하지만 그런대로 괜찮은 사람입니다!" "나도 실수를 할 수 있는 사람이고(And/Or Thought) 당신도 실수를 할 수 있는 사람입니다!"

- "볼펜누르기(Ballpoint Pen Pressing)" 자기분노조절기법!(류창현, 2014) : 아동 · 청소년은 흔히 자신이 분노, 불안, 우울, 강박, 공황, 긴장, 저항되는 상황에 놓이기 되면, 자신의 볼펜을 물거나, 빨거나, 톡톡 치거나, 돌리거나, 딱딱거리는 행동을 한다. 이러한 순간 자신의 분노, 불안, 우울, 강박, 공황, 긴장, 저항의 징후들을 알아차리고, 잠시 내려놓고, 포기하고, 작은 미소와 들숨과 더불어 엄지와 검지로 볼펜을 꽉 누르면서 잠시 호흡을 유지하고 천천히 날숨과 함께 자신의 분노사고, 불안사고, 우울사고, 강박사고, 공황사고, 긴장사고, 저항사고를 내보낸다.

- 자기분노 진정시키기(류창현, 2014) : 자신의 분노가 유발될 때, 자신의 분노를 자각하고 작은 미소와 들숨과 더불어 양손을 머리 위로 쭉 피면서 날숨과 함께 큰소리로 "하~~~!", "호~~~!", "히~~~!", "화~~~!"라고 외치면서 자신의 분노를 내보낸다. 아울러 작은 미소와 들숨과 더불어 양손을 가슴 높이로 들고 날숨과 더불어 양손등을 바깥쪽을 향하면서 180도 활짝 피고 다시 들숨과 더불어 양손을 깍지를 끼고 가슴 쪽에 모으고 날숨과 함께 자신의 분노를 내보내면서 자신을 진정시킨다.

- 타인분노 진정시키기(류창현, 2014) : 타인이 자신에게 비난을 하면서 분노를 유발할 때, 작은 미소, 감성적 음성, 상큼한 윙크와 더불어 부드러운 손으로 분노유발자의 팔을 지그시 터치하면서 "엄마~~~! 사랑해!", "자기야~~~! 사랑해!", "아들/딸아~~~! 사랑해!"라고 말하면서 진정시킨다.

- 팔장끼기 자기분노조절기법(류창현, 2014) : 자신의 분노가 유발할 때, 자신의 분노를 인식하고 작은 미소와 들숨과 더불어 양손을 교차시켜 안쪽으로 가슴을 꽉 감싸 안으면서 "사랑해요!", "평온하다!", "감사하다!", "파란색!", " 푸른 하늘!", "푸른 산!", "푸른 바다!", "난 내 분노를 조절할 수 있다!", "나는 내 분노보다 더 강하다!", "나는 나의 강력한 변명보다 더 강한 존재이다(I am stronger then my strongest excuse!)", "나는 내 분노보다 더 위대하고 소중한 사람이다!" 등 자기암시를 한다. 양쪽 팔장을 낀 상태에서 다시 양손을 바깥쪽으로 활짝 피면서 자신의 분노사고, 우울사고, 불안사고, 스트레스사고, 긴장사고, 강박사고, 공황사고, 갈등사고, 저항사고를 날숨과 함께 내보낸다.

- 성령의 열매 맺기 자기분노조절기법(류창현, 2014) : "내가 당신을 사랑하지만, 우리는 왜 그렇게 다른가?"라는 의문의 대답은 정반대의 성격기질에 끌려서 결혼했기 때문이다. 우리는 서로의 차이점과 불일치로 인해 쉽게 분노하고 두려워한다. 우리는 이를 해결하고 대처하기 위해서 모든 무거운 것과 얽매이기 쉬운 죄를 벗어 버리고 인내로써 우리 앞에 놓인 인생의 경주를 달려가야 한다. 경주를 하면서 힘들고 지쳐 포기하고 싶을 때 십자가를 참고 부끄러워하지 않

으신 예수를 바라보라고 권유한다. 아울러 성경은 오직 성령의 열매인 사랑, 희락, 화평, 오래 참음, 자비, 양선, 충성, 온유, 절제 등과 같은 긍정적 · 창의적인 성격기질들을 완성해 나가라고 권유한다. 즉, "이러므로 우리에게 구름 같이 둘러싼 허다한 증인들이 있으니 모든 무거운 것과 얽매이기 쉬운 죄를 벗어 버리고 인내로써 우리 앞에 당한 경주를 하며 믿음의 주요 또 온전하게 하시는 이인 예수를 바라보자 그는 그 앞에 있는 기쁨을 위하여 십자가를 참으사 부끄러움을 개의치 아니하시더니 하나님 보좌 우편에 앉으셨느니라. 너희가 피곤하여 낙심하지 않기 위하여 죄인들이 이같이 자기에게 거역한 일을 참으신 이를 생각하라."(히12:1-3)와 "오직 성령의 열매는 사랑과 희락과 화평과 오래 참음과 자비와 양선과 충성과 온유와 절제니 이 같은 것을 금지할 법이 없느니라. 그리스도 예수의 사람들은 육체와 함께 그 정욕과 탐심을 십자가에 못 박았느니라. 만일 우리가 성령으로 살면 또한 성령으로 행할지니 헛된 영광을 구하여 서로 노엽게 하거나 서로 투기하지 말지니라."(갈5:22-26). 등과 같이 제언하고 있다.

- "대처진술(Coping Statement)" 시연하기! : 합리적 대처진술문을 작성하여 활용한다(Albert Ellis & Ted Crawford, 2000: 류창현, 2011).

"나는 사는 동안 실수와 실패를 반복하더라도, 나는 결코 결코 결코 결코 결코 완전 실패자가 아니다!"

"나는 과거보다 더 소중한 존재이다!"

"나는 내 자신의 영웅이 되겠다!"

"인생의 어떤 힘든 상황에도 희망은 있다!"

"인간은 역할을 연기하는 연기자이다!"(Moreno)

"과연 나의 상처, 상실, 실망, 실패, 좌절, 열등감, 피해의식, 자기연민으로 인해 공격행동을 정당화할 수 있는가?"

"어렵다는 것은 직면의 용기가 필요하다는 뜻이다!"

- 자기격려(Self Pep Talk) : 거울을 보면서 자신에게 격려, 지지, 칭찬, 용기, 용서, 사랑, 감사하기

"넌 할 수 있어!"

"넌 최고야!"

"넌 나의 영웅이야!"

"넌 대한민국의 미래야!"

"Boys! Be Ambitious!"(W. S. Clark)

"Practice, Practice, and Practice!"

"나는 담대히 승리하는 자이다!"(Who Dares Wins!)

"난 심리적 변화와 성장을 통해 심리적 문제를 기꺼이 해결할 수 있다!"

"난 오늘도 새로운 배움과 변화를 통해 전진한다!"

- "사고분리치료(Thought Disjunction Therapy)" 시연하기! : 분노, 우울, 불안, 강박, 상실, 좌절, 실패, 결핍, 죄의식, 수치심, 열등의식을 유발하는 자신의 부정적 · 왜곡적 · 편향적 · 역기능적 사고에 집착하여 반추하지 말고, 이를 자각한 후 복식호흡웃음요법으로 멀리 멀리 멀리 내보낸다.

"생각은 생각일 뿐이다! 이러한 부정적 · 왜곡적 · 편향적 · 역기능적 생각이 내게 어떤 도움이 되나?"

"생각은 생각일 뿐이다! 이러한 부정적 · 왜곡적 · 편향적 · 역기능적 해석이 내게 어떤 행복을 가져다줄 수 있나?"

"생각은 생각일 뿐이다! 이러한 부정적 · 왜곡적 · 편향적 · 역기능적 생각이 내 삶의 목적을 이루는 데 어떤 이득이 되나?"

"생각은 생각일 뿐이다! 이러한 부정적 · 왜곡적 · 편향적 · 역기능적 생각은 내게 어떤 의미인가?"

"생각은 생각일 뿐이다! 나는 이러한 부정적 · 왜곡적 · 편향적 · 역기능적 생각보다 더 존귀한 존재이다!"

- "원하는 것(wanting)과 필요한 것(needing)을 구별하라!" : 자신의 원하는 것(목표, 목적, 관계, 배우자, 비전, 돈, 권력, 직업, 명예, 학력, 결혼, 자녀양육)이 반드시 · 틀림없이 자신이 필요한 것(물, 공기, 식량, 혈액, 약)은 아니다.
- "완벽을 요구하지 마라!" : 자신과 타인에게 완벽을 요구하지 마라. 우리 모두는 불완전한 존재이기에 실수를 범하며, 이를 통해서 깨닫고 배워나간다.
- "한 가지 길이 아닌 두 가지 길!" : 자신 스스로, 타인들 그리고 자신의 생활환경들에 대한 견해들이 "모두 당신 자신의 머릿속에만" 존재하는 것은 아니다. 그러나 만일 자신 스스로, 타인들 그리고 자신의 생활환경들에 대한 자기파괴적인 신념들(self-defeating beliefs)이 존재한다면, 당신은 이것들을 대처할 수 있어야만 한다.
- 왕따송과 왕따댄스 시연하기! : 왕따송과 왕따댄스를 부르고 추면서 "왕따!"와 "찐따!"라는 단어에 의해 고착되고 왜곡된 자신의 집착적 · 부정적 · 편향적 사고, 정서, 행동에서 합리적 · 긍정적 · 건설적 사고, 정서, 행동으로 .1%씩 조금씩 점진적으로 자유롭게 내려놓고, 포기하고, 죽이고, 내보낼 수 있다.

"왕~따~ 왕~따~ 왕~따~", "찐~따~ 찐~따~ 찐~따~"
"찐~따~ 찐~따~ 찐~따~", "왕~따~ 왕~따~ 왕~따~"
"왕~따~ 왕~따~ 왕~따~", "왕~따~따~!", "찐~따~ 찐~따~ 찐~따~"

• "분노조절랩송!(Anger Management Rap Song!)" : 분노가 유발한 상황에서 자신의 검지를 물고 랩 리듬을 타면서 분노조절랩송을 시연한다.

"아~ 아~아~ 아~아~아~", "아~ 아~아~ 아~아~아~", "아~ 아~아~ 아~아~아~", "아~ 아~아~ 아~아~아~", "아~ 아~아~ 아~아~아~"
"엄마가~ 소리질러~ 미안해~", "아빠가~ 소리질러~ 미안해~"

"아~ 아~아~ 아~아~아~", "아~ 아~아~ 아~아~아~", "아~ 아~아~ 아~아~아~", "아~ 아~아~ 아~아~아~", "아~ 아~아~ 아~아~아~", "아~ 아~아~ 아~아~아~"
"엄마가~ 욕해서~ 미안해~", "아빠가~ 욕해서~ 미안해~"

"아~ 아~아~ 아~아~아~", "아~ 아~아~ 아~아~아~", "아~ 아~아~ 아~아~아~", "아~ 아~아~ 아~아~아~", "아~ 아~아~ 아~아~아~", "아~ 아~아~ 아~아~아~"
"엄마가~ 비난해서~ 미안해~", "아빠가~ 비난해서~ 미안해~"

"아~ 아~아~ 아~아~아~", "아~ 아~아~ 아~아~아~", "아~ 아~아~ 아~아~아~", "아~ 아~아~ 아~아~아~", "아~ 아~아~ 아~아~아~", "아~ 아~아~ 아~아~아~"
"엄마가~ 때려서~ 미안해~", "아빠가~ 때려서~ 미안해~"

• 분노조절노래!(Anger Management Song!) : 자신이 좋아하는 발라드, 오페라, 가곡, 찬송가 등과 같은 부드러운 노래(soft songs)를 선정하여 자신의 분노 유발상황에서 실제적으로 불러보는 것이다. 다음은 분노조절을 위한 부드러운 노래가사를 기술하였다.

1) 도라지(장세정)

도라지 도라지 도라지 심심산천에 백도라지
한두뿌리만 캐어도 대바구니가 반실만 되누나
에헤요 에헤요 에헤야 어야라난다 지화자자 좋다
네가 내간장을 스리살살 다녹인다
도라지 도라지 도라지 요몹쓸년의 백도라지
하도 날데가 없어서 쌍바우 틈에가 났느냐
에헤요 에헤요 에헤야 어야라난다 지화자자 좋다
네가 내간장을 스리살살 다녹인다

2) 우리는(송창식)

우리는 빛이없는 어둠 속에서도 찾을 수 있는
우리는 아주 작은 몸짓 하나라도 느낄 수 있는
우리는 우리는 소리없는 침묵으로도 말할 수 있는
우리는 마주치는 눈빛 하나로 모두 알 수 있는
우리는 우리는 연인

기나긴 하 세월을 기다리어 우리는 만났다
천둥치는 운명처럼 우리는 만났다
오 바로 이순간 우리는 하나다
이렇게 이렇게 이렇게 우리는 연인
우리는 바람부는 벌판에서도 외롭지 않은
우리는 마주잡은 손끝하나로 너무 충분한
우리는 우리는 기나긴 겨울밤에도 춥지 않은
우리는 타오르는 가슴 하나로 너무 충분한
우리는 우리는 연인
수없이 많은 날들을 우리는 함께 지냈다
생명처럼 소중한 빛을 함께 지녔다

3) 주기도문

하늘에 계신 아버지 이름 거룩 하사 주님나라 임하시고 뜻이 이루어 지이다. 일용할 양식 주시고 우리들의 큰 죄 다 용서하옵시고 또 시험에 들게 마시고 악에서 구원 하소서 대개 주의 나라 주의 권세 주의 영광 영원히 아멘.

4) 일송정

일송정 푸른솔은 늙어 늙어 갔어도
한줄기 혜란강은 천년 두고 흐른다
지난날 강가에서 말 달리던 선구자
지금은 어느 곳에 거친 꿈이 깊었나

5) 아베마리아

"~아~베~마~리~아! ~아~베~마~리~아!"
"~아~베~마~리~아! ~아~베~마~리~아!"
"~아~베~마~리~아! ~아~베~마~리~아!"
"~아~베~마~리~아! ~아~베~마~리~아!"

6) 할렐루야

"~할~렐~루~야! ~할~렐~루~야! ~할~렐~루~야!"
"~할~렐~루~야! ~할~렐~루~야! ~할~렐~루~야!"
"~할~렐~루~야! ~할~렐~루~야! ~할~렐~루~야!"
"~할~렐~루~야! ~할~렐~루~야! ~할~렐~루~야!"

13 "나를 깨라! 그래야 산다!"

1) 삶의 10계명

우리의 인생에서 보다 나은 공유적인 삶의 질 형성, 최상의 관계형성, 효과적인 의사소통, 그리고 긍정의 힘을 유지하며 살아가기 위해서 배우고 훈련하여 실천해야 할 삶의 "10가지 수용의 지혜(Ten Wisdoms of Acceptance)"가 있다. 이를 필자는 다음과 같이 기술하고자 한다.

1. 사랑하는 기법을 배우고 훈련하라!(지금 당신과 함께하고 있는 모든 사람들을 사랑하라!)
2. 용서하는 기법을 배우고 훈련하라!(지금 당신과 함께하고 있는 모든 사람들을 용서하라!)
3. 자신을 위해 투자하는 기법을 배우고 훈련하라!
4. 열정을 이끌어내어 삶을 살아가는 기법을 배우고 훈련하라!
5. 대인관계를 형성하는 기법을 배우고 훈련하라!
6. 탐욕을 통제하는 기법을 배우고 훈련하라!
7. 고통을 감내하는 기법을 배우고 훈련하라!
8. 내려놓는 기법을 배우고 훈련하라!
9. 분노유발상황과 고통과 슬픈 상황들에서 웃음치료와 울음치료를 과감히 활용하여 자신의 정서를 정화 · 순화시킬 수 있는 자신만의 분노조절기법을 배우고 훈련하라!
10. 기도응답을 받을 수 있는 기법들을 배우고 훈련하라!

2) 브레이크아웃원리(The Breakout Principle)

고통(갈등, 몸부림, 영혼의 어두운 밤; 배우자의 죽음, 부모의 죽음, 이혼, 가난, 별거, 감옥살이, 해고, 교통사고단계) · 해방(내려놓기(letting go)), 한 발 뒤로 물러서기(backing off), 불안정한 의존적 애착과 집착을 포기하기(releasing) · 정상체험(영적 · 창의적인 경영상의 통찰경험, 마음의 경지, 새로운 아이디어, 높은 수준의 수행능력) · 향상된 삶(새로운 평상상태(new normal state))(Benson & Proctor, 2003; 장현갑, 2006)

3) 브레이크아웃 4단계 원리 : 자신을 깨고 변화시켜라!

그림 1 • 브레이크아웃으로 향하는 4단계 모형

1단계	몸부림(고통) – 예비적인 스트레스, 힘든 작업
2단계	해방 – 브레이크아웃 방아쇠
3단계	브레이크아웃/정상체험
4단계	상승된 '새로운 – 평상' 마음 신체 상태

4) 브레이크아웃 4단계 원리 : 자신의 스트레스를 통제하라!

그림 2 • 브레이크아웃으로 향하는 4단계 모형

1단계	보스와 동료와의 스트레스
2단계	해방 – 브레이크아웃 촉발자 : 반복명상과 개인적 믿음체계에 몰입
3단계	브레이크아웃/정상체험 : 두통의 해결, 혈압감소(인간관계의 새로운 아이디어)
4단계	상승된 '새로운 – 평상' 마음 신체 상태

5) 성경적 브레이크아웃 : 슬픔–회개–믿음–구원!

그림 3 • 브레이크아웃으로 향하는 4단계 모형

1단계	몸부림(고통) – 분석적 묵상, 간구의 기도모임, 깊은 열망 또는 불만족
2단계	해방 – 촉발기제 : 내버려둠, 놓아버림, 하나님께 귀 기울이기
3단계	브레이크아웃/정상체험 : 삶의 변화시키는 통찰, 깊은 내면의 평화, 종교적인 전환, 영감에 의한 조화
4단계	상승된 '새로운 – 평상' 마음 신체 상태

6) 오프라 윈프리의 성공원리를 수용하고 훈련하라!

"세계에서 가장 영향력 있는 여자, 오프라 윈프리는 흑인이었다. 사생아였다. 가난했다. 뚱뚱했다. 미혼모였다. "그래서 뭐 어떻다는 거야?(So what?)" 어렸을 적부터 되뇌었을 이 말은, 이제 그녀를 아끼는 전 세계 1억 4천만 시청자들이 외치는 말이 되었다. "오프라 현상(오프라 윈프리가 추천한 책은 곧 베스트셀러가 되기 때문이다)", "독서가 내 인생을 바꿨습니다.", "세계에서 가장 영향력 있는 신화가 된 여자!"로서 세계적으로 각광을 받고 있다. 또한 오프라 윈프리는 자신의 쇼인 "오프라 윈프리쇼"로 존경과 사랑을 한 몸에 받는 전 세계인의 친구일 뿐만 아니라 성과 인종, 집단의 경계를 뛰어넘어 모든 사람들이 닮고 성취하고 싶어하는 하나의 좋은 역할모델(good role model)이 되었다. 비록 얼굴을 마주하며 직접 만나지 못할지라도 우리는 텔레비전을 통해 그녀의 인간적인 따뜻함을 느끼고, 어려움을 극복해낼 힘을 얻곤 한다."(Lowe, 2007).

오프라는 남부 출신의 가난한 흑인 여성으로 태어나 가난과 주변사람들로부터의 성폭력, 마약, 엄청난 비만과 불행한 애정관계를 극복해 왔다. 그녀는 "진정으로 용기가 있다는 것은 비록 겁은 나지만 앞으로 나가 어떻게든 헤쳐 나가는 것이라고 생각해요. 두렵고 떨리기는 하지만 계속 전진하는 것이죠."라고 자신의 모토(motto)를 기술하고 있다. 오프라 윈프리의 인생에서 가장 소중한 삶의 가치와 균형을 유지하며 살아가도록 도움과 영향을 미치었던 인물들과 그들의 조언들을 소개하면 다음과 같다."

(1) 오프라의 아버지

"세상에는 말이다. 일을 일으키는 사람들이 있고 또 그 일이 일어나는 것을 그저 바라보는 사람들이 있단다. 그리고 무슨 일이 일어나는지조차 알지 못하는 사람들도 있지." 오프라는 아버지의 말을 들으면서 "일을 일으키는 바로 그 사람들" 가운데 한 사람이 되기로 결심하였다.

(2) 마야 안젤루

"고난은 여러분을 뭔가 아주 가치 있고 놀랍고도 멋지게, 그래서 궁극적으로는 견실하게 바꿔놓을 수 있습니다."

(3) 오프라 윈프리의 할머니

"하나님은 당신의 자손을 망치게 하지 않는단다. 너는 살면서 많은 일을 하게 될 게다. 그때 너는 두려워하지 말아야 한다. 강자는 다른 사람들을 돌봐야 한다."

(4) 스테드먼 그래엄

"성공은 축하하고 실패는 인정하라. 하지만 계속해서 기회를 잡고 도전하라."

(5) 오즈의 마법사

"더 이상 도움을 받지 않도록 하라. 항상 스스로 힘을 지니고 있어야 한다."

※ 다음은 오프라 윈프리의 성공을 위한 10계명이다.

1. 자신의 인생을 타인을 즐겁게 하기 위해 살지 마라.
2. 출세하기 위해 외모에 매달리지 마라.
3. 일과 삶에 조화를 이루도록 노력하라.
4. 등 뒤에서 헐뜯는 사람들을 없애고 자신을 더 높은 곳으로 올려줄 수 있는 사람들로 주위를 채워라.
5. 자신과 타인에게 진실해라.
6. 음식, 술, 마약, 폭력 등의 중독될 만한 행동 습관들을 과감히 없애라.
7. 본인만큼 똑똑하거나 더 똑똑한 사람들과 함께 하라.
8. 동기부여를 하는 것이 돈이라면 잊어버려라.
9. 절대 자신의 권한을 다른 사람에게 넘겨주지 마라.
10. 꿈을 추구함에 있어 꾸준히 하라.

7) 다음은 인생을 더 낫게 만들었던 "1997년 웨슬리 대학 졸업식 축사" 중 다섯 가지의 중요한 교훈을 소개하고자 한다.

1. 인생은 여행과 같다. 매일 매일의 경험이 여러분에게 진짜 자신이 누구인지를 가르쳐줄 것이다.
2. 사람들이 자신이 어떤 사람인지를 여러분에게 보여줄 때 처음에는 그들을 믿어라. 상대방이 자신에게 메시지를 억지로 전달하도록 노력하게 하지 마라.
3. 상처를 지혜로 바꿔라. 실수는 모든 사람이 한다. 다만 그 실수란 당신이 잘못된 길을 가고 있다는 것을 알게 해주는 하나님의 배려이다.
4. 일상에 감사하라. 고마운 일들에 대한 매일의 일지를 만들어라. 그것이 인생에서 어디에 초점을 많이 두어야 할지를 알려 줄 것이다.
5. 인생에서 할 수 있는 가장 높고 넓은 꿈을 꾸어라. 인생은 여러분이 믿는 대로 이루어지기 때문이다.

14 인생의 외로움을 즐기며 직면하라!

"외로우니까 사람이다!"

시인 정호승

그대 울지 마라 외로우니까 사람이다.
살아간다는 것은 외로움 견디는 일
공연히 오지 않는 전화를 기다리지 마라.
눈이 내리면 눈길 걸어가고
비가 오면 빗속을 걸어라.
갈대 숲 속에 가슴 검은 도요새도 너를 보고 있다.
그대 울지 마라 외로우니까 사람이다.
가끔씩 하나님도 눈물을 흘리신다.
공연히 오지 않는 전화를 기다리지 마라.
산 그림자도 외로움에 겨워
한 번씩은 마을로 향하며
새들이 나뭇가지에 앉아서 우는 것도
그대가 물가에 앉아 있는 것도
그대 울지 마라 외로우니까 사람이다.
살아간다는 것은 외로움 견디는 일
공연히 오지 않는 전화를 기다리지 마라.
그대 울지 마라.
그대 울지 마라 외로우니까 사람이다.
살아간다는 것은 외로움 견디는 일
공연히 오지 않는 전화를 기다리지 마라.

※ 다음은 긍정의 잠언(箴言)이다! 이를 긍정적 · 창의적 · 건설적 · 합리적으로 경청하고 수용하여 자신의 삶에 적용하라!

15 Dr. Norman Cousins

"우리는 최악의 상황을 두려워하면서 그 상황을 기대하고 그것을 불러오기도 한다." 만약에 우리가 지금 최악의 상황을 기대하고 불안해한다면, 이는 우리에게 그렇게 부적자성예언의 결과를 초래할 수 있게 한다.

16 로젠탈효과(Rosenthal Effect)

실험결과에 대한 실험자의 기대와 편견이 실제적인 연구결과에 영향을 미친다는 것이다. 즉, 현실과 미래를 보다 긍정적 · 건설적인 시각에서 바라보고 꿈을 꾸며 혼신을 다해서 노력을 하고 준비를 해 나아가면, 앞으로의 미래는 자기실현과 자기확장의 장을 맞이하게 될 것이다.

17 세네카의 임사체험(臨死體驗) 시연하기

"삶 전체를 통해서, 사람들은 살아가는 방법을 배워야 한다. 그리고 더욱 놀라운 것은 인생을 통해서 죽는 법을 배워야 한다는 것이다."

18 류창현의 죽음의 정의

"죽음은 자신의 가장 가까운 자리에서 늘 함께 공존하고 동행하는 인생의 동반자이다." 다시 말하면, 죽음을 인정하든 하지 않든 간에 인생의 과정 속에 공존하는 동반자이다.

19 파라켈수스의 사랑의 정의

"아무것도 모르는 자는 아무것도 사랑하지 못한다. 아무 일도 할 수 없는 자는 아무것도 이해하지 못한다. 아무것도 이해하지 못하는 자는 무가치하다. 그러나 이해하는 자는 또한 사랑하고 주목하고 파악한다."

20 탈무드의 생명의 견해

"한 생명을 구하는 자는 전 세계를 구한 것과 같고, 한 생명을 파괴하는 자는 전 세계를 파괴하는 것과 같다."고 한 생명의 중요성을 시사하고 있다.

21 알프레드 디 수지의 삶의 견해

"춤추라! 아무도 바라보고 있지 않은 것처럼. 사랑하라. 단 한 번도 상처받지 않은 것처럼. 노래하라. 아무도 듣고 있지 않은 것처럼. 살라. 오늘이 마지막인 것처럼."

22 익명(Anonymous)

"다른 사람들이 자신(당신)을 정의하지 못하게 하라. 자신(당신)이 누구이고 어떤 사람인지를 정의할 수 있는 오직 한 사람은 바로 자신(당신)뿐이다."("Don't let others define you; It is only you who can define who you are and what you are.")

23 Thomas Harris의 교류분석

"I'm OK! Enough!" (나도 이만하면 좋은 사람이야!)

"You're OK! Enough!" (당신도 그만하면 좋은 사람이야!)

"Therefore, We are OK! Enough!" (그러므로 우리는 이만하면 좋은 사람들이야!)

24 Alfred Adler의 역지사지(易地思之)

"사회적 관심은 다른 사람의 눈으로 보고, 다른 사람의 귀로 듣고, 다른 사람의 마음으로 느끼는 것을 의미한다." "의미는 상황에 의해 결정되는 것이 아니다. 하지만 우리 자신은 우리가 상황에 부여한 의미에 의해 결정된다."

25 Krausz의 인내의 삶

"인내하지 못하는 조급한 사람은 환자로 살아가게 된다(A person who is impatient remains a patient)."

26 Jean Nidetch의 선택론

"당신의 운명을 결정짓는 것은 기회(운)가 아닌 자신의 선택에 달려있다."

27 Leo Buscglia의 선택론

"어떻게 살 것인가를 스스로 선택하려는 마음이 바로 행복의 비밀이다."

28 Karl Jung의 견해의 차

"사물 그 자체가 어떻게 존재하느냐가 아니라, 모든 것은 우리가 사물을 어떻게 바라보느냐에 달려있다."

29 바이서(Beisser)의 자기변화

"변화는 개인이 자신이 아닌 사람이 되려고 노력할 때가 아니라 있는 그대로의 자신이 되려고 할 때 일어난다."

30 롤로 메이(Rollo May)의 존재론

"나는 존재한다. 그러므로 나는 생각하고, 느끼고, 행동한다."

31 에픽테토스(Epictetus)의 사고패턴

"우리를 당황하게 하는 것은 우리에게 일어난 사건이 결코 아니다. 그것은 이러한 사건을 보는 우리의 관점에 있다. 즉, 사람들은 사건 자체가 아니라 사건에 대한 생각에 의해서 고통을 겪는다."

"당신에게 모욕과 분노를 유발시키는 사람도 있다. 그러나 모욕과 분노를 유발시키는 것이 그 사람은 아니다. 그 사람이 모욕과 분노를 유발시킨다고 생각하는 자신의 사고패턴 때문이다."

32 Perls의 진정한 경청자(True Listener)

"우리는 이 세상에서 특이한 양극성을 가지게 된다. 바로 경청 대 싸움이다. 경청하는 사람은 싸움을 유발하거나 싸우지 않지만, 싸움을 유발하거나 싸우는 사람은 전혀 경청하지 않는다."

33 Immanuel Kant의 행복의 원칙

"행복의 원칙은 다음과 같다. 첫 번째, 어떤 일을 수행할 것, 두 번째, 어떤 사람을 사랑할 것, 세 번째, 어떤 일에서든 희망을 품는 것이다."

34 Henry Ford의 행복의 삶

"세상이 자신에게 준 것보다 더 많은 것을 세상에 되돌려주는 것이 바로 성공한 삶이다."

35 Martin Seligman의 자신의 참모습

"자신의 숨겨진 강점을 발견하여 개발하면 그것이 자신의 참모습이 된다. 행복한 삶의 공식은 자신이 대표적인 강점을 일상 속에서 매일 발취하며 커다란 만족과 진정한 행복을 경험하는 것이다."

36 노자(老子)의 지혜로운 자

"남을 아는 사람은 지혜로운 자이지만 자신을 아는 사람은 더욱 지혜로운 자이다. 남을 이기는 사람은 강한 자이지만 자신을 이기는 사람은 더욱 강한 자이다."

37 익명(Anonymous)

"생각을 바꿔라. 그대의 행동이 달라질 것이다.
행동을 바꿔라. 그대의 습관이 달라질 것이다.
습관을 바꿔라. 그대의 성품이 달라질 것이다.
성품을 바꿔라. 그대의 운명이 달라질 것이다."

38 Victor Frankl의 삶의 의미

"나는 타인이 자신의 삶에서 의미를 볼 수 있도록 조력하면서 내 삶의 의미를 보았다."

39 Aaron T. Beck의 정서적 장애

"정서적 장애는 개인이 자신의 경험을 구조화하는 방식에 의해서 결정된다."

40 Patch Adams의 "문제를 뛰어넘어 직면하라!" (Patch Adams의 DVD내용 중)

아더 멘델슨 : (네 손가락을 보여주면서) 당신은 몇 손가락이 보이나요?

패　　치 : 네 손가락입니다.

아더 멘델슨 : 당신은 결코 문제점에만 집중해서는 안 됩니다. (다시 네 손가락을 보여주면서) 당신은 몇 손가락이 보이나요?

패　　치 : 네 손가락입니다.

아더 멘델슨 : 당신은 정말 바보 같군요! 네 손가락을 뛰어넘어서 볼 수 있어야지!(beyond the fingers!). 네 손가락에만 집착하는 당신의 집착을 버리고, 손가락을 통과해서 볼 수 있는 사람이 돼야지!(through the fingers!) 자! 이제 다시 한 번 시도해 봅시다. 당신은 몇 손가락이 보이나요?

패　　치 : 여덟 개요.

아더 멘델슨 : 좋아요! 아주 잘했어요! 당신은 아주 잘해냈어요!

패　　치 : 멘델슨 당신은 저를 보면 어떤 사람이라고 생각됩니까?

아더 멘델슨 : 당신은 패치야!(Patch).[5] 당신이 내 컵을 고쳤잖소! 고맙네! 패치!

---

5) Patch : (동사)~에 헝겊을 대고 깁다. ~에 조각[쇳조각]을 대어 수선하다. (명사) 헝겊조각, 깁는 헝겊). 본문에서 사람들을 치료하는 의미로 사용됨.

41 May의 죽음의 직면하기

"죽음을 부정하는 데 치러야 하는 대가는 막연한 불안과 자아격리이다. 자신을 완전히 이해하기 위해서 인간은 죽음에 직면해야만 하고 개인적인 죽음에 직면을 해야만 한다."고 개인의 죽음에 대한 직면의 중요성을 진술하고 있다.

42 류창현의 인간의 진화

"인간은 자신이 배운 대로 또는 체득한 대로 진화한다. 즉, 인간은 자신이 학습한 대로 진화한다."

43 Lucretius의 불변의 변화

"유일하게 불변하는 것은 변화이다."

44 Virginia Satir의 금언(金言)

"우리는 우리의 유사점들(similarities)로 인해 하나로 부합(附合)할 수 있고 우리의 차이점들(differences)로 인해 성장(成長)할 수 있다!"

"인생은 우리가 상상한 방식대로 진행되지는 않는다. 왜냐하면 인생은 그 자체의 방식대로 진행되기 때문이다. 당신이 인생을 대처하는 방식은 또 하나의 차이점(差異點)을 창출한다!"

"만일 내가 하나의 메시지(message)를 가지고 있다면, 그 한 가지를 내가 죽기 전에 세상의 대부분의 사람들이 알 수 있을 것이라고 나는 생각한다. 사건(event)은 사건 자체에 대해서 어떻게 반응해야 할지를 결정하지는 않는다. 이는 단순히 인간의 개인적인 문제이다. 왜냐하면 우리가 사건에 대해 반응하는 방식이 사건 자체보다 더 통제하고 영향을 미칠 수 있기 때문이다."

45 익명의 천재의 인생의 디딤돌

"인생의 비법들 중 하나는 걸림돌(stumbling blocks)을 가지고 디딤돌(stepping stones)을 만들어 활용하는 것이다!"

46 아우렐리우스의 마음의 철학

"최선의 복수는 악을 행한 사람과 똑같이 되지 않는 것이다."

47 류창현의 배움의 정의

"배움이란 새로운 경험을 토대로 행동을 새롭게 변화시키는 용기이다. 즉, 때론 1%씩, 때론 .01%씩, 때론 .001%씩 꾸준히 조금씩 점진적으로 천천히 변화하는 것이다."

48 모레노의 창의성과 연기자의 정의

"창의성은 인간의 본능적 추동과 욕구를 새로운 철학적 · 건설적 · 긍정적 · 합리적 · 중립적 표현으로 변화시키는 과정이다. 즉, 창의성은 본능적 에너지의 승화이다."

"인간은 역할을 연기하는 연기자이다!"

49 류창현의 삶의 참 변화!

"자신 스스로 변화를 시작할 때 비로소 변화는 일어난다."

"깨닫지 못하면, 변화는 없다!(No Eureka, No Change!) 즉, 인간은 누구나 깨닫는 만큼 변화를 창출한다."

50 류창현의 겸손의 정의!

"겸손은 약자(弱者)를 섬기는 것이다!"

"되갚을 수 없는 무력자(無力者)들에게 선행을 기꺼이 즐거운 마음으로 하는 것이 겸손이다!"

51 에스더의 삶의 철학!

"이 또한 지나가리라!"

52 류창현의 분노의 철학!

"사랑은 사랑을 낳고, 분노는 분노를 낳는다!"

53 류창현의 인내의 철학!

"분노유발상황에서 자기분노를 잠시 옆에 내려놓고 상대와 상황을 먼저 이해를 하려고 선택하는 것이 인내이다!"

54 류창현의 용서의 철학!

"용서는 잊어버리는 것이 아닌 분노 없이 기억하는 것이다!"

55 Dr. Martin Luther King Jr.의 사랑의 철학!

"Darkness can't drive out darkness, only light can do it!"
"Hate can't drive out hate, only love can do it!"

56 정약용의 철학

"남이 알지 못하게 하려거든 그 일을 하지 말고,
남이 듣지 못하게 하려거든 그 말을 하지 말라!"
"천리를 밝혀 인심을 바로 잡는다!" (明天理正人心)
"마음을 바르게 하고 뜻을 정성스럽게 하라!" (正心誠意)

※ 다음은 자신의 반추적 · 강박적 · 집착적 · 고착적 · 왜곡적 사고를 긍정적 · 합리적 · 창의적 · 손익적 · 대안적 사고로 전환하기 위한 기억이완요법이다.

57 기억이완기법 시연하기

아래의 지시문을 그대로 따를 필요는 없습니다. 여러분의 각자 가장 이완감을 유도할 수 있는 자신만의 용어로 변형해서 사용해도 됩니다.

「자! 복식호흡을 시도하겠습니다. 복식호흡을 하시면서 몸을 해파리처럼 흐물흐물하게 축 늘어뜨립니다. 몸을 완전히 축 늘어뜨려서 의자에 달라붙도록 합니다. 가장 편안한 자세로 눈을 감고 호흡을 가다듬습니다. 들이쉴 때, 숫자를 세고(1, 2, 3, 4, 5), 호흡을 유지하면서(5, 4, 3, 2, 1), 내쉬면서(5, 4, 3, 2, 1) "나는 마음이 편안합니다!"라고 마음속으로 자신에게 암시(suggestibility)하세요. 코를 통해 맑고 신선한 공기를 들이쉬며(자신의 걱정, 염려, 분노, 스트레스 등을 떠올리고) "1, 2, 3, 4, 5", 호흡을 유지하면서 "5, 4, 3, 2, 1", 입을 통해 공기를 최대한 천천히 내쉬면서 "5, 4, 3, 2, 1", 이때는 "마음이 편안하다!(자신의 걱정, 염려, 분노, 스트레스가 내 몸 밖으로 나간다)"라고 암시를 해줍니다. 그리고 다시 들이쉬고(5초), 유지하고(5초), 내쉬면서(5초) "나는 마음이 편안합니다!" 내쉴 때는 몸에 있던 모든 긴장들도 호흡을 통해 몸 밖으로 쭉 빠져나갑니다. 이와 같이 암시를 반복을 하면서 10회를 실시합니다.(1분 후)

자! 이제 기억이완을 시작하겠습니다. 제가 말씀드리는 근육에 마음을 집중하고 이완했을 때의 감각을 느껴보세요. 만약에 잡념이 생기면, 그것을 알아차리시고 생각과 마음에서 내보내기를 하시고 다시 감각에 주의를 모아주세요.

자! 머리를 가만히 생각해봅니다. 머리 윗부분과 옆머리, 또 뒷머리까지 머리를 채우고 있던 모든 긴장들이 날숨과 함께 몸 밖으로 쭉 빠져나가라고 명령하세요. 머리가 편안하게 이완될 것입니다.

자! 이번에는 얼굴입니다. 이마의 근육을 이완시키고, 눈, 양쪽 뺨, 입술, 이 등 이렇게 내려오면서 얼굴에 있던 모든 긴장들이 날숨과 함께 쭉 빠져나가라고 명령하세요. 이제 얼굴 전체가 편안하게 이완될 것입니다.

자! 이제는 목도 한번 느껴보겠습니다. 목의 앞쪽, 양옆, 뒤쪽이나 목구멍 깊은 곳에 있던 모든 긴장들이 날숨과 함께 몸 밖으로 쭉 빠져나가라고 명령하세요. 자! 이제는 목 전체가 편안하게 이완될 것입니다. 점점 이완이 깊어갑니다. 몸도 점점 편안해지고 마음도 아주 편안하게 가라앉을 것입니다.

양쪽 어깨를 편안하게 이완해 보겠습니다. 양쪽 어깨에 맺혀있는 긴장을 날숨과 함께 쭉 빠져나가라고 명령하세요. 양쪽 어깨가 아주 편안해 졌습니다.

자! 이번에는 왼쪽 가슴을 가만히 느껴봅니다. 반대로 오른쪽 가슴도 가만히 느껴봅니다. 양쪽 가슴에 들어있던 긴장이 날숨과 함께 쭉 빠져나가라고 명령하세요. 양쪽 가슴이 아주 편안해 졌습니다.

자! 이번에는 윗배와 아랫배 모두를 편안하게 이완시켜 보겠습니다. 배 속에 자리하고 있는 위, 간, 장, 심장, 신장에 있는 긴장과 스트레스를 호흡과 더불어 쭉 빠져나가라고 명령하세요. 이젠 윗배와 아랫배 모두가 아주 편안해졌습니다.

자! 이번에는 등을 가만히 느껴보세요. 등에 있던 긴장들이 날숨과 함께 쭉 빠져나가라고 명령하세요. 이제 뒷목부터 허리까지 몸 뒤쪽 전체로 이완된 느낌이 쭉 퍼집니다.

자! 이번에는 오른팔을 가만히 한번 느껴보겠습니다. 오른쪽 어깨, 팔 근육, 팔꿈치, 오른쪽 손목과 손등, 손바닥, 손가락 하나하나까지 모두 편안한 이완감이 전해집니다.

자! 이번에는 왼팔을 가만히 한번 느껴보겠습니다. 왼쪽 어깨, 팔근육, 팔꿈치, 왼쪽 손목과 손등, 손바닥, 손가락 하나하나까지 모두 편안한 이완감이 전해집니다. 이제 상반신 근육은 모두 이완되었습니다. 이완의 느낌이 편안하고 기분 좋게 온 몸을 감싸고 있습니다.

자! 이번에는 오른쪽 다리를 한번 느껴보겠습니다. 오른쪽 허벅지, 무릎, 정강이, 발목, 발등, 발바닥과 발가락 하나하나까지 날숨과 함께 쭉 빠져나가라고 명령하세요. 이젠 아주 편안하게 이완되었습니다.

자! 이제 엉덩이의 감각을 느껴보겠습니다. 엉덩이에서 긴장을 풀고 날숨과 함께 쭉 빠져나가라고 명령하세요. 엉덩이에서 편안한 이완을 느껴보세요.

자! 이번에는 왼쪽 다리를 한번 느껴보겠습니다. 왼쪽 허벅지, 무릎, 정강이, 발목, 발등, 발바닥과 발가락 하나하나까지 긴장이 날숨과 함께 쭉 빠져나가라고 명령하세요. 이젠 아주 편안하게 이완되었습니다.

이완이 점점 깊어갑니다. 자신의 호흡에 주의를 모아보겠습니다. 아주 규칙적으로 호흡하고 계십니다. 한번 들이쉴 때마다 편안한 느낌이 숨을 통해서 들어오고, 한 번씩 내쉴 때마다 몸에 있던 모든 스트레스가 쭉 빠져나가고 편안한 이완의 느낌이 온몸에 구석구석 펴져나갑니다.

지금 여러분은 머리에서 발끝까지 모든 근육을 이완시킨 상태입니다. 온몸이 아주 편안해지고 마음도 아주 편안하게 가라앉을 것입니다.

이번에는 밑에서 위로 근육을 하나하나 느껴보겠습니다. 아직 이완되지 않은 근육이 있다면 마저 이완시켜보겠습니다. 자! 왼쪽 발, 다리, 오른쪽 발, 다리, 엉덩이, 배, 가슴, 허리, 등으로 편안한 이완을 느껴보겠습니다. 오른손 마디마디, 팔, 어깨, 왼손 마디마디, 팔, 어깨를 한번 느껴보겠습니다. 목, 턱, 입술, 코, 눈, 이마, 얼굴전체와 머리까지 편안한 이완감이 퍼집니다.

더욱 깊은 이완상태로 들어가도록 도와 드리겠습니다. 다섯에서 하나까지 세겠습니다. 제가 숫자를 세는 동안 점점 더 깊게 그리고 점점 더 편안하게 이완되어서 아주 고요한 휴식상태로 들어갈 것입니다. 다섯(5초 후), 넷(5초 후), 셋(5초 후), 둘(5초 후), 하나(5초 후). 아주 고요한 휴식상태입니다.

자! 이젠 자신이 가장 행복했던 시간, 기억, 장면을 상상해보세요. 아주 행복합니다! 아주 편안합니다! 아주 감사합니다! (약 1분 후)-연령퇴행을 시행한다{청년시절(대, 고, 중, 초), 유년시설(3살 때까지), 유아시절(1살 때까지), 태아시절}.

자! 이젠 자신이 가장 불행했던 시간, 기억, 장면을 상상해보세요. 그 생각만 하면 아주 마음이 아픕니다! 아주 머리가 아픕니다! 아주 가슴이 뛰며 슬퍼집니다! 또는 심한 보복심과 분노가 일어납니다! (약 1분 후)-연령퇴행을 시행한다{청년시절(대, 고, 중, 초), 유년시설(3살 때까지), 유아시절(1살 때까지), 태아시절}.

자! 이젠 모두가 깨어나야 할 시간입니다. 이제 깨어날 때는 그늘에 가려진 분노(shadowed anger)도 한도 우울도 불안도 두려움도 없는 아주 편안하고 행복하고 할 수 있다는 자신감과 용기와 도전의 의식을 지닌 상태로 깨어나게 될 것입니다. 갑자기 깨어나지 마시고 숫자에 따라 천천히 깨어나겠습니다. 하나에서 다섯까지 세겠습니다. 지금부터 점점 정신이 들게 될 것입니다. 넷에 눈을 떠주시고, 다섯에는 평소의 각성상태로 돌아가겠습니다. 하나(5초 후), 둘(5초 후), 셋(5초 후), 넷((5초 후, 자! 모두 눈을 떠주세요!), 다섯((5초 후). 아주 상쾌합니다. 편안합니다! 행복합니다! 할 수 있다는 자신감과 용기가 생깁니다! 갑자기 몸을 움직이지 마시고 천천히 움직이시기 바랍니다. 대단히 수고하셨습니다!」

C 프로그램 토의 및 평가

프로그램 내용 및 진행에 대한 전반적인 피드백을 제공하기

D 과제소개

역지사지 분노수기 I : 1. 당신 자신의 부모의 입장에서 분노수기쓰기
2. 기억이완요법 시연하기

역지사지 분노수기 I

당신 자신의 부모의 입장에서 분노수기를 기술하시오.

제4회기

인지재구조화 I : 자동적 사고의 오류수정하기

A 목적

- 분노발생과 관련된 인지적 오류와 비합리적 신념에 대해 학습한다.
- 역기능적인 분노유발사고를 논리적 · 합리적으로 논박해보고, 보다 더 건설적 · 긍정적 · 손익적 · 창의적 · 대안적 · 낙천적인 대처사고를 역할극(role play) 시연을 통해서 훈련한다.
- Albert Ellis의 A–B–C 기법을 시연한다.
- Albert Ellis와 Ted Crawford의 자기분노조절을 위한 자문자답기법을 시연한다.
- Ellis & Newman의 TEST기법을 시연한다.
- Robert Wubbolding의 WDEP기법을 시연한다.

B 회기 진행 과정

1 과제 확인 및 피드백 주기

2 분노발생과정에 대한 이해

1) 상황에 대한 평가

- 상황이 위협적이다.
- 타인의 행동이나 세상 일이 규칙에 어긋난다.
- 내가 부당하게 취급받고 있다.
- 내가 매우 무시를 당하고 있다.

2) 인지오류유형

인지왜곡들을 찾아보는 가장 중요한 목적은 왜곡된 사고, 편향된 사고, 부정적 사고, 고정관념 등의 역기능적 사고와 왜곡된 해석을 수정하는 데 있다. 이러한 사고오류들은 지나치거나 부적절하게 작용하면 문제를 유발시킨다. 다음은 왜곡된 사고유형의 예들이다(Beck, 2006).

- 흑백논리 : 연속선상에 수많은 가능성이 존재함에도 불구하고, 극단적인 조건들만 고려하며 포괄적으로 생각한다. 회색은 없고, 단지 흑 · 백의 논리만 존재하는 경우를 말한다.

  "나에게는 성공 아니면 실패뿐이다!"
  "전적으로 옳지 않다면 완전히 틀린 거야!"
  "난 널 사랑하거나 미워해!"
  "네가 죽든지 내가 죽든지!"

- 독심술 : 다른 사람들이 무슨 생각을 하는지 안다는 생각이다.
  "그들은 아마도 내가 능력이 부족한 사람이라고 생각할 거야!"
  "그녀는 지금 내 말을 무시하고 있어!"
  "사람들이 그렇게 말하지 않아도 난 그들이 실제로 어떤 생각을 하는지 알아!"

- 정서적 추론 : 자신의 느낌이 틀림없이 옳고 반드시 그렇게 된다는 믿음이다.

  "난 무능력한 인간임이 틀림없어!"
  "난 너무 화가 나. 이걸 반드시 표현해야만 돼!"
  "만약 불안감을 느낀다면 외출해서는 안 돼!"

- 개인화 : 자신이 문제라는 믿음이다.

  "그건 무심코 한 말이 아니었어. 나에게 한 말이 틀림없어!"
  "내가 서두를 때면 늘 문제가 생겨!"
  "난 늘 트집 잡힐 일을 해!"

- 과잉일반화 : 한 가지 사건이 다른 사건들에도 모두 적용된다는 사고와 신념이다.

  "내가 하면 어떤 일이든 잘못돼!"
  "내가 무슨 선택을 하든지 항상 실패로 끝나!"
  "남자/여자 친구가 날 버리고 떠났어. 이제 나와 사귀려는 사람은 아무도 없을 거야!"

- 파국화(재앙화) : 최악의 경우를 예상하는 믿음이다.

  "만약 파티에 간다면 아주 끔찍한 결과가 일어날 거야!"
  "시도하지 않는 것이 낫겠어. 실패할 게 뻔해. 난 그걸 견딜 수 없어!"

"약혼자가 파혼을 선언했어. 난 앞으로 절대 결혼을 하지 못할 거야!"

- 강박적 부담 : 자신이나 다른 사람들에 대한 단정적 태도를 갖는다.

"가족들이 나를 보고 싶어 할 때는 언제나 찾아가야만 해!"
"그들이 나에게 더 친절하게 대해야만 해!"
"나는 화를 내서는(놀라거나 불안하면) 안 돼!"

- 통제에 대한 욕구 : 절대적 통제가 필요하다는 믿음이다.

"항상 나를 완벽하게 통제하지 못한다면 통제 불능 상태에 빠질 수도 있어!"
"나는 내 인생의 모든 것을 반드시/틀림없이 통제할 수 있어야만 해!"
"이번 과제는 어느 누구의 도움도 받아서는 안 돼! 그들이 내 과제를 망칠거야!"

- 부정적 비교 : 자신을 다른 사람과 부정적으로 비교하는 믿음이다.

"난 동료들이나 상사들만큼 유능하지 않아!"
"다른 사람들과 비교했을 때, 내게 결점이 있음이 분명해!"
"다른 사람들은 괜찮을지 몰라도 나는 실수가 용납이 안 돼!"

- 장점무시하기 : 긍정적인 경험을 믿지 않는다.

"이번에 성공한 건 우연일 뿐이었어!"
"나는 이런 칭찬을 받을 자격이 없어!"
"그녀는 내 직업이 마음에 든다고 말했지만 그런 의미가 아니라는 걸 난 안다!"

- 완벽주의 : 완벽해지려는 욕구이다.

"모든 걸 완벽하게 하지 못하면 비난을 받고 실패자가 될 거야!"
"적당한 건 실패한 거와 마찬가지야!"
"실수를 할 때면 난 내가 쓸모없다고 느껴!"

- 선택적 추상(정신적 여과) : 작은 부적인 부분에 집착해서 전체를 보지 못한다.

"이런 칭찬은 하나도 중요하지 않아. 비난 받았다는 게 중요해!"
"난 상황의 부정적인 측면들에 집착하고 긍정적인 측면들에는 주의를 기울이지 않는 것이 중요해!"
"전체적으로 긍정적 평가를 받았지만 난 내가 썩 잘하지 못했다고 생각해!"

- 자기가치의 외재화 : 자신의 가치를 다른 사람들에게 의지하여 정당화한다.

"나의 가치는 다른 사람들이 나를 어떻게 생각하느냐에 달려 있어!"
"그들은 내가 멍청하고 게으르다고 생각할 거야. 그들의 생각이 옳아!"

"다른 사람들을 즐겁게 하지 않으면 나도 불편해!"

- 가정법적인 사고 : 소망 혹은 아쉬워하는 생각이다.

"만약에 상황이 달랐더라면, 나의 모든 문제들은 더욱더 좋아졌을 텐데!"
"만약에 내 키가 조금만 더 컸더라면, 그녀가 나를 떠나지 않았을 텐데!"
"만약에 내가 돈만 더 많이 있었더라면, 그들이 나를 무시하지 않았을 텐데!"

- 걱정과 보호의 동일시 : 걱정하는 것이 도움이 된다는 믿음이다.

"오랫동안 고민하면 해결될 거야!"
"아무리 걱정해도 지나치지 않다!"
"걱정하지 않거나 긴장을 늦춘다면 반드시 나쁜 일이 일어날 거야!"

- 회피사고 : 일종의 방어로서의 회피이다.

"만약 내가 모른 척 한다면, 그 문제는 사라질 거야!"
"주의를 기울이지 않는다면, 책임을 지지 않아도 될 거야!"
"내가 모르고 있으면, 해가 되지 않을 거야!"

- 공정성 욕구 : 인생이 항상 자신이 생각하는 원칙대로 되어야 한다는 믿음이다.

"인생은 공정해야 해!"
"사람들은 공정해야 해!"
"선행에는 항상 보상이 뒤따라야 해!"

- 난 옳아야 해 : 반대의 증거에도 불구하고, 자신은 어떤 경우에도 옳아야 한다는 믿음이다.

"내가 옳다는 걸 증명해야 해. 내가 틀린다는 건 용납할 수가 없어!"
"틀린다는 것은 용서받을 수 없는 일이고 나쁜 사람이 되는 거야!"
"하나를 틀리면 모두 틀린다는 것을 의미해!"

- 더 이상 견딜 수 없어 : 어떤 특정한 상황이나 감정을 견딜 수 없다는 믿음이다.

"폭발하지 않고서는 더 이상 화를 참을 수가 없어!"
"그가 날 사랑하는지 확인하지 않고는 오늘 잠 다 잤어! 도저히 견딜 수가 없어! 오늘 꼭 물어봐야 해!"
"나는 당신이 어제 그/그녀에게 어떤 말을 했는지 지금 당장(새벽3시) 들어야겠어!"

- 없이는 살 수 없어 : 원하는 것을 얻지 못한다면 더 이상 인생의 살 가치가 없다는 믿음이다.

"남자(여자) 없이는 살 수 없어!"
"결혼을 하지 못한다면 어떤 문제도 해결되지 않을 거야!"

"나 혼자서는 외로워서 도저히 살 수 없어!"
"난 돈이 없이는 하루도 살 수 없어!"

- 허구적 일치성효과(False Consensus Effect) : 객관적인 확인 절차도 전혀 없이 남들도 자기와 같을 것이라고 짐작하는 것이다.

"길을 막고 사람들에게 물어봐라! 네가 잘했나 내가 잘 했나!"
"남들도 다 나 같이 생각해! 이 사람아!"
"우리 모두가 다 그렇게 생각해요!"
"우리 모두가 다 그렇게 행동합니다!"
"모든 국민이 그렇게 되길 소원하고 있습니다!"

- 행위자·관찰자편향(Actor-Observer Bias) : 똑같은 행동도 자신이 행할 때와 다른 사람들이 행동할 때의 이유를 다르게 평가하고 편향한다.

"저 사람 너무 난폭하게 차를 모는구먼!"
"어떻게 국회의원이 횡령해!"
"어떻게 사람을 22명씩이나 성폭행하고 죽여!"
"어떻게 자신의 자식을 성폭행해!"
"어떻게 목사가 욕을 하지!"

3) 비합리적 신념과 합리적 대처신념(Beck, 2006: 서수균, 2004).

(1) 분노를 유발하는 일반적인 비합리적 신념의 예

- 사람들은 항상 바르게(혹은 내가 옳다고 믿는 대로) 행동해야 한다.
- 세상은 공정해야 하며, 사람들은 항상 도덕적이고 친절해야 한다.
- 나는 항상 공정하게 대우받아야 한다. 혹은 부당한 대우는 절대 받아서는 안 된다.
- 나는 다른 사람으로 인해서 피해를 받거나 불편을 겪어서는 절대 안 된다.
- 누가 나쁜 짓을 했으면, 그는 벌을 받아 마땅한 몹쓸 인간이다.

(2) 합리적 대처신념

- 사람들은 자신의 가치와 신념에 따라 행동한다. 그들은 그들이 하고 싶은 대로 할 것이다. 내가 원하는 대로 반드시 행동하리라는 보장은 없다.
- 나는 세상이 항상 공정했으면 좋겠다. 하지만 불행하게도 세상은 그렇지 않다. 내가 항상 공정하게 대우받아야만 한다는 이유가 어디 있나? 그것은 나의 소망일 뿐이다.
- 세상은 부정과 부당함으로 가득 차 있다. 때로는 내 몫을 정당하게 챙길 수 없다.
- 정의는 상당히 주관적인 것이다. 어떤 사람에게 공정한 것이 다른 이에게는 그렇지 않을 수 있다.
- 사람들은 때로 나쁘게 행동한다. 나 역시 그렇다. 그게 현실이다. 나는 내가 그렇게 살아갈 수밖에 없다는 것을 인정한다.

3 자동적 사고의 정의

Kendal & Hollon(1981)은 분노를 비롯해서 우울, 불안, 공포 등의 다양한 부정적인 감정을 경험할 때 순간적으로 다양한 생각들을 하게 된다. 이때의 다양한 생각들은 심사숙고하거나 논리적으로 검토해 본 생각들이 아니다. 대부분 비슷한 상황에서 습관적으로 반복해서 떠오르는 생각이나 감정으로, 자기 진술, 자기 말, 내적 대화, 혹은 은밀한 말로도 불리고 있다. 자동적 사고는 특정한 상황과 밀접하게 연관된 것으로 자신이 처한 상황의 위협성이나 대처능력(coping ability) 또는 대처행동(coping behavior)의 결과에 대해 순간적으로 떠오르는 구체적인 생각이나 감정을 말한다(권정혜, 1993; Fennell, 1989; 서수균, 2004). Gilbert(2000)는 자동적 사고를 불쑥 튀어나오는 생각(pop-up thoughts)이라고 정의하고 있다.

Ingram & Kendall(1987)은 자동적 사고(automatic thoughts)는 분노유발사건으로 인해 활성화된 비합리적 신념에 의해서 생성된 일종의 인지적 산물로서 생태의존적이며 상황에 따라 쉽게 변하고, 다양한 내용으로 구성되어있다고 시사한다. Beck(1995)은 임상현장에서 자동적 사고의 정확성과 유용성을 함께 고려해야 한다고 언급하고 있으며, 자동적 사고를 3가지 유형으로 나누었다.

1. 객관적인 사실을 왜곡한 사고

2. 내용은 정확하지만 결론의 비약이 심하거나 왜곡된 사고

예를 들면,

"나는 약속을 어겼다. 그래서 나는 나쁜 사람이다."

3. 내용은 정확하지만 부적응사고이다.

Beck(1995)은 자동적 사고의 특징을 다음과 같이 정의하고 있다.

- 짧고 구체적이다.
- 사건과 감정을 연결해 준다.
- 매우 빨리 일어나며 불수의적(unvoluntary)이다.
- 몇 가지 중요한 단어나 심상들로 이루어져 있다.
- 조심스럽고 진지하게 생각한 것이 아니다.
- 논리적인 일련의 단계를 밟은 문제 해결적인 사고가 아니다.
- 그 당시에는 합리적이고 이치에 맞는 것처럼 여겨진다.
- 같은 주제가 반복적이고 습관적으로 되풀이 된다.

분노가 일어나는 상황에서의 자동적 사고를 탐색하기 위해서 임상심리학자들은 "화가 났던 바로 그 순간에 마음속에 어떤 생각이 떠올랐습니까?", "그 상황을 당신은 어떻게 이해하셨습니까?", "그 상황이 당신에게 어떻게 비쳐졌습니까?"라는 질문을 내담자에게 한다(Beck, 1995).

Beck(2000)은 자동적 정서반응을 주요한 3가지 범주로 분류하여 정의하고 있다.

1. 우울증(Depression) : 우울한 사람은 비관적이고 자기비난적인 내용의 자동적 사고를 한다.

2. 불안장애(Anxiety Disorder) : 불안한 사람은 미래의 위험(danger)이나 위협(threatening)과 관련된 자동적 사고를 흔히 떠올린다.

3. 분노(Anger) : 분노를 유발하는 사람들은 무엇이 잘못되었고 그 책임이 누구에게 전가돼야 하는가와 같은 일관된 사고를 흔히 한다.

Beck의 인지삼제(cognitive triad).

Beck은 전형적 우울증증상을 경험하는 사람들의 자동적 사고를 인지삼제(cognitive triad)로 다음과 같이 설명하고 있다.

① 자기에 대한 비관적 사고(나는 무가치한 사람이다.)

② 세상과 타인에 대한 비관적 사고(세상은 매우 살기 힘든 곳이다.)

③ 미래에 대한 비관적 사고(나의 미래는 희망이 없다.)

4 분노정서변화과정(The Emotional Change Process of Anger)

불쾌한 상황에서 분노의 정서변화과정은 책임의 여부에 따라 "왜 나에게 이러한 일이 일어났나?"라고 불쾌한 상황 그 자체를 질타한 후, 타인(상대, 배우자, 자녀, 부모)에게 자신의 분노를 투사한다. 그런 후, 자신 스스로를 비난하며 분노하고, 결국에는 하나님에게 대항하며 격분한다.

그림 1 • 분노정서변화과정(The Emotional Change Process of Anger)

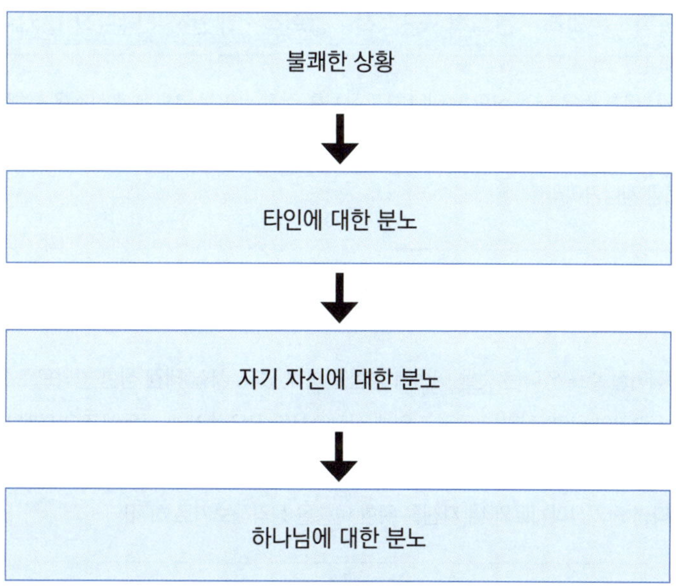

5 인지오류와 비합리적·비논리적·비현실적 신념 재구조화

- 인지오류 수정하기
- 비합리적 · 비논리적 · 비현실적 · 역기능적 · 자기파괴적 신념 수정하기
- 논박 및 논리적 사고 : 비가시적 논리의 칼 대기(invisible mes of logic)
- 합리적 · 논리적 · 건설적 · 적응적 · 창의적 · 긍정적 · 손익적 · 대안적 · 낙천적 대처사고 시연하기(재정의, 재정향, 재교육, 재훈련, 재사고, 재통합, 재창조, 거듭남(born-again)의 삶의 방식으로 총체적 변화).

예를 들면,

불쾌한 상황

내 남자 친구가 갑자기 나에게 흥신소 직원을 통해서 이별을 통보했다. "우리는 성격이 너무 안 맞는 것 같아! 서로에게 더 상처를 주기 전에 이쯤에서 헤어지는 것이 서로에게 나을 것 같아서 이렇게 결심했어. 너의 넓은 마음으로 나를 이해해 주기를 바란다. 그동안 고맙고 행복했어. 너의 앞날에 진정한 행복을 빌게! 그럼 안녕!"

자동적 분노사고

말도 안 되는 일이다. 어떻게 내게 이렇게 행동할 수 있어! 나를 뭐로 보는 거야. 왜 이별통보를 자신이 아닌 다른 사람에게서 들어야 하나! 아! 충격이다. 아! 감히 내게 이럴 수가 있나! 나를 사랑한다고 하면서 1년을 같이 동거를 하고 갑자기 나를 배신을 해!"

비합리적 · 비논리적 · 비현실적 · 역기능적 사고

받은 대로 돌려주자. 나도 사람을 시켜서 죽도록 패주고 말겠다. 내가 자기에게 들인 공이 얼만데! "성격 때문이라고. 아냐! 나보다 더 젊고 예쁜 여자가 그 사람을 현혹시켰을 거야!", "그 작자들을 잡아서 아주 세상의 쓴맛을 제대로 한번 보여주어야겠다. 그제야 정신이 들겠지!"

합리적 · 논리적 · 건설적 · 긍정적 · 창의적 · 대안적 · 낙관적 대처사고

내게 직접 이별통보를 하지 못한 것은 내게 상당히 미안하고 상처를 주기 싫어서 그렇게 흥신소를 통해서 전달했을 거야. 아! 분하고 마음이 허전하다. 그러나 이러한 미움, 슬픔, 분노, 아픔, 배신감도 세월이 지나가면 나에게 소중한 인생의 한 부분의 추억으로 자리할 거야. "이 또한 지나가리라!"

합리적 · 논리적 · 건설적 · 긍정적 · 창의적 · 대안적 · 낙관적 대처행동

서로의 성격차이로 인해 헤어질 수도 있다는 것을 이번에 경험을 하게 됐다. 사실 내겐 심한 강박으로 인한 불안과 상대를 믿지 못하고 집요하게 의심하는 경향이 많다. 이러한 문제로 인해 직장에서도 잦은 논쟁과 갈등에 직면하게 된다. 그렇다면 이번 기회에 문제해결과 대인관계기술에 관한 도서인 "분노학", "분노와 용서", "분노치료 워크북"을 읽고 실생활에 한 번 적용해 보는 것이 어떨까? 그래도 안 된다면 단기심리치료와 내 자신을 위한 여행을 생각해보기로 하자!

6 Albert Ellis의 합리정서행동치료 자기개선양식(류창현, 2014)

1) 합리정서행동치료 자기개선의 예

A (선행사건)

상사는 나를 비난하고 부당하게 대한다.

- 자신이 불안한 상황을 간단하게 요약하라.
  (카메라로 무엇을 볼 것인가?).
- A는 내부 또는 외부, 실제 또는 상상의 사건일 수 있다.
- A는 과거, 현재, 미래의 사건일 수 있다.

IB's (비합리적 신념)

그는 결코 나를 부당하게 대해서는 안 된다!

나는 그의 부당한 대우를 참을 수가 없다.

그는 매우 끔찍하고 형편없는 사람이다!

비합리적 신념을 식별 및 탐색하기:
- 독단적인 요구들
  (강요, 당위, 절대성)
- 재앙화
  (그것은 끔찍하고, 혹독하고, 무서운)
- 낮은 고통감내
  (나는 참을 수가 없다.)
- 자기/타인 평가
  (나는/그/그녀는 미숙하고 쓸모없는 인간이다.)

D (비합리적 신념 반박하기)

상사가 반드시 나를 공평하게 대해야만 한다는 증거는 어디에 있는가?

그는 나를 부당하게 대한다고 해서 내가 참을 수가 없고 전혀 행복해 질 수가 없는가?

그의 부당한 대우가 그를 완전히 형편없는 사람으로 만들 수 있는가?

나의 비합리적 신념이 내게 도움이 되는가 또는 방해가 되는가?

자신을 반박하기:
- 나의 마음을 사로잡는 이 신념은 어디서 잡고 있는 것일까? 그것은 도움이 되는 것인가? 또는 자기 파괴적인 것인가?
- 나의 비합리적 신념의 존재를 지지하는 증거는 어디에 있는가? 그것은 현실과 일치하는가?
- 나의 신념은 논리적인가? 그것은 나의 선호로부터 왔는가?
- 그것은 정말로 끔찍한 것인가?
  (그렇게까지 나쁜 것인가?)
- 나는 정말로 그것을 참을 수가 없는가?

C (결과)

주요 유해한 부적정서들:
분노
주요 자기파괴행동들:
3일 동안 일을 하지 않고 실쭉거리기

유해한 부적정서들:

- 불안
- 우울
- 격분
- 낮은 고통감내
- 수치심/당혹감
- 상처
- 질투
- 죄의식

RB's (합리적 신념)

상사가 나를 반드시 공평하게 대해야만 한다는 증거는 없다. 비록 그가 나를 부당하게 대한다고 해도 나는 그것을 참을 수 있고 여전히 행복할 수 있다. 나에 대한 그의 부당한 대우는 사람들을 더 부당하게 대하게 만들 것이다.하지만 그는 많은 과제들을 수행하고 있기 때문에 완전히 나쁜 사람은 아니다. 나의 비합리적 신념을 유지하는 것은 그를 변화시키지 못할 것이고 나를 격분시킬 것이고 그가 나를 더 심하게 대하도록 만들 것이다.

합리적인 신념을 더 생각하도록 노력하기:

- 비독단적인 선호들:
  (소망, 원함, 욕구)
- 나쁜 상태를 평가하기
  (그것은 나쁘고 불행한 것이다.)
- 높은 고통감내
  (나는 그것을 좋아하지 않지만, 참아낼 수 있다.)
- 자기나 타인 싸잡아 평가하지 않기
  (나와 타인들은 실수할 수 있는 인간들이다.)

E (새로운 효과)

새로운 건강한 부적정서들:
실망과 좌절감

새로운 건설적인 행동들:
분노하지 않고 단호하게 상사를 직면하기

건강한 부적성들:

- 실망
- 걱정
- 성가심
- 슬픔
- 후회
- 좌절

출처: Windy Dryden & Walker 1992. Revised by Albert Ellis Institute, 1996

2)합리정서행동치료 자기개선양식

A (선행사건)

- 자신이 불안한 상황을 간단하게 요약하라.
  (카메라로 무엇을 볼 것인가?).
- A는 내부 또는 외부, 실제 또는 상상의 사건일 수 있다.
- A는 과거, 현재, 미래의 사건일 수 있다.

RB's (합리적 신념)

비합리적 신념을 식별 및 탐색하기:

- 독단적인 요구들
  (강요, 당위, 절대성)
- 재앙화
  (그것은 끔찍하고, 혹독하고, 무서운)
- 낮은 고통감내
  (나는 참을 수가 없다.)
- 자기/타인 평가
  (나는/그/그녀는 미숙하고 쓸모없는 인간이다.)

D (비합리적 신념 반박하기)

자신을 반박하기:

- 나의 마음을 사로잡는 이 신념은 어디서 잡고 있는 것일까?
  그것은 도움이 되는 것인가? 또는 자기 파괴적인 것인가?
- 나의 비합리적 신념의 존재을 지지하는 증거는 어디에 있는가?
  그것은 현실과 일치하는가?
- 나의 신념은 논리적인가? 그것은 나의 선호로부터 왔는가?
- 그것은 정말로 끔찍한 것인가?
  (그렇게까지 나쁜 것인가?)
- 나는 정말로 그것을 참을 수가 없는가?

C (결과)

주요 유해한 부적정서들:

주요 자기파괴행동들:

유해한 부적정서들:

- 불안
- 우울
- 격분
- 낮은 고통감내
- 수치심/당혹감
- 상처
- 질투
- 죄의식

RB's (합리적 신념)

합리적인 신념을 더 생각하도록 노력하기:

- 비독단적인 선호들:
  (소망, 원함, 욕구)
- 나쁜 상태를 평가하기
  (그것은 나쁘고 불행한 것이다)
- 높은 고통감내
  (나는 그것을 좋아하지 않지만, 참아낼 수 있다.)
- 자기나 타인 싸잡아 평가하지 않기
  (나와 타인들은 실수할 수 있는 인간들이다.)

E (새로운 효과)

건강한 부적성들:

- 실망
- 걱정
- 성가심
- 슬픔
- 후회
- 좌절

7 긍정적·논리적·낙관적·건설적·합리적·창의적·손익적·적극적·대안적·중립적 사고유형으로 전환하기

1) Dr. Norman Cousins의 잠재력 개발

"삶의 궁극적 비극은 죽음이 아니고 성장의 가능성을 충분하게 발견하지 못하고 죽음을 맞이하는 것이다!"

2) William Shakespeare의 인간의 생각

"선하거나 악한 것은 없다. 자신의 생각이 그렇게 만들 뿐이다!"(햄릿, 2장 2막)

"우리가 가지고 있는 의심은 시도를 두려워하게 하며 또한 우리가 얻을 수 있는 것을 잃게 하는 배신자이다!"

"다른 사람의 슬픔을 같이 하는 것은 누구나 가능하지만 기쁨을 같이 하는 것은 천사만이 할 수 있다!"

"자기 자신에게 정직하라!"

3) 밀란 쿤테라의 두려움의 해방

"두려움의 원천은 미래에 있고, 미래로부터 해방된 자는 아무 것도 두려울 게 없다!"

4) 파스칼의 생각

"어제의 생각이 오늘의 현실이다!"

5) 키에르케고르의 자기분석

"사람이 위대해지기 시작하는 때는 자신의 진면목을 알기 시작한 때부터이다!"
"신 앞에 선 단독자!"

6) 소크라테스의 자기분석

"너 자신을 알라!"

7) Arnold Goldberg의 사고개념

"일단 세상을 달리 바라보면, 우리는 다른 세상에 살게 된다는 것이다!"

8) Carlson Richard의 자기개념

"세상 모든 것에 하나님의 지문이 찍혀 있다는 사실을 마음 속 깊이 기억해 두도록 하라. 우리가 세상(자연)의 아름다움을 보고 느낄 수 없다고 해서 실제로 이 세상(자연)의 아름다움이 존재하지 않는 것은 아니다."

"당신이 불행하다고 느끼는 사람이라면, 오르지 당신 자신만이 삶을 행복하게 만들 수 있는 유일한 사람이라는 사실을 깨닫는 것이 매우 중요하다."

9) Epictetus의 수용의 관점

"사람들은 사건 그 자체가 아니라 사건에 대한 생각에 의해서 고통을 받는다."

10) 괴테의 존중

"다른 사람을 칭찬함으로써 자기가 낮아지는 것은 아니다. 오히려 상대방과 같은 위치에 자기를 끌어올려 놓는 것이다."

11) Victor Frankl의 선택의 자유

"빼앗길 수 없는 단 하나의 자유는 선택의 자유이다!"

"궁극적으로 인생은 자신의 문제에 대한 올바른 해답을 발견하고, 각 개인에게 계속적으로 부여되는 과업을 성취하는 책임을 지는 것을 뜻한다."

"만약 우리가 불멸하다면 우리는 영원히 행동을 지속할 수 있다. 그러나 우리가 유한하기 때문에 우리가 지금 하는 것들을 특별한 의미를 갖게 되는 것이다."

12) May의 단 한 번의 주어진 인생

"나는 삶을 다시 되풀이하기를 원하지 않을 것이다. 나의 인생은 한 번으로 족하다. 다시 산다면 내가 다르게 어떤 것을 할지 모르지만, 삶은 역시 지겨울 것이다."

13) Albert Ellis의 정직의 정의

"정직(honesty)은 현재의 상황과 사실에 대한 자신의 견해들에 모순된 신념(beliefs)과 증거(evidence)를 수용하고, 이에 부응해서 자신의 견해들을 수정할 수 있는 용기"이다

14) Virginia Satir의 삶의 이해방식

"인생은 우리가 상상한 방식대로 진행되지는 않는다. 왜냐하면 인생은 그 자체의 방식대로 진행되기 때문이다. 당신이 인생을 대처하는 방식은 또 하나의 차이점(差異點)을 창출한다!"

"만일 내가 하나의 메시지(message)를 가지고 있다면, 그 한 가지를 내가 죽기 전에 세상의 대부분의 사람들이 알 수 있을 것이라고 나는 생각한다. 사건(event)은 사건 자체에 대해서 어떻게 반응해야 할지를 결정하지는 않는다. 이는 단순히 인간의 개인적인 문제이다. 왜냐하면 우리가 사건에 대해 반응하는 방식이 사건 자체보다 더 통제하고 영향을 미칠 수 있기 때문이다."

15) Shakespeare의 자기관찰

"자기 자신에게 정직하라!(Be honest to yourself!)"

16) Albert Ellis의 건설적인 비판의 정의

"건설적인 비판은 비난을 하지 않는 것이다!(Constructive criticism is not blaming!)"

8 15가지 문제해결중심의 자기최면 시연하기(Davis, M., Eshelman, E. R., & McKay, M., 2000: 손정락, 2006)

1) 밤에 어두컴컴한 집에 들어갈 때의 두려움

"나는 오늘밤 이완된 느낌으로 집에 들어오고 집에 있는 동안이 즐겁고, 안정되고, 편안할 것이다."

2) 만성피로

"나는 상쾌하고 개운하게 일어날 수 있을 것이다. 나는 오늘 밤을 즐길 수 있을 것이다. 나는 오늘 내 페이스에 맞춰 일을 하고 우선 처리할 중요한 것만 끝마칠 것이다. 에너지가 떨어진 느낌이 들 때마다, 나는 자신을 이완하고 재충전하여 내 일상 활동으로 돌아올 것이다."

3) 죽음에 대한 강박적 두려운 사고

"나는 현재 생기가 가득하다. 나는 오늘을 즐길 것이다. 지금 바로 이 생각들을 내보낼 것이다(날숨과 동시에 내보내기를 한다)."

4) 병에 대한 두려움

"내 몸이 점점 더 건강해지고 강해지는 느낌이다. 내가 이완할 때마다, 내 몸은 더 강해진다."

5) 만성통증(머리, 목, 또는 허리)

"곧 내 머리는 시원해지고 이완될 것이다(시원한 상태를 상상하라). 내 목과 허리에 있는 근육들이 점점 더 이완되는 느낌을 느낄 것이다(부드럽고, 흘러가고 느슨해지는 상태를 상상하라). 한 시간 안에 근육들은 완전히 이완될 것이다. 증상들이 다시 되돌아올 때마다, 자신의 반지를 한 바퀴를 돌리면, 통증은 사라질 것이다."

6) 만성적인 분노와 죄책감

"나는 분노를 끌 수 있다. 나만이 그것을 끌 수 있는 사람이기 때문이다(원하지 않는 감정을 켜고 끄는 연습을 시행한다). 내 몸을 이완시키고 깊게 호흡을 할 것이다."

7) 실수한 것에 대한 자기비난과 염려

"자기비난을 하거나 염려하는 나를 발견하였을 때, 나는 깊게 숨을 쉬고 그러한 생각을 밖으로 날숨과 함께 내보내기를 실시한다. 나는 부정적인 긴장감을 내보내고 긍정에너지를 들이쉴 것이다."

8) 낮은 자존감

"나는 매일 더 유능해지고 자신감을 갖게 될 것이다. 나는 할 수 있다! 하면 된다! 해보자! 라는 생각을 갖고 최선을 다하고 있다. 매일 점점 더 행복해지고 성공해 나가는 나를 느낄 수 있다. 나는 내 스스로에게 좀 더 관대할 수 있다. 나는 점점 더 많이 내 스스로를 좋아하고 있다. 나는 지적이고, 창조적이고, 낙관적이고, 긍정적이고 재능이 많은 사람이다."

9) 동기결핍

"나는 목적을 달성할 수 있을 것이라는 자신감을 느낀다. 내 속에는 변화시킬 힘이 있다. 나는 내 문제를 풀고 그것을 뛰어 넘는 내 자신을 볼 수 있다. 내가 내린 결정은 현재 가장 적합한 것이다. 주의를 산만하게 하는 것들은 치워놓고, 하나의 목적에 나의 주의를 모아 초점을 맞추는 것이다. 나의 과제를 수행하면서 나는 거기에 점점 더 많은 관심을 갖게 될 것이다. 나의 목적을 이루기 위해서 한 걸음 한 걸음 작업해 나가면서 새로운 에너지와 열정이 나타날 것이다. 이 과제를 끝마치게 되면, 나는 기분이 매우 좋아질 것이다. 나의 목표를 성취했을 때, 나는 스스로에게 보상을 할 것이다. 나는 성공할 만한 사람이다. 나는 내 자신이 무척이나 자랑스러울 것이다."

10) 다른 사람이 있을 때 느껴지는 불안정감과 자의식

"다음에 웨슬리(Wesley)를 보면, 나는 안정감을 느낄 수 있을 것이다. 나는 확고하고 단호하게 웨슬리(Wesley)에게 반응할 것이다. 내가 옳기 때문에 나는 이완되고 편안한 느낌을 느낄 것이다. 나를 좋은 친구, 귀중한 동료, 그리고 사랑스러운 가족으로 보아주는 사람들이 내 삶에 있다는 생각은 편안하고 즐거운 일인 것이다. 손가락을 깍지 낄 때마다, 나는 내 몸 전체에 흐르는 자신감을 느낄 수 있을 것이다."

11) 곧 있을 평가나 시험에 대한 불안

"나는 공부에 집중할 수 있고, 시험을 위해 알아야 할 모든 것을 기억할 수 있을 것이다. 예민해질 때, 나는 깊은 복식호흡을 하면서 이완할 것이다. 내 마음은 점점 더 차분해지고 기민해질 것이다. 본 시험을 성공적으로 끝내면, 내 스스로에게 '여행'으로 보상을 할 것이다. 'A+'학점을 받는 내 모습을 상상해 본다."

12) 수행능력향상하기

"나는 차분하게 스트레스 상황을 통제할 수 있다(특정 압력이나 두려움에 맞서서 차분하게 집중하고 있는 자신을 상상하라). 나는 처음부터 끝까지 완벽한 업무를 수행하는 내 모습을 상상할 수 있다(아이디어, 리더십, 결정능력, 창의력, 업무수행능력, 융통성, 탈력성 등을 상상해 보아라). 나는 내 목표를 성취할 것이다(목적에 대해 구체적으로 생각해보고 세부적으로 그것들을 시각화 한다.)."

13) 통증이나 근육긴장

"나는 내 등과 허리의 통증을 나를 찌르는 얼음으로 만든 송곳으로 보고, 이제 나의 등위에서 따뜻하게 비춰주는 치료광선을 느낄 수 있다. 얼음으로 만든 송곳은 치료광선의 따뜻함에 의해 점점 녹아들고 내 등과 허리의 통증도 가라앉기 시작한다. 이젠 온 몸 전체가 편안하게 이완될 것이다."

14) 질병과 상해

"나는 내 머리 위에 따뜻하게 비춰주는 하나님의 치유광선(light of healing)을 느낄 수 있다고 상상할 수 있다. 이 치유광선과 온기가 내 온몸 전체를 감싸고 있는 것을 보고 느낄 수 있다. 그 치유의 빛이 내 몸 속으로 들어오기 시작하여, 내 온 몸 전체에 천천히 퍼져나감에 따라 깨끗하게 치유함을 느낄 수 있다. 나는 내가 원하는 일을 하면서 건강하고 활기차고 튼튼해진 내 모습을 상상해 본다."

15) 격분한 상태

"불쾌한 감정이나 고통스러운 신체 증상을 통제하고자 할 경우 처음에 과장시켰을 때, 부정적인 감정이나 증상이 점점 더 강렬해진다고 암시하면서 시작한다. 내 분노가 점점 더 커져서, 피가 내 혈관을 미는 듯한 느낌이 들고, 내 몸이 점점 뜨거워지고, 근육은 점점 더 긴장한다. 그 느낌이 정점에 도달할 때까지 몰고 간 후 그 정서 또는 증상이 감소한다고 스스로에게 말한다. 자신의 분노가 가라앉아서, 심장이 천천히 정상적으로 뛰고, 흥분이 감소하고, 근육이 풀어지고 이완되기 시작한다. 부정적인 감정과 증상이 정점에 달하면, 이제는 더 좋아질 일만 남게 된다. 자기 암시는 이 회복과정을 촉진시켜준다. 자기최면 동안에 감정과 증상을 켰다가 끌 수 있게 된다면, 당신은 인생에 대한 막대한 통제력을 얻게 될 것이다."

9 떡먹기명상기법

다음은 의식적인 떡먹기명상기법이다. 다른 사람이 찾아오거나 방해를 받지 않는 장소에서 이를 연습하라. 우리 정서에 적합한 떡먹기명상을 예를 들어 설명하고자 한다(Davis, M., Eshelman, E. R., & McKay, M., 2000: 손정락, 2006).

① 떡 앞에 앉아서 깊게 여러 번 복식호흡을 실시하라. 색, 형태 및 질감에 주목하라. 맛있어 보이는가? 허겁지겁 먹어치우고 싶은 걸 간신히 참고 있는가? 당신의 느낌이 무엇이든, 그 느낌을 주목하라.

② 먹기 시작하려는 의도에 대해 자각하라. 떡 쪽으로 손을 천천히 움직여라. 이렇게 하면서, 그 행동에 대해 조용하게 마음속으로 말하라. 스스로 "다가간다. 다가간다. 다가간다."라고 말할 수도 있다. 당신의 행동에 이름을 붙임으로써 당신은 마음속의 목적을 더 잘 유지하고 자각할 수 있다. 떡을 들어 올리면서, "올린다. 올린다. 올린다."는 행동을 하고 있는 것에 주목하라.

③ 손이 떡을 입 쪽으로 가깝게 이동시키는 것을 지켜보라. "다가온다. 다가온다. 다가온다." 떡이 입 근처에 다다르면, 잠깐 동안 그 음식의 냄새를 맡아 보아라. 어떤 냄새를 인식할 수 있는가? 그 냄새에 대해 몸은 어떻게 반응하는가? 입에 침이 고이는가? 떡을 원하고 있는 몸의 감각에 주목하라.

④ 처음으로 한 입 베어 물면서, 이가 떡을 뚫고 지나가는 느낌을 느껴보라. 완전히 한 입 베어 물고 나서, 떡은 입 속 어디에 놓여 있는가? 혀가 어떻게 떡을 이동시켜서 이빨 사이에 놓이도록 하는가? 천천히 씹기 시작하라. 이에서는 어떤 감각이 느껴지는가? 혀에서는? 혀의 어떠한 부분이 그 맛을 경험하는가? 팔은 어디에 있는가? 다시 탁자 위에 올려놓았는가? 만일 그렇다면, 그 움직임에 주목하였는가?

⑤ 떡을 삼켰을 때, 떡을 위로 보내기 위하여 식도에 있는 근육이 어떻게 수축하고 이완하는지 자각하여 보라. 다 삼켰을 때 떡은 어디에 있는 가? 위에서 그 감각이 느껴지는가? 위는 어디에 있는가? 위의 크기는 어떠한가? 비어 있나, 가득 차 있나 또는 그 중간인가?

⑥ 떡을 계속 먹으면서, 가능한 많은 감각을 자각하라. 만일 도움이 된다면 조용하게 각 움직임에 이름을 붙여라. 어색함은 주의를 기울일 것을 생각나게 해주는 신호로서 작용할 수 있으므로, 일반적으로 사용하지 않는 손으로 먹어 보라. 기본적인 명상법기법처럼, 다른 생각이 떠오르면, 그 생각에 주목한 후 다시 떡으로 주의를 돌려라.

10 Albert Ellis(1962)의 A-B-C 기법

부정적 사고(negative thoughts)를 합리적 사고(rational thoughts)나 긍정적 사고(positive thoughts)로 과감히 바꿔라!

그림 1 • Albert Ellis의 A–B–C 기법

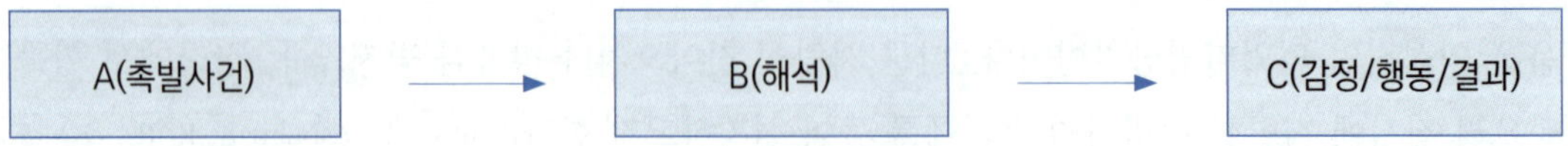

예를 들면,

A : 당신 자신이 직장에서 해고를 당했을 때

irB : 부정적 · 편향적 · 왜곡적 해석(내 인생 이젠 끝장이야! 그 누구도 날 도와줄 사람이 없어! 술이나 마시면서 모든 것을 잊어버리자!)

rB : 긍정적 · 합리적 · 건설적 해석(비가시적 논리의 칼대기(invisible mess of logic) : 이젠 내가 그토록 원하던 일(공부)을 한번 배워서 실천해 보는 거야! 새로운 일에 도전하자! "창현" 파이팅!)

nC : 부정적 결과(가족에게 빈곤과 상처만 남긴 채 간암으로 죽게 된다!)

pC : 긍정적 결과(자신이 경영을 하게 되었으며, 결국에 기업의 최고 책임자인 CEO가 된다!)

11 Albert Ellis와 Ted Crawford의 자기분노조절을 위한 자기분노대화기법을 시연하라.

다음은 Albert Ellis와 Ted Crawford(2000)의 자기분노조절을 위한 자기분노대화기법을 시연하고자 한다. 즉, 당신 자신이 분노(忿怒)를 유발할 때에 시도할 수 있는 간단한 자기분노대화기법이다.

- 내가 말하는 것과 믿고 있는 것이 100%로 진실인가? (예를 들면, "나의 배우자는 항상 나를 부정하는가? 자주인가? 가끔인가?")
- 현실적으로 일어날 수 있는 최악의 상황은 무엇인가? (예를 들면, "만일 그/그녀가 자주 나를 부정한다면, 나는 그것을 무시하거나 무익하게 말대꾸를 할 수 있을 것이다.")
- 다양한 상황들에 대한 자신의 분노(忿怒)로 파생되는 손실(損失)은 무엇인가? (예를 들면, "나를 스스로 불안하게 만들 것이고 그/그녀에 의해 더욱 반박들(contradictions)을 초래할 것이다. 나는 나의 위장(胃腸)에 고통이 수반될 것이고 또 다른 가능성 있는 정신신체반응들(psychosomatic reactions)이 나타날 것이다.")
- 이와 같은 상황에서도 얻을 수 있는 이득(利得)은 무엇인가? (예를 들면, "나는 그녀의 장점들(good points)을 보기 위해 비상한 노력을 할 수 있다. 나는 나의 자기분노유발(self-created anger)에 대한 통제력을 얻을 수 있다.")
- 나는 이득(利得) 또는 손실(損失) 중에 어디에 초점을 맞추기 위해 선택해야 하는가? (예를 들면, "내가 실수를 했을 때에 배울 수 있는 이점(利點)과 만일 내가 실수를 하지 않았을 때에 나의 분노(忿怒)를 통제할 수 있는 이점(利點)이 있다.") 만일 당신이 단지 약간의 분노를 유발하고 있다면, 당신 자신의 당위(should)와 강요(must)를 다음 같은 명구(名句)[6]로 말을 바꾸어 표현하라.

  "나는 만일 당신이........................해주신다면,........................은(는) 더 좋겠습니다!"

6) 명구(名句) 또는 명언(名言, a wise saying)으로도 사용함.

당신이 정서적(情緒的)으로 연루된 한 관계상황에 놓여있을 때, 합리성(合理性, rationality)과 비합리성(非合理性, irrationality)을 구분하는 것은 매우 어렵다. 여기 이를 구별할 수 있는 한 가지 쉬운 특성(easy distinction)이 있다. 즉, 합리성(rationality)은 사회현실(social reality)을 "있는 그대로(as it is)" 수용을 하지만, 반면에 비합리성(irrationality)은 반드시(should)/틀림없이(must) 현실(reality)을 "있는 그대로(it is)"보다 더 다른 것들을 첨부시키거나 요구한다(예를 들면, 당위(should), 강요(must), 의무(ought to), 요구(demand), 충고(have to), 필연성(necessity), 필요(need)).

12 TEST기법(Ellis & Newman, 1996)

그림 2 • TEST기법

T	사건에 대한 당신 자신의 반응(사고, 감정, 행동)을 평가하라!
↓	
E	사건에 의해 초래된 당신 자신의 사고와 신념을 평가하라!
↓	
S	합리적 · 논리적 · 손익적 · 긍정적 · 건설적 사고와 신념으로 대체하라!
↓	
T	새로운 해결책을 시도하라!

13 Robert Wubbolding(1988, 91, 96, 2000)의 WDEP기법

그림 3 • WEDP기법

W	당신의 원함, 필요, 지각을 탐색하라! "당신은 현재 진정으로 원하는 것은 무엇입니까?" (W=wants (exploring wants, needs, and perceptions))

↓

D	당신의 현재 행동과 행동지향을 탐색하라! "당신은 현재 무엇(어떤 행동)을 하고 있습니까?" (D=doing and direction)

↓

E	당신의 현재 행동을 평가하라! 당신의 행동에 대한 적합성을 스스로 평가하라! 또한, 자신의 배우자가 기꺼이 당신을 평가할 수 있도록 허용하라! "당신이 현재 하고 있는 행동이 원함을 성취하는 데 진정으로 도움이 되고 있습니까?" (E=evaluation)

↓

P	새로운 계획을 수립하고 실천하라! (P=planning and commitment)

효과적인 계획을 착수하기 위한 SAMI2C3

- Simple : 계획을 이해하기 쉽게 단순화하라!
- Attainable : 계획을 성취하기 쉽게 구체화하라!
- Measurable : 계획의 성취 여부를 측정할 수 있도록 구체화하라!
- Immediate : 계획을 즉시 실행할 수 있도록 구체화하라!
- Involving : 계획에 내담자가 관심을 갖고 참여하도록 하라!
- Controlled : 계획을 내담자가 통제할 수 있도록 하라
- Consistent : 계획은 일관성을 가져야 한다!!
- Committed : 계획을 지속적으로 실천하겠다는 단호한 결의를 위해서 서약서를 통해 동맹을 맺어라!

C 프로그램 토의 및 평가

프로그램 내용 및 진행에 대한 전반적인 피드백을 제공하기

D 과제소개

역지사지 분노수기 II : 당신 자신의 배우자의 입장에서 분노수기쓰기

역지사지 분노수기 II

당신 자신의 배우자의 입장에서 분노수기를 기술하시오.

역지사지 분노수기 II

당신 자신의 배우자의 입장에서 분노수기를 기술하시오.

나의 어린 시절은 매일 싸우는 부모님 때문에 나의 첫 번째 목표는 빨리 이 집에서 벗어나는 것이었다. 그러던 중 아버지가 중학교 때 돌아가셨다. 이제는 좀 편하겠지. 그러나 여전히 어려운 생활과 어머니의 강한 성격에 나는 역시 힘들고 화나고 도시락을 못 싸 점심을 수돗물로 배를 채우며 살았다. 그래도 시간은 흘러 성인이 되었지만 난 장남이라 내가 돈을 벌어야 그나마 겨우 먹고는 살았다.

하루하루 겨우 먹고살고 있는데 3형제 중 막내가 한 번씩 사고를 치면 월급을 통째로 합의금으로 줘야 하는 일도 있었다. 내 삶은 왜 이럴까? 늘 깜깜한 어둠이었다.

그러다 한 여자를 만나 지금은 내 가정을 지키며 살고 있다.

나의 아내는 평범한 집의 막내딸이다. 나와는 반대의 삶을 살아오던 사람이었다. 그래서 그런지 나와는 생각이 많이 다른 것 때문에 답답하다. 나는 항상 최악까지 생각하며 행동하고 눈치 빠르게 철저하게 살아가고 있는 대신 나의 아내는 이런 나와는 정반대이다.

사는 게 얼마나 치열하고 견디며 살아가야 하는데 내가 힘들게 살아온 어린 시절을 우리 아들들에게는 절대 이런 불행을 물려주지 않을 거로 생각하며 사는 나인데! 그렇게 만들어진 나의 성격, 행동에 아내는 늘 불만을 품고 사는 것 같다.

나는 내 아내가 이런 나를 현명하게 보듬어 주었으면 한다. 나는 늘 최선을 다하며 살고 있고 그래서 나는 이 가정을 꼭 지키고 싶다. 나는 평범하게 살고 싶다. 그래서 나는 지금도 그 평범한 삶을 위해 뭐든지 아끼고 감성보다는 현실적으로 계속 살아가야 한다고 생각하며 살고 있다.

나는 행복하게 늙어가고 싶다.

주제Ⅲ

불완전할 수 있는 용기!

제5회기

효과적인 의사소통기술

A 목적

가족 · 직장의 부적응 · 부조화적인 분노표현양식에 대해서 먼저 살펴보고, 분노를 긍정적 · 건설적 · 합리적 · 창의적 · 논리적 · 체계적 대화기법으로 표현하기 위해서 염두에 두어야 할 효과적인 의사소통기술과 구체적인 분노표현방법을 숙지한다. 마지막으로 역할연기를 통해서 실제 상황에 대비해서 자기분노표현을 시연한다.

B 회기 진행 과정

1 과제확인 및 피드백 주기

2 분노를 유발할 것인가? 또는 참을 것인가?

- 문제시되는 세 가지 분노표현모형

① 가족 · 학교 · 직장의 분노억압(자각이 없는 분노 억압)

② 가족 · 학교 · 직장의 분노억제(자각이 없는 분노 억제)

③ 가족 · 학교 · 직장의 분노표출(시기, 질투, 보복, 악의, 미움, 적대적 공격성을 배제한 상태에서 분노표출을 한다.)

3 자기분노표현기법 I(Self Anger Expression Therapy I)

- 정당한 분노와 불필요한 분노 구별하기
- 자기분노표현에 앞서 가져야 하는 기본적 태도(시기, 질투, 보복, 미움, 공격성을 배제)
- 설득이 아닌 효과적인 의사소통과 최상의 관계형성의 목적(나↔너)

4 자기분노표현기법 II(Self Anger Expression Therapy II)

우리는 흔히 "네가 잘못했기 때문에..."라든가 "너는 왜.... 했니?", "너나.... 해", "너나 잘하세요!"와 같이 책임을 상대방에게 묻는 식의 대화를 많이 해오고 있다. 이런 방식의 대화법은 '너- 메시지(You-Message)'로서 상대방을 질리게 하고 훈계나 질타를 듣는 것으로 간주하게끔 만든다. 그 결과 비록 상대방이 잘못을 했지만, 상대방은 마음의 귀를 닫게 되고, 그 대화는 일방적인 것이 되고 말 것이다. 그러므로 보다 효율적으로 대화를 이끌어내기 위한 자기분노표현기법으로서(self anger expression therapy) "너- 메시지(You-Message)"가 아닌 "나- 메시지(I-Message)"를 선택하여 자기분노표현기법(self anger expression therapy)과 자기주장기법(self assertion therapy)에도 적용하여 폭넓게 사용할 수 있다(Schiraldi & Kerr, 2002).

- "나- 메시지(I-Message)"는 타인의 행동을 변화시키려는 것이 아니다. 다음은 자기분노표현기법(self anger expression therapy)과 자기주장기법(self assertion therapy)에 앞서 지켜야 하는 7가지 주의할 태도이다.

  ① 자기분노표현기법은 상대방을 비난하기 위한 것이 아니다.

  ② 난 단지 당신이 내가 어떻게 느꼈는지 알기를 원한다.

  ③ 자기분노표현은 상대방을 내 뜻대로 하기 위한 것은 아니다.

  ④ 화를 낸다고 해서 내가 옹졸하고 속 좁은 사람이 되는 것은 아니다.

  ⑤ 상대방이 당신에게 이야기하는 것에 대한 선입견을 버리고 "지금" 그리고 "여기서" 충실하고 적극적인 경청을 할 수 있는 준비가 되어 있어야 한다.

  ⑥ 상대방도 내게 화가 났을 수도 있다.

  ⑦ 상대방과의 관계에서 내가 진정으로 원하는 것이 무엇인가?

- 나- 메시지(I-message) : "나는____________________"이란 자기분노표현을 사용하라!

"너는 …, 너는 …." 식의 어투는 상대방을 비난하는 것처럼 들릴 수가 있다. 만약 자신이 잘못했더라도 일단 비난을 받게 되면 감정이 상해서 자신의 잘못을 인정하기보다는 오히려 상대에게 같은 식의 비난을 돌리게 되는 것이 보통이다. 그러면 서로의 관계는 더욱 악화될 것이다. 따라서 그것보다는 그 상황에서 자신이 느끼는 감정을 표현하는 것이 훨씬 바람직하다.

예를 들면,

"너는 인터넷게임을 안 한다고 그토록 나와 약속을 했는데도 불구하고 왜 약속을 어기고 밤새워 게임만 하는 거니!"하는 식보다는 "나는 네가 그렇게 밤새 게임만 하면 내일 학교생활에 지장이 될까 봐 무척이나 걱정이 되는구나!"라고 표현하는 것이 바람직하다.

- 자신의 분노를 통제할 수 있게 해주는 의사소통기법 "I-Message"

"화가 난 사람을 피하라!(Avoid Angry!)"
"나는 네가 나에게 화를 낼 때, 나는 무척 신경질적이고 흥분하게 돼!"
"너 때문"이라는 단어사용을 피하라!(Avoid "Because of You!")

예를 들면,

Mary : (Mary가 의사의 진료실에서 뛰어다니고 있다.) ~야~호! ~하~하!

Doctor : "나는 아이들이 진료실에 있는 동안에 어항 근처에서 뛰어 다니지 않았으면 좋겠어요. 바닥이 미끄러워서 넘어질 수가 있어요. 걸어서 다녔으면 좋겠어요."

- 절대적 · 강박적인 당위, 강요, 요구를 하지 말고 상대방에게 원하는 것을 간결하게 표현한다.

① 오직 당신 자신을 위하여 표현하기 – 상대방의 관심사가 아닌, 당신의 관심사를 표현하고 당신의 견해를 간략하게 설명한다. 그 문제에 대해서 당신은 어떻게 생각하고 느끼고 있는지 간결하게 표현한다. 당신은 상대방이 어떻게 생각하고 느끼고 있는지를 추측하는 것이 아니다. 왜냐하면 독심술(mind reading)은 충돌을 더욱 부추길 수 있기 때문이다.

"나는 당신이 욕을 했을 때, 나는 이러한 감정들이 들어요!"
"나는 당신이 나에게 욕설을 할 때면, 나는 이러한 생각이 들어요!"

② 간결하게 설명하기 · 당신은 진술을 정직하고 간결하고 정확하게 표현하는 것이 상대방을 이해시키는 데 도움이 되며, 상대방이 당신의 진술을 잘 이해하고 있는지를 확인하기 위해서 잠시 동안 말을 중단하고(pause 5~15초) 기다린다. 잠시 중단(interruption)에 관해서는 걱정하지 마라. 당신이 모든 말을 할 수 있는 기회를 갖게 될 것이다.

③ 상대방에게 패러프레이즈(paraphrase)[1]를 요청하기 – 잠시 동안에 말을 한 후에 잠시 중단하고 (pause 5~15초간, 이해의 침묵, 동기의 침묵, 변화의 침묵), 상대방에게 당신이 지금 무엇에 관해서 말을 했는지에 관해서 패러프레이즈(paraphrase)를 할 수 있도록 한다. 만일 상대방의 패러프레이즈(paraphrase)가 꽤나 정확성이 떨어지면, 상대방에게 당신이 의도한 바를 잘 경청을 할 수 있도록 다시 한 번 공손(恭遜)하고 정중하게 패러프레이즈(paraphrase)를 해준다. 다시 말하면, 마음과 마음의 대화(Heart-To-Heart Talk)는 자기분노표현을 표상(表象)한다.

예를 들면,

"그것은 제가 의미한 바가 아닙니다. 저는 X라는 의미로 진술했습니다. 한번만 다시 패러프레이즈(paraphrase)를 해주시겠습니까?" 청자가 당신을 진정으로 듣고 이해하고 만족시킬 때까지 계속 진행한다. 그러나 너무 많은 패러프레이즈(paraphrase)의 요구는 상대방에게 적대감과 분노유발을 부추길 수 있으므로, 필자는 3번 정도의 패러프레이즈(paraphrase)를 허용하는 것이 바람직하다고 제기한다.

5 대화에티켓(Conversation Etiquette)

Beck(1988)에 따르면 대화를 효율적으로 진행하고 유쾌함과 상호 간의 존엄과 대화의 즐거움을 만끽하기 위해서는 다음과 같은 지침을 따를 필요가 있다(제석봉, 2008).

그림 1 • 대화에티켓(Conversation Etiquette)

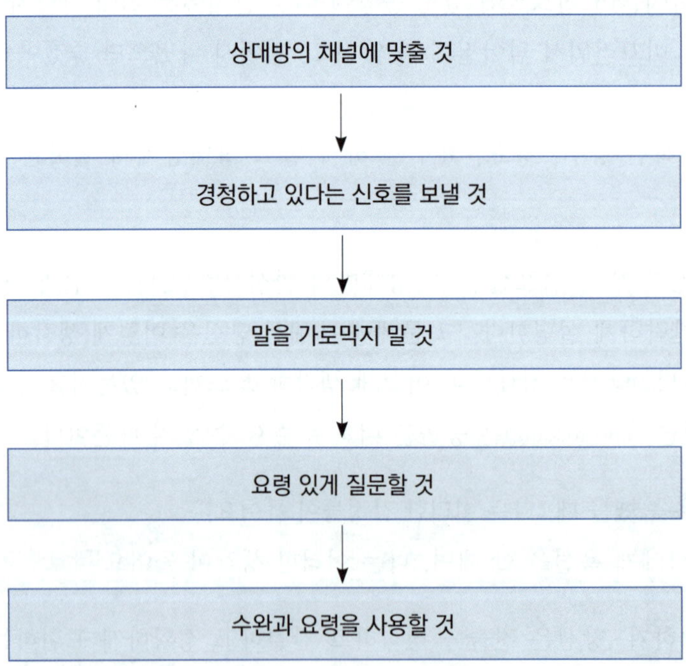

1) 패러프레이즈(paraphrase) : 자신의 말로 바꿔 재진술할 수 있는 기회를 주기

6 Berg와 Steiner(2003)의 해결중심기법으로 질문하기(류창현, 2014).

Berg와 Steiner의 해결중심단기치료는 "문제해결(problem solution)보다 해결구축(solution building)에 더 초점을 두고 있으며, 내담자의 긍정적 특성과 자원에 기반을 두고 내담자가 좀 더 행복한 삶을 살 수 있는 구체적인 해결책을 탐색한다. 해결중심단기치료는 다음과 같이 4가지 가정들을 제기한다. 문제의 이해 없이도 문제해결이 가능하다. 개인의 문제보다 강점과 해결방법에 초점을 맞추는 것이 더 효과적이다. 과거보다 현재와 미래에 초점을 맞추는 것이 더 효과적이다. 인간은 누구나 문제해결능력을 가지고 있다(Berg, 1994: 권석만, 2012).

Berg와 Steiner(2009)의 해결중심단기치료에서는 다양한 질문을 통해서 무모와 자녀간의 상호작용을 탐색하고 공동으로 할 수 있는 활동들을 과제로 제시한다. 즉, "아동이 무엇을 가장 중요시하는지?", "아동이 무엇을 제일 좋아하는지?", "아동이 누구와 함께 있을 때 가장 편하게 있는지?", "아동이 누구와 함께 놀 때 가장 즐겁게 노는지?", "아동이 누구와 함께 말을 많이 하는지?" 등과 같은 공유적인 반영, 이해, 인정, 분석, 탐색질문들을 통해서 아동의 문제에 주목하기보다는 내면에 숨겨진 잠재력, 장점, 강점, 재능, 창의성, 융통성, 탄력성, 자율성 등을 탐색하여 활용한다.

해결중심질문들은 예외질문, 척도질문, 기적질문, 대처질문 등으로 구성된다. 예외질문은 문제에 초점을 두고 있는 시각과 견해로부터 벗어나 내담자의 문제 이면에 가려진 잠재력, 장점, 강점, 재능, 창의성, 융통성, 탄력성, 자율성 등에 보다 더 역점을 두고자 하는 데 있다. "웨슬리가 집에서 싸우지 않고 즐겁게 지낼 때는 언제입니까?"

척도질문은 객관적인 통찰과 구체적인 사고를 통해 자신의 행동과 사고를 체크함으로써 내담자 스스로 재능이 있고 성공적인 존재라는 긍정적 지지를 제공한다. "웨슬리, 너는 오늘 학교생활에서 있었던 분노행동들에 대해 자기분노조절점수를 1점에서 10점 중 몇 점을 줄 수 있을까?(1점은 최저, 10점은 최고)"

기적질문은 낙담, 좌절, 열등감, 우울감에 빠진 내담자에게 새로운 의미, 소망, 창의적 도전, 용기를 부여한다. "만일 웨슬리 네게 기적이 일어나서 너의 부모님들이 재결합했다고 가정해 보자. 그런 기적이 일어난다면, 네가 지금 하고 있지 않은 일 중에 무엇을 할 수 있다고 생각하니?" 문제가 해결된 상황들에 대한 상상만으로도 유쾌하고 즐거운 사고, 감정, 행동, 영혼의 변화를 창출한다.

대처질문은 누구나 현재 고통스럽고 해결할 수 없어 보이는 유사문제들을 과거에 해결한 경험이 있다고 가정한다. "웨슬리 씨, 당신이 그렇게도 힘들고 고통스러운 상황 속에서도 따님을 포기하지 않고 끝까지 희망을 잃지 않을 수 있었던 원동력은 어디에서 비롯된 것입니까?", "웨슬리, 너는 그러한 분노유발상황에서도 더욱 격분하지 않고 어떻게 자신의 분노를 조절할 수 있었니?"

7 부모와 자녀간의 "나-메시지(I-Message)" 역할극(role play) 시연하기 : 부모와 자녀간의 넓은 이해와 보다 나은 관계형성을 위해서 실연한다.

부모와 자녀간의 보다 나은 관계를 형성하고 효과적인 대화의 창을 열기 위해서 "너-메시지(You-Message)"가 아닌 "나-메시지(I-Message)"로 자기분노표현을 실연한다. '나-메시지(I-Message)' 기법은 자녀의 행동 중 부모가 수용할 수 없는 행동을 구체적으로 말하고, 그 행동이 부모와 자식 간에 미치는 부정적 영향과 결과에 대해서 언급하고, 그 행동에 대한 자신의 감정(feelings)을 정중하고, 품위를 잃지 않고, 부드럽고, 간결하고, 진솔하게 자기분노표현을 하는 방법이다. 아울러 당신 자신의 불충족된 원함(unmet want)과 불충족된 욕구(unmet need)를 선호표현방식으로 명료하고, 공손하고, 친절하게 전달하라.

"나-메시지(I-Message)" 방법은 다음과 같이 표현한다.

자녀의 구체적인 행동이 미치는 영향, 그로 인한 부모 자신의 검정과 마음을 간결하게 나-메세지법으로 표현해 보자.

"나는 네가 하는 행동을 보니...........................것 같아서 내가.........................하다."

또는

"나는 네가 해서, 내 마음이...하다."

평소 못마땅하다고 생각했던 자녀의 행동이 있다면 그 행동을 구체적으로 적고, 그것이 미치는 영향 또는 결과를 적고, 그 결과로 인한 자신의 느낌을 적어보고, 기록 후에 나-메시지 자기분노표현기법으로 바꾸어 자녀에게 이야기를 하듯이 간결하고 부드럽게 표현해 준다. 또한 역할바꾸기(role reversal)로도 실시해본다. 역할바꾸기(role reversal)를 통해서 자녀를 더욱더 깊이 있게 이해하고 용서할 수 있는 기반을 형성한다. 다음은 부모와 자녀 간의 "나-메시지(I-Message)" 역할극을 실제적으로 실연하고자 한다.

• 부모와 자녀간의 "나-메시지(I-Message)" 역할극 시연하기

①

자녀	며칠 전 부모님이 보던 성인용 CD를 보다가 들켰을 때.
부모	나는

②

자녀	학교는 가지 않고 놀이공원으로 놀러갔던 사실을 뒤 늦게 알았을 때.
부모	나는

③

자녀	하지 않겠다던 게임을 몰래 몇 시간동안 하고 있을 때.
부모	나는

④

자녀	자주 싸우고 돌아와서 교복이 찢어진 것을 보았을 때.
부모	나는

⑤

자녀	부모에게 "아빠/엄마나 잘하세요!"라고 할 때.
부모	나는

⑥

자녀	술을 먹고 새벽 4시에 오토바이를 타고 몰래 기어 들어올 때.
부모	나는

⑦

자녀	2달 동안 집 나간 자식이 들어 왔을 때.
부모	나는

⑧

자녀	학교 성적이 갑자기 많이 떨어졌을 때.
부모	나는

⑨

자녀	왕따를 당하고 있는 중학생 아들이 학교를 다니지 않겠다고 할 때.
부모	나는

⑩

자녀	아들이 아빠의 지갑에 손을 대는 현장을 목격했을 때.
부모	나는

⑪

자녀	자식이 부모의 성관계의 장면을 보고 놀라서 서 있을 때.
부모	나는

⑫

자녀	자식이 격분하여 부모를 죽여 버리겠다고 욕을 하면서 대들 때.
부모	나는

⑬

자녀	자식이 부모에게 "한번만 더 공부 잘하는 형(누나, 언니, 친구)과 비교하면, 난 차라리 자살할 거야!"라고 울먹일 때.
부모	나는

8 부부간의 "나-메시지" 역할극(role play) 시연하기 : 부부간에 넓은 이해와 보다 나은 관계형성을 위해서 실시한다.

부부간의 갈등, 분노, 우울, 불안, 애착장애(attachment injury) 등을 인지하고 해결하기 위한 시도이다. 이를 통해서 상대배우자에 대한 이해의 장을 넓히고, 보다 나은 관계형성을 위해서 노력하는 계기(契機)를 만든다.

부부간에 보다 나은 관계를 형성하고 효과적인 대화의 창을 열기 위해서 "너-메시지(You-Message)"가 아닌 "나-메시지(I-Message)"로 자기분노표현을 실연한다. '나-메시지(I-Message)' 기법은 상대 배우자의 행동 중 자신이 수용할 수 없는 행동을 구체적으로 말하고, 그 행동이 자신에게 미치는 부정적 영향과 결과에 대해서 언급하고, 그 행동에 대한 자신의 감정(feelings)을 정중하고, 품위를 잃지 않고, 부드럽고, 간결하고, 진솔하게 자기분노표현을 하는 방법이다. 아울러 자신의 불충족된 원함(unmet want)과 불충족된 욕구(unmet need)를 선호표현형식으로 명료하고, 공손하고, 친절하게 전달하라.

부부생활에서의 갈등, 불안정한 애착, 사랑결핍, 미해결된 과제, 그늘에 가려진 분노 등을 관찰하고, 직면할 수 있는 존재의 용기(being the braveness of confrontation)와 분노유발상황에서의 역할극(role play)을 통한 훈습과정(working through process)을 갖는다. 또한 역할바꾸기(role reversal)를 통해서 상대방(배우자)을 더욱더 이해하고 용서할 수 있는 기반을 형성한다. 다음은 부부간의 "나-메시지(I-Message)" 역할극을 실제적으로 실연하고자 한다.

• 부부간의 "나-메시지(I-Message)"역할극 시연하기

①

배우자	남편(아내)이 아내(남편)에게 "바보같이 그것도 몰라!"라고 무시할 때.
배우자	나는

②

배우자	남편이 아내에게 "이것도 음식이야!"라고 무시할 때.
배우자	나는

③

배우자	남편이 아내에게 "얘들이 하나같이 당신 닮아서 꼴통이야!"라고 무시하고 대들 때.
배우자	나는

④

배우자	남편(아내)의 외도를 아내(남편)가 뒤늦게 알았을 때.
배우자	나는

⑤

배우자	아내(남편)가 남편(아내)에게 "너나 잘하세요!"라고 할 때.
배우자	나는

⑥

배우자	남편(아내)이 전화도 없이 늦게까지 술을 마시고 새벽 3시에 들어올 때.
배우자	나는

⑦

배우자	아내(남편)가 남편(아내)과 3달 넘게 말과 성관계를 하지 않을 때.
배우자	나는

⑧

배우자	아내가 남편에게 "돈도 못 벌어오는 무능력한 인간아!"라고 할 때.
배우자	나는

⑨

배우자	남편(아내)을 가정에서 왕따를 만들 때.
배우자	나는

⑩

배우자	갑자기 집나간 아내(남편)가 두 달 만에 집에 귀가했을 때.
배우자	나는

⑪

배우자	아내(남편)가 남편(아내)에게 "우리 그만 이혼하자. 당신은 죽어도 성격이 안 변해"라고 할 때.
배우자	나는

⑫

배우자	남편(아내)이 친정(시댁)식구들에 대해서 비난할 때.
배우자	나는

⑬

배우자	남편(아내)이 아내(남편)에게 자신의 과오를 진실로 용서(容恕)를 구할 때.
배우자	나는

⑭

배우자	자녀교육을 위해 아내가 과외선생님과의 성매매과정에서 자식을 위한 것이라고 합리화하며 죄책감을 느끼지 못할 때.
배우자	나는

9 환상에서 현실로 돌아오라!(From Fantasy to Reality!)(류창현, 2011).

다음 연습은 5가지 주요 질문들로 구성되어 있으며, 당신은 한 가지 상황에 대한 현실성(reality)[2]을 탐색하기 위해서 그리고 현실성(reality)과 상황이 "보다 나은(better)" 방향으로 전환되길 소원하는 당신 자신의 환상(fantasy)과 대조하기 위해서 스스로와 타인에게 다음과 같이 보다 구체적인 질문들을 할 수 있다. 본 5가지 질문들은 당신 자신의 원함들(wants)을 목표들(goals)로 변화시킬 수 있도록 도움을 줄 것이다.

• 준비질문(the set-up questions)

1. 당신은 어떤 부분에 구체적으로 반대를 하고 있는가? 문제를 있는 그대로 고려해볼 때에 과연 무엇이 잘못되었는가?

____

____

____

2. 당신이 무엇 때문에 그 방법을 더 선호하는 것인가? 만일 그 방법이 이상적이라면, 당신이 그것을 원하고 있는 그대로 그 정황(情況)을 설명하라.

____

____

____

• 전환질문(the transition question)

3. 당신이 반드시(should)/틀림없이(must) 그 방법이어야만 된다고 생각하는 이유는 무엇인가?(당위(shoulds)와 강요(musts)는 환상의 세계(the world of fantasy)에 존재한다.)

____

____

____

만일 당신이 세 번째 질문을 "상황이 보다 더 나아질 수 있기 때문"이라고 대답했다면, 당신은 자신의 배우자가 반응을 보일 수 있는 당신 자신의 사고 속에 진술되지 않은 하나의 당위(should)와 강요(must)를 갖고 있다는 것을 의미한다. 당신이 전환질문에 대한 답을 하지 않는다면, "인생은 반드시(should)/틀림없이(must) 당신 자신이 생각하는 방식대로 되어야만 한다는 것"을 의미한다. 당신이 또 하나의 다른 질문에 답을 했다면, "당신은 어떤 상황이 되길 더 선호하고 있는가?"

2) 현실성(reality) 또는 진실성(reality)으로도 해석함.

다시 한 번 시도하라! "왜 하나님(God), 우주(the universe), 삶(life), 사람(people), 상황(things), 또는 당신 자신의 배우자(partner)가 자신의 절대적인 요구에 반드시(should)/틀림없이(must) 순응해야만 하는가?" 당신 자신의 생각에 있는 (1) 욕구(desire)와 선호(preference) 그리고 (2) 당위(should)와 강요(must)에 대한 강박적 요구들(compulsive demands)을 구별하라.

• 실행질문(the follow-through questions)

4. 무엇이 "실제적 · 사실적 현실(actual · factual reality)"인가? 비판적인 말들(judgemental words)을 사용하지 말고, 현실(reality)을 있는 그대로 기술하라.

5. 당신은 무엇 때문에 반대를 선택하는가? 만일 당신이 할 수 있다면, 당신이 무엇을 근거로 하여 선택하게 되었는지에 대한 3가지 가능성들을 목록화하라. 만일 당신이 반대하기를 그토록 소원한다면, 지향하는 하나의 목표가 바로 당신 자신의 환상(fantasy)인지를 숙고하라. 다시 말하면, 당신 자신의 강박적 당위(should)와 강요(must)를 "보다 더 나은 방법인" 현실(reality)을 있는 그대로 수용할 수 있는 합리적 · 건설적 · 긍정적 사고와 신념으로 과감히 전환하라. 아울러 현실(reality)은 "있는 그대로(the way it is)"를 의미한다는 것을 늘 기억하라.

10 당신을 위한 7가지 지침들을 만들라!(From Fantasy to Reality!)(류창현, 2011).

각기 7가지 지침들(Seven Guidelines)에 대해서, 당신은 목적의 간략한 진술, 각 지침을 이해하고 적용하기 위한 "비결(key)", 각 지침을 시험해보기 위한 구체적인 행동과 자신의 삶 속에서 각 지침을 적용해 볼 수 있는 몇 가지 제안들을 적을 수 있는 공간 등을 발견할 수 있을 것이다. 다음 단계들은 당신 스스로를 위해 본 지침들(Guidelines)을 검증하는 데 필요한 하나의 유용한 절차이다.

지침 1 : "당신의 배우자를 있는 그대로 수용하라!(Accept your partner 'as is!')"

목적 : 당신이 스스로를 책임지듯이 당신 자신의 배우자도 선택을 할 수 있도록 허용해주고, 당신과의 관계(關係)에서도 그/그녀 스스로가 개선할 수 있는 권리(權利)를 지지해 주어라. 이는 당신에게 내적인 마음의 평온(平穩)을 제공해 줄 것이다.

해답 : 당신 자신의 감정들에 대해 책임을 져라!

제안 : 현실수용을 거부(refusal)하거나 회피사고(avoidance thinking)를 하려는 당신 자신을 관찰하라. 당신이 "수용하기 어려운(unacceptable)" 불쾌한 사건들을 수용할 수 있도록 자기 자신에게 도전하라.

※ 당신 자신의 자기제안들(self-suggestions)을 선택하여 기술하라.

예) 배우자와 서로 입장을 바꾸어 내가 만약 그/그녀였다면 어떻게 했을 것인가를 가정하여 생각해보고 서로를 이해하고 수용하려고 노력하라!

1) ______________________________

____

____

지침 2 : "자주 감사를 표현하라!"

목적 : "판단하지 마라!(Don't judge!)" 당신 자신의 배우자를 사랑스럽고 돌봄이 필요한 사람으로 수용하라. 당신 자신의 잠재력을 최대한 개발할 수 있도록 상호간에 조력하라. 파괴적인 비난이 배제된 진실한 정서적 지지(honest emotional support)와 인정(acknowledgement)을 통해 당신 자신의 배우자와의 행복한 관계를 형성하라.

해답 : 작은 일에도 자주 진실한 감사표현을 하는 것은 당신 자신의 배우자의 마음을 열고, 당신과 보다 더 정직하게 공유할 수 있는 의사소통환경을 만들어 줄 수 있는 축적된 효과를 발휘한다. 당신 자신의 배우자가 잘한 일을 캐치(catch)하여 칭찬하라.

제안 : 모든 일은 장단점(長短點)의 양면을 가지고 있다. "그리고/또한(And/ Also)" 만일 당신이 어떤 싫어하는 일을 맡아서 하고 있다면, 그 속에서도 장점과 이득을 찾아낼 수 있도록 탐색하라.

※ 당신 자신의 자기제안들(self-suggestions)을 선택하여 기술하라.

예) 불쾌하고 당황스러운 상황에서 긍정적인 사고, 말, 행동, 지지를 하면서 감사를 표현하라!

1) ______________________________

____

____

지침 3 : "정직하게 의사소통을 하라!"

목적 : 신뢰(trust)에 기초한 당신 자신의 관계를 지속하기 위해 자신의 정직을 혼란시키는 함정과 복잡한 관계에서 벗어나 자기 스스로를 정서적으로 자유롭게 유지하라.

해답 : 당신 스스로와 자신의 배우자에게 그리고 둘 사이의 관계에서 어떤 일이 일어나고 있는지에 대해 기꺼이 정직하게 인정하라. 아울러 당신이 느끼고 생각하는 것을 진솔(眞率)하게 인정하라. 당신 자신의 약점(weaknesses), 비일관성(inconsistencies) 그리고 이행치 못한 약속들(unfulfilled promises)을 인정하라. 또한, 당신 자신의 강점(strengths)과 자신 스스로에 대한 긍정적인 측면들을 인정하라.

제안 : 정직(honesty)과 성실(integrity)이 당신을 항상 좋게만 보이게 하지는 않음으로 인한 당신 자신의 두려움(fears)을 수용하라. 정직(honesty)과 성실(integrity)은 당신 자신의 두려움을 직면할 수 있는 그리고 당신 자신의 실수로부터 배울 수 있는 용기(courage)를 요구한다. 당신 자신의 문제를 제때에 공유하여 해결함으로써 자신의 정직(正直)을 배우는 시간을 갖게 하라.

※ 당신 자신의 자기제안들(self-suggestions)을 선택하여 기술하라.

예) 자신의 감정에 대해 정직하게 수용하고 배우자에게 비난적으로 대하지 말고 자신이 느끼고 생각한 것을 솔직히 표현하라! 배우자가 옳고 자신이 잘못했을 때 이를 기꺼이 용기 있게 인정하라! 배우자에게 절대적 · 강박적인 강요, 당위, 요구, 주장을 하는 대신에 자신의 배우자의 정직에 초점을 두고 감사하라!

1) ______________________________

____

____

지침 4 : "당신의 배우자와의 차이점들을 탐색하고 공유하라!"

목적 : 사회문제들(social problems)을 해결(解決)하기 위해, 갈등감소(conflict reduction)를 위해 그리고 협동적(協同的)인 창조성(cooperative creativity)의 기쁨을 만끽(滿喫)하기 위해 상호간에 협력(協力)을 이루어 나가라.

해답 : 당신 자신의 배우자는 언제나 깊은 관심을 받을 만한 가치 있는 사람이라고 생각하라. 당신 자신의 배우자의 이슈를 경청하라. 만약 당신이 자신의 말만 많이 하는 수다스러운 사람이라면, 당신은 진정한 좋은 경청자(傾聽者)가 아니다.

제안 : 무엇인가 옳고, 유용하고, 진실한 것을 당신 자신의 배우자의 입장에서 탐색하여 찾아내라. 당신 자신의 배우자의 이슈를 그/그녀가 이를 보고 있는 시각에서 이해하려는 데 더 초점을 맞추어라.

※ 당신 자신의 자기제안들(self-suggestions)을 선택하여 기술하라.

예) 배우자의 차이점들을 탐색했다면, 이번엔 당신이 배우자의 입장에서 자신을 탐색한 것을 바탕으로 생각한 차이점을 그/그녀와 공유하라! 이미 역지사지사고로 차이점을 탐색한 당신은 배우자의 입장에서 충분한 생각의 시간을 가졌기 때문에 그/그녀와의 차이점과 불일치의 거리는 좁혀질 것이다.

1) ____

____

____

지침 5 : "당신의 배우자의 목표들을 지지하라!"

목적 : 당신 자신의 배우자에 대한 자신의 사랑을 실제적 · 지지적인 방법들로 표현하라.

해답 : 당신 자신의 선택은 건설적(建設的)인 "목적들(purposes)"과 "정직(integrity)"에 근거한다는 것을 명료화하라.

제안 : 그/그녀는 당신 자신과는 다른 인격체이므로 독특한 개성(個性)을 발전시킬 수 있는 당신 자신의 배우자의 권리(權利)를 지지하라! 불일치들(disagreements)을 차이점들(differences)로 간주하고 아울러 이 차이점들(differences)을 자원(resources)으로 활용하라. 이 차이점들(differences)이 성공적으로 공유됐을 때에 당신 자신의 배우자와의 관계는 더욱 풍요롭게 발전할 수 있을 것이다.

※ 당신 자신의 자기제안들(self-suggestions)을 선택하여 기술하라.

예) 배우자가 공감하기 어려운 목표들을 가졌다고 해도 그/그녀의 목표를 존중하며 뒤에서 늘 지지하라! 배우자는 서로가 서로를 가장 잘 알고 코치해 줄 수 있는 멘토인 것을 기억하라!

1) ____

____

____

지침 6 : "당신의 배우자에게 실수할 수 있는 권리를 주어라!"

목적 : 당신 자신의 배우자의 불완전하고 실수하기 쉬운 인간으로서의 권리(權利)를 지지하라. 당신 자신의 배우자가 자신의 건설적(建設的)인 잠재력(constructive potential)을 성장시키고 배워나갈 수 있도록 기회(room)와 지지(support)를 제공하라.

해답 : 당신 자신의 실수(mistakes)와 인간성(humanness)에 대한 당혹감과 부끄러움을 기꺼이 거부하라. 당신 자신의 배우자와 같이 자신의 유사성들(similarities)을 인정하라. 당신은 이러한 유사성(類似性)들로 인해 당신 자신의 배우자와의 유대감을 형성할 수 있게 된다. 당신도 역시 불완전하고 쉽게 실수할 수 있는 인간이다. 또한 당신 자신의 추측들(assumptions)도 틀릴 수 있고 아울러 많은 과오들을 범할 수 있는 미약한 존재이다.

제안 : 당신 자신의 실수와 자신의 배우자에 대해 자신의 망각을 자각하게 되었을 때 이를 기꺼이 인정하라.

※ 당신 자신의 자기제안들(self-suggestions)을 선택하여 기술하라.

예) 인간은 모두 불완전한 존재임을 기억하고 자신과 배우자도 실수 할 수 있다는 것을 인정하라. 역지사지사고로 불쾌한 사건에 대한 배우자의 입장에서 공감적인 탐색을 한 후, "실수할 수 있을 만한 상황이었다. 나도 그럴 수 있겠다." 라고 공감적인 이해를 하라!

1) ______________________________

____

____

지침 7 : "당신의 원하는 목표들을 재고하라!"

목적 : 당신 자신의 절대적인 당위(shoulds)와 강요(musts)의 요구들과 "거나/또는(either/or)"[3)]의 덫, 즉 당신이 원하는 것을 반드시(should)/틀림없이(must) 얻어내야만 한다거나 당신이 원하는 것을 결코 얻어낼 수 없는 것에 대한 무기력한 절망감(hopeless despair)으로 인해 포기를 해야만 한다는 극단적 사고로부터 스스로를 자유롭게 해방시켜라.

해답 : 당신이 원하는 것을 반드시(should)/틀림없이(must) 가질 필요는 없다는 것을 스스로에게 자주 상기시켜라. 당신이 원하는 것이 하나님(God), 우연한 기회(chance), 또는 자연(nature)에 의해 100%로 보장된 것은 아니다. 당신은 자신이 원하는 것을 얻을 수도 있고 얻지 못할 수도 있다. 언젠가 때가 다시 온다고 해도 당신은 자신이 원하는 것을 얻을 수도 있고 얻지 못할 수도 있다.

제안 : 당신 자신의 원함, 의도 그리고 욕구를 지속적으로 유효하게 유지하라. 만일 당신이 원하는 것을 성취하기 위해 노력한다면, 이것을 얻을 수도 있을 것이다. 아울러 당신 자신의 원하는 것을 미래의 목표로 삼고 이를 성취하기 위해 헌신하라. 당신이 원하는 것을 반드시(should)/틀림없이(must) 얻어야만 한다는 요구(demand)에 대한 강한 집착에서 자유로워진다면, 오히려 이것을 성취할 확률(probability)은 보다 더 높아질 수 있다.

3) "거나/또는(either/or)" : 흑백논리로서 사물을 흑과 백으로만 존재하고 회색은 존재하지 않는다고 보는 극단적 사고 또는 이분법적인 사고를 의미한다. 또한 전부 아니면 전무 사고라고도 하며, 즉 매사를 성공(우수성, 성공, 지혜, 매력) 또는 실패(열등성, 실패, 어리석음, 못생김) 두 가지 범주로만 간주한다.

※ 당신 자신의 자기제안들(self-suggestions)을 선택하여 기술하라.

예) 자신이 원하는 것을 반드시/틀림없이 얻어야만 한다는 요구에 대한 강한 집착에서 자유로워져라! 자신이 원하는 것을 얻을 수도 있고 얻지 못할 수도 있다는 합리적 · 현실적 유연성과 탄력성을 유지하라!

1) ______________________________

____

____

단독헌신 : 비록 당신 자신의 배우자가 본 지침들(Guidelines)을 선택하지 않을지라도, 당신 스스로는 본 지침들(Guidelines)을 따르기 위해 헌신하라. 이는 당신이 자신의 관계형성을 개선하기 위한 단독헌신(unilateral commitment)을 이미 실천하고 있는 것을 의미한다.

목적 : 거의 확실한 실패(almost-certain failure)를 배제하기 위한 한 방법으로서 본 7가지 지침들(Seven Guidelines)을 활용하고, 상호헌신(mutual commitment)을 성취(成就)하는 것이다.

해답 : 당신은 본 7가지 지침들(Seven Guidelines)을 자신의 것으로 체득(體得)하고 활용하는 데 있어 100%의 책임(責任)이 있다. 만일 거기에 상호헌신(mutual commitment)이 존재한다면, 각자 상대 배우자가 어떻게 행동하든 상관없이 본 7가지 지침들(Seven Guidelines)을 배우고 활용하는 데 단독헌신적인 책임(unilateral commitment of responsibility)을 갖고 실행에 옮기면 된다.

제안 : 아직 성취하지 못한 당신 자신의 미래 목표(future goal)를 본 7가지 지침들(Seven Guidelines)을 학습하고 활용하는 데 두고, 이 지침들(Guidelines)을 이해하고 사용하는 데 "숙달(mastered)"할 때까지 헌신(獻身)하라.

※ 당신 자신의 자기제안들(self-suggestions)을 선택하여 기술하라.

예) 단독경청과 단독헌신을 통해 꾸준히 조금씩 점진적으로 배우고 실행하다. "실행하고, 실행하고, 실행하라!"

1) ______________________________

____

____

경청(傾聽)하기로 결심한다는 것은 혼란을 초래할 수도 있다. 만일 당신이 혼란스럽다면, 이것이 바로 지금 당신을 위한 최선의 대처방법이기 때문에 자신의 혼란스러움을 직면해야 한다. 당신 자신의 혼란을 수용하고, 더욱더 많은 정보를 얻기 위해 노력하고, 또한 실험적 · 임의적 결정(experimental arbitrary decision)을 내린 후에 어떤 결과가 초래되는지를 관찰하라.

전혀 의사소통이 없이 진정한 이해는 불가능하다. 그러나 먼저 자신 스스로와 의사소통을 할 수 있어야 한다. 만일 자신 스스로와의 의사소통을 할 수 없다면, 타인과의 의사소통을 기대할 수 없다. 사랑도 이와 같은 이치이다. 만일 자신 스스로를 사랑하지 않는다면, 다른 사람을 사랑할 수 없다. 만일 자신 스스로를 수용할 수 없고 친절하게 대할 수 없다면, 다른 사람에게도 이를 실행할 수 없다. 따라서 우리는 이를 자신 스스로에게 먼저 시작해야 한다(Hanh, 2001).

당신은 자주 자신의 아버지처럼 행동하지만, 이를 깨닫지 못한다. 비록 당신은 그처럼 행동하지만, 완전히 반대로 행동한다고 느낀다. 당신이 자신의 아버지를 수용하거나, 사랑하거나, 용서하지 않는다면, 당신은 자신 스스로를 수용하거나, 사랑하거나, 용서하지 못할 것이다. 아버지는 당신에 안에 있고, 당신은 아버지의 존속이다. 따라서 만일 당신이 자신 스스로와 의사소통을 할 수 있다면, 비로소 당신은 자신의 아버지, 어머니, 배우자, 자녀, 타인과도 의사소통을 할 수 있게 된다.

C 프로그램 토의 및 평가

프로그램 내용 및 진행에 대한 전반적인 피드백을 제공하기

D 과제소개

역지사지 분노수기 III : 당신 자신의 자녀의 입장에서 분노수기쓰기

역지사지 분노수기 III

당신 자신의 자녀의 입장에서 분노수기를 기술하시오.

역지사지 분노수기 III

당신 자신의 자녀의 입장에서 분노수기를 기술하시오.

나는 9살 남자아이이다. 다른 친구들은 아빠가 있다. 하지만 나는 아버지가 계신다. 나는 절대 울면 안 된다. 울면 더 혼나니깐!

우리 아버지가 우는 건 안 된다 해서 꾹 참았다. 그런데 나는 눈물이 많고 너무 상처도 잘 받고 약하다. 그런 나인데 우리 엄마, 아버지는 이런 나를 이해 못 하고,

"너는 왜 그래?"라고 말하면서 화를 내신다. 나는 마음이 아프다. 나는 아직 어린데!

왜 나는 어른처럼 하길 바라실까? 그래서 다 미워지고 친구들이 나한테 조금만 부딪혀도 화가 나고 때리고 싶어진다. 그래서 또 혼나고 난 또 울고, 울면 더 혼나고. 모두가 다 밉다.

"엄마 가슴 쪽이 아파!"라고 내 마음이 아프다는 걸 전해도 난 첫째니깐 성격도 좋고 다 알아서 스스로 하기만 원하시지. 내 마음이 아프다는 건 또 잊어버리는 엄마와 아버지다.

난 그냥 스스로 또 참고 또 참으면서 지금은 9살이다. 그런데 요즘 우리 아버지가 화내시는 거 말고 나한테 자주 웃어주신다. 이상하다. 칭찬도 자주 해 주신다. 아버지가 무섭기는 하지만 난 그래도 아버지가 좋다. 그래서 엄마에게도 "엄마는 왜 말을 할 때 꼭 화를 내면서 이야기를 해?" 라고 용기내서 내 마음의 상처를 표현해 본다.

난 성격도 좋고 잘 웃고 친구도 많고 아버지를 화나게도 안하고 엄마에게도 짜증 안내는 그런 아이가 되고 싶어진다. 난 혈액형이 O형이니깐. O형은 다른 사람들에게 다 줄 수 있는 좋은 혈액형이고 최고의 혈액형이라고 엄마가 말했다.

난 행운이 가득한 아이가 되고 싶다.

역지사지 분노수기 III

당신 자신의 자녀의 입장에서 분노수기를 기술하시오.

"엄마는 항상 엄마 마음대로만 다하고, 나는 하고 싶은데 맨날 못하게 하고, 엄마 미워!"

현재 다섯 살인 나는 집에서나 밖에서나 엄마의 사소한 잔소리에 시달리며 살고 있다.

아침에 눈떠서부터 아침 먹어라. 흘리지 마라. 옷 입어라. 양말은 똑바로 신어야지. 어린이집 늦겠다. 얼른 세수하고 이를 닦자. 시간에 메여서는 엄마의 배웅을 받으며 어린이집 차에 탄다. 역시나 어린이집도 편하지가 않다. 선생님 눈치도 봐야 되고, 친구들도 맞춰줘야 되고, 나는 차례차례 줄서는 것도 싫고 양보하는 것도 싫은데 안하면 혼나고. 그리고 맨날맨날 일등만 하고 싶은데 친구들이 일등을 하면 나는 너무나 속상하고 화가 많이 난다. 그럴 때는 울고 떼를 부린다. 그래도 다행히 나는 뒤끝이 짧다. 금세 잊고 언제 그랬냐는 듯 신나게 놀기는 한다. 그렇게 여섯 시간을 어린이집에서 보내고 집에 온다.

엄마가 반갑게 맞아주시면서, 오늘은 누구랑 놀았니? 간식은 뭐 나왔니? 친구들이랑 싸우지는 않았니? 손은 잘 닦았니? 등등 엄마 할 말만 하신다. 질문을 어찌나 하시는지. 엄마의 시선은 항상 나에게 맞춰져 있는 것 같다.

가끔 내가 엄마 말을 너무 안 들을 때면 엉덩이도 때리신다. 정말 아프고 무섭고 서운하고 서럽다. 근데 울면 더 혼난다. 나도 잘 하고 싶은데 그게 맘대로 잘 안 된다. 다 혼나고 나면 내가 먼저 엄마에게 미안하다고 말하며 엄마의 사랑을 확인한다. 그래야 내 마음이 조금이나마 위로가 되는 것 같다.

나는 엄마가 나의 실수를 겸허히 받아들이고 잔소리, 지적을 좀 줄이고, 나의 화가 머리 꼭대기까지 났을 때는 나를 누르려 하지 말고, 어른이니만큼 너그럽게 받아줬으면 좋겠다. 그럼 우리 모녀 사이가 더 돈독해질 것 같다.

난 엄마를 정말 많이 사랑한다.

역지사지 분노수기 III

당신 자신의 자녀의 입장에서 분노수기를 기술하시오.

나는 남자다. 여자 친구도 사귀어 보고 싶고 친구들하고 여행도 떠나보고 싶고 친구들이랑 밤새워 놀아 보고 싶기도 했었다. 그런데 우리 엄마는 모든 것이 좋은 대학만 가면 다 할 수 있고 그때 가서 해도 늦지 않고 더 자유롭게 할 수 있다고 늘 내게 주입을 했다. 나는 기회도 있었고 욕구도 강했지만, 엄마를 거역할 수가 없어서 나를 꾹꾹 누르면서 대학 이후로 엄마 말대로 대학만 가면 소위 말하는 SKY대학만 가면 자동으로 주어지는 줄 알았다. 그리고 대학에 왔다.

신입생 오리엔테이션 때도 엄마는 늦게 왔다고 12시가 넘었다고 뭐라 했다. 나는 분노가 치솟았다. 그러나 엄마에게 대들 수는 없어서 밤에 화를 삭이기 위해 3시간을 걸어서 학교까지 갔다 왔다. 그래도 분노는 사그라지지 않고 억눌려 있던 분노들까지 올라오기 시작했다.

엄마 말대로 친구 사귀는 것이 되지 않았다. 여자 친구 사귀는 것은 더더욱 안 되는 일이었다. 엄마 말을 듣다가 나는 망한 것 같다. 내 맘대로 할걸. 내 맘대로 내가 하고 싶은 대로 했으면 이렇게 분노가 쌓이지는 않았을 텐데. 나는 너무 외롭다!

숙제하면서 아들에게 정말 미안하고 너무 마음이 아팠다. 엄마는 너무 몰랐다. 너무 무식하고 강팍해서 아이에게도 마음이 있고 생각이 있다는 것도 몰랐던 거 같다. 헤아릴 줄 모르고 엄마의 욕심만 내세웠다. 지금은 아이에게 아주 미안하고 너무 맘이 아프다. 그리고 용서를 구한다. 나는 아들을 통해서 아들의 아픈 상처로 인해 사명이 생겼다. 나는 나와 같은 착각을 하는 이 시대의 엄마들을 변화시키고 싶다. 엄마가 변하면 자녀들은 변하게 되어 있다. 엄마가 변하면 가정은 회복될 것이다. 이 시대 너무나 아픈 우리 아이들을 위하여 무엇을 할 것인가? 나는 오늘도 하나님께 묻고 있다. “하나님 이 부족한 제가 무엇 하기를 원하시나요?”

역지사지 분노수기 Ⅲ

당신 자신의 자녀 입장에서 분노수기를 기술하시오.

나는 18살 고등학생이다. 부모님은 나의 의견을 존중해주지 않으신다. 나는 미술 분야에 재능이 있어 미대를 진학하려고 하는데, 부모님은 사범대를 가라고 강요하신다.어제는 미대 진학에 대해 부모님을 설득하려고 나의 재능과 나의 희망진로를얘기했는데, 꿈도 꾸지 말라며 엄청 화를 내셨다. 그러면서 앞으로 미대에 대해 얘기하면 용돈도 주지 않겠다고 말씀하셨다. 화가 났지만, 부모님의 마음도 이해가 되기에 화를 참고 대화를 통해 해결하려고 했지만 통하지 않았다.오늘은 미술 학원에 갔는데 학원 선생님께서는 내가 그만둔 걸로 알고 계셨다. 알고 보니, 엄마가 미술 학원 등록을 취소한 것이었다.나와의 상의도 없이 학원 등록 취소한 것에 대해 분노가 차올랐다. 한편으로는 몇 년 뒤면 나도 성인이 되는데 나를 독립된 인격체로서 존중을 해주셨으면좋겠다는 생각이 들기도 했다.

역지사지 분노수기 III

당신 자신의 자녀 입장에서 분노수기를 기술하시오.

나는 올해 16살 중학생이다. 그리고 현재 나는 동생이 3명이 있는 장녀이다. 부모님께서는 초등학생 때부터 학원 없이도 항상 중상위권을 유지해온 나에게 형제자매 중 가장 기대를 많이 한다. 그래서 어렸을 때부터 어떤 일을 할 때 부모님의 기대에 맞는 결과를 가져와야 한다는 생각이 머릿속에 박혀있었다. 평소에 부모님께서는 나의 사소한 실수에도 민감하게 잔소리하신다. 하지만 아무리 열심히 해도 부모님은 만족을 하지 못하시고, 힘들다는 나의 말에는 관심도 없다. 어제는, 가족이 다 함께 있는 자리에서 나에게 성적 더 올리고, 부모님한테말대꾸하는 버릇을 고치라고 하셨는데 무시하는 듯한 그 눈빛에 너무 슬퍼져 소리치며 내 감정을 다 얘기했다. 나는 부모님이 내가 열심히 학교생활과 학업을 하고 있다는 것을 알아주셨으면 좋겠고, 무시하는 말을 하지 않았으면 좋겠다. 부모님이 나와의 대화에서 경청을 해주시고, 나를 존중해 주셨으면 좋겠다.

주제 Ⅳ

모두가 다른 인격체이다!

제6회기

인지재구조화 II : 적응적인 대처사고 시연

A 목적

가족과 직장구성원과의 분노유발상황에서 보이는 이차적 자동적 분노사고를 이해하고, 이를 적응적인 대처사고로 수정하고 숙달한다. 또한 인간은 서로가 다른 인격체와 성격기질을 가지고 있으며, 이로 인해 상호 간에 초래하는 대화방식에서의 차이점과 불일치를 인지하고 수용한다.

B 회기 진행 과정

1 과제 확인 및 피드백 주기

2 피해야 할 분노행동들

- 분노억압
- 분노억제
- 폭식행동
- 화풀이
- 강박적 구매
- 분노섹스(강박적 성행동)
- 인터넷중독
- 병적피부뜯기

- 수동공격성
- 능동공격성
- 간헐적 폭발장애
- 발모광
- 병적방화
- 병적도박
- 병적도벽
- 자해행동
- 분노보복자살

3 자신의 분노유발상황에서의 대처양상인 이차적 자동적 분노사고에 대한 이해(서수균, 2004).

- "저런 파렴치한 인간은 그냥 둬선 안 된다."
- "그냥 막 울고 싶다."
- "너무 흥분해서 이성을 잃으면 나만 손해다."
- "저런 놈은 정신 좀 차리게 한번 본때를 보여주어야 해!"
- "저런 인간은 죽어야 해!"
- "받은 대로 돌려줘야지!"
- "넌 인간쓰레기야!"

4 남녀(男女) 간의 대화방식의 차이점을 인지하고 먼저 수용하기

남녀 간의 대화방식이 다른 이유는 그들의 삶의 문화와 배경이 각기 다르기 때문에 기인된다. 또한 생리적으로 유전적인 변인에 의한 다른 인격체와 성격특성(personality traits)으로 구성되었기 때문이다. 다음은 남녀 간의 대화방식의 차이점을 시사하고 있다(Beck, 1988: 제석봉, 2008).

- 여자는 질문을 대화로 지속시키려는 방편으로 보지만, 남자는 정보를 얻기 위한 것으로 생각하는 경향이 있다.
- 여자는 상대방이 한 말과 자신이 할 말을 연결시켜 나가려는 경향을 가지고 있다.
- 남성은 일반적으로 규칙을 따르지 않고, 흔히 상대방이 미리 내놓은 의견을 무시하는 경향이 있다.
- 여성은 상대방의 공격성을 관계에 대한 공격, 논쟁으로 해석하는 경향이 있으며, 반면에 남성은 단순히 대화형태로서 공격성을 보이는 경향이 있다.

- 여성은 감정과 비밀을 더 공유하는 경향이 있으며, 남성은 스포츠와 정치 또는 경제처럼 친밀성을 크게 요구하지 않는 화제를 좋아하는 경향이 있다.
- 여성은 서로 문제점을 이야기하고, 경험을 나누고, 확신을 주는 경향이 있다. 반면에, 남성은 공감의 귀를 기대하기보다 해결책을 위해 명백한 요청을 하는 상대의 말을 듣는 경향이 있다.

5 적응적인 대처사고기법(서수균, 2004; 류창현, 2013)

1) 적응적인 대처를 하기 위해서 명심해야 하는 8가지 관점

(1) 이해 및 수용적인 관점 : 자기, 타인, 현실에 대한 이해 확대

- 공감적인 관점
- 자기이해, 자기수용, 자기용서적인 관점
- 부모이해, 부모수용, 부모용서적인 관점(역지사지사고)
- 타인이해, 타인수용, 타인용서적인 관점(역지사지사고)
- 현실수용적인 관점(현실과 환상을 구별하기)

(2) 실용적인 관점

- 문제해결중심적인 관점(확대해석 및 축소해석을 통제하기)
- 실리적인 관점(문제와 분노상황에 대한 이득과 손실을 탐색하기)
- 자기실현적인 관점(문제와 분노를 해결하고 통제하기 위해, 장점을 더 강화하고 단점을 자기실현을 위한 동기의 원천과 창조적 에너지로 활용하라.)

2) 적응적인 대처사고유형

(1) 진정시키기 : 흥분을 가라앉혀라(실용적 관점).

"절대 흥분하지 마라. 짜증이나 화를 내봤자 좋을 게 없다."
"화낼 필요가 없다. 복식호흡을 하면서 냉정과 이성을 유지하라."
"앗! 분노다! 분노다! 분노다! 복식호흡을 3회기 실시한다."

(2) 문제상황으로 자각하기 : 지금은 문제해결상황이다(실용적 관점).

"이번 일로 세상이 끝나는 건 아니다! 단지 해결해야 할 문제가 생긴 것뿐이다!"
"괴롭지만 어쩌겠나! 이번 일을 새로운 도전으로 여겨야겠다!"
"시행착오를 통해서 새롭게 경험하고 다시 배워나가자!"
"문제해결을 위해 겸손히 또 한 번 배우자!"

(3) 자기격려 : 난 이번 난관을 잘 해결할 수 있다(이해 및 수용적 관점, 실용적 관점).

"나는 전에 해결했던 것처럼 이번 어려움도 해결할 수 있다!"
"나는 붙들고 한번 대처해 보겠다!"
"나는 더 이상 과거의 미숙한 내가 아니다!"

(4) 타임아웃 : 일단 지금은 서로가 격분된 상태이므로 내가 한 발 뒤로 물러나고 후에 다시 한번 생각해보자(실용적 관점).

"우선, 이 상황에서 벗어나는 게 좋다! 떨어져 있으면서 어떻게 행동을 해야 할지 깊이 생각해보고 다시 돌아와 상황에 대처하도록 하자!"

(5) 현실수용 : 현실은 내 뜻대로 안 된다. 이 상황을 수용하자(이해 및 수용적 관점).

"내 뜻대로 되라는 보장은 없다! 단지 나는 그렇게 되었으면 하고 바랄 뿐이다."
"내가 원하는 것과 실제 현실은 엄연히 다를 수 있다!"

6 분노를 효과적·객관적·합리적으로 평가·판단할 수 있는 4가지 주요 기법과 적응적 대처사고기법(William, 2000).

1) 부정적 사고패턴 재구조화기법

선택적 주의, 선택적 경청, 편견, 고정관념, 독심술, 공포감, 감정적인 언어, 과잉일반화 등을 식별하고 그것들을 수정하고 재구조화하는 기법

2) 프렌드기법(Friend Technique)

자신을 잘 이해해주고 관심을 갖고 있는 친구에게 자신이 처한 상황에 관해서 평가하게 하고 또한 건설적 · 창의적 · 긍정적 지지를 제공 받는 것이다.

3) 분노유발상황 재구조화기법(Reframing the Trigger)

전혀 다른 관점에서 평가하는 것이다. 대부분의 나쁜 소식들을 좋은 소식으로 재구조화할 수 있다.

예를 들면,

유리컵의 물이 반이 비어 있다고 생각하는 것은 자신에게 나쁜 소식이라고 여겨지며, 반면에 물이 반이 차 있다고 생각하는 것은 자신에게 좋은 소식으로 여겨지는 것이다. 보다 긍정적 · 낙천적 대처 사고방식으로 표현한다.

4) 손익분석기법

당신 자신의 판단으로 주어진 상황의 평가(評價)에 대한 손실(損失)과 이득(利得)을 탐색하고, 손실에 대해 보다 논리적 · 합리적 · 효과적 · 효율적 해결책으로 대처한다.

예를 들면,

만일 내가 친구와 말다툼을 하면, 나는 감정이 상해서 오늘 수업은 엉망이 될 거야! 그렇게 되면 내일부터 시험기간인데 나에게 많은 손해가 되겠지! 그렇다면 지금 여기서(Here and Now), 멈춰라! 그리고 생각하라!(Stop! & Think!), 타임아웃!(Time-Out!), 워리타임!(Worry Time!) 또는 앗! 분노다! 분노다! 분노다! 라고 자각하면서 태극권 웃음요법(Taichichuan Laugh)과 더불어 자신의 분노유발을 통제한다.

7 분노를 피할 수 있는 10가지 기법 : 이 중에서 원하는 방법 2가지를 선택해서 실용화하라!

① 육체적인 운동을 한다(걷기, 뛰기, 수영, 윗몸 일으키기, 팔굽혀펴기).
② 책, 잡지, 신문, 논문 등을 읽기
③ TV, 라디오, 클래식음악, 영화 등을 시청하기
④ 정원에 가서 정원 일을 하기 : 나뭇가지, 꽃, 난 등을 손질하기
⑤ 가까운 친구에게 전화하거나 가서 친구를 만나기
⑥ 일단 그 상황에서 자기 자신을 다른 장소로 피신시키기
⑦ 유머 또는 웃음치료를 활용해 박장대소하며 크게 웃기
⑧ 애완동물 돌보기
⑨ 머리하거나 목욕하기
⑩ 묵상기도 및 마음챙김 명상하기

8 효과적인 의사소통을 위한 12가지 기법

Davis, Eshelman, & McKay(2000)은 보다 많은 친구를 만들고 친밀한 관계를 형성하기 위한 12가지 효과적인 의사소통기술을 다음과 같이 기술하고 있다(손정락, 2006).

① 먼저 자신을 소개한다. 직접 만나든 전화로든 상대방보다 먼저 자신의 이름을 말한다.

② 먼저 손을 내밀어 악수한다. 악수할 때에는 상대방으로 하여금 신뢰가 가도록 손에 표정을 담고 적극적인 악수를 한다.

③ 처음 만나는 사람의 이름을 기억하고 대화 중에 그 사람의 이름을 불러준다. 만약 이름을 제대로 알아듣지 못하였다면 미처 알아듣지 못하였음을 사과하고 다시 한 번 이야기 해줄 것을 요청한다.

④ 대화를 나누는 동안 상대방의 눈에 시선을 맞추고 긍정적인 표정을 지으면서 자신의 관심을 상대방에게 전한다. 시선을 서로 맞출 때에 대화내용에 대한 신뢰도를 높일 수 있다.

⑤ 다른 사람으로 하여금 당신과 대화를 나누는 것이 즐겁게 느껴지도록 만든다. 그 사람의 관심사에 대해 질문을 던지고 화제를 끌어낼 수 있도록 도움으로써 상대방이 자신과의 대화를 즐겁게 할 수 있도록 도와준다.

⑥ 적극적으로 이야기한다. 적극적인 모습과 태도는 다른 사람들에게 전염이 된다. 자신이 가진 일이나 여러 관심사에 대하여 즐거움을 함께 할 수 있을 것이다. 그러나 사람들에게 불만을 토로하거나 부정적인 태도를 나타내 보이는 것은 바람직하지 않다. 문제해결에 직접적으로 도움이 되지 않는 이상 자신의 문제나 환경에 대하여 불평을 하는 것은 사람들로 하여금 자신을 피하게 만든다.

⑦ 다른 사람이 자신과 한 대화 내용에 대하여 비밀을 지킨다. 물론 들은 내용을 다른 사람과 나누어도 무방한 내용이 있겠으나 들은 내용을 제3자가 어떻게 받아들일지에 대한 고려 없이 말을 옮기는 것은 옳지 않다. 특히 다른 사람이 자신에게 속마음을 털어 놓았을 때는 꼭 비밀을 지켜야만 상대방과 신뢰관계를 유지할 수 있다.

⑧ 자기중심적인 태도보다 오히려 봉사하는 자세를 취한다. 사람들은 자신의 관심이나 문제에 대해 관심을 표현해주는 사람에게 호감을 가지게 된다. 스스로의 문제에 사로 잡혀 다른 사람에게 관심을 기울일 여유가 없는 사람은 친구를 만들기 힘들다.

⑨ 대화할 때 시계를 쳐다본다든지 주위를 두리번거리지 말고 상대방에게 관심을 둔다. 상대방의 문제와 일이 자신에게도 이 순간 매우 중요한 사항이라는 메시지를 상대방에게 보낸다.

⑩ 모임과 약속에 늦지 않는다. 약속에 늦게 나타나면 상대방에게 당신은 그다지 중요한 사람이 아니라는 메시지를 주게 된다. 높고 귀한 사람을 만나기 위해서는 늦지 않기 위해 일찍 가서 기다리는 것이 일반적이다. 만약 교통체증이나 피치 못할 사정이 생겼을 때는 전화를 미리 해서 늦는 이유에 대한 설명과 함께 도착 예정 시간을 알리는 것이 예의이다.

⑪ 다른 사람과 대화할 때 상대방의 메시지를 충분히 이해하였는지 확인한다. 직장에 있어서의 많은 골칫거리들이 메시지를 잘못 이해하고 오해하는 데서 비롯된다고 한다. 상대방이 한 말을 자신이 이해한 바대로 자신의 말로 바꾸어 상대방에게 패러프레이즈(재진술)를 함으로써 상호간에 메시지가 제대로 전달되었는지를 확인할 수 있다.

⑫ 다른 사람의 요구에 개방적이고 민감하게 반응하기 위하여 감정이입을 한다. 자신과 다른 견해나 차이에 대해서도 인정하고 수용하며 상대방의 입장에서 생각하고 이해하고자 노력한다.

9 사회문제해결구조

Slaby & Guerra(1988)은 사회문제해결에 대한 6가지 정보처리구성을 시사한다.

1. 정보를 찾기
2. 문제를 정의하기
3. 목표를 선택하기
4. 대안적 해결책을 산출하기
5. 결과를 예측하기
6. 해결책의 우선순위를 선정하기

일반적으로 공격성의 높은 수준의 사람들은 사회문제해결기술의 낮은 수준을 보여준다. 게다가, 반사회적 · 공격적 사람들의 문제해결은 다음과 같은 방법으로 가장 많이 해결하려고 하는 경향이 있다.

1. 적대적 방법으로 문제를 정의하려고 한다.
2. 적대적 목표를 채택한다.
3. 부가적 진술 사실을 전혀 추구하지 않는다.
4. 대안적 해결책을 전혀 산출하지 못한다.
5. 공격성에 관한 결과를 전혀 예측하지 못한다.
6. 효과적인 해결책이라고 평가될 수 있는 최적의 방법과 차선(次善)의 방법을 전혀 선택하지 못한다.

그림 1 • 사회문제해결구조

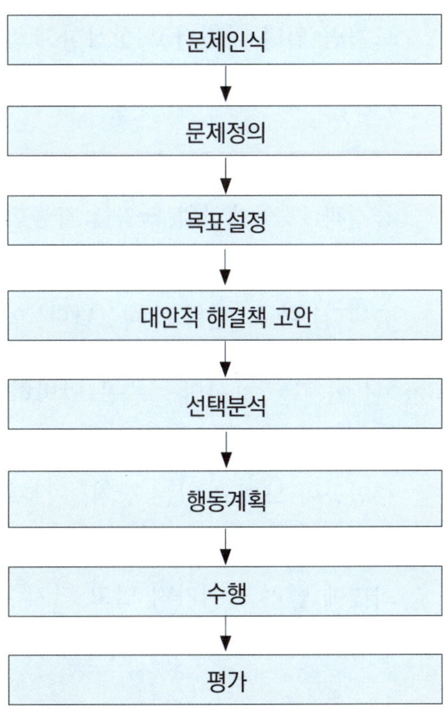

반면에, 공격성이 낮은 사람은 위 방식의 문제해결(problem solving)을 가장 적게 선호하는 경향이 있다. 사회문제를 해결하기 위해 심리기술의 범위 내에서 사회문제해결모델(social problem solving model)을 제시해주고 있다(Pakaslahti, 2000; Zelazo et al., 1997). 이 모델은 다수의 인상적인 기술들이 사회문제해결훈련과 개입에 있어 장려되고 있는 것들을 시사해주고 있다. 다음 그림 1은 사회문제해결구조를 도식화한 예이다.

다음 그림 2는 사회문제해결에 요구되는 기술들의 범위이다.

그림 2 • 사회문제해결에 요구되는 기술범위

문제인식	문제해결	문제해결수행
자기자각 감정인식 사회인지	감정통제 주의 정보수집 정보여과 원인분석 창의적 사고 결과적 사고 장래계획 의사결정 기억력	주의유지 충동성통제 사회규범이용 진행과정검토 과실탐색 과실수정 인내력

10 자기최면 I (Self Hypnosis I)

자기최면(Self Hypnosis)이란 자신의 잠재의식의 신념에 보다 더 긍정적 · 낙관적 · 창의적인 신념을 심어주는 것을 의미한다. 자신이 가진 자연치유력 또는 무한 능력이 발휘되도록 자신을 유도하고 돕는 과정이다. 이강일(2002)의 자기최면(Self Hypnosis)의 8단계 준비과정을 필자가 수정 보완했다.

① 편안한 자세로 눕거나 편하게 의자에 앉아서 복식호흡을 하시겠습니다. 숨을 들이마실 때는 주위에 있는 평화의 에너지를 듬뿍 들이마신다고 생각하고 내쉴 때는 몸과 마음속에 있는 불안, 걱정, 염려, 분노, 갈등, 수치심, 열등의식, 죄의식, 스트레스 등이 모두 내 몸 밖으로 파도처럼 밀려 나간다고 상상하세요. 계속적으로 복식호흡을 하면서 몸과 마음이 더욱 편안해 진다고 상상하세요. 어느 정도 편안해졌다고 생각되시면,

② 자신이 가장 편안하게 느낄 수 있는 곳으로 가 있는 자신을 한번 상상해 보겠습니다. 그 곳의 풍경과 그 곳에서의 느낌을 가능한 생생하게 상상하고 자신이 정말 그 곳에 있는 것처럼 충분히 자신을 맡기시고 느껴봅니다. 더욱더 깊은 마음의 안식과 안녕을 느껴보겠습니다. 아주 좋습니다! 아주 잘하고 계십니다! 아주 편안합니다! 아주 행복해졌습니다!

③ 자! 이제는, 자신의 가슴을 압박하고 있는 문제들을 차분히 떠올려 보겠습니다. 떠올린 그 장면들을 마치 한 편의 영화장면을 보듯이 관조자의 입장에서 관찰해보겠습니다. 그 장면에서의 주인공이 느끼고 있는 상처, 미분화된 자아, 미해결된 과제, 그늘에 가려진 분노, 갈등, 억압, 저항, 전이, 불안, 우울, 강박, 히스테리 등을 섬세하게 떠 올려 보겠습니다. 다만 당신은 그 화면에 빨려 들어가지 말고 단지 관조자의 입장으로 계속적으로 관찰만 하시면 됩니다. 아주 좋습니다! 아주 잘하고 계십니다! 아주 편안합니다! 아주 행복해졌습니다.

④ 이제 그만 자신의 상처, 상실, 실패, 좌절, 무기력감, 미분화된 자아, 미해결된 과제, 그늘에 가려진 분노, 갈등, 억압, 저항, 전이, 불안, 우울, 히스테리 등이 생기게 된 원인을 스스로 분석하는 시간을 갖겠습니다. 어느 누구에게도 후한 점수나 또는 가혹한 점수를 주지 말고 당신 스스로 훌륭한 재판관이 되어서 있는 그대로 보고 판단만 하시면 됩니다. 아주 좋습니다! 아주 잘하고 계십니다! 아주 편안합니다! 아주 행복해졌습니다!

⑤ 그때 조금 더 열린 마음으로 여유를 가지고 합리적으로 상대방의 입장을 이해하려고 노력하면서 그 일을 처리했다면 어떻게 되었겠는지 상상해 보겠습니다. 아주 좋습니다! 아주 잘하고 계십니다! 아주 편안합니다! 아주 행복해졌습니다! 아주 평화롭습니다!

⑥ 다시 그런 일이 일어난다면 이제 어떻게 대처할 것인지에 대해서 상상해 보겠습니다. 또한, 다시 그러한 일이 일어나지 않도록 하기 위해서는 어떻게 해야 할지를 한번 상상해 보겠습니다. 아주 좋습니다! 아주 잘하고 계십니다! 아주 편안합니다! 아주 행복해졌습니다!

⑦ 이제 자신의 문제가 모두 해결되었다고 상상하고 또는 자신이 원하는 것들이 다 이루어졌다고 상상하고 그 때의 느낌을 생생하게 느껴 보겠습니다. 자신의 생활이 행복해졌다고 주위에서 자신에게 전하는 말들을 듣고 있다고 상상해 보겠습니다. 자신 스스로 매우 행복감을 느껴보겠습니다. 자신이 느끼는 이 행복감을 자신 주위에 있는 누군가에게 나누어주는 모습을 상상해 보겠습니다. 그 사람들도 자신처럼 행복해지는 모습을 상상해 보겠습니다. 그들이 행복해지는 것을 보자 자신도 더욱더 행복감이 밀려옵니다. 아주 좋습니다! 아주 잘하고 계십니다! 아주 편안합니다! 아주 행복해졌습니다!

⑧ 자! 이젠 이러한 행복감과 자유로움을 간직한 채 다시 현재로 돌아올 시간입니다. 천천히 복식호흡을 하겠습니다. 자! 이젠 모두가 깨어나야 할 시간입니다. 이제 깨어날 때는 그늘에 가려진 분노(shadowed anger)도 한도 우울도 불안도 두려움도 없는 아주 편안함, 행복감, 자신감, 새로운 용기, 도전 의식, 수용의 지혜를 지닌 상태로 깨어나게 될 것입니다. 갑자기 깨어나지 마시고 숫자에 따라 천천히 깨어나겠습니다. 하나에서 다섯까지 세겠습니다. 지금부터 점점 정신이 들게 될 것입니다. 넷에 눈을 떠주시고, 다섯에는 평소의 각성상태로 돌아가겠습니다. 하나 5초 후), 둘(5초 후), 셋(5초 후), 넷(5초 후, 자! 모두 눈을 떠주세요!), 다섯(5초 후). 아주 상쾌합니다. 편안합니다! 행복합니다! 할 수 있다는 자신감과 새로운 용기가 생깁니다! 갑자기 몸을 움직이지 마시고 천천히 움직이시기 바랍니다. 대단히 수고하셨습니다!

11 자기최면 II (Self Hypnosis II)(Davis, M., Eshelman, E. R., & McKay, M., 2000: 손정락, 2006)

"이제 당신만의 특별한 장소에 머무른다고 상상하십시오. 가야 할 곳도 없고, 해야 할 일도 없습니다. 휴식을 취하면서, 깊고 평온한 수면 속으로 당신을 흘려보내고, 떠내려보내십시오. 점점 더 깊이 떠내려가면서, 당신이 생각할 수 있는 깊고 평온한 수면을 취하게 해주는 긍정적인 일들을 상상하십시오. 당신의 새로운 긍정적 사고는 사실입니다. 당신은 부정적 사고와 느낌들을 흘려보내십시오. 당신은 마음, 몸, 생각으로부터 스트레스와 긴장을 흘려보냈습니다. 당신이 점점 더 깊이 떠내려가서 이완되어감에 따라 각각 새로운 긍정적 생각들은 점점 더 강해집니다. 깊고 평온한 수면 속으로 빠져들면서 이 긍정적인 생각들이 당신의 마음속에 그냥 떠 있도록 하십시오.

이제 당신은 얼마나 편안한지 그리고 얼마나 이완되었는지 자각하면서, 머리와 어깨를 올바른 위치에 놓고, 등은 충분히 받쳐져 있는 상태에서, 주변의 일상적인 모든 소리는 덜 지각하게 됩니다. 점점 더 깊이 떠내려가면서 당신은 마음의 표면으로 떠올라 살포시 든 잠과 휴식을 방해하는 부정적 생각과 걱정을 경험할 수도 있습니다. 그 생각을 받아들이고 바닥에 있는 빵가루들을 쓸어버리듯이 그 생각을 쓸어버리고, 그 생각이나 걱정을 상자 속에 넣어 놓으십시오. 그 상자는 단단하고 훌륭한 뚜껑이 있습니다. 그 상자의 뚜껑을 덮고 벽장의 맨 위에 있는 선반에 올려놓으십시오. 더 적절한 그리고 수면을 방해하지 않을 다른 시간에 그 상자에 돌아갈 수 있습니다. 또 다른 원하지 않는 생각이 떠오르면, 그 생각도 쓸어버리고 상자에 넣은 후, 상자의 뚜껑을 덮고, 벽장의 맨 위에 있는 선반에 올려놓고, 그 생각들을 지나가게 하십시오. 그 생각들을 지나가게 하고 더 깊이 더 깊이 잠으로 빠져듭니다.

생각을 긍정적인 생각과 긍정적인 마음으로 되돌려보십시오. "나는 가치 있는 사람이다." "나는 긍정적인 목표에 도달하였다." 등과 같은 생각들이 당신의 마음속에 흐르도록 하십시오. 긍정적인 생각들이 당신의 마음속에 흐르도록 하십시오. 그 생각들이 마음속에 흐르고 떠다니도록 하면, 당신이 수면 속으로 더 깊이 빠져들 때 그 생각들도 점점 더 강해지게 됩니다.

당신이 더 이완되고 더 졸리고, 더 나른해지고, 더 이완되면 이 생각들도 천천히 사라지기 시작할 것입니다. 당신이 평화로운 당신만의 장소에서 미소 짓고 있고 좋은 느낌을 가지고, 매우 편안하게, 매우 이완되어 있는 모습을 상상하십시오. 그 특별한 장소에서 당신은 쉽게 깊고 평온한 수면으로, 깊고 평온한 수면으로, 방해받지 않는 깊고 평온한 수면으로 빠져들 수 있습니다. 당신은 이 밤 내내 깊고 평온하게 잠을 잘 수 있습니다. 만일 깨어난다면, 다시 한 번 당신만의 특별한 장소를 상상하고 그곳에서 쉽게 깊고 평온한 수면에 빠져들 수 있습니다. 당신의 호흡은 이제 더욱 이완되고, 생각은 더욱 풀어지고, 더욱더 풀어지고, 풀어지고, 이완될 것입니다. 당신은 깊고 평온한 수면 속으로 빠져들고, 이 밤 내내 방해받지 않고 깊고 평온한 수면 속으로, 당신은 정해진 시간에 충분히 휴식을 취한 후 상쾌한 기분으로 깨어날 것입니다.

이제 할 일은 하나도 없고, 생각할 일도 하나도 없고, 당신만의 특별한 장소, 당신을 매우 평화롭게 해주고 이완시켜주는 특별한 장소를 즐기는 것 외에는 아무 것도 할 일이 없습니다. 단지 그 특별한 장소에서 이완하는 것이 어떤 느낌인지만 상상하십시오. 당신은 그 특별한 장소의 향기가 얼마나 깨끗하고 신선한지 깨달을 수도 있고, 그 특별한 장소에서 들려오는 여러 가지 소리들을, 새가 지저귀는 소리를 아니면 시냇가에서 바위 위로 폭포처럼 떨어지는 물소리를 들을 수도 있습니다. 아니면 당신은 그물침대에 누운 채로 햇볕이 얼마나 따뜻한지를 또는 바다에서 불어오는 바람이 얼마나 상쾌함을 음미할 수도 있습니다. 아니면 당신은 그 특별한 장소만의 독특하고 놀라운 어떤 것을 경험할 수도 있습니다. 그 느낌을 경험해보고, 깊이 떠내려가면서, 모든 생각이 점점 사라지고, 깊고 평온한 잠에 빠져듭니다. 편안하고 아늑하고, 평온한 수면으로 빠져듭니다. 몸이 침대로 가라앉으면서 무겁고 이완된 느낌으로, 매우 이완된 느낌으로, 깊은 잠 속으로 빠져듭니다. 더욱 깊은 잠 속으로 빠져듭니다! 더욱더 깊은 잠 속으로 빠져듭니다! 아주 좋습니다! 아주 잘하고 계십니다! 아주 평안합니다! 아주 평화롭습니다! 아주 자유롭습니다!"

지금부터 점점 정신이 들게 될 것입니다. 넷에 눈을 떠주시고, 다섯에는 평소의 각성상태로 돌아가겠습니다. 하나(5초 후), 둘(5초 후), 셋(5초 후), 넷(5초 후, 자! 모두 눈을 떠주세요!), 다섯(5초 후). 아주 상쾌합니다. 편안합니다! 행복합니다! 할 수 있습니다! 라는 자신감과 새로운 용기가 생깁니다! 갑자기 몸을 움직이지 마시고 천천히 움직이시기 바랍니다. 대단히 수고하셨습니다!

C 프로그램 토의 및 평가

프로그램 내용 및 진행에 대한 전반적인 피드백을 제공하기

D 과제소개

1) 당신 자신의 미래의 꿈과 비전에 대해서 쓰기
2) 자기최면 시연하기

미래의 꿈과 비전양식

미래의 꿈과 비전양식

1. 당신 자신이 가장 잘하는 것을 기술하시오.

2. 당신 자신이 좋아하는 것을 기술하시오.

3. 당신 자신의 일생에서 꼭 완수하고 싶은 것을 기술하시오.

주제 V

경청의 힘!

(The Power of Listening!)

제7회기

분노조절 및 심리사회대인관계기술훈련 I : 경청의 힘

A 목적

분노에 가려진 감정을 파악하는 것을 통해서 분노유발상황에서 자신이 진정으로 원하는 것이 무엇인지에 대해서 보다 분명하게 이해할 수 있도록 훈습한다. 또한 이를 실용화하기 위한 적극적인 경청훈련, 건설적 · 긍정적 · 합리적 · 논리적 · 생산적 · 창의적 분노표현전환기법, 자기주장훈련기법, 해결중심기법, 대처능력기법, 그리고 심리사회대인관계기술훈련을 시연해 본다.

B 회기 진행 과정

1 과제 확인 및 피드백 주기

2 분노에 숨겨진 의도(hidden agenda)와 숨겨진 감정(hidden feeling)을 탐색하고 공유하기

- 당신 자신의 분노의 이면에 숨겨진 의도(hidden agenda), 숨겨진 감정(hidden feeling), 불충족된 원함(unmet want)을 탐색하고 공유하는 것이 왜 중요한가?

- 당신 자신의 분노에 대한 문제해결모델

① 당신 자신의 분노가 촉발한다는 것이 어떤 메시지를 전달하지 못했기 때문은 아닌지 한번 체크해본다.

② 당신 자신의 분노메시지(anger message)의 내용(content)을 인지하기 위해 분노의 이면에 숨겨진 의도(hidden agenda), 숨겨진 감정(hidden feeling), 불충족된 원함(unmet want)과 욕구들(unmet desires: 인정욕구, 존중욕구, 우월욕구, 지배/통제/조종욕구, 충동욕구, 회피욕구, 의존욕구)을 탐색하고 공유하라.

3 그늘에 가려진 분노 확인하기(Hidden & Shadowed Anger)

최근 자신에게 분노유발상황을 상상하여 떠올려본다. 자신의 분노감정을 충분하게 느껴보고, 격분한 감정에 가려진 절대적 · 강박적 당위, 강요, 주장, 요구, 욕구 등을 탐색하고 공유하라.

4 분노유발요인(Anger Triggers) : 개인의 표준기대치의 차이

왜 우리는 화를 내야만 하나? 우리가 우리의 인내심을 잃어버리면 분노가 유발되는 것이다. 예를 들면, 서울역에서 표를 구매하기 위해서 줄어들지 않는 길고 긴 줄을 서서 기다릴 때, 또는 당신의 의견이나 당신의 업적이나 공로들이 인정받지를 못했거나 평가받지를 못했을 때, 가장 분노가 유발된다. 이러한 불공평한 불쾌한 사건들은 매우 많이 다양한 형태로 우리의 주변에서 흔히 볼 수 있게 된다. 각 개개인의 분노유발상황들은 매우 독특하게 발생된다. 개인의 분노유발상황은 자신의 어린 시절에 자신과 타인과의 관계형성과 이 세상에 대한 자신의 표준기대치 또는 신념에 관해서 어떻게 학습되고 교육되었느냐에 따라 결정된다. 즉, 이러한 표준기대치들이 자신의 기대치들과 부합되지 않을 때면, 분노유발의 결과를 초래하게 된다(Nay, 2004).

예를 들면,

조나단은 오늘 하루를 부드럽게 운영해 나가려고 기대했다. 그러나 그의 고객과 친구들이 그의 전화를 회답(Return-Call)해주지 않았을 때, 그는 격분하기 시작했다. FedEx 소포가 정시에 도착하지 않았을 때, 그는 그의 비서에게 공손히 묻는 게 아니라 도리어 그녀에게 버럭 소리를 질렀다. 또한 조나단은 자신이 착수한 일들을 거의 완수할 수가 없었다. 왜냐하면, 그 자신이 정한 일의 기준치는 자신의 능력에 비추어 볼 때 훨씬 높기 때문이었다. 이로 인해 그는 직장에서 늦은 시간까지 근무를 했고, 이로 인해 그의 체력이 고갈되었다. 조나단은 자신의 학업에서나 팀에서 결코 선두를 놓치는 것을 허락하지 않는 부모들의 높은 기대치의 환경에서 자랐다. 그들의 좌우명은 "결코 변명은 필요 없어. 단지 그것을 완수하라!(No excuses. Just do it!)"이었다. 만일 당신이 조나단을 이해했다면, 그의 표준기대치는 유별나게 높았고, 완고했음을 알게 됐을 것이다; 결코 다른 사람들에게서 기대할 수도 없을 정도의 높은 수준의 업무수행성과에 대한 기대치였다. 당신이 과거에 교육받았던 식탁예절, 보행예절, 또는 초대받았을 때의 행동지침 및 예절들은 조나단의 반응들과는 다를 것이다. 왜냐하면, 당신은 당신의 어린 시절에 무엇을 어떻게 기대해야(표준기대치) 하는지에 대해서는 다른 신념들로 교육받았기 때문이다. 그러므로 당신의 분노유발상황은 당신 자신의 배우자, 친구, 동료직원들과는 매우 다른 양상으로 나타날 것이다.

5 경청치료(Listening Therapy)

상담자의 첫 번째 임상수련은 경청(敬聽, Listening)[1]이라 생각된다. 실제로 상담치료에서 경청이란 참으로 어렵고 때로는 인내가 필요할 때가 많이 있다. 경청이야말로 자신을 비우고 상대방을 존중하고자 하는 상담에서 라포(rapport)를 형성하는 첫 단추를 끼는 작업일 것이다. 또한 전문적인 상담자는 경청을 통해서 내담자의 마음을 열게 하며 자유롭게 말할 수 있도록 동기화시켜 신뢰감을 형성할 수 있는 촉매로 활용한다. 이와는 반대로 우리는 실생활에서 말을 빨리하고 도리어 듣기는 중단하고 독심술(Mind-Reading), 선택적 주의(Selective Attention), 미리결정내리기(Jumping onto the Conclusion), 그늘에 가려진 분노(Shadowed Anger) 등의 왜곡된 충동적 · 강박적 · 집착적 · 편향적 사고와 행동을 의식적 · 무의식적으로 "습관화(습성화, habituation)"하는 경향이 있다.

성경에서는 경청의 중요성을 매우 간결하고 명확하게 언급해 주고 있다. "듣기는 빨리하고 말은 늦게 하라!" 자기의 분노가 격분해 올 때, 실제적으로 자신의 분노를 제어하고, 다스리려는 방법 혹은 기술이 필요하다. 이에 대한 한 방법으로서, 듣기는 속히 하고(quick to listen), 말하기는 더디 하며(slow to speak), 성내기도 더디(slow to become angry) 하면서 대화를 주도하면 된다. 여기서 듣기는 속히 하고(quick to listen)라는 의미는 말하기보다는 경청을 먼저 실천하라는 것이다. 즉, 단독경청(unilateral listening)이 요구된다. 아울러 말하기는 더디 하며(slow to speak), 성내기도 더디(slow to become angry)라는 의미는 자신의 분노가 유발될 때, 말을 천천히 하는 방법, 즉 복식호흡을 통한 자기분노표현기법(Self-Anger Expression Technique), 나-메시지(I-Message), 주장이론(Assertion Theory)(Kassinove, 2007) 등의 같은 다양한 기제들을 사용해 분노를 통제할 수 있는 실질적 · 효과적인 대처방법을 명시해 주고 있다. "내 사랑하는 형제들아 너희가 알지니 사람마다 듣기는 속히 하고 말하기는 더디 하며 성내기도 더디 하라."(약1:19-20)

우리는 긍정적 경청훈련(Positive Listening Discipline)이 일상화되도록 적응시키기 위해 단독경청(unilateral listening)과 일반적인 경청(one-sided listening)에 기초한 자기교시훈련과정이 필요하다.

다음은 시인 이해인의 "긍정적 경청훈련(Positive Listening Discipline)"에 대한 시(詩)를 통해 실천적 · 실제적인 경청의 지침을 배우고자 한다.

시인 이해인

주여 나로 하여금
이웃의 말과 행동을
잘 듣는 사람이 되게 하소서

내 하루의 작은 여정에서
내가 만나는 모든 이의 말과 행동을

---

1) 경청(敬聽) : 공경하는 마음으로 들음

건성으로 들어 치우거나
귀찮아하는 표정과 몸짓으로
가로막는 일이 없게 하소서
이웃을 잘 듣는 것이
곧 사랑하는 길임을
내가 성숙하는 길임을 알게 하소서

이기심의 포로가 되어
내가 듣고 싶은 말만 적당히 듣고
돌아서면 이내 잊어버리는 무심함에서
나를 구해 주소서
나의 도움을 필요로 하는 이에게
못 들은 척 귀 막아 버리고
그러면서도 "시간이 없으니까"
"잘 몰랐으니까"하며 핑계를 둘러대는
적당한 편리주의, 얄미운 합리주의를
견책하여 주소서
주여 나로 하여금
주어진 상황과 사건을
잘 듣는 사람이 되게 하소서

앉아야 할 자리에 앉고
서야 할 자리에 서고
울어야 할 때에 울고
웃어야 할 때 웃을 수 있는
민감하게 듣고 순응하는
삶의 지혜를 깨우치게 하소서

주여 나로 하여금
자신을 잘 듣는 사람이 되게 하소서
나를 잘 듣는 사람만이
남을 잘 들을 수 있음을
당신을 잘 들을 수 있음을
거듭 깨우치게 하소서

선한 것을 지향하는 마음의 소리를
잘 듣기 위해
침묵과 고독 속에
자신을 조용히 숨길 줄도 알게 하소서
나는 두 귀를 가졌지만
형편없는 귀머거리임을 몰랐습니다.
사람과 사물을 제대로 듣지도 않고
말만 많이 했음을 용서하소서!
들으려는 노력도 아니하면서
당신과 이웃과 세상에 대해
멋대로 의심하고 불평했음을
지금은 뉘우칩니다.
매일 매일의 내 작은 여정에서
내 생애의 큰 여정에서
잘 듣고 잘 말하는 이가 되도록
밝고 큰 귀와 입을 갖고 싶습니다.

언제나 이웃을 위해
마음의 귀가 크게 열려 있는
성인들의 사랑을 본받고 싶습니다.

말소리만 커지는 현대의 소음과
언어의 공해 속에서도
얼굴을 찡그리지 않고
겸손히 듣고 또 듣는
들어서 지혜를 깨우치는
삶의 구도자 되게 하소서

진정한 경청(Listening)은 자신이 만든 왜곡된 사고의 틀과 편향되고 고정관념에 의해 주관적으로 내재화된 사고의 틀을 깰 때 경험하게 된다. 이를 위해서는 우선적으로 우리의 습관적인 유사경청(similar listening)을 배제해야 한다. 유사경청은 흔히 "자신이 타인들에게 흥미를 갖고 있다고 생각하게 함으로써 자신을 좋아하게 만들려고 할 때", "거절당할 위험이 있는지 판단하기 위해서 긴장하고 있을 때", "특정한 정보만 듣고 다른 것을 간과할 때", "다음에 할 말을 준비하기 위해서 시간을 벌려고 할 때", "자신의 말을 경청하게 하기 위해서 상대방의 말을 대충 들어 줄 때", "상대방의 약점을 찾아내려고 할 때", "상대방의 대화의 약점을 찾아서 자신이 항상 옳다는 것을 증명하고자 할 때", "타인들이 어떻게 반응하는지를 체크하고 자신이 바람직한 영향력을 행사했음을 확인하고자 할 때", "자신이 착하고, 친절하고, 좋은 사람인 것처럼 보이고자 할 때", "상대방에게 상처를 주거나 공격하지 않고 거절하는 다른 방법을 모를 때" 등과 같은 상황들에서 야기된다(McKay, Davis, & Fanning, 1995: 임철일, 최정임, 2008). 우리의 유사경청을 충분히 자각하고 제거할 수 있을 때에 비로소 경청(傾聽)은 상호간에 라포(rapport)를 형성하는 데 가장 주요한 핵심 기제로 작용하게 된다. 아울러 우리는 경청(傾聽)의 자기훈련(Self-Discipline)을 통해서 진정한 인격(人格) 대 인격(人格)의 대화를 시작할 수 있게 된다. 다시 말하면, 상대와의 마음 대 마음의 대화(Heart to Heart Talk)를 즐길 수 있게 되고 이에 따른 상호존경(correlational respect)이 수반될 것이다. 혼신의 경청(Listening)을 하기 위해서 필자는 다음과 같이 7가지 긍극적 경청훈련(7 Positive Listening Discipline)을 제시하고자 한다.

7가지 긍극적 경청훈련(7 Positive Listening Discipline)

1. 마음으로 경청하기(마음을 열고 객관적인 경청을 취하기)
2. 눈으로 경청하기(긍정적인 시선을 맞추면서 경청하기)
3. 귀로 경청하기(귀를 세우고 상대방을 향하여 경청하기)
4. 제스처로 경청하기(입, 손, 고개 및 듣는 바른 자세)
5. 영혼으로 경청하기(내담자의 영혼과 문제를 위해 기도하며 경청하기)
6. 마음을 비우고 경청하기(자신의 감정을 통제하면서 경청하기)
7. 자신을 반영하며 경청하기(자신을 분석하면서 경청하기)

상대방을 적극적 경청을 할 때에 파생되는 6가지 경청의 힘과 장점이 존재한다(이민규, 2008).

1. 상대방을 적극적으로 경청할 때, 상대는 마음의 문을 열게 된다.
2. 상대방을 적극적으로 경청할 때, 상대는 호감을 느끼게 된다.
3. 상대방을 적극적으로 경청할 때, 상대는 감정적 정화(Catharsis)를 가져다주게 된다.
4. 상대방을 적극적으로 경청할 때, 상대는 적극적으로 경청하는 사람의 태도와 예의를 보고 배우게 된다.
5. 상대방을 적극적으로 경청할 때, 상대는 적극적으로 경청하는 사람에게 반항하거나 공격적이지 않게 된다.
6. 상대방을 적극적으로 경청하는 사람은 후회를 남길 말실수를 만들지 않는다.

다음은 상대방을 경청할 때에 꼭 훈련해야 할 8가지 공감적인 경청기법을 제시하고자 한다(이민규, 2008).

1. 상대방을 경청할 때, 시선과 자세를 상대방에게 고정을 한다.
2. 상대방을 경청할 때, 상대와의 입장을 바꾸어 생각하면서 경청한다(역지사지(易地思之)).
3. 상대방을 경청할 때, 상대의 말의 내용과 내면의 감정을 주의 깊게 탐색하며 경청한다.

4. 상대방을 경청할 때, 상대의 말에 관해서 의문점이 있으면 즉시 질문한다.
5. 상대방을 경청할 때, 상대를 판단하지 않는다.
6. 상대방을 경청할 때, 상대에 대한 자신의 독심술, 선입관, 편견, 고정관념 등을 버리고 경청한다.
7. 상대방을 경청할 때, 상대의 결점과 문제점에 초점을 맞추기보다는 숨겨진 장점과 잠재력을 탐색하면서 경청에 힘쓴다.
8. 상대방을 경청할 때, 상대의 언어표현(verbal language)보다 비언어표현(nonverbal language)에 주의를 기울인다.

긍정적 · 적극적 경청(Positive · Active Listening)은 상담과정에 꼭 필요한 요소이다. 왜냐하면 내담자의 말을 잘 들어주기만 해도 내담자의 문제가 해결되기 때문이다. 내담자를 더욱 이해하고, 내담자로 하여금 마음의 문을 열게 하는 지지이며, 내담자 자신의 문제를 효과적으로 해결할 수 있는 해결책을 탐색하도록 대처능력을 향상시켜 주는 것이 바로 긍정적 · 적극적 경청이다.

Brems(2001)와 Peterson과 Nisenholz(1999)은 상담자가 내담자를 보다 긍정적 · 적극적 경청(Positive · Active Listening)하기 위한 유용한 기술들을 다음과 같이 제시하고 있다(노안영, 2008).

① 내담자가 말하는 것에 수용의 태도를 취하라.
② 내담자의 음조를 경청하라.
③ 내담자의 감정에 대한 단서를 경청하라.
④ 공통적인 감정과 내용의 주제를 경청하라.
⑤ 내담자가 보이는 과잉일반화, 빠뜨린 내용, 왜곡 등을 경청하라.
⑥ 관심의 초점을 내담자에게 두어라.
⑦ 상담자와 내담자 간의 의사소통과정에 관한 개인적인 반응, 함축적 의미나 영향을 인식하라.
⑧ 표현된 내용과 방식을 경청하라.
⑨ 비언어의사소통에 주의를 기울여라.
⑩ 내담자의 언어표현과 비언어표현 간의 관계를 인식하라.
⑪ 내담자가 자연스럽게 이야기하도록 적절한 침묵을 유지하라.
⑫ 내담자의 내용, 정서, 행동, 생각, 맥락, 의미, 강조 등에 관심을 집중하면서 이야기 전체를 경청하라.
⑬ 경청의 모든 장애물인 부적절한 경청, 평가적 경청, 선별적 경청, 사실 중심적 경청, 동정적 경청을 피하라.
⑭ 내담자가 표현하는 독특한 은유와 상징을 이해하여 숨은 의미를 파악하라. 내담자의 언어표현과 비언어표현에 있는 주제와 유형을 경청하라. 내담자의 표현의 불일치(언어표현과 비언어표현, 생각과 감정, 생각과 행동, 감정과 행동, 동기와 행동)를 인식하라.

McKay, Davis, & Fanning(1995)은 화자(speaker)와 청자(listener) 간의 논쟁 중에서 보다 더 효과적인 의사소통을 하기 위한 기술들을 다음과 같이 제기하고 있다(McKay, Davis, & Fanning, 1995: 임철일, 최정임, 2008). 즉, 화자(speaker)의 경우에는 자신의 견해와 관점을 간략하게 명료화하여 설명하고, 상대방을 비난하거나 이름을 부르지 말고, 상대방의 과오와 실수를 직접적으로 지적하지 말고, 그저 자신의 느끼고 있는 감정과 원함을 진솔하게 표현하라. 반면에 청자(listener)의 경우에는 상대방의 감정, 견해, 입장, 요구 등을 이해하기 위해서 전적으로 주의를 모으고, 그/그녀의 말에 대해서 결코 비판하지 말고, 문제를 명료화하기 위해서 질문을 할 수도 있지만 논쟁을 피하면서 상호간의 의사소통을 하라.

6 자기주장훈련 I

각본의 각 요소들의 머리글자[관찰(Look), 배열(Arrange), 정의(Define), 설명(Describe), 표현(Express) 및 강화(Reinforce)]는 LADDER 철자로 조합된다. LADDER 각본은 자신이 원하는 것을 주장할 수 있도록 자신의 문제 상황을 다시 작성하는 데 사용될 수 있다. LADDER 각본을 작성하고 문제가 발생하기 전에 시연해 보라. 각본을 작성하는 것은 자신의 욕구를 명확하게 하고 성공에 대한 자신감을 강화한다(Davis, M., Eshelman, E. R., & McKay, M., 2000: 손정락, 2006).

LADDER 각본의 한 예는 다음과 같다. Jean은 그녀가 이완훈련을 하는 30분 동안 방해받지 않고 평온하고 조용하게 매일 할 수 있는 권리를 주장하기를 원한다고 예를 들어보자. Frank는 종종 질문을 하고 교묘히 사람의 주의를 끌어서 방해한다.

위 상황에서의 Jean의 각본은 다음과 같이 기술할 수 있다.

1) 위 상황에서 자신의 권리와 목표를 관찰하라(Look).

"Frank가 내 욕구를 존중하도록 만드는 것은 내 책임이고 나는 스스로를 위해 몇 시간은 보낼 자격이 확실하게 있다."

2) 상황을 상의할 시간과 장소를 배열하라(Arrange).

"나는 그에게 오늘밤 집에 왔을 때, 이 문제에 대해 상의할지를 물을 것이다. 그가 싫어한다면, 우리는 다음 날이나 그 다음날에 그것에 대해 이야기 할 시간과 장소를 정할 것이다."

3) 문제를 구체적으로 정의하라(Define).

"적어도 한번, 그리고 때로는 그 이상, 나는 이완훈련을 하는 동안 내가 문을 잠그고 나를 위해 시간을 요청했음에도 방해를 받았다. 내 집중력을 깨뜨리면 나는 깊게 이완하기가 어렵다는 것을 알았다."

4) 자신의 감정을 "나 메시지"를 사용하여 설명하라(Describe).

"나는 내가 혼자 있는 시간을 침범당했을 때 화가 났고, 나는 훈련이 더욱 어려워지는데 실망했다."

5) 자신의 욕구를 단순하고 확고하게 표현하라(Express).

"나는 내 방문이 닫혀있을 때 긴박한 응급 상황을 제외하고는 방해받고 싶지 않다."

6) 타인이 자신에게 원하는 것을 주도록 강화하라(Reinforce).

"만약 나를 방해하지 않는다면, 나는 나중에 들어와서 당신과 이야기할 것이다. 만약 나를 방해한다면, 나는 더 오랫동안 훈련을 강화할 것이다."

또 다른 한 일례로, Harold는 그가 승진에서 밀려 난 이유를 알아내기 위해 사장에게 가는 것이 힘들다고 느꼈다. 그는 그 결정에 대한 이유에 대해 아무런 피드백도 받지 않았고, 현재 Harold는 회사와 특히 그의 사장에 대해 다소 부정적이다. Harold의 각본은 다음과 같이 기술한다.

(1) 권리와 목표를 관찰하라(Look).

"분노는 이것을 해결해 주지 않는다. 나는 사장으로부터 합당한 피드백을 받는 것이 내 권리라는 것을 주장할 필요가 있다."

(2) 만남을 배열하라(Arrange).

"나는 그에게 내일 아침에 이 문제에 대해 논의할 시간을 묻는 메모를 보낼 것이다."

(3) 문제를 정의하라(Define).

"나는 승진에 대한 어떠한 피드백도 받지 못했다. 내가 지원한 자리에 다른 누군가가 되었고 그것이 내가 알고 있는 전부이다."

(4) 감정을 설명하라(Describe).

"나는 내가 왜 승진을 못 했으며, 그런 결정이 어떻게 내려졌는지 전혀 알지 못해서 불쾌하다."

(5) 요구를 표현하라(Express).

"나는 내 수행능력이 어떻게 보였고, 무엇이 그러한 결정을 내리게 했는지에 대한 피드백을 얻고 싶다."

(6) 강화하라(Reinforce).

"나는 당신의 피드백이 내가 더 좋은 직장을 얻는 데 도움이 될 것으로 생각한다."

7 자기주장훈련 II

목표성취기법으로서 자신이 가지고 있는 생의 목표에 대한 좋은 결과를 달성할 수 있도록 적용시킬 수 있는 LADDER기법을 다음과 같이 활용할 수 있다(Davis, M., Eshelman, E. R., & McKay, M., 2000; 손정락, 2006).

① 적당한 때, 서로 동의할 수 있는 시간과 장소에서 당신의 욕구를 주장하도록 하라.

② 행동을 판단하거나 평가절하하지 말고 객관적으로 서술하라.

③ 시간, 장소 및 빈도에 대해 구체적인 준거를 사용해서 명확하게 설명하라.

④ 감정을 침착하고 직접적으로 표현하라.

⑤ 자신의 감정반응으로 타인의 전체적인 인격을 판단하지 말고, 그/그녀의 구체적인 문제행동에만 제한하여 평가하라.

⑥ 억눌린 감정을 "정직한 감정"으로 위장해서 전달하지 마라.

⑦ 가능한 이성적으로, 많은 저항에 부딪히지 않을 만큼 충분한 변화를 요청하라.

⑧ 한 번에 하나 이상의 매우 구체적인 변화를 요청하지 마라.

⑨ 다른 사람들에게 구체적으로 제시할 수 있는 명시적인 강화를 해라.

⑩ 당신이 마지못해 행하거나 할 수 없는 위협이나 부정적인 결과들을 피해라.

⑪ 주장할 때는 당신의 권리와 목표를 명심해라.

LADDER를 사용해서 이제 우리는 잘 된 각본과 그렇지 않은 각본을 구별할 수 있다. 예를 들면, 두 학기 동안 Julie는 야간 수업에 도예를 배우고 싶어 했다. 매 시간마다, 그녀의 남편은 야간 수업이 있을 때 아이들을 돌볼 수 없어서 미안하다고 했다. 여기에 Julie의 각본이 제시되어 있다:

L 남편이 매정해서 마음이 아프다.

A 그래서 나는 오늘 밤 그에게 말할 것이다.

D 일 년은 기다리기에 너무 길다.

D 그는 너무나 이기적이어서 돕지 않는다.

E 그래서 그는 매주 수요일 밤이 고통스럽기만 할 것이다.

R 만약 그가 그러기를 싫어하면 이혼하면 된다.

Julie는 적절한 각본에 대한 이러한 규칙을 위반하고 있다.

① 그녀는 논의할 시간과 장소에 관한 동의를 구하지 않았다.

② 그녀는 "매정한"과 같은 비구체적이고 비난하는 어구를 사용했다.

③ 그녀는 문제가 정확하게 무엇인지를 구체화하는 데 실패했다.

⑤ 그녀는 특정한 행동에 대한 자신의 감정을 표현하기보다는 오히려 자신의 남편을 이기적이라고 설명했다.

⑥ 그녀는 시기, 즉 학기의 기간을 구체화하지 않았다.

⑦ 그녀는 자신의 뜻대로 되지 않거나 할 수 없을 때 부정적인 결과에 대한 기대감에 불안해한다.

Julie의 각본은 다음과 같이 성공적으로 다시 작성될 수 있을 것이다.

L 나는 나만의 관심을 추구할 수 있는 시간을 보낼 권리가 있다. 나는 이 도예수업을 받고 싶다.
A 나는 그에게 토요일 아침식사 후나 또는 가능한 빨리 그것에 대해 상의하도록 할 것이다.
D 나는 수업이 있는 날 밤 아이들을 돌봐주지 않으면 도예수업을 받을 수가 없게 된다. 이전의 두 번의 도예수업을 놓쳤다. 나는 일 년을 기다렸고 나는 이번에 등록하고 싶다.
D 나는 내가 정말 흥미를 가진 어떤 것에 심취할 수 없어서 실망스럽다. 또한 나는 당신이 내가 수업을 받을 수 있도록 도와주기보다 다른 일을 할 때 상처를 받게 된다.
E 나는 당신이 수요일 밤 6시 30분에서 9시까지 아이들을 돌봐주었으면 해요. 이 학기는 6월 18일이면 끝나요.
R 만약 당신이 그렇게 해주면, 나는 수요일에 당신이 좋아하는 특별요리를 할 것이고, 당신이 그렇게 하지 않는다면, 우리는 아기를 돌봐주는 사람을 고용해야만 해요.

8 문제해결 및 대처능력(Problem Solving & Coping Ability)

실생활(實生活)에서 스트레스에 직면했을 때, 당신의 신체는 긴장되며, 이 순간 당신의 몸과 마음은 이완을 필요로 한다. 스트레스 상황에서 당신은 직면을 통해 두려움을 통제할 수 있게 된다. 또한 이렇게 직면하고 대처하려는 자신을 칭찬하고 지지해 주어야 한다. 실생활에서 대처기술을 사용하는 것은 아마도 상상된 장면에서 스트레스를 이완하는 것보다 훨씬 어려울 수도 있을 것이다. 몇 번의 반복되는 시행착오는 불가피한 것이다. 언젠가는 연습을 통해서 근육이완과 대처기술이 자동적으로 시작하기에 자연스럽게 될 것이다.

만약 당신이 다음날 아침 중요한 면접을 준비하고 있다고 하자. 나중에 걱정하기보다는 오히려 면접 전과 면접 동안 그리고 면접 후에 자신의 스트레스 대처생각을 작성하는 것이 바람직할 것이다. 작성 후 자신의 스트레스 대처기술을 20분 동안 연습하고 실제로 구직면접에 임하는 것은 매우 바람직한 처우가 될 것이다(Davis, M., Eshelman, E. R., & McKay, M., 2000; 손정락, 2006).

1) 준비하기

나는 전에도 이렇게 성공한 적이 있다.
나는 이번에 성공하기 위해서 무엇을 해야 하는지를 알고 있다.
나는 준비되었다.
나는 이완할 수 있고 밤에 잘 잘 수 있다.

2) 직면하기

자신의 목표에 집중하라.
어떤 것을 몰라도 괜찮다.
면접자가 내 장점을 알게 질문에 대답하라.

3) 두려움에 대처하기

나는 불안을 이완하기 위한 단서로 사용할 수 있다.
복식호흡을 통해 나의 긴장을 날숨과 함께 내보낼 수 있다.
나는 불안할 수 있지만 이 상황에 여전히 대처할 수 있다.
나는 이것을 마쳤을 때 대단하다고 느낄 것이다.

4) 성공을 강화하기

나는 해냈다.
나는 불안에 대처할 수 있었고 잘해냈다.
평온하고 이완하기가 점점 쉬워질 것이다.
나는 지금 정말로 이완할 수 있다.

8-1 문제해결과 대처능력(대처사고, 대처진술, 대처행동)의 예시

1) 대처사고/대처진술/대처행동 없이 충동적 · 감정적으로 반응하는 상황

예시상황

이전에 가볍게 다퉜던 친구1이 다른 친구들한테 "쟤는 나한테 맞고 다녔다"라며 조롱하듯 소문을 내지만, 다른 친구들은 친구1보다는 내 편인 상황.

친구1: ㅋㅋㅋ쟤 중딩 때 나한테 맞고 다녔잖아. 어깨빵하면 밀릴 걸?
나: (목소리가 격앙되며) 뭐라고? 싸울래?
친구1: ㅋ자신있냐? (어깨를 툭 치며) 퍽!
나: 장난하냐? 내가 경고했지. 다음에 또 이러면 가만 안 둘 거라고.
친구1: ㅋㅋㅋㅋㅋ(조롱하듯 웃으며) 야 너무 무섭다. 안 그러냐? (친구1이 주변에 동요를 구했지만 다른 친구들은 저번부터 시비를 참아온 나의 편이다.)
나: 내가 안 봐준다 했지. 너도 때린 거 신고나 하지 마. 얘들아. (친구들과 친구1을 집단폭행)

2) 대처사고/대처진술/대처행동을 통해 긍정적 · 창의적 · 합리적으로 반응한 상황

예시상황

이전에 가볍게 다퉜던 친구1이 다른 친구들한테 "쟤는 나한테 맞고 다녔다"라며 조롱하듯 소문을 내지만, 다른 친구들은 친구 1보다는 내 편인 상황

친구1: ㅋ친구1: ㅋㅋㅋ쟤 나한테 맞고 다녔잖아. 어깨빵하면 밀릴 걸?

나: (앗 분노다! 분노다! 분노다! 나도 화를 내면 저번처럼 또 폭력을 쓸 거야. 나를 조롱하는 부당한 상황에서도 침착하게 말할 수 있도록 상황을 정리해야지) – 대처사고

나: 우리 그때도 이렇게 시작해서 싸웠던 거 기억나? 싸웠던 게 자랑도 아니고. 다른 얘기나 하자. – 대처진술

친구1: 설마 벌써 겁먹었냐? 이거 봐 ㅋㅋㅋ내가 뭐랬냐. (주변에서 차가운 시선으로 친구 1을 쳐다본다.)

나: (흥분하지 말고 이 상황이 더 이상 나에겐 폭력의 상황이 되지 않는다는 걸 침착하게 전달하자) 과거만 보지 말고, 지금 상황을 보자. 매번 애들 놀림거리만 얘기하고 다니는 거 아무도 안 웃겨. 웃을 일 없으면 우리 당구나 치러 가자. 내가 맛있는 것도 사줄게. – 대처행동

친구1: (주변의 차가운 시선을 의식하고) 아니야. 내가 경솔했다. 미안.

8-2 문제해결과 대처능력(대처사고, 대처진술, 대처행동)의 예시

1) 문제해결과 대처능력의 역할극 예시

〈예시상황〉

이전에 가볍게 다퉜던 친구1이 다른 애들한테 "얘는 나한테 맞고 다녔다."라며 조롱하듯 소문을 내지만, 다른 친구들은 친구 1보다는 내 편인 상황.

대처사고	대처진술	대처행동
앗 분노다! 나도 화를 내면 저번처럼 또 폭력을 쓸 거야. 나를 조롱하는 부당한 상황에서도 침착하게 말할 수 있도록 상황을 정리해야지.	우리 그때도 이렇게 시작해서 싸웠던 거 기억나? 싸웠던 게 자랑도 아니고. 다른 얘기나 하자.	과거만 보지 말고, 지금 상황을 보자. 매번 애들 놀림거리만 얘기하고 다니는 거 아무도 안 웃겨. 웃을 일 없으면 당구 한 게임하러 가자. 게임 후. 내가 맛있는 것도 사 줄게.

"여러분이라면 자기분노유발상황이나 폭력긴급상황(Violent Emergency)에서 어떤 대처사고, 대처진술, 대처행동을 하실 건가요?"

2) 문제해결과 대처능력의 역할극 시연

〈예시상황〉

자신분노유발상황:

대처사고	대처진술	대처행동
앗 분노다! 나도 화를 내면 저번처럼 또 폭력을 쓸 거야. 나를 조롱하는 부당한 상황에서도 침착하게 말할 수 있도록 상황을 정리해야지.	우리 그때도 이렇게 시작해서 싸웠던 거 기억나? 싸웠던 게 자랑도 아니고. 다른 얘기나 하자.	과거만 보지 말고, 지금 상황을 보자. 매번 애들 놀림거리만 얘기하고 다니는 거 아무도 안 웃겨. 웃을 일 없으면 당구 한 게임하러 가자. 게임 후. 내가 맛있는 것도 사 줄게.

"자기분노유발상황에서 어떤 대처사고, 대처진술, 대처행동을 하실 건가요?"
그에 대한 의견을 나누어 보고 역할극 시연하기.

9 부동명상기법(통증과 불편감에 대한 마음·챙김·명상)(Davis, M., Eshleman, E. R., & McKay, M., 2000: 손정락, 2006).

① 자세를 가다듬고 스스로에게 집중하라. 깊게 몇 번 호흡하라.

② 미리 정해진 시간 동안 움직이지 않을 것이라고 스스로에게 약속하라. 그런 후 기본적인 명상을 시작하라.

③ 시간이 지남에 따라 깨닫지 못한 사이에 머리를 움직이거나 자리를 옮기고 있는 자신을 발견할 수도 있다. 그래도 괜찮다. 움직임에 주목하고 다시 명상으로 돌아가라. 잠시 후 실제로 몸을 움직이지 전에 몸의 한 부분을 움직이고 싶은 마음이 든다는 사실을 깨닫게 될 것이다.

④ 움직이고 싶은 마음을 확인할 수 있다면, 정확하게 원하는 것이 무엇인지에 초점을 맞춰라.

⑤ 불편감에 집중하면서, 그 주변을 부드럽게 만들어 보어라. 근육이 긴장되어 있다면, 이완하도록 하라. 이 근육은 이완된 채로 있고 싶어 하지 않을 것이기 때문에 자주 점검해야 한다. 호흡은 어디로 하고 있는가? 가슴으로 호흡 하는가? 만일 그렇다면, 아랫배 쪽으로 내리도록 노력하라. 불편감에 초점을 맞춰라. 거기에서 어떠한 느낌이 느껴지는가? 잠시 동안 그 느낌에 머물러라.

⑥ 시간이 다 되었으면 앉고 싶어 했던 자세를 취하도록 몸을 천천히 움직여라. 그 감각에 집중하라. 불편감이 사라지는가? 불편감이 점차적으로 사라지는가? 어떠한 방식으로 몸이 더 나아지는가? 긴장감이 있지는 않은가? 만일 그렇다면 긴장을 풀어라.

* 불안, 우울, 두려움, 분노는 이완과 공존할 수 없다!

10 식이요법 시연하기

자신의 체중을 조절하기 위한 8가지 행동치료를 활용하라.

① 음식을 천천히 음미하며 먹어라. 조금씩 씹으며(40번씩), 천천히 음식의 색깔, 맛, 질감, 감촉을 음미하며 즐기며 섭취하라.
② 먹는 것에 집중하라. 음식을 먹는 동안에 다른 행동을 함께 하지 마라. TV를 시청하거나 신문과 책을 보지 말고 오직 음식에 집중하라.
③ 규칙적인 시간에 식사하라(아침, 점심, 저녁).
④ 음식량을 조절하라. 과식, 폭식, 또는 거식은 금하고, 정량을 조절하여 섭취하라.
⑤ 지루하고 외로울 때 음식을 과대하게 섭취하지 말고, 산책, 조깅, 자전거 타기, 글라이딩하기, 전화통화, 음악듣기, 웃음치료, 근육이완, 자기최면, 취미활동(수영, 등산, 팔굽혀펴기, 영화보기, 난 가꾸기, 애완동물 키우기) 등을 실천하라.
⑥ 분노가 유발될 때 음식을 과대하게 섭취하지 말고, 산책, 조깅, 자전거 타기, 글라이딩하기, 전화통화, 음악듣기, 웃음치료, 근육이완, 자기최면, 취미활동(수영, 등산, 팔굽혀펴기, 영화보기, 난 가꾸기, 애완동물 키우기) 등을 실천하라.
⑦ 피곤한데 잠이 오지 않을 때 음식을 과대하게 섭취하지 말고, 따뜻한 우유와 함께 목욕하기, 산책, 조깅, 자전거 타기, 글라이딩하기, 전화통화, 음악듣기, 웃음치료, 근육이완, 자기최면, 취미활동(수영, 등산, 팔굽혀펴기, 영화보기, 난 가꾸기, 애완동물 키우기) 등을 실천하라.
⑧ 미래가 불안할 때 음식을 과대하게 섭취하지 말고, 따뜻한 우유와 함께 목욕하기, 산책, 조깅, 자전거 타기, 글라이딩하기, 전화통화, 음악듣기, 웃음치료, 근육이완, 자기최면, 취미활동(수영, 등산, 팔굽혀펴기, 영화보기, 난 가꾸기, 애완동물 키우기) 등을 실천하라.

C 프로그램 토의 및 평가

프로그램 내용 및 진행에 대한 전반적인 피드백을 제공하기

D 과제소개

용서수기 I : 당신의 피해자와 그/그녀의 가족들에게 용서수기쓰기

용서수기 I

당신의 피해자와 그/그녀의 가족들에 대한 용서수기를 기술하시오.

용서수기 I

당신의 피해자와 그/그녀의 가족들에 대한 용서수기를 기술하시오.

나는 나만 보았습니다.
내 아픔이 전부인 줄 알았습니다.
어린 시절의 혹독한 가난과 매 맞는 어머니와 매일이다시피 한 삶.
술 취한 아버지의 폭언과 폭행이 나를 감옥에 가두어 버렸습니다.
그런 것들이 세상 전부인 줄 알고 나도 그 속에서
그대로 닮아 버렸습니다. 그래서 상대의 고통 따위는
안중에 없었습니다.
내 아버지처럼 난 내 분노를 가족에게 거침없이 쏟아내었습니다.
그러나 그렇게 쏟아내어도 언제나 갈증은 더하였습니다.
점점 망가져 가는 나 자신이 불쌍해지기 시작하였습니다.
그래서 다르게 살아보기로 하였지요.
지금까지와는 180도 다른 삶을 살아보니 상대방의 고통과 아픔과
분노가 보였습니다.
내 살아온 삶이 가시밭길이었음이 보였습니다.
용서하십시오.
이제 당신이 얼마나 소중한 사람인지 알겠습니다.
소중한 당신을 존중하며 살겠습니다.
당신은 충분히 그런 자격이 있는 사람이고 사랑스런 사람입니다.
이젠 당신을 용서하고 싶습니다.
아버지 당신을 용서합니다.
아버지 당신을 사랑합니다.
아버지 당신께 고맙습니다.

주제 VI

용서는 축복의 통로이다!

제8회기

분노조절 및 심리사회대인관계기술훈련 II : 용서치료

A 목적

본 회기에서는 지금까지 했던 인지재구조화작업과 분노표현연습을 종합해서 시연해 본다. 분노유발상황, 그 상황에 대한 개인의 해석, 그 해석의 결과로 인해 파생된 감정을 확인하고 부정적 감정일 경우에는 이를 논박한다.

상대방에 대한 나의 원함(want)이나 불충족된 원함(unmet want)이라는 4가지 요소에 대해 명확하게 자각하고 합리적 · 건설적 · 적응적 · 긍정적인 사고를 이끌어내어 적절한 대처행동(자기분노표현 또는 적극적인 자기의사표현)을 역할시연 및 행동시연을 통해 용서치료의 영적성장과 영적진화에 이르기까지 자기훈련과정을 갖는다.

용서치료를 하기 위해서는 먼저 "자기용서(self-forgiveness) → 부모용서(parents-forgiveness) → 타인용서(other-forgiveness)" 등의 용서과정을 수행해야만 한다. 자신의 실수, 단점, 결점, 열등감, 수치심, 죄의식을 이해하고 수용하고 용서한 후, 부모의 실수, 단점, 결점, 열등감, 수치심, 죄의식을 이해하고 수용하고 용서할 수 있으며, 이로써 타인의 단점, 결점, 열등감, 수치심, 죄의식을 이해하고 수용하고 용서할 수 있게 된다. 진실한 용서는 자기용서(self-forgiveness)로 비롯된다. 이를 통해 진정한 삶의 자유와 평온을 되찾게 된다(류창현, 2014). Neff(2003a)는 진정한 자기용서를 자기동정(self-compassion)이라 칭하고 있으며 "실패의 상황에서 엄격하게 비판적 자세를 취하는 대신에 고통으로부터 배우고 자기를 돌보고 수용하며, 자신의 경험을 독특하게 여기기보다는 보편적인 인간경험의 일부분으로 인식하고 수용하여 고통스런 사고와 감정에 과잉적인 동일시를 하기보다 이러한 경험을 자기와 분리시켜 균형 잡힌 깨우침을 하는 것"이다고 정의하고 있다(김경의 등, 2008; 한규석, 2010).

B 회기 진행 과정

1 과제 확인 및 피드백 주기(5분)

2 인지재구조화 재학습하기(30분)

정승호시인의 「외로우니까 사람이다.」라는 제목의 시가 있다. 외로움을 견디기 힘들어 하는 것이 사람인 것도 사실이다. 어차피 인간은 사회적 동물이므로 평생을 다른 사람들과의 관계 속에서 살아가게 되며, 그 속에서 많은 것들을 경험하게 된다. 자신이 만든 내면의 울타리의 크기와 자신의 절대적 태도 및 신념(표준기대치)에 따라 대인관계의 폭과 질이 결정될 것이다. '외로우니까 사람이다' 하지만 성숙한 인간관계 속에서 그 외로움을 달랠 수 있기에 또 우리는 사람이다.

- 자동적 사고의 두 종류 : 일차적 분노사고와 이차적 분노사고
- 비합리적 신념 : 우리는 내 안에 있는 비합리적 신념을 인지하고, 이를 합리적 사고로 재구조화해야 한다. 즉, 부정적 사고와 정서를 과감하게 논박(Disputing)하고 보다 더 합리적 · 건설적 · 적응적 · 긍정적 · 낙관적 사고(Rational · Constructive · Adaptive · Positive · Optimistic Thinking)를 적극적으로 선택하여 문제해결을 위한 가장 적절하고, 효율적 · 효과적인 대처능력(coping ability)을 교육하고 훈련하여 향상시켜야 한다. 자신이 불행하다고 느끼는 사람일수록 비합리적 사고를 가지고 있는 경우가 많다. 이러한 선택은 부정적 견해, 경험, 사고, 도식, 각본에 의해 통제를 받기 때문에 문제해결(problem solving)과 대인관계형성(interpersonal relationship building)에 있어 매우 어려움을 나타낸다.

다음은 비합리적 사고의 대표적인 예들을 시사하고 있다.

예 1

당위성을 통제하라!

자신을 슈퍼맨(superman) 또는 마초맨(macho man)처럼 전지전능하고 무소무제한 존재로 피력한다. 불안정하고, 실수할 수 있고, 상처받기 쉽고, 연약하고, 미약한 인간의 본질을 상실하는 비합리적인 신념(비논리적 사고와 비현실적 사고)을 일컫는다. 의사표현으로는 틀림없이(must), 반드시(should), 항상(always), 결코(never) 등과 같은 언어들을 주로 구사한다.

비합리적 신념에 바탕을 둔 당위성은 3가지로 분류한다(Ellis, 1962: Bernard, 1991).

① 자신에 대한 당위성 : 자신의 당위성을 강조하고 강화하는 비합리적 신념이다.

"나는 훌륭한 사람이어야만 한다."
"나는 실수를 해서는 절대로 안 된다."
"나는 직장에서 해고를 당해서는 절대로 안 된다."
"나는 항상 예의바르고 적절하게 행동을 해야만 한다."

② 타인에 대한 당위성 : 상대방(아내, 남편, 부모, 자녀, 직장동료, 친구, 애인, 직장 상사, 사장)에 대한 당위적인 행동을 기대하는 비합리적 신념이다.

"부모님은 나를 항상 돌보아주고 사랑을 해 주어야만 한다."
"자녀는 나의 말에 항상 복종해야만 하고 결코 반항해서는 안 된다."
"아내는 정결하게 행동을 해야만 한다."
"여자친구/남자친구는 항상 나에게 사랑과 관심을 갖고 있어야만 한다."
"친구 간에는 항상 다정한 친교(親交)를 유지해야만 한다."
"나의 직장동료는 항상 나의 일과 과제에 협조를 아끼지 말아야만 한다."

③ 조건에 대한 당위성 : 주어진 상황이나 조건에 대한 당위성을 기대하는 비합리적 신념이다.

"나의 가족은 항상 사랑으로 가득해야만 한다."
"나의 방은 항상 깨끗하게 유지되어야만 한다."
"수업시간엔 정숙해야만 한다."
"여자/남자친구는 내게 헤어지자는 말을 먼저 해서는 절대로 안 된다."
"나의 사무실(연구실)은 아늑하고 깨끗하게 유지되어야만 한다."
"나에게 주어진 일은 3D(위험한(dangerous), 더러운(dirty), 그리고 어려운(difficult))가 아니어야만 한다."

예 2

비합리적 신념을 다시 한 번 자각하라!!

Ellis(1962)는 정서장애를 초래하는 11가지 비합리적 신념을 다음과 같이 기술하고 있다.

① "나는 나의 지인들로부터 반드시 인정과 사랑을 받아야만 한다."
② "나는 능력 있고 중요한 사람이기 때문에 모든 측면에 탁월해야만 하고 반드시 일과 과제를 완성해야만 한다."
③ "나쁜 사람들은 반드시 혹독한 처벌을 받아야만 한다."
④ "자신의 과제를 성취하지 못했을 때 모든 것이 끝났다는 신념이다."

⑤ "자신의 불행은 외부로부터 유래되며 자신의 슬픔과 장애를 통제할 능력을 갖추지는 못했다는 신념이다."
⑥ "위협적이거나 두려운 일이 발생했을 때 자신은 그것들에 대해 계속해서 걱정하고 불안해야만 한다는 신념이다."
⑦ "어려움과 책임에 직면하기보다는 회피하는 게 낫다는 신념이다."
⑧ "혼자 힘으로는 살아갈 수가 없고 누군가 자신보다 더 강한 사람들을 의지하며(기생하며) 삶을 살아가야만 한다는 신념이다."
⑨ "자신의 과거의 사건적 · 상황적 경험이 현재의 사건적 · 상황적 문제에 대한 의사결정에 지대한 영향을 미친다는 신념이다."
⑩ "다른 사람들의 문제와 장애에 대해서 자신이 당혹스럽거나 가슴앓이를 해야만 한다는 신념이다."
⑪ "문제에 대한 해결방안은 반드시 존재하며, 만약에 이러한 대안을 찾지 못한다면 모든 것이 끝장이라는 신념이다."

예 3

합리적 신념을 확고하게 유지하라!

합리적 신념을 확고하게 유지하라!
Ellis(1962)와 Bernard(1991)은 명확하고, 유연성 있고, 그리고 과학적인 사고검증을 할 수 있는 합리정서행동치료(Rational Emotive Behavior Therapy)로 기초한 합리적 신념을 기술하고 있다.

① 자신에게 관심을 기울인다: 정서적으로 건강한 사람은 먼저 자신에 대한 관심, 지지, 사랑, 진실, 그리고 보상을 갖고 있으며, 다른 사람들을 위해서 자신을 자학적인 희생을 하지는 않는다.
② 사회관심에 기울인다: 정서적으로 건강한 사람은 소외된 존재로 선택하지 않으며, 사회에서 다른 사람들과 더불어 살아가는 데 더욱 관심을 기울인다.
③ 자기지향을 한다: 정서적으로 건강한 사람은 다른 사람의 지지와 사랑과 배려를 선호하기보다는 자기 스스로 지지와 사랑과 배려를 하면서 삶의 책임과 문제를 독립적으로 해결해 나아간다.
④ 실패에 대해 감내한다: 정서적으로 성숙하고 건강한 사람은 인간은 불완전한 존재로서 실수할 수 있는 자유권을 가지고 있으며, 이를 통해서 새로운 지혜와 지식과 경험과 기술 등을 얻게 되면 타인의 실수도 이해하고 수용하게 된다.
⑤ 유연성을 유지한다: 정서적으로 성숙하고 건강한 사람은 사고와 행동에서 유연성을 유지하며 변화에 개방적인 태도를 보인다. 자신과 타인의 의견에 과장되게 또는 지나치게 집착하거나 편협하고 가혹한 규칙을 적용하지도 않으며, 타인의 다양하고 풍부한 의견과 사고를 넓고 개방적으로 경청하고 수용한다.
⑥ 불확실성을 수용한다: 정서적으로 성숙하고 건강한 사람은 어떤 절대적인 확실성이 수반되는 세상이 아닌, 무한한 가능성과 개방된 기회가 주어진 세계에 살고 있다는 것을 수용한다.
⑦ 창의성을 가진다: 정서적으로 성숙하고 건강한 사람은 주어진 일상적인 일과 과제뿐만 아니라 적어도 몇 가지 정도의 창의적인 일과 과제에 관심을 두고 매진한다.
⑧ 과학적인 사고를 한다: 정서적으로 성숙하고 건강한 사람은 보다 더 객관적 · 이성적으로 사고한다.
⑨ 자기수용을 한다: 정서적으로 성숙하고 건강한 사람은 자신이 살아 호흡한다는 그 자체만으로도 기뻐하고 즐거워하며, 계속적으로 행복과 기쁨을 창출해낼 수 있는 능력이 자신에게 내재한다고 생각한다.

⑩ 모험을 한다: 정서적으로 성숙하고 건강한 사람은 자신이 진정 원하는 일과 과제에 대한 모험적 도전을 하며, 자신의 인생을 개척하는 의도를 가지고 산다.

⑪ 장기적 만족과 목표를 추구한다: 정서적으로 성숙하고 건강한 사람은 순간적 · 쾌락적인 만족과 목표보다는 장기적 · 미래지향적인 만족과 목표를 더 지향한다.

⑫ 비이상주의자이다: 정서적으로 성숙하고 건강한 사람은 세상에서 자신이 원하는 것을 다 가질 수도 얻을 수도 없다는 것을 인지하고 있으며, 모든 고통, 아픔, 시행착오, 고난, 역경, 재앙 등을 완전히 회피할 수도 없다는 것을 수용한다.

⑬ 자신의 정서장애를 수용하고 자신의 책임을 인정한다: 정서적으로 성숙하고 건강한 사람은 자신의 정서장애를 사회, 부모, 배우자, 환경 등에 질타와 비난을 퍼부으며 회피하기 위한 자기방어기제를 선택하기보다는 자기파괴적인 정서장애와 정신장애의 귀인을 자신의 선택과 책임에 있다고 생각한다.

예 4

비합리적 사고를 합리적 사고로 전환하라!

비합리적 사고를 합리적 사고로 전환하라!

"나는 주변의 모든 사람으로부터 사랑받고 인정받아야 하며 그렇지 못한다면 비극이다"라는 식의 사고가 있다. 그러나 실제로 우리는 "모든" 사람들로부터 사랑받고 인정받을 수는 없다. 다만 "많은" 사람들로부터 사랑받고 인정받을 수 있도록 노력할 수 있을 뿐이다. 따라서 이렇게 생각할 수 있어야 한다. "나는 다른 사람들의 사랑과 인정을 받는 것은 아주 훌륭한 일이지만, 혹 이러한 것이 없더라도 내 자신을 수용하고 즐겁게 지낼 수 있다."

"사람들과 일어나는 사건들은 자신이 원하는 방식대로만 처리되고 이루어져야만 한다."고 편향적으로 생각한다. 사람들은 누구나 어느 정도는 객관적으로 판단하려고 노력하지만 그런데도 자신이 가지고 있는 편견, 차별, 고정관념에 의해 자신의 의사결정에 있어 왜곡과 편향을 보인다. 그러므로 사람들은 이기적인 사회적 동물이다(selfish social animals). 모든 일이 내가 원하는 방법대로 이루어져야 한다는 생각도 바로 이러한 인간의 이기심에서 비롯된 것이다. 따라서 성숙한 인간은 이렇게 생각할 수 있어야 한다. "사람들은 내가 원하는 것보다는 그들이 원하는 방식으로 활동하고자 한다." 그리고 이렇게 합리적인 사고를 할 수 있어야 인간관계에서 발생하는 어려움이나 갈등을 줄일 수 있으며 해결할 수 있게 된다.

예 5

Ellis의 A·B·C·D·E·F 기법을 활용하라!

EEllis의 A · B · C · D · E · F 기법을 활용하라!

Ellis(1962)의 A · B · C · D · E · F모델은 자신의 A · B · C모델을 한 층 더 심화한 합리적 · 논리적 · 건설적 · 생산적 기법으로서 비합리적 신념의 논박(Disputing)을 통해 합리적 신념으로 재구조화하기 위한 A · B · C · D · E · F 모델을 소개하고 있다.

A 단계 : 촉발사건(Activating Events)

B 단계 : 신념(Belief: 촉발사건에 대한 자신의 신념)

C 단계 : 결과(Consequences: 비합리적 신념(irrational belief)은 비합리적 결과를 초래하고, 반면에 합리적 신념(rational belief)은 합리적 결과를 초래한다.)

D 단계 : 논박하기(Disputing: 비합리적 신념에 대한 논리의 칼 대기(합리적 · 기능적 · 경험적 · 철학적 · 창의적 · 낙관적 · 대안적 · 중립적 · 손익적 사고전환))

E 단계 : 효과적인 철학(Effective philosophy: 논박의 결과로 유래된 효과. 즉, 비합리적인 신념을 포기하고 합리적 신념, 적응행동, 새로운 신념, 효과적인 철학 등을 형성)

F 단계 : 감정(Feelings: 논박결과로 초래된 효과적인 합리적 신념에 의한 새로운 감정과 행동)

다음 그림 1은 Albert Ellis의 A · B · C · D · E · F기법을 제시하고 있다.

그림 1 • Albert Ellis의 A · B · C · D · E · F 모델

A(촉발사건) → B(신념) → C(결과) → D(논박) → E(효과) → F(감정)

3 서로 가슴으로 용서하라!(Forgive Each Other With Your Own Heart!)

용서의 정의를 살펴보면, "용서는 내가 할 수 있는 아주 고귀한 선택이고, 내가 가해자에게 줄 수 있는 가장 좋은 선물이면서 내가 가해의 피해에서 해방되어 내 자신의 삶을 회복해서 사는 자유로움의 선언이다." "진정한 용서는 가해자가 준 상처에서 벗어날 뿐만 아니라 가해자를 자신의 삶에서 몰아내고 가해자를 만나지 않았다면 즐길 수 있었던 자신 고유의 삶을 사는 것이다"(Enright, 2001). 필자는 "용서는 진정한 자유를 스스로에게 이르게 하는 축복의 통로이다."고 정의한다.

"피의자는 또 다른 피해자이다!"라는 말이 있다. 피의자 자신도 어린 시절에 환경적 · 유전적으로 건강하게 성장할 수 있도록 돌봄과 배려를 받지 못하고, 도리어 남용과 학대의 대상으로 취급받았기에 그/그녀도 또한 피해자이다. 그러므로 우리는 피의자를 또한 용서 대상의 시각으로 조망(眺望)해야 한다.

1) 용서의 자유(Enright, 2001)

만일 당신이 여기에서 제시된 용서과정을 기꺼이 따른다면 노여움과 분노, 쓰라림 그리고 동시에 수반되는 자기 자신을 파괴하는 행동에서 해방될 수 있다고 확신한다. 용서의 첫 번째 단계는 자신의 분노감을 인식하는 것이다.

어린 시절에 부당한 대우를 받은 사람들은, 그 상처로 인한 분노가 80대가 되어서도 여전히 존재하는 것을 경험했다. 비록 그들의 어린 시절에 가해했던 사람들이 오래 전에 죽었다 할지라도 그들은 여전히 자신을 희생자로 여기고 있다.

용서는 과정이다. "나는 당신을 용서합니다."라고 간단하게 말하는 것으로 충분치 않다. 비록 그 말을 했더라도 분노의 감정들이 사라지지는 않는다. 사람들은 자신의 감정을 이해하기 위한 과정을 경험할 필요가 있다. 용서하기 위해 내적으로 준비하고 난 후 사랑하기 위해서 개방하는 마음을 갖는 과정이 필요하다. 용서과정을 경험하는 시간을 가진 사람들은 심리적으로 더 건강하게 변한다.

증오심은 우리에게 상처를 준 사람보다 우리 자신에게 더 악영향을 끼친다. 용서는 잠긴 문을 여는 열쇠이다. 당신은 용기 있게 자신의 감옥에서 과감하고 결단력 있게 걸어 나오는 선택해야 하는 것이다. 어떤 사람들은 자신이 피해자라는 이름을 가지고 너무나 오랫동안 살아와서 피해자가 자신의 삶의 일부분이 되어 버렸다. 그들은 감옥에서는 무엇이 일어날 것인가를 익히 알고 있기에 차라리 그 안에서 살고 싶어 한다.

2) 진정한 용서 대 거짓의 용서(Enright, 2001)

영국의 철학자 조안나 노스는 "용서란 부당하게 상처를 받았을 경우 복수하고 싶어하는 권리를 부정하는 심정에서 복수심을 극복하는 것이 아니라 가해자에게 열정과 자비 그리고 사랑을 제공하려고 노력함으로써 분노를 극복하려 한다면 용서가 가능하다."고 기술하고 있다.

우리가 가진 권리는 다음과 같이 세 가지로 요약할 수 있다. 첫째, 우리가 겪은 가해 행위는 부당하고 항상 부당할 것이라는 것을 인정하는 것이다. 둘째, 우리는 분노감에 대한 도덕적인 권리를 가지고 있다. 그것은 사람들이 우리에게 상처를 줄 권리가 없다는 것을 자각하는 것을 의미한다. 셋째, 용서는 우리가 가지고 있는 권리, 즉 우리의 분노감과 복수심을 포기해야 한다는 것을 의미한다.

진정한 용서는 이미 일어나는 것을 수용하는 그 이상의 것이고 분노중단을 초월하는 것을 의미한다. 용서를 분노감의 중단에만 초점을 두는 것은 그 과정을 왜곡시킬 수 있다. 상대방에게 중립적인 자세보다 적극적으로 사랑을 표현하는 것이고 자신의 기분을 보다 더 좋게 하는 그 이상의 것이다. 이로써 용서하는 자는 자신에게 집착하는 것에서 진정으로 벗어나 상대방에게 관심을 갖게 된다.

거짓의 용서는 묵인과 변명을 내포한다. 묵인은 침묵 속에서 고통을 느끼면서 학대를 견뎌 내거나 학대를 받아도 당연하다는 마음으로 견디는 것이다. 변명은 가해자와는 싸울 가치도 없다고 말하거나 상처를 안 받은 척하거나 가해자가 정말로 상처를 줄 의도가 아니었다고 눈감아 주는 것인데 용서는 이미 저질러진 행동이 잘못되었다는 것을 인정하고 다시 반복되면 안 된다는 것을 인정하는 것이다.

지속적이고 공개적으로 자신에게 반복적으로 언어적 · 비언어적 학대와 고통을 주는 남편을 용서해 준다고 말로만 반목(反目)하는 아내들이 존재하는 데, 이들은 실제로 주위 사람들이 보기에는 남편에 대한 분노와 적개심과 복수심으로 가득 차 있는 것을 인식하게 된다. 이는 거짓의 용서(false forgiveness)이다.

용서하기로 결심하였다면, 용서는 과정이기에 작은 것부터 시연해야 한다. 진정으로 용서를 하기로 결심하였다면, 이는 용서하는 자신과 용서를 받는 자 모두에게 도움과 유익이 된다는 점을 상기하는 것이 매우 중요하다.

용서해야 할 도덕적인 의무는 없다. 자비를 베풀어야 할 의무는 없다. 용서는 선택이며 가장 고귀한 선물이기도 하다. 다시 말하면, 용서는 받을 만한 가치가 없는 사람에게 거저 주는 은혜의 선물이다. 이를 이해할 수 있다면 용서해야 한다는 엄격하고 혹독한 의무감보다는 용서하는 즐거운 특권과 축복을 행사하는 것이다.

용서하는 자는 피의자를 신뢰해야 하는가? 정답은 "아니요(No)"이다. 만약 한 여성이 도박꾼과 결혼했다고 가정하자. 이러한 사례에서 아내는 "난 당신을 용서해요.", "당신은 강박적인 도박에 대한 도움을 받아야만 합니다.", "더 이상 돈은 절대로 줄 수가 없습니다."라고 선포하는 것이 진정한 사랑의 행위인 것이다. 이러한 말 한마디가 사랑인 것이다. 만약에 자신의 남편에게 계속해서 돈을 대준다면, 이는 진정한 사랑의 실천이 아니다. 즉, 사랑은 지각 있게 주고, 지각 있게 주지 않는 행위를 수반한다.

용서받을 수 없는 사람이 있을까? 피의자는 자신은 절대로 언어폭력, 신체적인 폭력에 대해서 잘못한 것이 없고 피해자는 학대를 받아 마땅하다고 주장한다. 코리 텐 붐은 유태인의 대 학살사건을 통해서 가족을 모두 잃고도 용서할 수 있었다. 마리에타 제어는 딸이 유괴당해서 잔인하게 죽었지만 가해자를 용서할 수 있었다. 용서는 가장 끔찍하고 불공평한 환경 속에서도 가능할 수 있다.

누가 용서할 권리를 가지고 있는가? 상처를 받은 사람이면 누구라도 용서할 수 있다. 피해자는 자신이 받은 상처에만 집착하는 경향이 있다. 어떤 경우에는 피해자가 복수하기 위해서 자신이 받은 상처보다 큰 상처를 상대방에게 주는 경우가 있다. 이때에는 반드시 회개(悔改, repentance)가 필요하다.

죽은 사람을 용서할 수 있는가? 죽은 사람에 대해서도 분노감과 적대감을 계속해서 가질 수 있다. 그러나 용서하는 과정에서 불공평한 삶과 학대받는 상황을 수용할 필요는 없다. 용서는 화해의 문을 열어주지만 이미 신용이 없는 사람으로 판명된 사람을 또 다시 믿을 필요는 없다. 비록 피의자가 뉘우치지 않더라도 당신은 그 사람을 용서하고 당신의 삶을 위해서 화평, 평안, 자유와 안녕을 회복하기 위해서 당신은 용서를 선택해야만 하는 것이다.

3) 왜 용서를 해야 하는가?(Enright, 2001)

만약 당신의 대답이 당연히 용서해야 한다고 할지라도 용서가 당신에게 끼치는 심리적 · 신체적인 결과를 초월한 다양한 이점 때문에도 용서를 해야 한다는 것을 명심해야 한다.

건강하지 못한 분노들, 분노를 통제하여 표현한다고 해서 분노를 건강하게 처리하고 표현하는 것은 아니다. 분개(憤慨)하게 한 사람에게 소리를 지르거나 신체적으로 위협하며 분노를 터뜨리는 대신에, 상대방을 비꼬는 말이나 농담으로 무시하거나 상처를 주는 말로 표현하기도 한다. 또한 분노가 유발되게 되면 말대꾸를 하지 않거나 철회하거나 적대적인 감정으로 저항하기도 한다. 분노감정을 표현하는 방식에 따라서 분노감, 울화통, 언어폭력, 신체폭력, 냉혹한 침묵 등으로 구분한다. 분노는 혈압, 심장병, 화병, 물질남용(알코올, 마약) 등으로 인해 건강에도 영향을 준다. 분노는 가족에게도 영향을 주는데 한 사람의 분노 때문에 다른 사람이 병에 걸리는 것을 발견할 수 있다. 가족의 한 사람이 다른 식구에게 책임을 전가하고 헐뜯는데, 이렇게 함으로써 결과적으로 다른 식구가 책임 전가하는 사람을 비난하는 것을 보호해 주고, 결과적으로 따돌림 대상이 되는 사람에게는 정서적 · 신체적인 문제가 발생한다. 많은 이혼은 배우자에 대한 분노감정을 귀인 한다. 어떤 사람들은 이혼하거나, 멀리 떨어져 살거나, 그리고 죽으면 분노감정이 해결될 것이라고 믿고 있다. 불행히도 그들은 분노를 함께 지니고 다니며, 몇 십 년이 지난 후에도 이를 갈고 분개심을 갖고 있게 된다. 이러한 분노감과 적개심은 사회역할에서도 역기능적인 영향을 주게 된다.

일시적인 분노에 대한 해결방법(정화, 이완, 사고통제, 주의 분산, 인지 · 정서 · 행동치료, 분노조절, 분노치료, 웃음치료, 행동수정, 비합리적 사고를 합리적 사고로 바꾸기, 성격전환)이 있지만, 이는 일시적으로 분노를 통제할 수 있도록 도울 뿐 근본적인 문제의 해결책은 될 수 없다. 만약 자신이 진실로 내면의 자유와 평화와 경감을 얻기 위해서 가능한 다양한 처지기법들을 다 사용해보고도 정서적인 장애와 혼란이 계속적으로 뿌리내려 고착되어 불안하게 느낀다면, 이때에는 반드시 용서를 고려해야만 한 시점이 도달했음을 깨달아야만 한다.

Henri Nouwen의 "The Wounded Healer"에서 인간은 상처를 받고 자라도 그 상처가 치유되면 다른 사람의 상처를 보다 더 이해하고 공감을 형성할 수 있게 되어 자신과 같은 상처 입은 사람들을 실질적으로 조력할 수 있게 되며 또한 그들을 치료할 수 있는 상처 입은 치유자(Wounded Healer)로 거듭날 수 있다는 것이다. 즉, 치유 받은 치유자(Healed Healer)의 모습인 것이다. 다시 말하면, 자신의 자아가 훈련되고, 성장하고, 실현되고, 확대되어 진화된 삶의 주체자로 또한 책임자로 거듭난 자라 할 수 있다. Wilson(2001)은 "마음의 상처는 보이지는 않지만(unseen wounds) 육체적 · 정신적인 상처보다 더 큰 영역에 치명타를 줄 수 있다"고 제기한다. 우리가 상대방에게 가장 극도로 분노하고 상처를 주는 그 부분이 바로 지금까지도 우리가 가장 처절하게 아파하고 치료되지 않아서 너무도 깊숙한 외상(trauma)의 잔여유형(residual type)이 된 부분이 우리 안의 그늘진 곳에 분노의 상처로 존재하기 때문이다. 상처받은 자들의 특성은 자신의 죄와 비탄한 상황을 변장시키려거나 회피하기 위해서 분노를 사용한다. 다음은 상처와 학대로 자란 가족들의 사고의 특징을 시사해주고 있다.

- 학대는 지극히 정상적인 것이다.
- 학대를 정당화한다.
- 학대는 필요하다.
- 품행이 좋은 아이가 되려면 마치 자기의 집이 완벽한 가정인 것처럼 행동을 해야만 한다(반동형성).

상처와 학대를 받고 자란 사람들은 계속적으로 다른 사람들에게 더 큰 상처를 안겨주며 더욱 포악한 학대를 가하게 된다(Hurt and abused people hurt and abuse people). 이와 반대로 관심과 사랑을 받고 자란 사람들은 다른 사람에게도 많은 사랑과 관심과 섬김의 관계를 형성하면서 살게 되는 것이다(Cared and loved people love and take care of people).

이러한 상처, 물질남용, 학대, 분노를 치료할 수 있는 방법은 이미 많은 것을 이 책에서 언급하고 다루었지만 우리의 영원으로부터의 치료, 전인격적인 치료기법인 용서치료법(forgiveness therapy)이다. Enright(2001)는 용서는 하나의 선택이라고 주장하고 있다(Forgiveness is a Choice). 또한 그는 용서는 분노를 해결해 줄 수 있고 새로운 희망을 회복시켜주는 하나의 단계화된 과정임을 시사하고 있다.

1. 당신이 용서를 한다면 당신의 치솟던 분노의 감정은 가라앉게 될 것이다.
2. 용서는 당신의 파괴적인 사고를 보다 평온한 사고와 더욱 건강한 사고로 바꾸어 주는 매개체 역할을 한다.
3. 당신이 용서를 할 때, 당신은 자신에게 상처를 준 사람에게 더욱 정중하게(civilly) 대해주고 싶은 마음을 갖게 한다.
4. 다른 사람을 용서하는 일은, 그들과 더 좋은 상호관계성을 형성하게 된다.
5. 용서는 상처를 준 사람과의 관계성을 향상하도록 개선해준다.
6. 용서는 당신에게 상처를 준 사람이 스스로 그/그녀의 부정적(negative)인 행동(unfairness)을 실질적으로는 깨닫게 해주며, 아울러 그러한 행동들을 중단할 수 있도록 단계를 밟아가게 해준다.
7. 당신은 용서한다. 왜냐면 하나님께서 당신에게 그렇게 명하셨기 때문이다. 당신의 용서는 하나님의 사랑을 실천하는 삶을 표명해준다.
8. 용서는 당신에게 상처를 준 사람들을 향한 당신의 친절과 사랑의 행위이다. 이것은 하나님이 우리의 형제와 이웃에게 향하신 사랑, 윤리적 선(善)인 것이다. 다른 사람들을 사랑하는 것은 자기 스스로를 해악(害惡)으로부터 보호를 하게 되는 것인 동시에 윤리적으로도 권장되어야 한다.

Larsen(1992)은 용서를 "영적현상(spiritual phenomenon)이다."라고 하였다. 용서는 우리의 지성(mind)을 뛰어넘어서 더 넓고 깊게 깨달음, 영적이해(spiritual understanding)를 제공해 주는 원천이다. 그러므로 용서는 타인에게 주는 선물이 아니라 우리 자신에게 주는 영적자유(spiritual freedom), 영적평화(spiritual peace), 영적위로(spiritual comfort)를 얻게 해주는 선물이다. 또한 용서는 의미(意味)와 의지(意志)와 결단(決斷)의 행위이다(an act of meaning, will, & decision). 이러한 선의의 결심은 자신 스스로를 피해자나 희생자가 아닌 인생의 승리자나 주역으로 세워줄 것이다.

필자는 신학적인 해석을 토대로 용서에 대한 11가지 관점으로 정의하고자 한다. 첫째, "용서는 나의 인격이다(Forgiveness is my personality!)." 즉, 용서를 많이 하면 할수록 자신의 인격이 그만큼 성장했음을 시사해 주는 것이다. 더 많이 용서를 하면서 살수록, 더 많은 자유, 평강, 위로를 위로부터 선물로 받게 되는 것이다.

둘째, “용서는 나의 신앙이다(Forgiveness is my faith!).” 용서는 하나님의 명령이다. 너희가 용서하지 않는다면 천부께서도 너희를 용서하지 않으실 것이다. 주기도문에도 “우리가 우리에게 죄 지은 자를 사하여 준 것같이 우리 죄를 사하여 주옵시고”라고 천명해 주고 있다. 우리는 용서의 단계의 과정을 밟아서 용서를 해야 한다. 우선적으로 자기 자신을 먼저 용서해야 한다. 그리고 난 후에야 우리에게 죄 지은 자들을 진정으로 용서할 수 있다. 그러면 하나님도 우리의 죄를 용서하셔서 동이 서에서 멀듯이 우리의 죄과를 멀리하시며 기억도 하지 않으실 것이다.

셋째, “용서는 주님의 마음이다(Forgiveness is Jesus' Heart!).” 주님은 십자가에서 자신을 조롱하고 침을 뱉는 군병들까지도 용서하시고 그들의 죄를 용서해달라고 하나님께 용서의 기도를 하신다. 우리는 여기서 주님의 정신을 배우고 바로 준행해야 할 것이다.

먼저 용서하시고 끝까지 용서하시는 주님!
먼저 사랑하시고 끝까지 사랑하시는 주님!
먼저 섬기시고 끝까지 섬기시는 주님!
먼저 인내하시고 끝까지 인내하시는 주님!
먼저 단독헌신하시고 끝까지 단독헌신하시는 주님!

우리는 이러한 주님의 정신을 가슴에 깊이 새기고 자신의 행동으로 조금씩, 천천히, 꾸준히, 점진적으로 .1%, .001%, .0001%씩 수행해 나가면 된다.

넷째, “용서는 연습을 통해서 완성된다(Forgiveness needs practice!).”

“Practice Makes Perfect!”라는 영어표현도 있다. 세상 모든 일이 그렇듯이 수많은 연습과 연습을 통해서 한 분야의 전문가로 또는 대가로 거듭나듯이, 이와 같은 반복적인 혼신의 연습과정을 통해서 용서실천(Forgiveness Practice)도 가능하게 된다.

다섯째, “용서와 웃음은 영혼을 치유하는 메커니즘이다.” 진정한 용서는 내 안에 있는 상처받은 또 다른 나(Other-Is)와 그늘에 가려진 분노의 상처(The Shadowed Anger of Wounds)를 치료할 수 있는 하나님이 인간에게 주신 형용할 수 없고 한량없는 은혜(unmerited grace of the Lord God)이자 영혼의 치료제이다.

여섯째, “용서는 오직 인간만이 실행할 수 있는 사랑의 실천이자 사랑의 열매이다.” 즉, 오직 인간과 인간 간에 용서를 통해 아픔과 고통을 씻어주고, 회복하고, 화해하여 다시 깨어진 관계를 회복시켜가는 것이다. 이러한 대인관계형성은 오직 한 공동체를 이루고 살고 있는 사회적 인간(social people)만이 실행할 수 있게 된다. 또한 용서는 사랑의 실천이자 사랑의 열매이며 동시에 성령의 열매이다. “오직 성령의 열매는 사랑과 희락과 화평과 오래 참음과 자비와 양선과 충성과 온유와 절제니 이 같은 것을 금지할 법이 없느니라. 그리스도 예수의 사람들은 육체와 함께 그 정욕과 탐심을 십자가에 못 박았느니라. 만일 우리가 성령으로 살면 또한 성령으로 행할지니 헛된 영광을 구하여 서로 노엽게 하거나 서로 투기하지 말지니라.”(갈 5:22-26). 용서는 내면용서(internal forgiveness)에서 외면용서(external forgiveness)로 표현되고 실천되어야만 한다. 입에 발린 말(lip service)로만 끝나서는 안 된다는 의미이다. 이로써 우리는 용서를 통해 사랑의 실천을 행동으로 옮기게 되며, 사랑의 열매를 맺으며 아름다운 사랑의 공동체를 만들어 갈 수 있게 된다.

일곱째, "용서는 자신이 만든 교도소에서 그렇게 길고 긴 수감생활을 끝마치고 드디어 자신을 석방해 주는 것이다." 이 해방을 통해서 우리는 참자유(true freedom), 참평화(true peace), 참은총(true grace), 참진리(true truth), 참회복(true restoration), 참인격(true personality), 참신앙(true faith), 참위로(true comfort) 등을 선물로 받게 된다. 다시 말하면, 필자는 "자기치유는 선택이다!(Self-Healing Is A Choice!)"라고 제기하고자 한다. 왜냐하면 용서치료 또한 자기치유(Self-Healing)의 한 부분이기 때문이다.

여덟째, "용서는 심리치료의 종결이며, 저주의 악순환을 끊어주는 성령의 힘(The Power of The Holy Spirit)을 제공하며, 결국엔 성령의 열매(The Fruits of The Holy Spirit)를 맺게 한다!" 심리치료의 종결은 자기용서, 부모용서, 타인용서, 세상용서에 의해 완성된다. 따라서 타인을 용서하기 전에 우리는 자신의 과오, 실수, 결점을 먼저 용서하고 부모를 용서해야 한다.

아홉째, "용서는 겸손한 마음으로부터 시작된다(Forgiveness starts from humility)." 우리는 겸손할 때, 보다 담대해 질 수 있으며, 보다 넓게 수용하고 포용할 수 있으며, 상대방을 향해 긍정적 경청(positive listening)을 하게 되며, 용서를 실천할 수 있게 된다. 겸손(humility)은 세밀하고 객관적인 시각에서 자신을 관찰할 수 있게 하며, 자신의 시행착오(試行錯誤)를 회피하거나 왜곡시키지 않고 인정하고, 회개하고, 책임과 의무를 다하게 하며, 또한 자신을 용서하고 이러한 시행착오를 통해서 배우는 태도를 취하며, 자신의 능력의 한계를 직시하게 하며, 타인의 눈으로, 귀로, 가슴으로 보고 듣고 느끼려고 노력하며, 타인의 단점보다는 장점을 더욱 생각하며, 과거의 얽히고설키었던 관계에 집착하기보다는 현재와 미래의 건설적인 관계와 비전을 기대하며 상대를 대해주고, 먼저 용서하기에 힘쓰게 돕는다.

열째, "용서는 인간의 최선성(最善性)이다!(Forgiveness is humans' best goodness!)" 인간이 도달할 수 있는 최고의 선행은 바로 용서이다. 신분, 지위, 종교, 부귀, 빈천, 학력을 떠나 인간이라면 누구나 도전하고 실행할 수 있는 단독헌신적인 과제이다.

열한 번째, "용서는 망각의 에너지이다!(Forgiveness is the energy of forgetting!)" 말인 인간이 과거의 상처, 분노, 한, 죄의식, 수치심, 열등감, 외상을 잊지 못한다면, 이는 수면장애(sleep disorder)를 초래한다. 적절한 숙면은 삶의 활력과 에너지를 충전하는 배터리이다. 과거의 상처, 상실, 좌절, 분노, 한, 죄의식, 수치심, 열등감, 외상을 자각하고, 멈추고, 내려놓고, 포기하고, 내보냄으로써 인간은 자신의 과거, 현재, 미래를 용서할 수 있으며, 비로소 망각의 늪을 통과하게 된다.

다음은 K씨(여, 28)의 "내가 진정 용서할 수 있을까?"라는 사례를 통해서 용서의 어렵고 힘든 고뇌의 여정을 공유하고자 한다.

사례 내가 진정 용서할 수 있을까?

『아빠는 내가 어렸을 때부터 엄마를 때리고 집에 물건을 부숴 버리는 모습들이 대부분이었다. 아빠가 한참 외도할 때 일이었는데 엄마가 그런 아빠에게 매달리자 그때부터 아빠는 엄마를 때렸던 것 같다. 아빠가 던진 재떨이에 엄마가 맞아서 엄마 머리가 터지고 하루 정도 엄마가 집에 들어오지 않자 아빠는 나랑 내 동생을 불러 술에 취한 채로 너희 엄마 어디갔어라고 물었었다. 그때 내가 제일 좋아하는 분홍색 캐러멜 통을 장롱 밑으로 집어 던지면서 이런 거 먹을 때냐고 화내는 아빠 그리고 그 앞에서 울고 있는 나랑 동생! 그 후로 아빠랑 엄마가 싸우는 날이면 나는 자는 척하며 그 상황을 들었던 거 같다. 아빠는 나보다는 남동생이랑 엄마를 많이 때렸었다.

내가 7살 남동생이 6살일 때 추운 겨울에 동생을 홀딱 벗겨서 집밖으로 쫓아내 집에 들어오지 못하게 한 일, 수박을 썰려고 칼을 가져온 엄마를 죽이겠다고 칼로 엄마를 협박하던 일, 허리띠를 풀러 남동생을 때리다 말리는 엄마를 같이 때리는 일, 집이 싫다고 집에 있는 옷들을 집 앞마당에 다 쌓아놓고 불 지르겠다고 석유뿌리고 성냥을 가져와서 나 한번 남동생 한번 불 켜 보라고 했던 일, 그래서 울고만 있자 그때 처음으로 아빠에게 나는 뺨 한 대, 남동생은 주먹 한 대 맞고 남동생은 코피가 났던 일 등이다. 그런 상황에서 나는 할 수 있었던 게 아무것도 없었다. 잠자는 척하거나 아니면 두려워서 벌벌 떨고 있는 것뿐이었다. 초등학교 시절 우리 집이 무척 가난해서 정말 작은 집에서 살게 된 적이 있다. 방이 하나밖에 없는 그곳에 살 때 이야기이다. 방학 중에 내가 학교에 갈 일이 생겨서 아침부터 친구들 만날 생각에 나름대로 예쁜 원피스입고 무릎까지 오는 반 양말 신고 예쁜 머리핀하고 학교를 가려고 하고 있는데 방학 때 어딜 가는데 그렇게 하고 가냐고 아빠가 뭐라고 하셨다. 나는 학교 갔다 온다고 했고 그렇게 학교에 갔다 왔는데, 그날 저녁에 술을 드시고 오신 아빠가 막 화를 내셨다. 거짓말하면 안 된다고 방학 때 무슨 학교를 가냐고 그러면서 원단을 자를 때 쓰는 가위를 가져오라고 하시더니 혀를 내밀라고 하셨다. 내가 왜 혀를 내밀어야하냐고 울며 두려워하는데, 엄마가 걱정 말라고 하시며 빨리 내밀라고 하셨다. 안하면 더 혼난다고 그렇게 울고 있는 나에게 아빠가 가위를 혀에 갔다 대시더니 앞으로 거짓말하면, 혀를 이만큼 자를 거라고 하셨다. 그때가 초등학교 5학년이었는데, 그때 나는 아빠가 주무신 것을 확인하고 혼자 울면서 일기를 썼다. 빨간색 펜으로 사람이름을 쓰면, 그 사람이 죽는다는 생각으로 썼다. 기억나는 건 더 이상 아빠를 아빠로 생각하지 않겠다. 미워하는 것도 사랑이라는데, 나는 제일 무서운 무관심으로 내 마음을 결정한다는 내용이었다. 일단 초등학교 때까지 아빠와의 관계를 쓰고 조금 뒤에 다시 쓰도록 하겠다. 어렸을 때 잊을 수 없는 두 가지 사건이 있는데, 7살 때 그리고 초등학교 5학년 때 일이다. 7살 때 엄마와 아빠가 너무 힘들어서 나랑 동생이랑 놔두고 집을 나가려고 하셨을 때 일인데 한참 엄마랑 아빠가 맞벌이 하셨을 때 나랑 동생이랑 맡겨놓는 집이 있었다. 집나가기 전에 나랑 동생이랑 씻기고 가신다고 그 집에서 울면서 나랑 동생이랑 엄마가 씻긴 적이 있다. 근데 마당에서 나랑 동생이랑 씻기는데, 그 집 오빠가 중학생이나 된 오빠인데 계속 쳐다봤었다. 나는 어린대도 부끄럽고 창피한 맘이 들었었다. 그 후 얼마 안 있어 엄마가 한참 집에 안 들어왔을 때 나랑 동생이랑 동네 친구들이랑 그 집에서 놀고 있는데 그 오빠가 친구들이랑 같이 그 집에 와서는 무슨 내기를 했다. 무슨 내기였냐면 여기 놀고 있는 여자 꼬마 애들 중 한명의 성기를 만질 수 있느냐 없느냐 이었는데, 그 집 오빠가 나를 끌고 갔다. 그리고 지금도 기억하는 건 그 큰 방에 내 친구들 내 동생

그리고 그 오빠의 친구들이 있는 앞에서 발버둥치는 나를 눕히고 잠깐만 괜찮으니까 울지 말고 가만히 있어보라는 거였다. 그리고 손으로 내 성기를 만지고는 게임처럼 그 상황을 끝냈다. 나는 울다가 일어나서 친구들에게 돌아갔고 오빠는 자기의 친구들에게 돌아갔다.

또 다른 사건은 내가 참 좋아하는 작은아빠와 관련된 상황이다. 추석 때 시골을 가면 친척들이 모인 곳에서 우리 아빠는 늘 시골에 물건을 하나씩은 깼다. 초등학교 5학년 때쯤 시골에서의 일인데 그날도 할아버지가 밉다고 아빠는 할아버지를 몸 씨름으로 싸우고 있고 모든 어른들이 다 그걸 말렸다. 그러다 마당 문 유리가 아빠 주먹에 깨지고 아빠는 피를 흘리면서도 욕하시고 몸 씨름하시고 나는 무서워서 이불속에서 숨어있었다. 근데 그때 작은 아빠가 나를 꼭 안아주고 있었다. 나는 작은 아빠랑 같이 있으니까 좀 무섭지 않아 라는 마음이 었는데, 그런 나에 몸을 자꾸 더듬었다. 그리고는 내 입에 뽀뽀를 했다. 그래서 나는 맘이 많이 무서웠다. 아빠도 무서운데 내가 참 좋아하는 작은 아빠도 무서웠다. 그런데 이 작은 아빠가 몇 년 후에 정신병에 걸리셨고 두 번 정도 병원에서 퇴원하면 천안(대학시절)에 있는 나에게만 유독 전화하고 찾아오겠다고 했던 기억이 있다. 그러면 나는 천안에서 무서워하며 엄마에게 울면서 전화했던 기억이 있다. 작년 추석 때 나는 엄마랑 남동생 앞에서 그 일을 이야기하며 엄청 울었었는데 내가 시골 작은 방에 누워있는데 작은 아빠가 술을 드시고 윗도리를 안 입으신 채로 내가 있는 방에 들어와서 내가 엄청 놀라며 무서워했기 때문이다.

초등학교시절에 나는 공부를 곧잘 했었다. 반에서 1, 2등을 하였으니까. 그런데 중학교에 가면서 점점 성적도 떨어졌다(아무리 공부를 해도 성적이 오르지 않았다.). 지금 생각하면 왜 그랬는지 모르겠고 창피하기도 한데 세수만 하고 잘 씻지도 않았었다. 그래서 친척들이 너는 여자애가 왜 이렇게 하고 사냐고 많이 혼났던 거 같다. 아빠는 술을 드시고 오시면 늘 남동생과 엄마를 때렸고 그날은 나는 새벽까지 우는 날이었고 내가 생각하기에 왜 살아야하는지 몰랐었다. 그래서 정확히 기억은 안 나는데 2번 정도 죽어야겠다고 생각했던 것 같다. 고등학교에 가서 아빠에게 늘 말로 혼나다가 2번 맞았던 기억이 있다. 한번은 아빠가 들어오시면서 갑자기 아빠 앞에서 무릎을 꿇으라는 것이었다. 내가 왜 무릎을 꿇어야하냐고 대들었는데 아빠를 무시하는 거야 하시며 발로 내 배를 찼었고 한번은 정확히 기억이 안 나는데 아빠를 무시하는 거냐며 뺨을 구석에서 5대를 연달아 맞았었다. 그렇게 나는 대학생이 되었다. 대학생이 되서 IVF 여름수련회에 갔고 이런 지난 나의 과거가 생각나 3일을 밤낮으로 울었었다. 수련회 프로그램에 참석도 못하고. 이렇게 직면했으니 이젠 괜찮을 거야라고 생각했는데 내면의 치료과정은 그리 쉽지 않구나! 라고 생각해본다.

대학생이 되어 나는 두 가지 사건을 기억한다. 대학교 2학년 때 도서관에서 공부하는 데 한 대학원생이 내가 맘에 들고 같이 알아가자고 했었다. 기독교철학을 공부하는 오빠였는데 내 맘에는 기독교인인데 알아 가면 좋지 라는 맘이 많았었고 그렇게 알아간 지 일주일정도 되었을 때 이 오빠가 노래방을 가자고 했고 엘리베이터를 같이 탔는데 갑자기 뽀뽀를 하려고 해서 입을 손으로 막았는데 하는 말이 같이 자자는 거였다. 그리고 그날 이후로 학교에서 나를 부르면 모른척하고 내가 도망 다녔었다.

그 이후 처음 교제를 한 오빠와의 관계에서 나는 내 안에 형제를 향한 깊은 불신, 분노, 미움이 터지게 되었던 것 같다. 이 오빠는 대학교 1학년 때부터 함께 한 나의 의남매였다. 신학생이고 찬양인도자였는데 나를 너무나 잘 알았고 나의 가정과 나의 삶을 잘 알았던 이 오빠는 편지도 시도 많이 써주고 내 존재를 기억하며 필요하다 싶은 책도 사주고 같이 기도도 많이 하고 찬양도 부르고 오빠가 사진 찍어주는 걸 좋아해서 사진도 예쁘게 찍어주고, 참 좋은 추억을 많이 만들어준 내가 알아왔던 형제들하고는 너무 다른 사람이라 생각했었다.

그렇게 2년 조금 더 알고 지낸 뒤에 우리는 교제를 했다. 그렇게 3년 정도 교제를 했다. 스킨십이 깊어지는 게 우리에게 고통스러웠고 또 서로를 향해 지쳐갈 무렵쯤 내가 대학을 졸업하기 전날 오빠가 3일 금식을 하고 와서 많이 생각해봤는데, 우리 교제를 주님이 많이 좋아하시지 않는 것 같아 그래서 헤어지자고 했다. 나는 신체 접촉이 깊어 정죄감도 있었고 또 관계에 많이 지쳐있어서 헤어지는 게 옳다고 생각했다. 그래서 알겠다고 했는데 내가 한 번씩 너무 보고 싶고 힘들어 오빠에게 전화하면 "네가 힘든 건 네가 알아서 해결해야지"라고 매정했던 오빠가 나랑 같은 공동체에 있는 자매랑 교제하고 있다는 이야기를 조심스레 다른 지체에게 듣게 되었다. 이 이야기를 듣고 거의 6개월 정도는 울다가 멍하게 있다가 화났다가 그런 삶을 반복했었다.

나에게는 나에 대한 수치심이 있다. 사람들에게 내가 너무 쉽게 보이는 걸까? 내가 막 대해도 괜찮은 사람처럼 보일까? 왜 내가 경험한 형제들은 나의 입장을 배려해주지 못할까? 나는 그냥 평생 혼자 살아야 할까? 간사의 삶 1년 차 때 기도원에 다녔다. 불도 많이 주시고 성령님의 임재도 몸으로 느낄 수 있는 훈련을 했는데 어느 순간부터 목사님이 이런 말들을 많이 나에게 하셨다. 한번은 사람들이 삥 둘러앉아 있는 데에서 나를 부르시더니, "이 음란한 년아! 네가 음란하니까 사람이 붙지"라고 이야기하시며 내 가슴 위쪽을 만지고 자꾸 밀치고 매주 예배 때마다 사람들마다 붙어 있는 더러운 영역이 있는데 음란의 영역에서는 꼭 나를 부르셨다. 그리고 조상 중에 첩으로 죽은 조상의 영이 붙어 있다고 했다. 내가 그 오빠와의 관계에서 내 맘에 해결되지 않은 아픔들을 목사님께 고백했을 때쯤부터였다. 그래서 나는 내가 사람을 이상하게 끄는 애라고 생각했다. 머리도 아줌마처럼 볶을까도 생각해보기도 했던 것 같다. 아니면 외국에 나가서 혼자 살까라고 생각도 해보고, 내가 이러고 싶어서 이러는 건가라는 맘에 억울함도 있었고, 그래서 사람들이 나에게 관심을 보이면 두려운 맘이 든다. 내 존재를 향한 관심일까? 아니면 내가 내 마음에 구멍이 생겨서 외로움으로 사람을 끄는 것일까? 그런 거라면 너무 상대방에게 미안한 마음을 갖는다.

요즘 아빠가 나를 매번 아프게 한다. 마음에 원하심이 아닌 걸 아는데도 얼마 전에도 약주를 하시고 전화를 하셨다. "서울 집에 오지 마라. 나는 네가 싫다 넌 내 딸도 아니다."고 막 화를 내셨다. 용서치유라는 책을 읽으면서는 내 안에 형제를 향한 깊은 두려움과 불안해하는 마음 그리고 그로 인한 불신과 비합리적 사고가 아직도 많이 존재하겠구나! 라는 생각을 했다. 그래도 많은 내적치유수양회에서 "용서합니다."라고 고백하고 용서할 제목들도 써서 불에 태우고 했는데도 아직도 생각할 때 힘든 영역이 있는 것을 보면 말이다.』

다음 사례는 B(48) 목사님의 사례를 소개하고자 한다. 이는 자신의 분노가 아버지를 용서하지 못한대서 온 것을 깊이 깨닫고 자신을 용서하고 아버지를 용서하는 과정을 담은 글이다. 그는 목사로서 주기도문을 할 때에도 차마 "하늘에 계신 우리 아버지여" 중에서 "아버지여"라는 부분을 부르지 못하고 머뭇거리면서 생략을 했다는 그의 간증을 여주교도소에서 듣게 되었을 때, 실로 마음이 조여왔다. 제목을 "용서하는 승리자의 삶!"이라고 명명하고자 한다.

사례 용서하는 승리자의 삶

어둡던 시절

『초등학교를 졸업하던 1973년 봄이었다. 가정의 달이라는 5월초 소 몰고 논과 밭을 가는 계절이 되어 이른 아침에 들판에 나가셨던 아버지께서 갑자기 논두렁에서 쓰러져 이웃에 살던 고종형님이 지게에 아버지를 짊어지고 집으로 오셨다. 갑자기 무슨 일이 일어난 것이었다.

그 당시 아버지께서 꼭 50세였다. 나의 형제자매들은 4남 3녀로 7남매였다. 큰형은 서울로, 작은형은 부산으로, 누나는 당시 공장이 많던 가리봉으로, 돈을 벌어 가난한 집안을 일으켜 보겠다고 객지로 떠나 직장생활을 하고 있던 때였다. 나와 동생 셋 모두 4남매만이 어머니와 아버지의 돌봄을 받고 자라던 때였다. 가난한 집안경제 때문에 나는 중학교에 진학할 수 없었다. 내가 다니던 초등학교 같은 반 친구들 50명 중에 나와 다른 한 친구만 진학하지 못했다(그 친구는 지금 경남 창원에 살고 있다). 나의 아버지께서 가난할 수밖에 없었던 이유는 도박 때문이었다. 도박 때문에 집도 없었고 땅 한 평도 가진 게 없었다. 먼 동네에 사는 부잣집 최씨 집안의 산소를 관리하는 대가로 논을 지정받아 소작농을 하면서 살았다. 봄에는 식량이 없어 보릿고개를 넘어가기 위해 생보리를 삶아 먹으며 쑥으로 만든 대용식을 먹으며 바듯하게 먹고 살아가던 때였다. 전기도 들어오지 않았던 산골마을, 전기가 없어 TV조차 시청할 수 없었던 오지에서 태어나 가난한 살림에 때로는 머슴살이도 하시면서 그렇게 살아 오셨다.

그날 아침에 아버지께서 쓰러지는 바람에 갑자기 우리 집안은 혼란스럽기 시작했다. 당황하시던 어머니의 모습이 지금도 눈앞에 선하다. 얼굴빛이 창백해지고 손이 바르르 떠시던 모습 말이다. 나와 어린 동생들은 무엇이 문제인지도 모른 채 뇌졸중으로 인해 오른 쪽 반신불수가 되어 고통스럽게 소리치는 아버지의 모습을 보면서 하루하루 살아가게 되었다. 불안의 나날이었고 긴장의 연속이었다. 가난한 집안에서 병드신 아버지를 모시고 살면서 아름다운 인생을 꿈꾸는 것이 가능한 일이 아니었다. 그래서 나는 한동안 결혼에 대해서 부정적이었다.

초등학교를 갓 졸업한 나는 그때부터 들사람이 되었다. 아버지를 대신하여 아버지께서 하실 일을 내가 해야만 했다. 어린 나이에 할 수 있어서 한 것이 아니라 할 사람이 없으므로 내가 해야만 했다. 무엇을 어떻게 해야 하는지도 몰랐지만, 논밭에 관한 여러 가지 일들을 어머니로부터 설명을 들으면서 한 가지씩 해나갔다. 아버지께서 건강하실 때는 내가 소의 코뚜레를 잡고 아버지께서 쟁기를 잡았었는데 아버지께서 와병 상태가 된 뒤로는 내가 쟁기를 잡아야 했다. 그때 내 나이 14살이었다. 지금이라면 상상할 수조차 없는 일이지만 말이다. 친구를 사귈 여유도 없이 살았고 여행 한번 갈 수 없는 생활이었다. 산다는 것이 정말 힘겨운 일이었다.

논에 나가서 모내기를 준비하는 못자리판을 만들며 논바닥의 구석구석을 쇠스랑으로 파헤치며 아버지를 대신하여 일해야 한다는 중압감에 정신없이 일했다. 손바닥에 군살이 박히고 손가락 마디가 굵어져 갔다. 봄에는 씨 뿌리는 일로 바쁘게 살아가고 여름에는 뜨거운 태양 빛 아래서 땀을 흘리며 논밭에 나가 김매는 시간들을 보내고 가을이 되면 익은 곡식을 거두어들이는 자연의 이치에 따라 열심히 살아갔다. 어린 나이에 농사일하며 산다는 것은 참으로 고된 삶이었다. 아버지의 병환으로 인한 두려움과 일해야 한다는 중압감에 눌려 나는 어린 나이에 위장이 무기력해지는 경험까지 해야만 했다. 후에 기도하는 중에 고침을 받았지만, 참으로 고통이 많았다. 가난한 집안 살림과 병드신 아버지를 수발하기에 힘에 부친 어머니의 모습도 점점 쇠약해져 가는 것 같았다. 형님들과 누나가 객지에 나가서 집에 없고 동네 이웃 친구들도 모두 중학교에 다니는데 나만 홀로 집에서 병든 아버지를 모시고 내가 모든 일을 한다는 것 때문에 안쓰럽게 생각하셨는지 나에 대해서 어머님의 태도가 무척 관대하셨다. 이웃 어른들도 내가 집안일을 한다는 것에 대해서 대견스럽게 여기고 만날 때마다 칭찬해 주셨다. 철없던 시절이었는데 농사일을 하면서 나의 잔뼈도 점점 자라게 되었다. 희망이 무엇인지, 꿈이 무엇인지, 장차 나는 어떤 사람이 될 것인지 아무 관심도 없었다.』

희망을 품고

『깊은 산골에서 그렇게 살아가던 나에게 농사일에 대한 중압감으로부터 때때로 벗어나게 해주고 점점 일하는 것도 즐겁게 해주었던 한 가지가 있었다. 그것은 "교회"라는 것이었다. 1973년도 가을이었다. 동네 건너편에 있던 고구마 밭에서 고구마를 수확하는 일을 하고 있었다. 해가 지는 저녁 무렵이었다. 한 여성목소리가 내 이름을 불렀다. 누군지 몰랐으나 부르는 소리에 뛰어 갔다. 뛰어 가보니 저 아랫마을에 사는 몇몇 아이들과 교회에서 전도하러 나온 여선생님 두 분이 함께 있었다. 그 분들 중에 강양순이라 하는 교회학교 선생님이 나를 반갑게 맞으면서 잠시 동안 나와 이야기를 나누었다. 이야기의 결론은 다가오는 그 주간 일요일 아침에 교회로 오라는 부탁이었다. 10시까지 "오동교회"로 오라고 그분께서 제안하고 나는 가겠다고 그분과 약속했다. 약속한 나는 그 약속을 지키기 위해서 그 주간 일요일 아침에 아랫마을에 나가 이 발도할 겸 해서 먼저 이발을 하고 교회로 갔다. 약속한 시각이 지난 다음에 교회에 도착했다.

교회 앞에 도착한 나는 잠시 발걸음을 멈추고 뒤돌아 갈까 하고 망설였다. 하지만 그 순간 강양순 선생님이 나를 발견하고는 달려와서 나의 손을 잡고 눈물을 흘리면서 좋아했다. 그분이 왜 그랬는지 지금도 난 알 수가 없지만, 그 당시 그분이 친절하고 따뜻하게 나를 맞이해준 느낌은 오래도록 뇌리에 남아 지금까지도 사라지지 않고 있다. 이 한주간의 일들이 나의 인생을 뒤바뀌게 했다. 한 주간이 평생이 된 것이다. 교회에 이름을 등록하게 된 나는 열심히 일하면서 토요일 밤에 모이는 소년부(현재는 중고등부라고 하지만) 모임에 참석하고 주일(일요일)과 수요일 밤에는 교회에 가서 예배드리며 다양한 경험을 할 수 있게 되었다.

교회는 참으로 좋은 곳이었다. 나의 마음을 편하게 해주고 지친 몸이 쉴 수 있는 곳이었다. 아버지로부터 받은 불안에 휩싸인 나의 마음을 위로해 줄 수 있는 곳이었다. 용기도 주고 꿈도 갖게 해주었다. 교회에서는 찬송가는 물론이고 유명한 우리나라의 명가곡도 배우고 여름이 되면 친구들과 함께 바닷가로 2박 3일간 수련회를 떠나곤 하였다. 나는 노래하기를 즐겨했다. 그렇게 배우면서 익힌 명가곡이 족히 책 한 권은 될 것이다. 일하면서 이제는 노래하는 농부로 변신한 것이다. 아름다운 명 가곡을 들을 때마다 그때 열심히 가르쳐주고 도와주었던 분들을 그리게 된다.

그러던 어느 날 같은 교회 형으로부터 검정고시에 관한 이야기를 듣게 되었다. 그 형도 가난하여 상급학교에 진학하지 못하고 검정고시를 하던 중이었다. 나는 그 형의 말을 듣고 중학교 1학년 과정 도서를 구입하여 주경야독의 생활을 시작하였다. 등잔불을 켜놓고, 때로는 등잔불보다 더 밝은 촛불을 밝혀놓고 한 자 한 자 익혀 나갔다. 어느 날엔 촛불을 켠 채로 책상에 엎드려 피곤하게 잠이 들었다가 책과 책상에 불이 붙어서 한바탕 소동이 일어나기도 했다. 나는 불에 그슬린 나무 책상을 다시 종이로 싸서 계속 사용할 수밖에 없었다. 그때 내 나이 17살이었다.

교회 장로님과 전도사님은 나보고 공부해서 목사 되라고 종종 격려해 주셨다. 중학교도 못갈 정도로 가난한 형편이었지만 꿈만은 그때부터 목사가 되는 것이었다. 목사가 어떤 책임을 갖고 어떤 삶을 살아야 하는지에 대한 내용은 몰랐지만 어떠하든지 훌륭한 목사가 되는 것이 희망이었다. 그런 생활의 하루하루가 즐거웠다.

목사가 된다는 생각에 농사일하면서도 손에서 책을 떼지 않으려고 애를 썼다. 밭을 매는 시간에도 저편에 책을 가져다 놓고 부지런히 한 이랑을 매고 다른 사람이 따라오는 동안 책을 펴고 잠시 공부하고 다시 밭을 매는 시간을 반복했다. 지게에 짐을 짊어지고 가면서도 단어장을 손에 들고 단어 하나를 암송하면서 갔다. 때론 돌에 걸려 넘어지기라도 하면 등에 짊어지고 있던 곡식은 땅바닥에 쏟아져 사방으로 흩어져 나갔다. 그것을 다시 쓸어 담으면서 많이 울기도 했다. 사람들은 나보고 "저 애 미쳤다!", "교회 다니더니 이상해졌다!"고 했다. 불편하신 아버지는 날 보실 때마다 큰소리로 말씀하셨다. 혀가 어눌하여 무슨 내용인지 알 수 없었지만, 아버지 앞에서 나는 말할 수 없는 불안감을 느끼곤 하였다. 병드신 아버지께 되물을 수 있는 용기도 없었고, 그저 그 자리를 빨리 피하는 것이 제일 좋다고 생각했다. 그렇게 일하며 공부하며 지내는 동안에 중학교 과정(19세)과 고등학교 과정 대입검정고시에 합격(20세)하게 되었고 수능시험을 통해 드디어 바라던 대학진학(21세)의 꿈을 이루게 되었다.』

풀리지 않는 내면의 수수께끼

『대학에 입학하기 전 입학 통지서를 들고 얼마나 좋아했던가! 가슴이 벅차오르고 어깨에 힘이 들어가는 것을 느꼈다. 난 무슨 큰일을 해 낸 사람처럼 스스로 자랑스러워했다. 입학하여 대학생 신분으로 사는 동안에 학기 중에는 자취방에서 열심히 공부하려고 애를 썼다.

그런데 한 가지 내 안에는 늘 씻어지지 않는 불안감이 도사리고 있었다. 이러한 불안감이 불평으로 발전되고 불평은 곧 나와 다른 사람 사이에서 갈등을 만들어내고 갈등이 깊어져 사건을 만들어내는 것이었다. 대학생이라면 좀 대학생다워야 하는 것이 아닌가? 그런데 나는 왠지 점점 초조한 사람처럼 변해가는 것 같았다. 나의 행동은 거칠고 때로는 과격해 졌다. 대학 내에서 일어나는 시위를 보면서도 나는 간접적으로 화풀이를 했던 것이다. 나 스스로는 정의라는 이름으로 나섰지만, 사실은 나 자신이 갖고 있는 감정에서 오는 화풀이에 지나지 않는 것이었다. 배운다고 사람 되는 것이 아니란 말인가 궁금했었다.

시골의 한 교회에서 전도사로 교회를 섬기면서 활동하는 동안에도 알 수 없는 긴장감과 불안감은 늘 나를 떠나지 않았다. 나와 다른 사람들이 모이는 것이 교회인데 나는 나와 생각이 다른 사람들을 이해하려고 하지 않았고 나와 다르게 행동하는 사람들을 보면 참을 수가 없었다. 지금 생각하면 너무도 위험한 사고방식을 가진 사람이었다.

중고등부를 담당하면서 내 말에 거역하는 학생들에게는 폭력을 행사하고 당연한 듯이 생각했으며 모든 것을 나 중심으로 해나갔다. 예의를 지키며 인내로 덮어주는 모습은 내게서 찾아볼 수 없었다. 사람들 앞에서 무엇을 하든지 잘한다는 말을 듣기를 원했고 또 열심히 했던 나였지만 옆에서 보는 사람들의 눈에는 항상 불안감을 갖게 했던 것이다.

학교를 졸업하고 목사안수를 받고 부목사가 되어 교회를 섬길 때는 마치 혁명가적 자세를 갖고 있었다. 내 맘에 들지 않는 것은 무조건 개혁의 대상으로 보고 문제점을 서슴없이 파헤치고 지나치게 비판적이었기 때문에 이러한 부정적인 행동으로 인해 주변 사람들에게 많은 부담을 안겨주고 불안스런 관계를 만들어 내는 문제의 사람이었다. 심지어는 교회의 장로와 심한 언쟁을 하기도 했다. 목사가 이래도 되는 것인가 하는 강력한 의문이 일어났다. 나는 강한 사람처럼 보였다. 하지만 속사람은 썩어서 쓰러지기 직전에 있는 고목나무와도 같았다. 알 수 없는 울분이 내속에서 일어나고 기회가 오면 여지없이 터져 나오는 것이었다. 목사였으나 괴로운 목사였다. 자신의 내면을 정리하지 못한 목사였다. 열등감과 욕구불만이 가득한 상한 감정과 왜곡된 사고를 갖고 살아가고 있었다.

그 후로 나는 마음을 가다듬고 새로운 관점에서 나를 보기로 했다. 나의 이 같은 성격의 문제점을 해결하는 데 필요한 책을 읽어 보기로 했다. 소위 자가 치료를 위해서였다. 씨멘스가 지은 "상한 감정의 치유"를 비롯한 헨리 나웬의 "상처 입은 치유자" 등 여러 권의 책을 구입해서 날마다 읽어 나갔다. 새 세계가 열리는 것 같았다. 내 속에 있는 문제점이 무엇인지 잡아낼 수 있었다. 하나의 문제의 코드가 발견되었다. 나의 인생의 나이테 한 부분에 아버지의 코드가 강하게 자리 잡고 있었다. 아버지의 코드가 발견되면서 상한 감정의 실타래가 풀리고 정리되는 것 같이 느껴졌다. 나와 다른 사람을 어떻게 이해하고 용서하고 수용해야 할 것인지를 깨닫게 해주었다. 건강한 인간관계를 어떻게 이루어 가야 하는 것인지 조금이나마 그 비결을 알 수 있을 것 같았다. 나는 지금껏 내가 생각지 않고 살아왔던 내면에 있는 또 하나의 다른 나의 모습을 발견하게 되었던 것이다. 그때 나는 정말 괴로웠다. 나의 속사람의 모습, 다시 말하면 나의 약점과 나의 치부를 보는 것 같아 정말 답답했다. 산에 올라가 큰소리로 기도하기도 했다. 때로는 노래를 빙자한 외마디 소리를 지르곤 했다. 모든 것이 속에 든 것 때문이었다.

나를 괴롭히는 것은 내 안에 있는 어두운 과거 때문이었음을 알게 되었다. 나의 울부짖음이 반성과 회개를 향하여 점점 깊어갔다.』

나의 아버지

『나의 내면에 아버지로부터 받은 게 좋지 않은 면들이 들어있다는 것을 알게 된 나는 아버지로부터 받았다고 느끼는 면들에 대해서 거부하기로 마음먹었다. 나는 아버지가 아니며 아버지와는 달라야 한다고 마음먹었다. 아버지의 영향이라고 생각되는 나의 감정이나 행동에 대해서 "스탑(stop)"을 선언하며 나 자신의 모습을 세워가려고 애를 썼다. 길들여진 나의 모습을 치료하기란 쉬운 일이 아니었다. 옛날에 아버지는 아마도 자식인 내가 아버지와 같이 생각하고 행동하기를 바라셨는지도 모르는 일이다. 그러기에 아버지의 맘에 들지 않으면 큰소리친 것이 아닐까. 맘에 안 들면 나를 때리기도 하고 말이다. 좋으신 면도 많겠으나 불행하게도 자식에게 남아있는 아버지의 모습은 불행한 단편들의 모음집일 뿐이다.

나의 아버지는 내가 초등학교를 졸업하고 난 다음 해에 뇌졸중으로 쓰러지셨다. 그러기에 나의 맘속에 그려진 아버지의 모습은 별로 좋은 이미지가 없었다. 병나시기 이전 아버지의 모습 곧, 내가 초등학교를 졸업할 때까지의 아버지의 모습을 나의 마음속에 떠올려 본다면 "소리치는 아버지"의 모습만 남아있다. 나는 때로는 호되게 꾸지람을 들으며 매도 종종 맞았던 기억을 갖고 있다. 나에게 있어서 나의 아버지는 두려움의 대상이었다. 그런 아버지의 영향이었는지는 모르지만 어린 동생하나는 불안장애로 인한 정신적 질병으로 험난한 인생을 살아간다.

심리학자들인 스테판 B. 폴더의 연구에서 분류된 아버지 유형 가운데 나의 아버지는 "시한폭탄형 아버지"였다. 나의 아버지는 그 당시 머리 좋고 한문을 많이 알고 계시기에 똑똑하다고 이웃 동네까지 알려져 있었으나 가족관계에서 보면 별로 좋은 면이 없는 아버지였다. 일례를 들면, 우리 집 앞마당에서 동네 아이들이 모여 놀다가도 동네 어귀에 나의 아버지의 모습이 보이면 아이들은 놀이를 멈추고 모두가 도망치듯 달아나 흩어져 버렸다. 무서웠다. 나는 그런 아버지와 날마다 사는데 말이다. 툭 하면 큰소리치는 아버지, 어머니에게 시시때때로 고함치는 아버지, 그러기에 나의 아버지는 "시한폭탄형 아버지"였다. 맘에 들지 않으면, 어머니가 차려 놓은 밥상을 뒤집기도 하고 물건을 집어 던지기도 하였다. 병드신 후에도 아버지는 고함치는 습성에서 벗어나지 못하셨다. 게다가 병드신 후에는 주변에 있는 어떤 물건이든지 가릴 것 없이 사방으로 집어 던지는 모습까지 갖고 계셨다. 아버지는 18년 동안이나 반신불수로 사셨다. 자식인 나에겐 몹시도 험난한 세월이었다. 그런 나의 아버지와 부부의 연을 맺고 평생을 살아가신 나의 어머니는 그런 세월을 보내면서 겪은 스트레스 때문이었는지 돌아가시기 전 유방암이 발생하여 6년 동안 병석에 계시다가 천국에 가셨다. 아버지가 50세에 발병하시고 뇌졸중과 싸우면서 12년을 지내셨을 때 어머니는 유방암으로 병석에 눕게 되었고, 그 결과 우리 자손들은 병드신 아버지와 어머니를 한집에 모시고 살아야 하는 불행하다고도 말 할 수밖에 없는 세월을 보내야만 했다.

그러다가 아버지의 병세가 악화하여 18년 동안 고통받던 아버지의 인생이 끝나고 1년 후 6년간 싸워왔던 어머니의 병세도 악화하여 어머니의 인생도 마감되었다.

그런데 한 가지 중요한 사실이 있다. 아버지는 신을 부정하고 어머니도 신을 믿지 않는 보통의 사람이었고 나의 작은 형은 철저한 무신론자였다. 그런데 부모님의 투병 생활 과정에서 인간의 약함을 분명하게 발견하고 아버지와 어머니는 결국 그렇게 비난하시던 교회의 도움을 받고 세례도 받으시고 운명하셨다. 기독교적 장례식을 통해 장례를 모시는 과정에서 우리 자손들이 하나가 되어 현재 우리 7남매는 추도예배를 드리면서 하나님을 인정하는 가족으로 바뀌게 된 것이다.』

다시 사는 인생

『사람이 행복하게 사는 데 필요한 조건이 있다면, 그것이 무엇일까? 사람마다 다르겠지만 나에게 있어서 가장 중요한 것은 행복한 내면의 세계가 회복되어야 한다는 것이다. 자기 안에 감추고 살아가고 있는 가족과의 관계에서 받은 상처는 사람들을 불행하게 만든다. 사람은 자기가 부모로부터 받은 영향을 언젠가는 자신도 모르게 자기의 생활반경 내에서 재현하게 된다는 것이다. 상처받은 감정을 치유하지 않고는 행복도 있을 수 없다.

나의 맘속에 아버지로부터 받은 상처 때문에 한동안 나는 "하나님 아버지"라는 말을 할 수 없었다. 하나님 아버지라고 부르는 사람들이 미웠다. "주님"이라 하든지 "하나님"이라 하든지 다른 말도 있는데 왜 하필이면 하나님 "아버지"일까 생각했다. 사도신경을 암송할 때에도 "전능하사 천지를 만드신 하나님 아버지를 내가 믿사오며...," 주기도문 중에 "하늘에 계신 우리 아버지여...," 이 부분에서 아버지를 부를 때에는 어물어물 넘어갔다. 아버지에 대한 두려움과 피하고 싶은 마음 때문이었다.

심리학을 배우면서 내가 느끼는 감정이 어디서부터 잘못되었는지 발견하게 되었다. 문제가 풀린 것이다. 이제는 공격보다는 수용적 태도를 보이고 산다. 아버지의 삶을 이해하고 그 시대의 아픔을 이해하게 된 것이다. 그렇게 싫던 아버지의 모습이 이제는 거부감이나 두려움 없이 담담하게 받아들여지게 되었다. "하나님 아버지"라고 부르는 말도 가슴 따뜻하게 부를 수 있게 되었다. 따뜻한 말을 하며 살아도 짧은 인생인데 고함치며 살 필요가 있는가. 나의 주장은 예수 믿고 즐겁게 살자는 것이다. 아버지의 인생을 보면서 너무도 재미없었기 때문이다.』

행복을 주는 사람

『나는 목사로서 행복한 사회보다 먼저 행복한 가족관계를 꿈꾼다. 행복한 사회는 행복한 가정단위를 기반으로 한다. 행복한 가정 없이 행복한 사회는 오지 않을 것이다. 행복한 가정은 행복한 아빠 엄마를 통해서 이루어진다. 아빠와 엄마는 각각 독립된 존재로서 자녀들에게 행복을 나누어 줄 수 있는 에너지를 갖고 있어야 한다. 상처 입은 아빠는 치유 받고 회복할 때 비로소 가정행복을 지킬 수 있게 된다. 자신의 내면에 쌓여 있는 해결하지 못한 상한 감정이 가까운 주변의 사람들을 불행하게 만든다. 가족이 그 대상이 된다.

나는 개인적으로 약점이 많은 사람이다. 거대한 야망을 갖고 살지도 않는다. 오직 내 옆에 함께 있는 사람을 행복하게 대해주고 싶은 마음으로 살아갈 뿐이다. "당신의 행복이 나의 행복"이 된다고 믿고 산다. 행복은 멀리 있지 않고 가까이 있다는 말이 있으니까 말이다. 바로 내 옆에 있는 이 사람이 지금 나의 행복을 증진해 주는 사람이라고 믿고 살자. 행복을 주는 아빠가 되고 싶다.』

"용서는 훈련을 통해서 점진적으로 실행된다!" 당신이 용서를 많이 할수록, 더욱더 용서를 수용하고 실행할 수 있을 것이다. 또한, 용서는 무척이나 힘들고 때때로 고통이 따르는 일이며 피해자와 피의자 양자 간의 자발적인 동기가 반드시 수반되어야만 한다.

Enright(2001)는 용서의 과정에서 다음과 같은 스스로의 자문을 통해서 동기를 부여하고 있다.

- 나는 지금 이 고통의 감정을 참을 수가 없고 이젠 멈추어 주기를 원한다.
- 나는 피의자가 계속해서 나에게 상처를 주는 것을 허락하고 싶지 않다.
- 만일 내가 용서를 한다면, 나는 더 좋은 감정을 가지고 살 수 있을 것이다.
- 만일 내가 용서를 한다면, 나는 더욱더 신체적 · 심리적 건강을 유지할 수 있을 것이다.
- 나는 피의자가 내게 상처를 줌으로써 만족감을 얻는 것을 원치 않는다.

또한 Enright(2001)는 용서의 길잡이 4단계를 다음과 같이 기술하고 있다.

용서의 길잡이 4단계

1 단계 : 분노관찰하기

- 당신은 자신의 분노처리를 회피한 적이 있는가?
- 당신은 자신의 분노를 직면한 적이 있는가?
- 당신은 자신의 수치심이나 죄책감을 나타내는 것을 두려워하고 있는가?
- 당신은 분노가 자신의 건강에 영향을 주고 있는가?
- 당신은 상처와 피의자에 관한 생각으로 인해 괴로워하고 있는가?
- 당신은 자신의 입장과 피의자의 입장을 비교하는가?
- 당신은 자신의 삶이 상처로 인해 영구적 변화에 귀인 되었는가?
- 당신은 상처로 인해 자신의 세계관(인생관)이 바뀌었는가?

2 단계 : 용서하기로 결심하기

- 당신이 이제껏 해온 일들이 성과가 전혀 없음을 자각하라!
- 기꺼이 용서과정을 시작하겠다는 의지를 가져라!
- 용서하기로 결심하라!

3 단계 : 용서하기 위해 노력하기

- 이해하려고 노력하라!
- 긍휼히 여기어라!
- 고통을 받아들여라!
- 피의자에게 선물을 주어라!

4 단계 : 정서적 감옥(監獄)을 발견하고 석방하기

- 고통의 의미를 깨달아라!
- 용서의 필요성을 깨달아라!
- 혼자가 아님을 깨달아라!
- 삶의 목표를 발견하라!
- 용서의 자유를 깨달아라!

우리는 대체로 과거를 용서하지 않은 채로 잊으려고만 하는 경향이 있다. 그러나 생각에서는 멀어질 수는 있어도 정서에 담아둔 상처는 잊으려고 애를 써도 잊혀 지지 않는다는 사실을 염두해 두어야만 한다. “과거를 무시하는 사람들은 과거를 다시 반복하는 저주를 받는다”(Fiske & Taylor, 1984: 박오수, 1992). 과거의 잊혀 지지도 않는 것을 자꾸 반복해서 자신을 가식의 늪(the trap of hypocrisy)에 빠트리지 말고, 용서를 통해서 과거를 직면하는 것이 삶의 진리이며 또한 자신의 상처 입은 정서를 치료할 수 있는 대안인 것이다. 따라서 필자는 “모든 심리치료의 종결은 용서이다!”라고 주장한다. 즉, 자기용서, 부모용서, 타인용서의 과정으로 진행된다. 성경은 악을 갚겠다 하지도 말고, 비판도 하지 말고, 정죄도 하지 말고, 오직 용서하면서 화해하고 깨어진 관계를 회복시키라고 지침을 주고 있다. “너는 악을 갚겠다고 말하지 말고 여호와를 기다리라 그가 너를 구원하시리라!”(잠20:22). “비판하지 말라 그리하면 너희가 비판을 받지 않을 것이요 정죄하지 말라 그리하면 너희가 정죄를 받지 않을 것이요 용서하라 그리하면 너희가 용서를 받을 것이요”(눅6:37).

여호와를 기다리되 악을 행하지 말고 선과 사랑을 행하여 승리하라는 것이다. 선과 사랑을 행하는 것은 바로 원수(피의자, 가해자, 아내, 남편, 부모, 자녀, 이웃)에게 주는 사랑(giving love)을 하라는 의미이다. 받는 사랑(taking love)이 아닌 주는 사랑을 실천할 때만이 용서의 씨앗이 우리의 믿음의 밭에 뿌리내릴 수 있기 때문이다. 우리의 의무는 용서를 실천함에 있고, 이에 순종함으로써 우리의 죄를 용서를 받게 된다. “누가 누구에게 불만이 있거든 서로 용납하여 피차 용서하되 주께서 너희를 용서하신 것 같이 너희도 그리하고 이 모든 것 위에 사랑을 더하라 이는 온전하게 매는 띠니라.”(골 3 : 13~14). 우리의 원수에 대한 원한, 복수, 보복, 심판, 정의는 하나님께서 친히 대신하여 갚아 주시고 판단하신다. “네 원수가 배고파하거든 음식을 먹이고 목말라하거든 물을 마시게 하라. 그리 하는 것은 핀 숯을 그의 머리에 놓는 것과 일반이요. 여호와께서 네게 갚아 주시리라.”(잠25:21~22). 즉, 악을 내려놓고, 포기하고, 죽이고, 내보내는 것, 이것이 바로 선으로 악을 이기는 최상의 삶이여 잘되는 내가 되도록 은혜와 축복이 임할 것이다. “악에게 지지 말고 선으로 악을 이기라!”(롬12:21).

4 불쾌한 상황에 적응적 대처 및 긍정적 의사표현을 위한 4가지 절차

① 불쾌한 상황에 대한 해석 및 평가
② 일차적 분노사고나 이차적 분노사고 자각 및 스탑(Stop)
③ 타인의 어떤 언행으로 인해 자신의 분노가 유발하는지를 이해하기
④ 타인에 대한 자신의 감정(feelings), 불충족된 원함(unmet want), 불충족된 욕구(unmet desires: 인정욕구, 존중욕구, 우월욕구, 지배/통제/조종욕구, 충동욕구, 회피욕구, 의존욕구)가 무엇인가를 이해하기

5 역할연기를 통한 적응적인 의사표현연습(15분)

Redford Williams와 Virginia Williams(1998)의 분노표현기법 : 분노를 죽일 수 있는 ABC 방법과 역할극 소개-분노유발상황에서의 상대방에게 집중된 자신의 초점(focus)을 돌려, 주의에 있는 다른 대상(object)과 초점(focus)으로 시선과 주의를 처리하고 옮긴다.

A 방법 : 분노가 일어난 상황에서 그 분노 상황을 바꿀 수 있는 더 효과적인 방법이 없다고 결정했다면, 당신 자신의 시선과 주의를 분노의 상황으로부터 다른 데로 돌려라.

B 방법 : 잡지, 라디오 프로그램, 주변인 보기, 또는 공상하기 등과 같이 분노를 적게 일으킬 수 있는 초점에 당신의 주의를 돌리면서, 당신의 분노유발상황으로부터 "Time-Out! Time-Out! Time-Out!" 또는 앗! 분노다! 분노다! 분노다! 외치면서 자기분노자각(self anger awareness)의 시간을 가져라!(필자).

C 방법 : 만일 당신이 위 방식으로 성공을 했다면, 당신 스스로에게 정신적 격려(잘했어! 창현아!)를 해줌으로써 보답하라. 당신의 막힌 담이 헐어졌다면, 당신의 실무에 충실해라! 만약 시선 돌리기 방법이 효과가 없으면, 또 다른 전략을 진행하라.

예를 들면,

당신은 슈퍼마켓(Supermarket)에서 긴 줄을 서서 오래 동안 기다리고 있다. 서서히 짜증과 화가 나기 시작하는 상황이 일어나고 있다. 당신은 분노의 시선을 돌려서 계산대에 진열되어 있는 매거진을 훑어보거나, 또는 당신 주변에 둘러서 있는 다른 사람들을 지켜보면서 당신의 짜증과 분노를 통제할 수가 있다.

다음 예문들을 통해 우리 주변에 실제적으로 일어나고 있는 상황들을 재연(再演)하여 분노표현연습과 역할극을 실시한다.

예를 들면,

① 당신은 강의 시간에 다른 강의실에서 들리는 어린아이의 소란으로 인하여 도저히 수업을 할 수가 없다. 당신은 이로 인해서 화가 치밀어오르기 시작한다(역할극하기 : 울고 있는 어린아이, 강사, 학생을 한 명씩 배정하고 상황을 시연하기).

② 당신은 공항으로 운전하고 있다. 그런데 긴 화물 기차가 지나가기를 기다리고 있는 상황이다. 당신은 서서히 좌절감이 치밀어오는 것을 느낄 수가 있다.

③ 당신이 우체국에서 줄을 서서 기다리고 있는데, 점심시간이 거의 다 끝나가고 있다. 당신 바로 앞에 선 한 노인이 창구에서 10통의 편지를 등기로 처리하고 있다.

④ 서둘러 출근하는 한 젊은이가 당신의 차를 옆에서 충돌했을 때, 한 번도 아닌 3번씩이나 밀고 들어올 때!

⑤ 교도소에서 정신교육시간 "웃음치료" 강의를 하는 도중에 교육생들이 "미친놈 저나 웃지!", "저 화상 또 왔네! 또 왔어!", "잰 왜 저러냐! 죽지도 않고 또 왔어 미치겠다!"라고 계속해서 불평불만을 늘어놓을 때!

⑥ 교도소에서 정신교육시간 "분노치료" 강의를 하는 도중에 교육생 5명이 2시간 수업시간 내내 계속해서 얼굴을 붉히고 째리면서 대응할 때!

⑦ 교도소에서 정신교육시간 "분노치료" 강의를 하는 도중에 한 교육생을 대상으로 역할극을 마치고 난 후에 강사가 좀 도움이 되었냐는 질문에, "전혀 도움이 안 되고 열만 더 받습니다!" "그건 자네가 마음의 문을 열지 못해서 그래!" "그렇게 말씀하시면 더욱 열 받칩니다!"라고 하면서 소리를 크게 지르면서 반응할 때!

⑧ 교도소에서 자식 면회를 오시는 어머니를 자식이 어머니를 용서하지 못하고 1년 동안 면회사절을 강행할 때!

⑨ 어렸을 때에 성추행과 폭행을 당한 외상 후 스트레스 경험으로 인해 성장 후에도 성추행사건들을 듣게 될 때면 "저런 새끼들은 사형을 시켜야해!"라고 언급하면서 분노를 할 때!

5-1 용서치료의 역할극 예시

1) 갈등상황 역할극 시연

주제

현진이가 보경의 오토바이를 몰래 타서 싸움이 발생한 상황

보경: 야 너 말도 없이 내 오토바이 타고 다녔더라?
현진: 아니 뭐 친구 사이에 빌려 탄 게 대수야? 어차피 망가트린 곳도 없잖아. (당당한 태도)
보경: 아무리 친구라도 이건 예의가 아니지!
현진: 친구 사이에 무슨 예의야. 너무 쪼잔하다, 너. 내가 다시는 빌리나 봐라!
보경: 뭐? 너 지금 말 다했냐?
현진: 진짜 이 자식이?! (결국 폭력을 행사한다)

2) 갈등상황 역할극 시연

주제

현진이가 보경의 오토바이를 몰래 타서 싸움이 발생한 상황

보경: 야 너 말도 없이 내 오토바이 타고 다녔더라?

현진: 아니 뭐 친구 사이에 빌려 탄 게 대수야? 어차피 망가트린 곳도 없잖아. (당당한 태도)

보경: 뭐?! (자신의 분노 발견하기) 난 네가 나한테 아무런 말도 없이 오토바이를 빌려 간 거에 화가 났어. 만약에 너가 사고라도 났으면 어쩔 뻔 했어.

현진: 미안해 보경아…. 나는 사과를 먼저 해야겠다고 생각했는데 막상 말을 하려고 하니까 막막하고 조금 두렵더라고… (I-Message로 의사표현)

보경: (용서하기로 결심하기) 그런 마음이었구나…. 그래도 다음부터는 나한테 빌려간다고 말해줬으면 좋겠어. 나 이번에 축구공 새로 샀는데 축구나 하러 갈래??

현진: 좋아! 나는 네가 날 용서해줘서 정말 고마워…. (I-Message로 의사표현)

C 프로그램 토의 및 평가

프로그램 내용 및 진행에 대한 전반적인 피드백을 제공하기

D 과제소개

용서수기 II : 당신 자신이 피의자라면, 당신 자신과 가족(부모, 배우자, 형제, 자식)에게 용서수기쓰기

용서수기 II

피의자 자신과 가족(부모, 배우자, 형제, 자녀)에 대한 용서수기를 기술하시오.

용서수기 II

피의자 자신과 가족(부모, 배우자, 형제, 자녀)에 대한 용서수기를 기술하시오.

나의 부모님을 용서합니다. 항상 냉담한 부모님의 모습을 보며 나에게 무관심하다고 생각했습니다. 하지만 나를 잘 키우기 위해 부모님이 열심히 일하시느라 많이 피곤하시다는 것을 깨달았습니다. 또한 내가 사고를 쳤을 때 한달음에 달려와 주시는 모습을 보고 부모님의 사랑을 느꼈습니다. 앞으로 부모님의 사랑에 보답하기 위해 노력하겠습니다.

사고를 수습하기 위해 부모님을 고생시켜서 죄송하고, 저를 위해 애써주신 부모님께 감사드립니다. 나의 잘못을 바로 잡기 위해 성숙한 사람이 되겠습니다. 이제는 충동에 휩싸이지 않고 주변 사람과 나의 안정을 생각하겠습니다.

용서수기 II

피의자 자신과 가족(부모, 배우자, 형제, 자녀)에 대한 용서수기를 기술하시오.

나의 동생을 용서합니다. 누나로 먼저 태어나 누나 노릇은 물론 관심조차 주지 않았습니다. 언제나 누나라는 존재를 자랑하고 칭찬해 줬던 동생을 보며 부끄러웠습니다. 앞으로 누나로서 배움을 나눠주는 누나가 되기로 노력하겠습니다.

또한 제 잘못을 동생의 잘못으로 돌렸던 나를 용서합니다. 제 잘못은 저의 책임으로 부모님에게 말하고 용서를 구하겠습니다. 앞으로는 동생에게 부끄러운 누나가 되지 않기로 약속하겠습니다.

용서수기 II

피의자 자신과 가족(부모, 배우자, 형제, 자녀)에 대한 용서수기를 기술하시오.

나의 동생을 용서합니다. 일을 좀 더 효율적이고 좋은 방향으로 이끌기 위해 했던 말인데, 나는 그저 그것이 틀린 소리라고만 생각했습니다. 그때는 무조건 나의 말이 옳고 맞다고 생각했습니다. 하지만 동생은 진심으로 나를 걱정하고 좋은 방향으로 일을 마무리하기 위해 용기 내어 의견을 표현해 준 것이었습니다.

항상 틀린 소리라고 생각하고 은근히 동생을 질투했던 나 자신을 용서합니다. 앞으로는 동생뿐만 아니라 다른 사람이 나와 다른 의견이어도 겸허히 수용하고 나를 위한 말이라고 생각하겠습니다. 같은 실수를 반복하지 않도록 자신을 돌아보고 용서하며 살아가겠습니다.

주제 Ⅶ

“가슴으로 살자!”

제9회기

분노조절 및 심리사회대인관계기술훈련 III : 사랑치료

A 목적

가족분노유발상황과 당시 자신의 내적경험(평가, 감정, 바람)에 대해서 관조적으로 인지하고 이를 적응적으로 표현하는 것과 변증법적 행동치료(Dialectical Behavior Therapy)를 통한 심리사회대인관계 기술을 훈습하고 역할극(role play)을 통해 시연해 본다.

B 회기 진행 과정

1 과제확인 및 피드백 주기

2 자기분노표현기법 재시연하기

가족구성원(부모, 아내, 남편, 형제, 자녀) 또는 직장구성원(사장, 직장동료)과 같은 친밀한 관계에서 유발된 분노상황을 눈을 감고 잠시 상상해 본다. 왜 자신 또는 상대방이 그 토록 격분하게 되었는지를 구체적으로 탐색해 본다. 그 당시의 격분된 감정을 그대로 직면해 본다. 그리고 격분한 그 순간에 자신이 상대방에게 진정으로 원했던 바람은 무엇이었는지? 또는 상대방이 자신에게 진실로 말하고자 했던 것은 무엇인지?를 평가해 본다.

자신이 상대방에게 분노표출하고 싶은 대로 또는 상대방이 자신에게 분노표출을 하고 싶은 대로 역할극(role play)을 통해서 표현해 본다(역기능적인 분노표현). 지금까지 배웠던 내용을 떠올려 보며 합리적 · 건설적 · 긍정적 · 낙관적 · 적응적인 사고로 전환해보고, '나-메시지(I-Message)'를 이용해서 합리적 · 건설적 · 긍정적 · 낙관적 · 적응적인 의사표현을 시연해 본다. 또한 역할극을 통한 역기능적인 분노표현과 적응적인 분노표현기법을 비교해 본다.

1) Ron Potter-Efron과 Pat Potter-Efron(1995)의 자기분노표현기법

자신이 분노감정을 느끼고 있다면, 잠시 시간을 갖고 앉아서 다음 6가지 질문에 답을 하라.

① 자신이 지금 분노하고 있는 것은 아마도 어떠한 일에 관해서 약간의 수치심(shame)을 느끼고 있다는 신호인가?

② 만약에 자신이 지금 이 순간에 분노감정을 느끼고 있지 않는다면, 어떠한 감정을 지금 느끼고 있을까?

다음에 따른 감정들은 위험한 신호들이다: 공허하고, 지루하고, 당혹스럽고, 위협을 느끼고, 미숙하고, 취약하고, 그리고 내 안에 어떠한 혐오스러운 죄의식과 수치심이 있을 때이다. 왜냐하면 죄의식과 수치심은 분노감을 유발시키는 요인이 되기 때문이다.

③ 당신은 누구와 함께 자신의 분노감을 이야기를 할 수 있는가? 자신의 감정이 몹시 상처를 받았을 때 자신을 경청해주고 위로를 해주고 조언을 주었던 사람은 누구였는지? 당신은 그들에게 자신을 돌이켜볼 수 있게 그리고 지금 자신의 분노감정을 더 부추기지 않도록 도움을 청하는 것이 어떨까?

④ 자신이 지금 분노에 차 있는 상황에서 어떻게 대처해야(언행(言行)) 타인에게 자신의 분노를 쏟지 않고 그들을 존중해 줄 수 있을까?

⑤ 어떻게 하면 내 자신을 더욱더 잘 보살필 수가 있을까? 자신의 미숙한 감정, 당혹감, 또는 위협감을 갖게 하는 신호들은 무엇인가? 타인에게 화를 퍼붓기 전에 그러한 신호들을 인식하기 시작했다면, 자신은 어떻게 대처할 수 있을까?

⑥ 어떻게 하면 자신 스스로를 지금 이 순간에 존중을 해 줄 수 있을까? 어떻게 하면 스스로 좋은 일을 행하도록 지지해주고 보상을 해 줄 수 있을까?

타인을 존중해 주기 위해 해야 할 사항들과 하지 말아야 할 사항들 : 10가지 분노를 내보내기를 위해 시연해야 할 사항들:

① "상대방을 존중하자!"라고 자신과 약속을 하면서 하루를 시작하라.

② 상대방과 대화할 때는 앉아서 조용히 말하라.

③ 상대방의 말을 주의 깊게 경청하라.

④ 상대방에게서 감사할 수 있는 일들을 찾아라.

⑤ 상대방에게서 좋은 점을 보았다면 크게 칭찬을 해주어라.
⑥ 상대방에게 당신은 좋은 사람이고, 충분히 그러한 자격을 갖고 있으며, 사랑스러운 사람이라고 격려 해주어라.
⑦ 상대방에게 그들이 얼마나 내 자신에게 소중한지를 인식시켜주라.
⑧ 상대방의 의견이 일치하지 않을지라도 친절하고 조용한 목소리로 천천히 말을 진행하라.
⑨ 모욕하고, 공격하고, 또는 비평할 수 있는 기회를 주라.
⑩ 당신이 자신의 삶에 책임을 지듯이 상대방에게도 그들의 삶에 책임을 지게 하라.

다음은 13가지 분노유발요인들로서 통제해야 할 사항들이다.

① 상대방을 비평하기 위한 일들을 찾거나 만들지 마라.
② 상대방을 비웃지 마라.
③ 얼굴을 찡그리거나 눈동자를 굴리지 마라.
④ 상대방에게 그들의 삶을 어떻게 운영해 나아가야 한다고 말하지 마라.
⑤ 상대방을 모욕하지 마라.
⑥ 상대방을 무시하지 마라.
⑦ 다른 사람들 앞에서 상대방을 멸시하지 마라.
⑧ 우월한 자처럼 행동하지 마라.
⑨ 조롱하지 마라.
⑩ 상대방에게 "당신은 좀 이상하군요!" 또는 "당신은 좀 미치광이처럼 보이는군요!"라고 말하지 마라.
⑪ 상대방에게 당신은 나쁜 사람이고, 충분히 그럴만한 사람이고, 사랑받을 자격도 없으며 사랑스럽지 않은 사람이라고 말하지 마라.
⑫ 상대방에게 "그들은 우리 소속이 아니야!"라고 왕따를 시키거나 또는 "그들이 죽었으면 좋겠네!"라고 말하지 마라.
⑬ "뚱보", "추녀", "멍청이", 또는 "쓸모없는 인간"이라고 낙인찍지 마라.

질투(jealousy)는 친밀감을 형성하는 대신에 관계를 파괴하는 위험한 정서이다. 거의 모든 대화는 "당신은 어디에 있었어요?", "당신은 무엇을 하고 있었어요?", "당신은 누구랑 있었어요?" 등과 같이 전개된다. 질투하는 사람은 강한 배신감과 절망감을 느낀다. 그렇지 않다면, 결코 외도하는 배우자를 쏘거나 손상을 가하지 않을 것이다. 불합리하거나 병적인 질투(insane jealousy)는 과도한 성적인 질투라고도 일컬으며, 다음과 같은 특징들을 지닌다(Potter-Efron & Potter Efron, 1995: 류창현, 2014).

- J = 판단적인 사람(Judgemental).
- E = 날카로운 사람(Eagle-eyed).
- A = 분노하는 사람(Angry).
- L = 외로운 사람(Lonely).
- O = 지나치게 민감한 사람(Oversensitive).[1]
- U = 용서하지 않는 사람(Unforgiving).
- S = 두려워하는 사람(Scared).

- 질투는 영구적으로 지속된다. 안심시키기 위한 말이나 설명이 절대 작용하지 않는다.
- 질투는 격렬하다. 격렬하게 질투하는 사람은 상황의 장점을 모색하기보다는 더 쉽게 격분하거나 감정적으로 대치한다.
- 질투는 강박적이다. 강박적으로 질투하는 사람은 다른 대안적 사고를 할 수가 없고 질투 때문에 소진된다. 그/그녀가 하는 것은 걱정뿐이다.
- 질투는 편집증적이다. 의심, 비난, 불신 등이 자주 나타난다. 편집증적으로 질투하는 사람은 외도의 증거를 찾기 위해 배우자의 호주머니를 탐색하거나, 그/그녀가 어디로 가는지 살펴보기 위해 뒤따라가거나, 전화를 엿듣거나, 카톡(Kakao Talk), 이메일(E-mail), 그리고 문자메시지를 체크한다. 거기에 반드시 무언가 존재하고 있으며, 반드시 무언가 진행되고 있다고 단정한다.

Potter-Efron과 Potter Efron(1995)에 따르면, 편집증환자들은 나쁜 감정과 욕구를 분노와 탐욕으로 표출한다고 제기한다. 편집증적 분노유발자는 세상은 불안전한 곳이기에 매우 주의해야 한다고 생각한다. 또한 주위 사람은 거짓말을 하고, 속이고, 훔치고, 자신의 여자/남자친구를 유혹하고, 공격하기 때문에 어떤 순간이든지 스스로를 방어하기 위해 준비하고, 결코 자신의 경계를 풀지 않는다.

매우 질투하는 사람들은 흔히 자신들의 성적충동을 숨긴다. 그들은 다른 사람의 배우자에 대해 자신들의 시선과 마음이 가는 것을 인정하고 싶어 하지 않는다. 너무 많은 죄의식을 갖는다. 따라서 그들은 다른 누군가 타인들에 대한 색욕(色慾)을 일으키고 있다고 생각한다. 매우 질투하는 사람은 자신의 결백을 주장한다. "나는 결코 나쁜 성적생각을 한 적이 없습니다." "그런 생각은 바로 당신이, 당신이, 당신이 ..."

1) 또는 "신경과민적인"

수치심(shame)은 또 하나의 분노유발요인이다. 수치심기반분노유발자(shame- based anger provoker)는 5가지 부정적인 메시지들을 스스로에게 강화하며, 이런 5가지 자기비판들(self-criticism)은 격분을 유발한다(류창현, 2014).

- 나는 나쁜 사람이다.
- 나는 미숙한 사람이다.
- 나는 잘 어울리지 못한다.
- 나는 전혀 사랑스럽지 않다.
- 나는 존재하지 않아야 한다.

수치심기반분노(shame-based anger)를 치료하기 위해서 보다 합리적 · 긍정적 · 건설적인 생각을 하고, 이를 자기대처진술문으로 표현한다. 수치심기반분노를 경감시키는 것은 많은 노력과 지속적인 노력이 필요하다. 수치심기반분노는 매우 천천히 치유된다.

- 나는 좋은 사람이다.
- 나는 충분히 갖춘 사람이다.
- 나는 잘 어울릴 수 있다.
- 나는 사랑스럽다.
- 나는 존재한다.
- 나는 할 수 있다.

Potter-Efron과 Potter Efron(1995)은 자기분노조절과 자기분노치료의 한 예로서 차분한 대화(calm talk)를 시연할 것을 제언한다. 마음이 내키지 않는 노력은 분노를 폭발하려는 유혹을 더 증폭시킬 수 있기에 아무 소용이 없다. 임시변통의 방책은 분노내담자들에게 아무런 도움이 되지 않는다. 따라서 차분한 대화원칙들을 일상에서 지속적으로 시연하는 것이 매우 중요한 과제이다(류창현, 2014).

- 진정을 시키기 위해 일단 앉아라!
- 조용히 말하라!
- 맹세, 욕설, 저주하지 마라!
- 친절하게, 온유하게, 조용하게, 천천히 말하라!
- 타인들이 말하는 것을 경청하라!
- 충분히 그리고 고르게 복식호흡 웃음요법을 시연하라!
- 속단과 재앙화사고를 하지 마라!
- 과장/과신/과시하지 마라!
- 문제들을 해결하라!

다음은 Potter-Efron과 Potter Efron(1995)의 분노중독체크리스트(anger addiction checklist)이다. 본 분노중독체크리스트를 활용해 자신의 분노중독여부를 판단해보라. 아래에 자신의 분노에 대한 사고, 감정, 행동, 신념 등에 관련한 일련의 문장들이 기술되어 있다. 각 문장을 주의 깊게 읽어 보고 그 문장에 얼마나 동의 혹은 동의하지 않는지를 결정하라. 맞거나 틀린 대답은 없다. 여러분이 믿거나 생각하는 대로 해당되는 숫자에 "ㅇ"표로 표시하면 된다(류창현, 2014).

____나는 분노할 이유들을 찾고 있다.
____나는 화를 내지 않을 때면 매우 지루하다.
____나는 선전(善戰)[2]을 좋아한다.
____때때로 나의 분노가 나를 지배하는 것 같다.
____나는 내 인생의 다른 문제를 회피하기 위해서 분노를 사용한다.
____나는 싸우는 도중에 극도로 흥분한다.
____나는 분노지수가 높아지는 것을 느낀다.
____나는 이전보다 더 쉽게 분노한다.
____나의 싸움은 더 큰소리로, 더 장시간, 더 폭력적으로 악화되고 있다.
____나는 매번 분노를 조절하겠다고 나 자신에게 약속하지만 지키지 못하고 있다.
____나는 분노유발로 많은 시간을 낭비하는 것을 걱정하고 있다.
____나는 분노할 상황들을 계속 찾고 있다.
____나는 분노를 유발한 후 자주 죄책감을 느낀다.
____나는 가끔 실제로 격분할 때 내가 무슨 말과 행동을 하는지 잊는다.
____나는 나의 분노에 중독된 것 같다.

당신이 위 15가지 분노중독체크리스트 질문들 중 하나를 "ㅇ"표로 표시했다면, 당신은 자신의 분노에 중독된 사람이다. 만일 당신이 몇 가지를 "ㅇ"표로 표시했다면, 당신은 매우 심각한 분노중독문제를 가지고 있다는 의미이다. 따라서 자기분노조절과 자기분노치료 프로그램이 요망된다.

2) Semmelroth와 Smith(2002)의 3가지 분노사고전환 명령기법

만일 당신에게 격분의 생각이 계속해서 느껴진다면, 분노는 15분 또는 20분이 지나도 가라앉지 않을 것이다. 불공평한 생각들과 당신이 어떠한 점에서 부당한 취급을 당했다는 것이 가장 자주 분노를 느끼게 하는 것이다. 시간이 지나도 분노를 유발하게 하는 몇 가지 생각들은 다음과 같다.

① 나는 항상 모든 일을 잘해내야만 한다.
② 그/그녀는 결코 배우려고 하지 않는다.
③ 내가 항상 얻는 것은 이것뿐이다.
④ 그/그녀는 절대 헛소리하지 않는다.
⑤ 항상(always), 결코(never), 언제나(always), 틀림없이(must), 반드시(should) 등의 생각들은 관계를 더욱 악화시키고 결코 어떠한 일도 해결할 수 없게 한다.

2) 선전(善戰) : "있는 힘을 다하여 잘 싸움"(네이버지식백과).

예를 들면,

예 1

"나의 남편은 결코 말을 듣지를 않는다. 그는 항상 내가 말하는 동안에 시선을 다른 곳에 두고 딴청을 한다. 그러나 나는 항상 그를 경청한다. 그러므로 그는 내게 항상 경청해야만 한다."

예 2

"아이들은 항상 엉망을 만든다. 아이들은 먹다 남은 음식물을 주방조리대 위에 어질러 놓는다. 아이들은 내가 그들에게 무언가를 그만두라고 말할 때, 아이들은 반드시(should) 내 말을 따라야만 한다."

Semmelroth와 Smith(2002)는 우리가 분노를 유발하게 될 때에 다음과 같은 경향을 보인다고 시사하고 있다.

① 분노가 유발하면, 당신의 IQ가 낮아진다.
② 분노가 유발하면, 비이성적인 사람으로 변한다.
③ 분노가 유발하면, 위험한 일들을 서슴지 않고 하게 된다.
④ 분노가 유발하면, 당신 자신과 당신이 사랑하는 사람들에게까지도 위협과 위험을 끼치게 된다.
⑤ 분노가 유발하면, 뭔가 어리석은 행동을 하게 된다.
⑥ 분노가 유발하면, 어리석은 자가 당신 자신에게 지금 어떤 말과 행동을 해야만 하는지에 대해 결정을 내리도록 원격조정을 당하게 된다.
⑦ 당신 자신의 삶을 정신장애가 있는 본인에게 위탁하는 것이 된다.

Semmelroth와 Smith(2002)의 3가지 분노사고전환 명령기법은 다음과 같다.

① 자신의 분노유발상황에서 스스로에게 명령하기 I : 만약 자신의 분노유발상황에서 성급히 행동을 취하여 자신에게 명령을 한다면, 자신의 언행은 아마도 상당히 어리석고 우둔한 언행으로 인한 결과를 초래하게 될 것이라고 자각하라.
② 자신의 분노유발상황에서 스스로에게 명령하기 II : 자신이 평온을 되찾게 될 때 자신의 문제점을 식별할 수가 있게 되고, 이로써 그 문제를 해결할 수 있게 된다는 것을 자각하라.
③ 자신의 분노유발상황에서 스스로에게 명령하기 III : 분노감정이 사라질 때까지 자신의 분노감을 부추기는 생각들을 다른 대상으로 사고를 전환하라고 명령하라.

3) Joel Osteen(2004)의 총체적 잠재력 개발의 7단계모델

Osteen(2004)은 현재 가장 좋은 인생(Your Best Life Now)을 살기 위해서 총체적 잠재력을 개발할 수 있는 방법을 7단계의 측면에서 기술하고 있다.

1. 당신의 비전을 확장하라!(Enlarge your visions)
2. 건강한 자아상을 개발하라!(Develop a healthy self-image)
3. 당신의 사고와 말의 권능을 발견하라!(Discover the power of your Thoughts and words)
4. 과거를 보내줘라!(Let go of the past)
5. 역경을 통해서 인내를 배워라!(Find strength through adversity)
6. 베풀면서 살아라!(Live to give)
7. 행복하게 살기로 결심하라!(Choose to be happy)

인생의 목표를 위의 7가지모델로 선정하고 하루에 한 번씩 자신에게 의미를 부여하고 또한 의지(willing)를 갖고 실천한다면 당신은 반드시 그렇게 살게 될 것이다.

4) 사랑치료(Love Therapy)

인생을 살면서 누구나 우울, 불안, 분노, 강박, 편집, 정신분열, 반사회성, 좌절, 시기, 갈등, 억압, 저항, 수치심, 죄의식, 열등의식 등을 내재화(internalization)하거나 동일화(identification)하여 자신의 신경증(neurosis)과 정신장애(mental disorder)의 소인을 키워가는 경향이 우리 내면에는 존재한다. 이러한 이유에서 인간은 부족하고 나약하고 미약하고 상처받기 쉽고 불안정한 존재이다. 특히 우리나라의 전형적인 정서는, 부모와 자식 간에 정서독립(emotional independence)에서의 분리가 매우 복잡다양하고 불안정한 애착관계와 고착현상을 반영하고 있다. 이것은 또한 성정체성(sexual identity)과 직업정체성(occupational identity)의 성장을 저해하는 데 지대한 부적영향력(negative affect)을 발휘하게 된다. 이것을 해결하기 위해서는 사랑 안에서 거하는 훈련이 필요하다. 즉, 안정된 건강한 애착(secure and healthy attachment)을 형성하기 위한 혼신의 노력이 필요하다.

먼저 우리는 “하나님은 사랑이다!(God Is Love!)”라는 계시의 말씀이 내면화되어야하고 또한 동일시되어야만 한다. 마치 부정적이고 왜곡된 정서들을 무의식적으로 내면화하고 동일화되는 과정처럼 말이다. 바꾸어 말하면, 긍정의 하나님! (positive God!)을 인지하고 인정하고 내면화하는 훈련과정이 필요하다. 왜냐하면 우리 안에는 사랑을 자생할 수 있는 자양분과 원천이 없기 때문이다. 또 하나의 이유는 사랑의 원천과 근원은 하나님이시기 때문이다. 그러므로 우리는 그분을 인정하고 늘 사랑 안에 거하기를 노력하고 훈련해야만 한다. 이러한 혼신을 다한 사랑의 확장은 오직(only) 훈련(discipline)과 삶 · 코칭(life coaching)을 통해야만 우리의 인습적인 생활(conventionality life)의 틀에 박힌 고정관념(stereotyped)과 왜곡되고 편향된 사고방식의 삶과 평범한 삶(triviality life)의 멍에(yoke)에서 벗어나, 진정한 창조적인 삶(creative life)의 주관자로서 거듭날 수가 있게 된다. “하나님이 우리를 사랑하시는 사랑을 우리가 알고 믿었노니 하나님은 사랑이시라 사랑 안에 거하는 자는 하나님 안에 거하고 하나님도 그의 안에 거하시느니라"(요일4:16).

사랑을 실천하고 자신을 훈련해 나아간다면, 자신의 자아성장과 자기확장을 갖게 될 것이며, 우리는 한 성숙한 전인격체(matured whole personality)로서 거듭나게 된다. 사랑 안에서 사는 것은 하나님 안에서 사는 것이고 또한 그분 안에서 그분을 의지하며 사는 것이다. 즉, 공생의 관계(symbiotic relationship)를 형성하고 우리의 내재화된 분노, 우울, 불안, 갈등, 두려움, 열등의식, 시기, 질투, 수치심, 죄책감, 살인, 자살 등의 또 다른 내면화된 '또 다른 나(Other-Is)'로부터 벗어나 참다운 자유, 화평, 회복, 은총 안에서 균형 있는 삶을 영유하게 된다. "사랑 안에 두려움이 없고 온전한 사랑이 두려움을 내쫓나니 두려움에는 형벌이 있음이라 두려워하는 자는 사랑 안에서 온전히 이루지 못하였느니라"(요일4:18). 결론적으로 필자는 "사랑은 우울 · 불안 · 분노의 기저소인들인 두려움, 수치심, 죄책감, 불안정한 애착, 열등의식 등을 치료하는 만병통치약(panacea; 萬病通治藥)이다!"고 확언한다.

자신의 우울, 불안, 분노를 치료하기 위해서는 먼저 기도로 부르짖는 것이다. 자신의 죄와 과오와 원한과 한을 아뢰고 주를 의지하는 것이다. "내 마음이 눌릴 때에 땅 끝에서부터 주께 부르짖으오리니 나보다 높은 바위에 나를 인도하소서. 주는 나의 피난처시요 원수를 피하는 견고한 망대심이니이다."(시편61:2-3). "내가 두려워하는 날에는 주를 의지 하리이다"(시56:3). 주안에서 기도하고 의지하는 자가 바로 사랑 안에서 영원히 거할 수 있는 자임을 상기하라!

사랑과 용서도 이와 다를 게 없다. Mother Teresa는 "우리는 고통이 따를 때까지 사랑해야 합니다!"라고 애창하며 몸소 가르침으로 실천했다. 그리고 Martin Ruther King, Jr.(1983)의 비폭력(Nonviolence)을 통한 사랑의 실천을 보여주었다.

"당신들이 우리를 괴롭히는 힘에 대하여 우리는 그 고통을 참아내는 힘으로 맞서겠소. 당신네의 물리적인 힘에 대하여 우리는 영적인 힘으로 맞서 나가겠소. 당신들이 하고 싶은 대로 우리에게 해보시오. 하지만 우리는 여전히 당신들을 사랑할 것이오.

우리는 우리의 양심껏 판단하더라도 결코 당신네가 만들어 놓은 불의한 법과 사회 체제를 받아들일 수 없소. 악에 협조하지 않는 것은 선에 협조하는 것만큼이나 우리의 도덕적 의무라 생각하오. 우리를 모조리 투옥해보시오. 그래도 우리는 여전히 당신들을 사랑할 것이오.

우리의 집들을 폭파하고 우리 아이들을 협박해보시오. 그래도 우리는 비록 어려울지라도 여전히 당신을 사랑할 것이오.

한밤중에 두건을 뒤집어쓴 폭도들을 우리에게 보내시오. 그래서 우리를 길거리로 끌고 나가 초죽음이 되도록 두들겨 패보시오. 그래도 우리는 여전히 당신들을 사랑할 것이오.

당신들의 선전원들을 이 나라 방방곡곡에 보내어 우리가 차별대우 받아 마땅한 열등 인종이라고 사람들을 설득시켜 보시오. 그래도 우리는 여전히 당신들을 사랑할 것이오.

하지만 분명히 기억하시오. 당신네는 결국 우리의 고통을 인내하는 힘 앞에 무릎을 꿇게 될 것이고, 우리는 언젠가는 반드시 자유를 쟁취하게 될 것이오. 우리의 승리는 오로지 우리만을 위한 것이 아니라 당신들의 양심과 마음에 과연 무엇이 진정한 승리인지를 일깨워 줌으로써 우리와 당신네 모두를 위한 승리가 될 것이오."

5) 사랑의 언어(Love Words)

Linehan(1993)의 사랑의 언어들과 더불어 류창현(2014)의 다양한 사랑의 언어들을 다음과 같이 기술하고자 한다.

사랑의 언어(Love Words)(류창현, 2014)

사랑	긍휼	갈망	예찬	욕구
욕망	애정	매력	열정	격려
따뜻함	자애	다정다감	좋아함	열중함
동정	돌봄	친절함	부드러움	매력적임
지지	용서	칭찬	용기	감사
지식	책임	수용	배려	돌봄
미소	웃음	이해	일치	자비
지혜	존중	동기	자유	공유
긍정	소망	믿음	창조	공감

- 사랑의 감정을 촉진하는 5가지 상황들은 다음과 같다.
  ① 누군가 당신이 원하고, 필요하고, 소원하였던 것을 제공하거나 주었을 때.
  ② 누군가 당신이 원하고 필요로 하는 일들을 해주었을 때.
  ③ 당신이 누군가와 함께 많은 시간을 보낼 때.
  ④ 당신이 누군가와 함께 특별한 경험을 나눌 때.
  ⑤ 당신이 누군가와 함께 특별히 유익한 대화를 가질 때.

- 사랑의 감정들을 촉진하는 것에 관한 설명은 다음과 같다.
  ① 누군가 당신을 사랑하고, 필요로 하고, 또는 고마워한다는 것을 믿는 것.
  ② 누군가를 신체적으로 매혹적이라고 생각하는 것.
  ③ 누군가의 성격이 훌륭하고, 호감이 가고, 매혹적이라고 판단하는 것.
  ④ 누군가를 의지할 수 있고, 자신을 위해서 언제라도 곁에 있어줄 것이라고 믿는 것.

- 사랑의 정서를 경험하기는 다음과 같다.
  ① 누군가와 함께 있거나 그에 대해서 생각하고 있을 때.
  ② 벅차오르고(흥분되고) 에너지의 충만함으로 가득함을 느낄 때.
  ③ 심박이 빨라짐을 느낄 때.
  ④ 자신감을 갖고 행동한다는 것을 느낄 때.
  ⑤ 건강함을 느낄 때.
  ⑥ 행복하고, 즐겁고, 또는 원기완성을 느낄 때.

⑦ 따뜻함, 신뢰감, 그리고 안정감을 느낄 때.
⑧ 편안감과 고요함을 느낄 때.
⑨ 누군가를 위해서 최선을 다해주기를 원할 때.
⑩ 누군가를 위해서 선물을 주기를 원할 때.
⑪ 누군가를 보기를 원하거나 시간을 함께 보내기를 원할 때.
⑫ 신체적 친밀과 성관계를 갖고 싶을 때.
⑬ 친밀감을 원할 때.

- 사랑의 표현과 행동은 다음과 같다.

① "나는 당신을 사랑해요(I love you)"라고 말하는 것.
② 누군가에게 긍정적 감정을 표현하는 것.
③ 시선접촉 또는 상호응시하는 것.
④ 접촉하고, 애무하고, 꼭 껴안아 주고, 안아주고, 부둥키고 귀여워해주는 것.
⑤ 미소 짓는 것.
⑥ 누군가와 함께 시간과 경험을 공유하는 것.
⑦ 누군가 원하거나 필요로 하는 일들을 해주는 것.

- 사랑의 잔존효과는 다음과 같다.

① 유일하게 사람의 긍정적 측면만을 보려고 하는 것.
② 잃어버린 또는 분산된 느낌; 공상에 잠기는 것(daydreaming).
③ 개방감과 신뢰감을 느끼는 것.
④ 당신이 사랑했던 사람들과 시간들을 기억하는 것.
⑤ 당신을 사랑했던 이전의 사람들을 기억하는 것.
⑥ 이전의 긍정적 사건들을 기억하거나 상상하는 것.

C 가슴으로 살기 사례들

1. George Muller "5만 번의 기도응답과 2만 명의 고아양육"

- 1805년 9월 27일 독일의 크로펜슈타트에서 출생
- 14세 : 어머니가 죽던 날 밤에도 술과 노름하면서 지냄
- 16세 : 특급호텔 숙박비를 내지 못해 체포되어 감옥에 투옥
- 20세 : 베타라는 친구의 기도집회를 따라가 성령체험을 함
- 92세 : 1898년 3월 6일 마지막 설교 후, 3월 10일 소천(召天) – 임종권

2 밥을 씹어 먹여 온 어느 "아비 새" 고응봉 씨(71)의 사연

고은봉 할아버지는 부산 금곡동에서(71, 시각장애) 현재 뇌병변 중증 장애를 가진 딸 고영희(40, 지체 하지 1급) 씨와 살고 있다. 영희 씨는 백일 되던 해 뇌수막염을 앓았다. 혼자서는 아무것도 할 수 없다. 아버지와 눈으로 대화하는 게 전부이다. 말을 못하지만 아버지의 말을 듣고, 눈을 깜빡거리며 이야기를 주고받는다. 고은봉 씨는 "내가 조금 더 살아야, 내 딸도 함께 살 수 있다!", "남은 생에 얼마 될지는 모르지만 그 마저도 다 주고 싶다!"고 고백하고 있다.

3 Mother Teresa "우리는 고통이 따를 때까지 사랑해야 합니다!"

- 1910년 구 유고슬라비아에서 출생
- 18세 수녀가 됨(아일랜드 로레토 수녀원)
- 인도 켈커타 빈민가에서 "사랑의 선교회"설립
- 1979년 세계 노벨평화상을 수상함
- 87세로 1997년 9월 5일에 소천(召天) – 임종권

4 이제마(2003)의 동의수세보원(東醫壽世保元)에서는 "성인(聖人)은 도덕(道德)이라는 지극한 삶의 표준을 세웠으므로 마음을 다스리는 훌륭한 의사이기도 하다."고 다음과 같이 시사하고 있다.

『사람이 능히 그 뜻이 성실하고 마음이 발라서 그 성정(性情)을 폭발시키지 않거나 잘 조화시킬 수 있으면, 그가 사상(四象) 가운데에 어떠한 하나에 속하든 간에 병이 없을 뿐만 아니라 장수하고 부귀를 누리며 이름이 하늘에 오르게 되는 것이다. 그러므로 일러서 "심천(心天)"이라 하고 그 심신(心神)을 일러서 "천군(天君)"이라고 한다. 성인(聖人)은 도덕(道德)이라는 지극한 삶의 표준을 세웠으므로 마음을 다스리는 훌륭한 의사이기도 하다.』

『사람이 능히 뜻을 성실하게 펴지도 못하고 마음을 바르게 하지도 못하여 성정을 폭발시키고 조화시키지 못하게 되면, 네 조각으로 떨어져 나가는 감정이 감응함에 따라서 백 가지 병이 생긴다. 백 가지 병이 모두 사상(四象)에 뿌리를 두고서 결국은 요절(夭折), 질병(疾病), 우울(憂鬱), 빈곤(貧困), 악심(惡心), 병약(病弱) 등과 같은 6가지 흉함에 이르게 된다. 그럼에도 불구하고 병자는 병을 다스리는 최고의 요령이 바로 마음을 다스리는 길임을 알지 못할 뿐만 아니라, 의사조차도 병의 뿌리가 사상(四象)에 있다는 것을 모른다.』

5 자신의 삶의 좌우명(모토) 설정하기

- 류창현 : "수신(修身) 이전에 수심(修心)이다!",
  "생각대로 보면, 생각대로 보인다!",
  "The Man of God, Faith, Action, & Laughter!",
  "자기분노조절은 자신의 인격이며, 선행이며, 신앙이며, 선택이다!"

- 자신의 좌우명 "____!"

D 효율적·실제적인 심리사회대인관계기술훈련을 위한 DBT

Linehan(1993)은 심리사회대인관계기술훈련에서 가장 중요한 효율적인 대인관계형성을 향상시킬 수 있는 변증법적 행동치료를 다음과 같이 기술해주고 있다.

대인관계의 효과성

1. 관계에 주의를 기울여라!

- "당신은 관계의 균형을 유지하기 위해서 관계에 주의를 기울여야만 한다."
- "당신은 관계를 파괴시키거나 끝을 보지 않기 위해서 관계에 주의를 기울여야만 한다."

2. 삶과 관계에서의 우선순위 대 요구 간의 균형을 유지하라!

- "우선순위란 당신에게 가장 중요시되는 것들을 일컫는다. 즉, 당신이 하고자 하는 일이나 성취되기를 원하는 것들이다."
- "요구란 다른 사람들이 그들이 원하는 대로 일들이 완성될 수 있도록 당신에게 어떤 일들을 요구하는 것이다."
- "우선순위와 요구에서의 가장 큰 문제점은 당신 자신의 우선순위와 타인이 지닌 우선순위 간의 불일치에 의해서 발생된다. 그러므로 당신은 자신의 우선순위를 유지하고 타협과 협상을 내기 위해서 능숙한 대인관계기술이 필요하다."

3. 삶과 관계에서의 원함과 의무 간의 균형을 유지하라!

- "원함은 당신이 그 일들을 원하기 때문에 하는 것을 의미하며, 이는 그 일들이 당신에게 기쁨을 주거나 당신이 단지 그 일들을 하고 싶은 마음이 있기 때문이다."
- "의무는 당신이 그 일들을 해야만 하기 때문에 또는 어떤 이유 하에 반드시 그 일들을 해야 하기 때문에 하는 일들이다."

4. 통제력(mastery)과 자존감(self-respect)을 형성하라!

- "당신이 어떤 일들을 할 때 당신은 통제력(mastery)을 형성하게 되며, 이는 당신을 유능하고 유력한 사람으로 만들어 준다."
- "당신은 자신 스스로의 힘으로 일어설 때, 당신의 소신(所信)을 표현할 때, 당신의 지혜의 마음(wise mind)에 순응할 때, 그리고 당신이 옳고 도덕적이라고 믿는 무언가를 했을 때 자존감(self-respect)은 형성되게 된다."

대인관계효과성의 목표

1. 목표효과성

목표효과성은 한 상황에서 당신의 목표와 목적을 달성할 수 있는 것에 관련된다. 이러한 기술의 개념은 당신의 목표들이 신중하게 고려되어지는 상호작용에서 당신이 원하는 것을 얻어내는 것이다."

- 당신의 권리가 신중하게 고려될 수 있는 방식을 지지하라.
- 다른 사람들에게 요구할 때에 그들이 하던 방식대로 하도록 하라.
- 바람직하지 못한 또는 비합리적인 요구들은 거절하고 거절기준(refusal stick)을 설정하라.
- 대인관계의 갈등을 해결하도록 노력하라.
- 당신의 의견과 견해들이 신중하게 고려될 수 있도록 하라.

2. 관계효과성

"관계효과성은 당신이 원하는 것을 얻기 위해 시도하는 것으로써 대인관계를 유지하고 향상시킬 수 있는 기술이다. 즉, 당신은 자신의 목표를 달성하기 위해서 노력하는 것이다. 당신이 원하는 최선의 것을 얻게 될 것이고, 상대방은 아마도 당신을 이전보다 더 좋아하고 존중하게 될 것이다."

- 상대방이 실제적으로 당신이 요구한 것을 주고 싶어 하도록 또는 당신의 "아니요"라는 대답에도 좋은 기분을 가지도록 하는 방식으로 행동하라.
- 장기적 관계의 이점과 즉각적인 목표 간에 균형을 유지하라.

3. 자존감효과성

"자존감효과성은 자기 스스로에 대한 좋은 감정을 유지하거나 향상시키고, 자신의 가치와 소신을 존중하면서 자신의 목표를 달성하고자 노력하는 것이다."

- 당신의 도덕성에 합당하게 행동하라.
- 당신을 유능한 사람으로 만들어 줄 수 있는 방식으로 행동하라.

18가지 대인관계의 효과성을 위한 자기지지기술

① 누군가에게 원하는 것 또는 필요한 것을 요구해도 좋다(OK).

② 나는 무엇인가 원하거나 필요한 것을 누군가에게 요청할 수 있는 선택권을 가지고 있다.

③ 내가 원하는 것이나 필요한 것을 얻을 수 없어도 감내할 수 있다.

④ 누군가가 나의 요구를 들어주지 않았다고(No) 해서, 나는 처음부터 요청하지 말아야 했었는데라는 의미는 아니다.

⑤ 만약 나의 목표를 이루지 못했다고 해서, 내가 그것을 숙련된 방식으로 하지 못했기 때문이라는 의미는 아니다.

⑥ 당신 자신의 작은 일들이 다른 사람들에게 주요한 일들만큼이나 중요할 수 있으므로 지지해 주어라.

⑦ 나는 나의 권리를 주장하면서도 동시에 좋은 사람이 될 수 있다.

⑧ 비록 내가 다른 사람에게 불편함을 준다고 하여도, 나는 때때로 자신을 주장하기 위한 권리를 가질 수 있다.

⑨ 다른 사람이 자기주장을 하지 않는다고 해서, 나 역시 할 수 없다는 것을 의미하지는 않는다.

⑩ 나는 다른 사람을 이해하고 수용할 수 있으며, 그럼에도 불구하고 내가 원하는 것을 요청할 수 있다.

⑪ 다른 사람의 의견이 나의 의견보다 더 타당성이 높다는 법은 존재하지 않는다.

⑫ 내가 관심을 두고 있는 사람들을 만족스럽게 해줄 수 있지만, 내가 항상 그들의 만족을 채워 줄 필요는 없다.

⑬ 주고, 주고, 또 주는 것이 인생의 전부는 아니다. 나도 역시 이 세상에서 중요한 사람이다.

⑭ 만약 내가 다른 사람이 요청하는 것을 거절했다고 해서, 내가 그 사람을 싫어한다는 의미는 아니다. 아마도 그들 역시 나를 이해할 것이다.

⑮ 사람들이 단순히 내게 요청을 한다고 해서, 내가 예(Yes)라고 대응할 의무는 전혀 없다.

⑯ 내가 누군가에게 아니요(No)라고 거절한다고 해서, 나를 이기주의자로 만드는 것은 아니다.

⑰ 만약 내가 아니요(No)라고 거절해서 그들이 화가 났다면, 그것은 내가 예(Yes)라고 했었어야 했는데라는 의미는 아니다.

⑱ 비록 타인이 나에게 화를 내더라도(괴롭히더라도), 나는 스스로에 대해 좋은 감정을 유지할 수 있다.

DEAR MAN 기술

Describe	설명하라!
Express	표현하라!
Assert	주장하라!
Reinforce	보상하라!
(머물러라!(Stay!))	
Mindfully	마음을 지켜라!
Appear Confident	자신감을 보여라!
Negotiate	타협하라!

1. 상황을 설명하라!

- 필요로 할 때 당신이 반응하고 있는 상황에 대해서 간략하게 기술하라. 사실(facts)에 준하라. 결코 판단적인 기술은 하지 마라. 객관성을 유지하라. 예를 들면, "나는 여기서 일을 한지 2년이 되었으며, 나의 업무성과평가가 매우 긍정적 임에도 불구하고 임금인상을 받지 못했습니다." "요번 주에 당신이 나에게 직장에서 집까지 태워달라고 요구한 것이 이번이 세 번째입니다."

2. 상황에 대한 감정과 의견을 명확하게 표현하라!

- 상황에 대해 당신은 어떻게 느끼고 생각하는지에 관해 설명하라. 다른 사람들이 당신의 마음과 당신의 감정에 대해서 알고 있을 것이라고 기대하지 마라. 예를 들면, 요구 또는 "아니요(No)"라는 말에 대한 간략한 이유를 제공하라. 즉, "나는 임금임상을 받을 자격이 있다고 생각해요." "내가 집에 늦게 들어가는 것은 나와 내 가족들에게 있어 매우 어려움을 안겨주는 일입니다. 그러나 나는 역시 당신을 당신의 집에 태워다 주는 것을 진정으로 즐기고 있기에 '아니요(No)'라고 말하기가 힘들어요."

3. 원하는 것을 주장하라!

- 당신이 원하는 것을 요구하라. 명확하게 "아니요(No)"라고 말하라. 만약에 당신이 사람들에게 말하지 않았다면, 그들이 당신이 원하는 대로 행동하리라고는 기대하지 마라. 그들이 반드시 해야만 한다고는 말하지 마라. 결코 실제로 요구한 것은 "아니고요(No)" 또는 "아니에요(No)"라는 말로 말을 돌리지 마라. 예를 들면, "나는 임금인상을 받았으면 좋겠는데요. 당신은 나에게 줄 수 있나요?" 하지만 나는 오늘밤 '아니요(No)'라고 말을 해야만 한다. "나는 종종 당신을 집에 데려다 줄 수 없을 것 같군요."

4. 보상하라!

- "아니요(No)"라고 말을 하든, 또 다른 의견을 표현하든 간에 당신의 요구에 대해 긍정적으로 반응하게 되면 보상이 따른다는 것을 상기시켜라. 때때로 당신이 원하고 필요한 것을 얻게 되는 긍정적 결과에 대해서 사람들에게 말을 해줌으로써 그들이 당신에게 긍정적으로 반응을 보이기 전에 그들에게도 실질적인 보상이 될 것임을 상기시키라. 예를 들면, 만약 회사에 대한 나의 가치가 반영되어 봉급을 받게 된다면, 나는 보다 더 행복해질 것이고 더욱 생산적인 사람이 될 것이다. 깊은 사려에 감사드립니다. 나는 그렇게 해주신다면 진정으로 고맙겠습니다.

5. 마음을 지켜라!

- "주어진 상황에서도 당신의 목표에 초점을 맞추어라. 당신의 입지(立志)를 유지하고 다른 주제에 분산되지 마라."
- 내 입장을 분명히 유지하고 주의 분산을 막아라.
- "반복하라: "계속해서 요구하라. '아니요(No)'라고 말하라. 또는 당신의 의견을 반복 또 반복해서 표현하라."
- 무시하라: "만약 다른 사람이 공격하거나, 협박하거나, 또는 주제를 바꾸려고 한다면, 그들의 협박과 비판을 무시하거나 당신의 주의를 돌려라. 오로지 당신의 요지만을 유지하라."

6. 자신감을 보여라!

- "자신감 있는 목소리를 사용하고 적당한 시선접촉과 함께 자신감 있는 자세를 보여라. 이와 같은 방법은 다른 사람과 당신 자신에게 당신이 원하는 것에 대한 존중할 가치를 부여하고 효험을 발휘하게 된다. 말을 더듬지 말고, 속삭이지 말고, 바닥을 응시하지 말고, 물러서지 말고, 당신은 확실치 않습니다나 이와 유사표현은 사용하지 마라."

7. 타협하라!

- "기꺼이 주고 받아라. 문제에 대한 대안을 공급해주고 요청하라. 당신의 요구를 줄여라. 당신의 아니요(No)를 유지하라. 그러나 어떤 것을 제공하거나 다른 방식으로 문제를 해결하라. 대안기술은 형세를 역전시킬 수 있다."
- "형세를 역전시켜라!: "상대방에게 문제를 되돌려라. 대안을 요구하라." 예를 들면, "우리가 무엇을 반드시 해야만 한다고 생각하시나요?" "나는 예(Yes)라고 말할 수가 없어요. 당신은 진정 내가 그렇게 하기를 바라시는 것 같습니다. 우리가 여기서 무엇을 할 수 있을까요?" "어떻게 하면 우리가 이 문제를 해결할 수 있을까요?"

DEAR MAN 기술

(Be)	Gentle	친절하게 행동하라!
(Act)	Interested	관심을 갖고 행동하라!
	Validate	수용하라!
(Use an)	Easy Manner	낙천적인 태도를 취하라!

1. 친절하게 행동하라!

- "당신의 접근 방법에서 예의바름과 절제함을 유지하라. 사람들은 위협적으로 대응할 때보다는 온유하고 친절할 때 반응을 더 잘하는 경향이 있다. 특히, 공격, 위협, 그리고 판단은 피하라."
- "공격하지 마라! "이는 실로 매우 명확한 것이다. 사람들은 만약 당신이 그들에게 위협적이고, 공격적이고, 또는 분노를 직접적으로 표현을 한다면, 그들은 당신을 좋아하지 않을 것이다."
- "협박하지 마라! "조작적 진술과 숨겨진 위협을 만들지 마라. '만약 당신이............. 한다면, 난 죽어버릴 거야 라는 말을 하지 마라.' 상대의 요청에 대해 아니요(No)라고 하면서 인내하라. 토론이 고통스러울지라도 토론에서 머물러 있어라. 정중하게(우아하게) 퇴장하라."
- "비판하지 마라! "반드시 해야만 해(should) 또는 깎아내리는 목소리와 태도를 취하지 마라. 죄의식에 사로잡힌 상태로 있지 마라."

2. 관심을 갖고 행동하라.

"상대방에게 관심을 가져라. 상대방의 견해, 의견, 아니요(No)라고 말하는 이유, 또는 당신에게 요청하는 이유에 경청하라. 상대방의 말을 끊지 말고, 설득하려고 힘써라. 만약 상대방이 차후에 토론을 하기를 원한다면, 인내를 가져라."

3. 수용하라!

"상황에 관한 상대방의 감정, 바람, 어려움, 그리고 의견들을 수용하고 이해하라. 개인적인 판단을 피하라."

4. 낙천적인 태도를 취하라!

"낙천적이 되려고 노력하라. 약간의 유머를 사용하라. 살짝 미소를 지어라. 상대방을 편안하게 대해 주어라. 상대방을 감화시키고 달래라. 이는 조용한 설득에 의한 판촉(販促)과 적극적인 설득에 의한 판촉(販促)(어려운 설득) 간의 차이이다. 정치적으로 행동하라."

DEAR MAN 기술

(Be)	Fair	공평하게 대하라!
(No)	Apologies	과잉사과를 하지 마라!
	Stick to Values	가치관을 고수하라!
(Be)	Trustful	신뢰를 유지하라!

1. 공평하게 대하라!
- "문제를 해결하기 위한 당신의 시도로서 자신과 상대방을 공평하게 대하라."

2. 과잉사과를 하지 마라!
- "사과를 해야만 할 이유가 있을 때, 물론 이러한 사과들은 적합한 것이다. 그러나 과잉사과행동은 하지 마라. 요청을 하는 이유로 인해서 사과를 하지 마라. 다른 의견을 가지고 있다고 해서 사과를 하지 마라. 사과는 자신이 실수한 바로 그 당사자이고 자신이 그릇 행하였다는 것을 시인하는 것을 의미 한다. 이는 시간이 흐를수록 당신의 자기효능감을 감소시킬 것이다."

3. 가치관을 고수하라!
- "당신의 가치(values)와 정직(integrity)을 자신의 목적과 상대방의 호감을 얻기 위해서 팔지 마라. 당신의 의견을 생각과 행동에 있어 도덕적으로 가치 있는 방식으로 수렴하고 있는지를 명확하게 하고, 당신의 입장을 고수하라."

4. 신뢰를 유지하라!
- "거짓말을 하지 마라. 무력한 사람도 아닌데 무력한 사람처럼 행동하지 마라. 또한, 과장되게 행동하지 마라. 부정한 방법은 시간이 흐를수록 당신의 자존감을 부식시킨다. 한 번의 실례로는 아마도 상처를 내지는 않을 것이지만, 당신이 원하는 것을 얻기 위한 일상의 행동양식으로서의 부정직성은 장기적으로는 치명적인 손상을 가져다줄 것이다."

E 프로그램 토의 및 평가

프로그램 내용 및 진행에 대한 전반적인 피드백을 제공하기

F 과제소개

감사의 글쓰기(자신의 일생동안에 단 한 번의 은혜를 베풀어주신 은인이 있다면 그분에게 감사의 글을 써보라)

감사의 글

자신의 일생에서 단 한 번의 은혜를 베풀어준 은인에게 감사의 글을 기술하시오.

감사의 글

자신 스스로에 감사하기 글을 기술하시오.

감사의 글

자신 스스로에 감사하기 글을 기술하시오.

1. 나를 응원해 주는 사람들에게 감사합니다.

2. 다치거나 아픈 곳이 없음에 감사합니다.

3. 맑은 하늘을 볼 수 있음에 감사합니다.

4. 좋아하는 노래를 들을 수 있음에 감사합니다.

5. 친구들과 만나 웃고 떠들 때 감사합니다.

6. 가족과 함께 맛있는 음식을 먹을 때 감사합니다.

7. 재미있는 드라마나 영화를 볼 때 감사합니다.

8. 나에게 도움이 되는 책을 읽을 때 감사합니다.

9. 의미 있는 경험을 할 기회가 생길 때 감사합니다.

10. 취미 활동을 자유롭게 할 수 있어 감사합니다.

감사의 글

부모님께 감사한 점 10가지와 칭찬할 점 10가지를 기술하시오.

〈감사한 점 10가지〉	〈칭찬할 점 10가지〉

감사의 글

부모님께 감사한 점 10가지와 칭찬할 점 10가지를 기술하시오.

〈감사한 점 10가지〉	〈칭찬할 점 10가지〉
1. 저를 낳아주셔서 감사합니다.	1. 나의 자유에 대해 인정해주신다.
2. 제가 가지고 싶은 것을 사주셔서 감사합니다.	2. 가족 여행을 자주 간다.
3. 저에게 의지되는 사람이 되어주셔서 감사합니다.	3. 필요한 용돈을 잘 지원해 주신다.
4. 때로는 엄격한 말로 저를 올바른 방향으로 걸어가게끔 도와주셔서 감사합니다.	4. 놀러 가는 것에 통제를 많이 하지 않으신다.
5. 원하는 것에 대해 지원해 주셔서 감사합니다.	5. 내가 가지고 싶은 것을 사주신다.
6. 저에 대해 걱정해 주셔서 감사합니다.	6. 화목한 가정을 만들어주신다.
7. 저에게 의지되는 사람이 되어주셔서 감사합니다	7. 나를 사랑해주신다.
8. 저를 믿어주셔서 감사합니다.	8. 나를 늘 아껴주신다.
9. 저의 이야기를 잘 들어주셔서 감사합니다.	9. 나에게 가장 의지되는 존재이다.
10. 저와 시간을 보내주셔서 감사합니다.	10. 나의 이야기를 잘 들어주신다.

감사의 글

부모님께 감사한 점 10가지와 칭찬할 점 10가지를 기술하시오.

〈감사한 점 10가지〉	〈칭찬할 점 10가지〉
1. 낳아주시고 길러 주셔서 감사합니다.	1. 자신에게 주어진 일을 열심히 하신다.
2. 맛있는 음식을 해 주셔서 감사합니다.	2. 요리를 잘 하신다.
3. 용돈을 주셔서 감사합니다.	3. 여러 경험을 하게 해 주신다.
4. 항상 저를 믿어 주셔서 감사합니다.	4. 가족 여행을 많이 간다.
5. 저를 믿고 지지해 주셔서 감사합니다.	5. 부지런하시다.
6. 정신적인 지지를 해 주셔서 감사합니다.	6. 상대방의 입장을 잘 헤아려주신다.
7. 저를 이해해 주셔서 감사합니다.	7. 고민을 잘 들어 주신다.
8. 칭찬과 조언을 해 주셔서 감사합니다.	8. 인생 선배로서 조언을 많이 해 주신다.
9. 제 이야기를 들어 주셔서 감사합니다.	9. 이야기를 잘 들어 주신다.
10. 행복하게 지낼 수 있게 해 주셔서 감사합니다.	10. 운동을 열심히 하신다.

주제 Ⅷ

결자해지(結者解之)를 행하라!

제10회기

한(恨)풀이 및 심리사회대인관계기술훈련 Ⅳ : 한(恨)치료

A 목적

인생을 살아가면서 실수와 과오를 범한 행위에 대해서 회피하고 도주하거나 간과하지 말고, 자기 스스로를 돌아보라. 가족, 학교, 직장, 사회, 국가에 억압되고 억류하는 역기능적인 한(恨)을 자신이 책임을 지고 끝까지 인내하면서 한 올씩 풀어가는 한풀이 과정과 이를 통한 체감된 고통을 감내하는 심리사회기술훈련을 실시한다.

B 회기 진행 과정

1 과제확인 및 피드백 주기

2 결자해지(結者解之) : 結: 맺을 결 者: 놈 자 解: 풀 해 之: 어조사 지

누구나 자신이 저지른 일은 무슨 일이 있어도 끝까지 책임지고 풀어야 한다는 의미이다. 자신이 일해놓고 일이 힘들거나 일을 끝마치더라도 자신에게 유리하지 않을 것을 예상하고 그만두거나, 남에게 책임을 전가하는 책임감 없는 사람을 비유할 때 쓰는 말이다. 불교에서는 인과응보(因果應報)라 하여 나쁜 업을 쌓지 말라고 강조한다. 자신이 저지른 일을 자신이 해결하지 않으면, 그 업보가 다음 생으로 그대로 이어지기 때문이다. 결자해지는 이처럼 자기가 꼰 새끼로 자신을 묶어, 결국 자기 꾐에 자기가 빠지는 자승자박(自繩自縛)의 신세가 되지 말라고 경계하는 격언이다.

누구나 실수하고 그 실수와 과오를 피하거나 간과하거나 덮기는 쉽다. 그러나 문제는 회피하거나 간과하거나 부인하거나 덮는다고해서 해결되는 것이 아니라, 그것을 수용하고 직면하고 책임을 지려고 노력할 때에만, 그 길고 긴 여정의 터널을 빠져나와 희망의 태양을 맞이하게 된다. 얽힌 문제를 푸는 것은 자신이 그동안 쌓아두고 감추어온 한(恨)을 푸는 과정이기도 하며, 또한 새로운 관계형성의 장을 여는 가장 중요한 작업이 될 것이다. 이 모든 작업은 반드시 용서(forgiveness)의 과정을 토대로 병행되어야 할 것이다.

3 한(恨) 맺힌 사례

다음은 S양(여, 25)의 "한(恨)풀이"라는 제목으로 자신의 한(恨) 맺힌 기저요인과 소인을 분석하고 치료하는 과정을 담고 있다.

사례 한풀이

『나의 삶을 돌아보려 한다. 솔직히 두렵다. 하기 싫다. 그러나 더 이상은 피하고 싶지 않다. 이번 계기로 조금 더 나를 알아가고 나 자신을 깨며 변화시키는 삶을 살아가길 원한다. 나는 1남 1녀 중 장녀로 태어났다. 우선 나의 부모님에 대해 소개를 하겠다. 나의 아버지는 4남 2녀 중 장남이다. 나의 엄마는 2남 5녀 중 셋째이다. 아버지의 삶을 간략히 소개하면 아버지는 아주 공부를 잘 하셨다. 거의 반에서 1~2등을 하셨다. 그래서 고등학교 졸업 후 대학교를 가기 원했지만 부모님의 반대로 못 가셨다. 그래서 많은 방황을 하셨지만, 공무원 시험을 준비해서 공무원이 되었다.

나의 엄마는 엄격한 외할머니의 모습으로 인해 어렸을 때부터 모든 집안일과 농사일을 하면서 지냈다. 여자들은 공부를 하는 것이 아니라 집안 일만 잘하면 된다는 아주 보수적인 사고방식을 지녔던 외할머니셨기에 엄마는 중학교까지 밖에 학교를 못 다니셨다. 그리고 중학교를 졸업하자마자 공장에 나가 일을 해야만 했다. 엄마와 아버지는 중매로 만났다. 아버지께서 엄마를 본 순간 결혼을 하고 싶어 하셨다. 그 당시에 아버지는 26살이었고 엄마는 23살이었다. 그러나 엄마는 결혼에 관한 생각도 없었고, 결혼을 정말로 하기 싫었다고 하였다. 하지만 외할머니의 강요로 인해 어쩔 수 없이 결혼하게 되었다. 그리고 난 후, 엄마와 아버지 사이에 내가 생기게 되었다. 아버지는 술만 먹고 들어오면 폭력과 강압적인 관계를 맺었다. 그렇다. 그런 것으로 인해 내가 생겼다. 엄마는 나를 가지고 있는 상태에도 불구하고 시어머니의 시집살이, 남편의 폭력, 시동생 뒷바라지, 집안일, 농사일 등등 모든 일을 다 해야만 했다. 바로 맏며느리라는 이유로!

엄마는 나를 가졌을 때 '도망치고 싶다', '죽고 싶다'라는 생각을 많이 하셨다고 하였다. 그리고 나를 가졌을 때 몇 번씩이나 언덕에서 굴러서 떨어진 적도 많았다고 한다. 이런 우여곡절 끝에 8개월 만에 내가 태어났다. 나는 8개월 만에 태어났기 때문에 몸무게는 2kg에 황달까지 있어 인큐베이터의 신세를 져야만 했다. 원래

한 3개월 정도 있어야 했는데 돈이 없어서 한 달만 있다가 퇴원했다. 할머니는 내가 딸이라는 이유만으로 날 싫어했다. 그래서 그런지 엄마는 출산 후 조리도 제대로 못 하고 집안일, 농사일을 하게 되었다. 그리고 몇 년 뒤 동생이 태어났다. 동생은 여자가 아닌 남자아이였다. 모든 관심은 동생에게로 갔다. 나는 동생을 엄청나게 질투했다. 그래서 아무도 안 볼 때 동생을 괴롭힌 적도 있었다. 나와 내 동생이 어느 정도 자라자 엄마는 우리를 집에 놔둔 채 일을 나가셨다. 엄마가 준 우유병을 다 먹고 나면, 너무나도 배가 고파 집에 있던 벽지를 뜯어 거기에 있던 흙을 먹었던 기억이 난다. 그리고 돌아오신 엄마한테 혼이 났다.

엄마와 아버지는 할머니 댁에 나와서 따로 살게 되었다. 아버지는 여전히 술을 드시고 나면 폭력과 그리고 도박 자신의 유흥을 위해 돈을 썼다. 엄마는 우리를 먹여야 하니까 새벽에는 시장 나가 나물 팔고 낮에는 밭일 하고 밤에는 우리들을 돌봤다. 아주 엄청난 사건이 일어났다. 일명 흑염소의 사건! 그때 살던 우리 집은 완전 옛날 집으로 전설의 고향에 나올 법만 한 곳이었다. 집 옆에는 대나무 숲이었고, 조금 더 가면 풀밭이 있었다. 그리고 화장실은 집에서 엄청 떨어져있었고, 푸세식 화장실이었다. 그래! 그 사건! 우리는 염소 두 마리를 키웠다. 흑염소와 하얀 염소! 우리 집 옆에 있던 풀밭에서 염소를 풀어놓고 키웠다. 어느 날 흑염소 한 마리가 난데없이 땅 벌집을 건드려 땅벌에 쏘여 죽었다. 그것이 사건의 발단이다. 이 사건으로 인해서, 그때 우리 집은 초상집과 같았다. 아버지는 야구방망이를 들고 엄마를 사정없이 때렸다. 왜 흑염소를 제대로 관리하지 못했냐고, 사실 이것에 대한 기억은 많이 없다. 엄마에게 거의 들어서 적고 있다. 어쩌면 그때의 기억을 떠올리고 싶지 않아 내가 그 기억을 임의로 지워버렸는지도 모른다. 그때 맞은 엄마는 걷지도 못하고 다리를 질질 끌며 다니셨다. 온 몸은 멍투성이에 퉁퉁 부은 얼굴로 지내셔야만 했다.

어느 날 내가 어떤 잘못을 했는데 엄마가 회초리를 가지고 나를 혼내려고 했었다. 그때 내가 엄마에게 "나를 때리려고 낳았나, 때리려면 차라리 죽여라. 죽여"라고 하였다고 한다. 나는 기억이 나지 않지만, 엄마께서 그때 너무나도 충격이었던지 아직까지 잊지 않고 나에게 말씀해 주신다. 그리고 또 내가 어렸을 적 동생과 아이스크림 때문에 싸운 적이 있었다. 그 때 엄마가 '너 나가 있어!'라고 말을 했는데 내가 정말 집을 나갔었다고 하였다. 엄마의 말에 의하면 그때 내가 6~7살쯤이었고 이사하기 전의 우리 옆집에 갔었다고 하였다. 그때의 집과 이사하기 전까지의 집은 상당히 멀고 어두웠고 어른들도 가기 무서웠던 길이었다고 하였다. 그러나 그때 나는 그 길을 씩씩거리며 울면서 갔던 기억이 어렴풋이 난다. 어떤 일이 있었는지 모르지만 내가 6~7살쯤에 엄마와 아버지가 심하게 다투신 후 엄마가 집을 나가셨다. 아버지는 동생과 나에게 과자만 사다 준 채 엄마를 찾으러 가셨다. 동생과 나는 과자만 먹으면서 엄마 오기만을 기다렸다. 결국, 아버지는 엄마를 찾아오셨고 그때 엉망이었던 우리를 꼭 안으며 우셨다.

그 이후 9살 때 아버지에게 일이 생겼다. 공무집행에 관한 잘못된 실수로 인해 아버지께서 공무원을 그만두시고 우리는 우리가 살던 곳에서 나와 부산이라는 곳으로 갔다. 그때 동생과 나는 할머니 댁으로 갔고 엄마와 아버지는 여러 가지 일을 하시게 되었다. 할머니 댁은 너무나도 낯선 환경이었다. 무서운 할머니와 삼촌 고모들! 동생과 나는 너무나도 힘들었다. 아마 이때부터 나는 내가 살아가기 위한 생존의 방법을 터득한 거 같다. 그렇다. 바로 착한 아이가 되자! 뭐든지 말 잘 듣고 인사 잘하고 무조건 순종하며 지내야 한다는 것을 알게 되었다. 할머니 댁에서 초등학교 3~4학년 때까지 살았지만 많은 기억은 나지 않는다. 가장 기억에 남은 건, 내가 밤에 오줌을 싸서 그것 때문에 할머니한테 엄청 혼나고 옆집 가서 소금 받아 온 일이다. 그때는 정말 엄청 창피하였다. 너무나도 주눅이 들어있던 나와 동생을 본 엄마는, 아무리 힘들어도 같이 데리고 살아야겠다고 결심하고 우리들을 데리고 가셨다.

방 한 칸, 연탄보일러, 작은 다락방, 그곳이 우리가 사는 곳이었다. 아빠는 다시 공무원 시험을 봐야겠다면서 일은 하지 않고 맨 날 다락방에 올라가서 공부만 하셨다. 하지만 시험은 맨날 떨어지셨다. 초등학교 4~6학년 1학기까지 방 한 칸인 곳에서 생활했다. 아빠는 술만 먹으면 우리들을 괴롭혔다. 앉아! 일어서! 엎드려뻗쳐! 정말 아빠 술 먹고 들어온 날이 제일 싫었다. 자고 있으면 우리를 깨워서라도 괴롭혔으니까. 그리고 어느 날이었다. 동생과 나는 무척이나 먹고 싶었던 과자가 있었다. 하지만 우리의 주머니에는 돈이 없었다. 우리는 아빠의 저금통을 털어 우리가 먹고 싶었던 과자를 사 먹었다. 그 날 우리는 죽도록 맞았다. 나무 빗자루가 부서질 정도로, 엉덩이와 다리가 피멍이 들 정도로, 그리고 우리가 잘 때 아빠가 우리의 다친 곳에 연고를 발라 주셨지만, 솔직히 무서웠다. 너무나도! 그리고 6학년 2학기쯤 이사를 하게 되었다. 그리고 아버지도 더 이상 공부는 하지 않고 다시 노역하시게 되었다. 그때부터 아버지의 이중생활은 시작되었다. 거의 한 달의 한번, 몇 개월의 한 번꼴로 집에 오셨다. 그리고 집에는 돈을 갖다 주시지 않았다. 그리고 자신의 유흥을 위해, 새로운 여자를 위해 돈을 쓰셨다. 거의 아버지라는 존재는 그저 그림과 같았다.

내가 고등학교 1학년 때였다. 그때를 생각하면 아직까지 마음 한구석이 쓰리다. 그때 아빠와 엄마는 돈 문제로 다투셨다. 그때 아빠는 일방적으로 엄마의 손을 벽에 댄 채 주먹으로 가격했다. 엄마는 그 자리에 주저앉으시고 손을 움켜쥐셨다. 나는 참을 수 없었다. 나는 아빠에게 '그만 좀 하세요'라고 소리치고 집을 뛰쳐나왔다. 나는 미친 듯이 울었다. 정말 죽고 싶을 만큼! 그러나 내가 갈 곳은 없었다. 아무 데도. 결국, 나는 교회에 갔다. 그러나 교회의 문은 굳게 잠겨있었다. 그래서 난 교회 옆 골목에서 울고 또 울고 계속 울었다. 하나님, 왜 이런 고통을 나한테 주느냐고, 난 싫다고 괴롭다고 제발 우리 가족 좀 돌봐주라고, 몇 시간이나 울었는지 모르겠다. 엄청 울고 나니 마음이 한결 차분해 졌다. 나는 새벽 무렵 집으로 다시 돌아갔다. 그때 아빠는 일을 나간 상태였고 나는 가방을 챙겨 학교에 갔다. 학교를 갔다 오고 난 후 아빠가 돌아올 시간이 되자 너무나 무서웠다. 그러나 아빠는 나한테 말했다. '미안하다고, 그리고 다시는 그런 일 없도록 하겠다고 하였다.'의외의 반응이었기에 나는 놀랐다.

정말로 그 이후에는 신체적 폭력은 휘둘리지 않았지만, 언어적 폭력은 여전하였다. 그리고 내가 고2때부터 점점 이상행동을 하기 시작했다. 갑자기 죽고 싶다는 생각이 들어 집에 있던 락스를 왕창 먹었다가 구토하고 지나갔다. 그리고 내 머리카락을 가위로 내 멋대로 잘랐다. 학교에서 수업시간에 칼로 손목을 그어보기도 하고 화장실 유리창을 주먹으로 깨어 부신 적도 있었다. 그리고 동생과 싸울 때는 주먹과 발로 인정사정 안 봐주고 싸우고 그것으로 내 얼굴이 멍이 들었던 적도 있었다. 아침 등교시간에 학교 근처 아파트 옥상에 올라가 '여기서 떨어져 죽으면 어떨까?'라고 생각했었다. 한참 고민하다가 다시 학교에 갔다. 그리고 아버지는 내가 고 3때, 엄마와의 상의 없이 할머니를 우리 집에 데리고 오셨다. 그때 할머니는 폐암이셨다. 병간호의 목적으로 데리고 오셨다. 그러나 그때 나는 고 3이었고 엄마는 직장을 다니고 있었던 상태였다. 그러나 무책임하게 아버지는 할머니를 데리고 왔다. 결국, 엄마는 일을 그만두고 할머니 병간호에 힘썼다. 난 수능을 쳤고 대학교를 결정할 때, 이모의 조언에 따라 유아교육과를 가게 되었다. 그때의 난 꿈도 살아가야 할 이유도 없이 그저 흘러가는 대로 살아갔었다. 그래서 그런지 공부를 그렇게 썩 잘하지는 않았다. 그리고 대학교 2학년 때 할머니가 돌아가시고, 아버지와 엄마는 이혼하시게 되었다.

나는 도저히 공부할 수가 없었다. 결국, 나는 휴학을 하게 되었다. 휴학을 하게 된 후 나의 삶은 완전 폐인이었다. 방 안에만 틀어박혀 그 누구와도 만나지 않고 그저 잠자고 먹고 컴퓨터를 하는 게 전부였다. 이런 나를 본 엄마는 무척이나 실망했다. 밤마다 흐느끼고 신세 한탄하는 엄마의 소리를 들을 때마다 더 죽고 싶다는 생각을 했다. 나는 내 머리카락을 가위로 자르고 내 몸을 주먹으로 가격했다. 내가 무척이나 싫었기 때문이다. 엄마를 힘들게 하는 내가 너무나도 미웠기 때문이다. 나는 내 방문을 잠그고 아무도 내 방문에 못 들어오도록 했다. 한 달, 두 달, 자꾸 이러는 나로 인해 결국 동생이 화가 나서 내 방문을 부숴버렸다. 나는 무서웠다. 동생은 정신 차리라며 나를 쳤다. 난 죽고 싶었다. 칼을 찾아봤지만, 어느 곳에서도 없었다. 장롱에 내 머리를 부딪치고 나를 미친 듯이 때렸다. 동생은 울면서 '누나 이러지 마'라며 나를 붙잡았다. 그때 함께 있던 교회 언니도 나를 붙들며 제발 이러지 말라고 날 꼭 붙잡았다. 그때 목사님이 찾아오셨다. 청년부 담당 목사님은 그저 말없이 날 꼭 안아주시며, 많이 힘들었구나! 많이 외로웠구나! 하면서 그저 아무 말 없이 안아주셨다. 난 하염없이 울었다. 그리고 난 내 몸에 힘이 빠지기 시작했다. 목사님은 나를 위해 기도해 주시고 내가 편안히 쉬도록 하고 집으로 가셨다.

그 이후 엄마는 나를 정신병원에 보내야 할지 심각하게 고민하셨다. 하지만 나를 병원에 보내지 않고 서울에 있는 이모가 꼭 나를 오라고 해서 결국 난 서울에 있는 이모 댁으로 갔다. 서울에 있는 이모는 딸 둘과 함께 모자원에서 살고 있었고 미용실을 하고 있었다. 나는 거기서 이모의 미용 일을 도와주며 딸들을 돌보며 지냈다. 그리고 밤만 되면 이모가 있는 교회에 가서 기도했다. 그러나 나는 그 교회에 있었던 일을 정말 잊지 못할 거 같다. 거기서 나는 귀신 들린 사람으로 취급되었다. 내 속에 교만 마귀와 거짓 마귀가 있어서 내가 이렇다고 그리고 나를 보는 시선들 곱지 않았던 그 시선들 난 잊지 못할 거 같다. 나를 보며 귀신아 물러가라고 나를 가운데 몰아넣고 나를 힘들게 했던 그 사람들! 그리고 무엇보다 가장 힘들었던 건, 이모가 '넌 더 기도해야 해'라고 하면서 그 깜깜한 곳, 아무도 모르는 그 지하교회에 날 혼자 두고 집으로 가버렸다. 나는 정말 무섭고 싫었다. 나는 결국 그 곳에서 하룻밤을 보내야 했다. 나의 삶은 오히려 그전보다 더 힘들고 더 괴로워졌다. 계속되는 미용일과 밤마다 교회의 시달림! 한 달이 지났을까. 이런 내 모습을 안타깝게 본 천안에 있는 이모가 날 데리고 간다고 했다. 서울이모는 안된다고 했지만, 결국 나는 천안 이모를 따라 천안을 가게 되었다.

천안에서 나는 이모의 따스한 보살핌으로 점점 회복했다. 형편은 비슷했지만, 무엇보다 사랑으로 날 대해줬기에 나는 점점 건강을 회복해 나갔다. 그리고 엄마의 한 통의 전화, 내가 정신과 진단서가 있어야 우리 집이 기초수급대상자가 될 수 있다고! 내 마음은 뭐라 표현할 수가 없을 만큼 아팠다. 괴로웠다. 죽기보다 가기 싫은 그곳에 가야만 했으니까. 정신과병원 그 병원을 간 순간 난 정신병자가 된 것 같았고, 그 병원을 나온 순간 모든 사람이 날 정신병자 취급하는 것만 같았다. 괴롭고 무척이나 힘들었다. 약을 먹으면 온종일 잠만 자게 되고, 나른하게 되고 소화도 잘 안 되었다. 약을 먹었는데도 불구하고 너무 힘들어서 한동안 약을 안 먹기도 했다.

그 후 나는 어느 정도 회복이 된 후 다시 부산으로 가서 수련회를 가고 예수전도단에서 훈련을 받게 되었다. 그러나 모르는 사람과의 만남은 정말 힘들고 괴로웠다. 물론 훈련 자체는 정말 좋았지만, 거기서 사람들과 만나 생활하는 것이 아직 나에게는 너무나도 괴로웠다. 그래서 훈련에도 왔다 갔다 하며 불안정하게 다녔었다. 그러나 무사히 훈련은 마치게 되었다. 이후 점점 회복되어가는 것처럼 보였던 나는 작년 또 하나의 일을 저질러 버렸다. 그건 그토록 내가 의지했고 믿었던 분에게서 나에 대한 부정적인 이야기를 들었을 때, 나는 내 감정을 주체할 수가 없었다. 결국, 나는 해서는 안 될 일을 저질렀다. 그렇다. 나의 손을 사정없이 그어버렸다. 참을 수 없는 분노로 나 자신이 미친듯이 미워서 나의 팔목을 따라 흘러내려 가는 피를 그저 지켜보았다. 물끄러미 아무런 생각이 나지 않았다. 그저 괴로울 뿐이었다. 그러나 이런 날 감사하게도 하나님은 포기하지 않으셨다. 나는 무사히 다시 학교로 돌아갔고, 3학년 생활을 마치고 이제 4학년 1학기도 무사히 마쳤다. 그리고 작년까지만 해도 나의 상처를 그 누구에게도 보이기 싫어서 붕대로 감거나 긴팔을 입고 다녔었다. 하지만 올해부터는, 조금 더 당당해지고 싶고 조금 더 나를 변화시키고 싶다는 간절함이 있었다. 그래서 정말 힘들지만, 괴롭지만, 반팔을 입고 다니고 있다. 그리고 가족치료사라는 과목도 신청하게 되었고, 건강한 내가 되고 싶은 마음으로 한 걸음 한 걸음 앞으로 나아가고 있다.』

내가 바라본 아버지

내가 바라본 아버지는 독선적이고 자기 멋대로이며 무책임하고 위선자였다. 자신의 유흥을 위해 가정을 돌보지 않은 사람이었다. 자기 뜻대로 되지 않았을 시에는 폭력을 행사하며 뭐든지 자기 뜻대로 해야만 직성이 풀렸던 사람이다. 그리고 자존심이 무척 강해 남들에게 약하게 안 보이려고 강한 척하고 으스대는 분이셨다. 하지만 누구보다 약한 분이셨다.

내가 바라본 어머니

내가 바라본 어머니는 매우 희생적인 분이셨다. 가정을 위해 자신의 모든 것을 다 내어주신 매우 희생적인 분이셨다. 그러나 한편으로 너무나도 우유부단한 성격이셨다. 너무나도 마음이 약해서 싫은 소리 잘 못 하고 꾹꾹 참아 오신 분이셨다.

내가 바라본 남동생

너무나도 아빠를 싫어하지만, 아빠를 싫어한 모습들이 하나씩 하나씩 동생의 모습에서 나타나고 있다. 무척이나 마음이 여리고 친구들을 좋아하고 남에게 베푸는 거 좋아하고 친구와 노는 것을 더 좋아하고 계획은 있지만, 실천은 못 하는 의존적인 성격이다.

내가 바라본 나

무척이나 마음이 여리고 뭐든지 혼자서 해결하려는 경향이 있다. 남들에게 쉽게 부탁 못 하지만 남들의 부탁은 쉽게 거절 못 하는 우유부단한 성격이다. 너무나도 생각이 예민하다. 사람들과의 관계에 있어 깊은 친밀감을 누리지 못하고 벽을 쌓아둔다. 특히 형제들에게! 문제가 생기면 문제를 부딪쳐 해결하기보다는 회피하고 숨으려고 한다. 엄마에게 의존하려는 경향이 있다. 나를 진실로 사랑하지 않고 있다.

내가 원하는 나

무엇보다 나를 가장 아끼고 사랑할 줄 아는 내가 되길 원한다. 뭐든 혼자서 해결하려 하지 말고 문제가 생기면 부딪히고 힘들면 다른 사람에게 당당히 부탁도 해보고 넘어지면 다시 일어나서 해보는 내가 되자. 그리고 형제에 대한 불신을 버리고 하나님의 눈으로 바라보자. 엄마를 더 이상 의존하지 말고 나 스스로 할 수 있는 길을 열어가자. 단순하게 생각하자.

내가 바라는 미래의 우리 가족(내가 희망하는 가족상)

내가 원하고 바라는 가족은 우선 아버지의 역할이 매우 중요하다. 아버지는 그저 일만 하는 기계가 아니라 일과 가정 모두를 생각할 줄 아는 분이어야 한다. 특히 자녀에 대해 평소는 사랑과 자비로움으로 대하되 자녀의 잘못한 부분에서는 무관심으로 대하는 것이 아니라 자녀와 대화를 통해서 자녀의 마음을 알고 잘못한 부분을 바르게 고쳐줄 수 있는 분이셔야 한다. 그리고 어머니는 사랑과 인애가 풍성하며 자녀의 필요와 가족의 필요를 볼 수 있는 눈과 그 필요를 채울 수 있는 부지런한 손과 자녀와 남편을 사랑으로 안을 수 있는 따뜻한 마음이 있어야 한다. 그리고 무엇보다 지혜롭고 현명함이 필요하며 자녀와 남편이 잘못한 것이 있다면 분명하고 지혜롭게 말을 할 수 있는 분이셔야 한다.

서두에 아버지와 어머니의 역할을 먼저 제시한 것은 부모의 역할이 가족에 있어서 매우 중요하기 때문이다. 가족이라는 것은 결코 혼자만의 힘으로 이끌어 갈 수 없다. 따라서 모두가 협력하고 배려함으로 가족을 이끌어 가야 할 것이다. 가족구성원 한 사람 한 사람 모두 지켜야 할 것은 첫째로 배려이다. 자신의 것만 보는 것이 아니라 상대방의 필요와 어려움을 볼 수 있어야 하며, 그것을 배려할 줄 아는 자가 되어야 한다.

둘째로 자신이 맡은 역할에 최선을 다하는 것이다. 가족이라는 이름으로 모였지만 아버지는 아버지 대로 어머니는 어머니대로, 자녀는 자녀대로 맡은 역할이 있다. 따라서 자신의 맡은 역할은 누구에게 책임을 전가하는 것이 아니라 자신이 맡아 책임감 있게 감당해야 할 것이다.

셋째로 진실한 사랑이 담긴 대화이다. 일방적이고 자기중심적인 대화가 아니라 서로를 이해하고 상대방의 입장에 서서 대화를 한다. 또한, 무엇보다 잘 들을 수 있는 귀를 가지며, 자신의 할 말을 분명하고 지혜롭게 말할 수 있는 입을 가져야 한다. 그러나 이 모든 것들이 다 잘되기 위해서는 그 밑바탕에 주님의 사랑과 믿음이 있어야 한다. 모든 것에 있어 주님을 의지하고 기도함으로 우리의 가정을 이끌어 갈 것이다.

내가 왜 격분을 하는가?

내가 격분을 상황들을 생각해보고자 한다. 첫째, 난 아버지의 폭력에 대해 화를 참지 못한다. 아버지께서 어머니를 무자비하게 자신의 힘으로 때렸을 때이다. 내 안에 참을 수 없는 분노를 느꼈다. 어떻게 힘이 있다고 하여, 그 힘을 저렇게 남용하는가! 굳이 폭력으로 해야 할 일이었나! 정말 참을 수 없다! 지금 글을 쓰는 이 순간에도 화가 나려 한다!

둘째, 어머니의 태도이다. 나는 이런 말 들을 때마다 짜증이 확 난다. 그 말은 바로 '남편 복 없는 년은 자식 복도 없다고' 그러면서 신세 한탄하며 울고 있는 모습을 보면 정말 미쳐버리겠다. 말 한번 제대로 못 하고 무조건 참기만 하고 참다못해 우리한테 신세 한탄을 하면 정말 도대체 어떻게 해야 할지 모르겠다.

셋째, 남동생의 태도이다. 아마도 컴퓨터 때문인가. 그것으로 인해 우리 두 남매는 피 터지도록 싸웠다. 동생이 컴퓨터를 하고 있었다. 조금만 하고 비켜주겠다던 동생이 30분이 지나도 안 비켜줬다. 나는 비키라고 소리쳤다. 그래도 조금만 조금만 하며 계속 게임을 했다. 나는 홧김에 컴퓨터를 꺼 버렸다. 그게 싸움의 시작이었다. 동생은 누나 뭔데! 하면서 화를 내기 시작했고 나는 네가 안 비켰다 아이가 하면서 화를 냈다. 그러고 나서 난 컴퓨터 키보드를 들고 날랐다. 동생은 분을 참지 못했는지 발로 이리저리 찼고 나를 찾으러 이리저리 뛰어다녔다. 그리고 싸움은 둘 다 다치고 난 후 종결되었다.

넷째, 나에 대한 내현적인 분노다. 부모님 이혼 후 나의 은둔생활이다. 그것은 참을 수 없는 나에 대한 분노의 표현이었다. 방안에 틀어박혀 아무하고 소통을 하지 않고 오로지 컴퓨터게임만 하면서 지냈다. 밥은 제대로 먹지 못하고 완전 엉망진창인 삶이었다. 이것밖에 되지 않은 나에 대한 분노가 났고 화가 났다. 아무것도 할 수 없는 나 자신이 싫었다. 겁쟁이처럼 숨어있는 내가 미웠다. 죽지도 못하는 바보라서 엄청 짜증 났다.

마지막으로, 내가 분노할 경우는 친구 사이를 이간질하는 X를 볼 때와 독선적이고 강압적인 태도로 대하는 사람을 볼 때, 타인들의 약점들을 가지고 그 약점들을 이용하는 X를 볼 때, 앞에서는 아무 말도 못 하면서 뒤에서는 온갖 잡다한 이야기 다 하는 인간들을 볼 때 격분한다.

나의 분노유발의 기저요인과 원인은 무엇인가?

나의 분노유발의 기저요인과 원인은 무엇일까? 무엇 때문에 내가 아버지, 어머니, 동생, 나, 그 밖의 사람들에게 분노하는 것일까? 아버지에 대한 분노, 내가 원하는 아버지와 너무나도 달랐기 때문이 아닐까! 또한, 내 마음속에 있는 것은 강한 자는 약한 자를 도와야 한다는 것이다. 그렇다. 아버지는 강한 자였다. 내가 생각한 아버지는 그래서 약한 엄마를 괴롭히는 것이 아니라 도와야 했었다. 그리고 아버지의 폭력에 아무것도 대응할 수 없었던 나에 대한 분노일 것이다. 아버지가 엄마를 때릴 때 아무것도 하지 않고 그저 지켜만 보고 있었던 나의 겁쟁이의 모습, 그 모습에 대한 분노를 아버지에 대한 미움으로 대노(大怒)했던 건 아닐까!

어머니에 대한 분노유발 또한 아무것도 해줄 수 없는 나에 대한 분노일 것이다. 힘들어하는 어머니에게 힘이 되어 주지 못할망정 오히려 짐이 되고 있다고 생각했기 때문이다.

남동생에 대한 분노는 아마도 동생이 내 말을 듣지 않았다는 것에서 화가 났을 것이다. 나도 모르게 내 마음대로 동생을 좌지우지하려고 했었다. 그러나 동생은 자기 생각이 있어서 그렇게 하지 않았고 그에 대한 나의 분노는 폭발한 것이다.

끝으로, 나의 분노유발은 내가 나를 사랑하지 않은 것에서부터 비롯되었다. 그럼 나는 왜 나를 사랑하지 않는가? 아마도 나를 너무나도 무가치한 인간으로 바라본 것에서부터 시작이 된 것 같다. 우리 가족의 어려운 환경을 내가 어떻게 할 수 없기에 거기로부터 오는 나의 무능함을 보았다. 그러나 그것은 어린 나로서는 당연히 할 수 없는 것이다. 하지만 나는 그것이 모두 나의 탓이었고 그것을 할 수 없던 나를 힘들게 했다. 한 번도 내가 왜 이랬는지에 대해 곰곰이 생각해 본 적이 없었다. 그래서 그런지 원인을 생각할 때 잘 떠오르지도 않았고 매우 힘들었다. 어쩌면 아직까지 내가 발견하지 못한 부분도 있었을 것이다. 하지만 이제는 더 이상 피하고 싶지 않다. 힘들어도 부딪혀 볼 것이다.

나의 꿈 분석(최근에 자주 꾸는 꿈)

꿈이라는 것을 그렇게 자주 꾸지는 않는다. 정말 내가 힘들거나 잠을 제대로 못 잤을 때 꾼다. 최근에 자주는 아니지만 꾸었던 꿈 이야기를 하면 다음과 같다.

『이곳은 내가 다녔던 교회 앞이다. 교회 앞에 사람들이 많이 있다. 그때 한 사람을 만났다. 바로 내가 아빠라고 불렀던 그 당시 우리 교회 회장님이었다. 나는 아빠라고 부르며 회장님께 갔었다. 회장님은 환하게 웃으면서 인사를 해 주었다. 나는 너무나도 즐겁고 행복했다. 그리고 한 분이 나타났다. 그분은 바로 그 당시 우리 교회 청년부 담당 목사님이셨다. 나는 쭈뼛쭈뼛했다. 목사님은 나를 불러주셨다. "민희야!" 나는 쑥스러워하며 목사님 곁으로 갔다. 그리고 목사님 품에 안겼다. 그리고 꿈에서 깨어났다. 목사님은 내가 가장 힘들었을 때 나를 따뜻하게 안아주시고 보살펴 주셨던 분이시다. 그리고 내가 아빠라고 부르는 회장님 또한 내가 가장 힘들었을 때 기도해 주며 우리 가정을 돌봐주셨던 고마운 분이다.』

4 고통감내기법(Linehan, 1993) : 자신의 고통을 감내하는 기술이다.

1) 정서적 고통을 지나가게 하라!(Let it go!)

(1) 당신의 감정을 탐색하라.

- 감정이 각성상태임을 자각하라.
- 현재의 절망적 상황에서 생각과 행동을 한 발 뒤로 물러서게 하라.
- 감정에서 자신의 마음을 멀리 분리해 떨어뜨려 놓아라.

(2) 당신의 감정을 있는 그대로 경험하라.

- 마치 파도가 왔다가 가는 것처럼 감정을 바라보라.
- 감정을 억압하려 하거나 막으려고 하지 마라.
- 감정을 억누르려고 하지 마라.
- 감정을 의식적으로 없애 버리려고 하지 마라.
- 감정을 밀어내려고 하지 마라.
- 항상 감정적이려고 하지 마라.
- 감정에 매달려 집착하지 마라.
- 감정을 증폭시키지 마라.

(3) 우리는 우리의 감정 이상의 존재이다. 나는 내 감정만이 아닌 그 이상의 존재임을 반드시 상기하라. 즉, 자신의 감정을 직면하고 수용하고 책임을 다하려는 "존재의 용기"를 강화하라.

- 감정을 항상 따르려고 하지 마라.
- 같은 감정을 다르게 느꼈던 때를 기억해 보라.

(4) 자신의 감정을 사랑하는 연습을 해라.

- 감정을 판단하지 마라.
- 기꺼이 함(willingness)을 연습하라.
- 감정을 전향적으로 수용하라.

2) 정반대 행동을 통해 당신의 감정을 전환하라!

(1) 공포(Fear)

- 두려워하는 것이 있으면 그것을 반복해서 두려움이 없어질 때까지 계속해서 보라. 즉, 회피하지 말고 용기 있는 직면을 선택하라.
- 두려움을 주는 사람, 사건, 장소, 일, 활동에 다가가도록 하라.
- 할 수 있다는 자신감과 숙달감을 주는 일을 하라.
- 무엇을 어떻게 어디서부터 해야 할지 모르는 상태가 되면, 지금 당장 할 수 있는 일에 대한 목록과 목표를 세세하게 나누어 목록을 작성하라. 그 작성된 목록에서 첫 번째 항목을 실시하라.

(2) 죄책감과 수치심(Guilty Feeling & Shame)

죄책감이란 자신의 내면 깊은 곳에 자리하고 있는 악한 힘, 파괴성과 악의를 자극하고 부추긴다. 반면에, 수치심은 자신이 무력하고 취약하다고 느끼는 것이다. 지금 당장이라도 타인의 비난과 경멸을 받을 것만 같은 느낌이 들게 된다(McWilliams, 2006). Fossum & Mason(1986)은 "죄책감은 도덕이나 윤리를 위배했다고 느끼는 내적 경험이다. 반면에, 수치심은 다른 사람들로부터 경멸을 받는다고 느끼는 내적 경험이다."라고 정의하고 있다.

※ 지금 느끼고 있는 죄책감과 수치심이 정당한 것일 때(그 감정이 지혜의 마음 상태에서도 받아들여질 때)

- 잘못했거나 위반한 것이 있으면 다시 자신을 수정하고 회복시켜라.
  ① 미안하다고 말하고 사과하라.
  ② 더 나은 상태로 만들라. 잘못했다고 느끼는 사람에게 무언가 좋은 일을 해보라(그렇게 하는 것이 불가능하다면 다른 사람에게 선한 일을 행하라).
- 같은 실수를 반복하지 않겠다고 다짐하라.
- 의연하게 결과를 수용하라.
- 결과는 수용한 후 지나가게 하라.

- 죄책감과 수치심을 일으키는 것들을 계속해서 반추하라.
- 피하지 말고, 적극적으로 직면하라.

(3) 슬픔과 우울증(Grief & Depression)

- 적극성을 띄라. 적극적으로 다가가고 피하지 마라.
- 자신감과 유능감을 주는 일을 하라.

(4) 분노(Anger)

- 분노를 유발하게 하는 사람을 공격하기보다는 친절하게 피하라(골몰하기 보다는 그 사람에 대해 생각하는 것을 멈추고 내려놓고 포기하고 내보내라).
- "악에게 지지 말고 선으로 악을 이기라!"(롬12:21).
- 공격적이거나 잔혹한 일을 하기보다는 무언가 선행을 하여라.
- 다른 사람을 책망하기보다는 그 사람을 동정하고 공감하는 상상을 하라.

3) DBT 고통감내기술훈련(Linehan, 1993).

- "지혜의 마음은 수용하는 것이다!(Wise Mind ACCEPTS!)."

(1) 활약하라!(Activities)

- 운동이나 취미활동하기, 청소하기, 이벤트 참가하기, 친구에게 전화를 걸거나 방문하기, 컴퓨터게임하기, 산책하기, 일하기, 운동경기하기, 외식하기, 카페인이 없는 차나 커피 마시기, 낚시하기, 장작패기, 정원 가꾸기, 등산가기, 경비행기조종하기, 엎드려 팔굽혀펴기, 논문작성하기, 소설, 시, 편지 등과 같은 활동을 즐겨라.

(2) 헌신하라!(Contributing)

- 누군가를 위해서 기부를 하거나 기여하는 활동하기, 자원봉사하기, 누군가에게 무언가를 주기, 선한 일을 하기, 깜짝 놀랄 만한 사려 깊은 일을 하라.

(3) 비교하라!(Comparison)

- 같은 문제를 극복하려고 하는 나보다 못한 사람과 비교하기, 나보다 더 불행한 사람과 비교하기, 좋아하는 드라마보기, 재난에 관한 글이나 고통 받고 있는 사람에 관한 글을 읽어보라.

(4) 다른 감정으로 바꿔라!(Emotions)

- 감동적인 책이나 글, 옛 편지 등을 읽기, 감동을 주는 음악을 듣거나 감동적인 영화보기. 명심할 것은 현재의 감정 상태나 현재 상황과 다른 감정을 자극하라(공포영화, 재미있는 글, 코미디, 재미있는 음악, 찬양, 행진곡)

(5) 밀어내라!(Pushing away)

- 잠깐 분노와 스트레스의 상황을 밀쳐 내기, 그러한 상황에서 정서적으로 멀리 떠나보내기, 나와 특정한 상황 사이에 상상의 벽을 만들기, 마음속에서 분노와 스트레스의 상황이 떠오르는 것을 막기, 골몰하는 것을 그만두기, 분노와 스트레스의 고통스러운 측면에 대해 생각하는 것을 거부하기, 고통스러운 것을 한쪽 귀퉁이에 몰아두라(마음속 책장에 놓아두거나 마음속 상자에 잠시 동안 넣어두어라).

(6) 사색하라!(Thoughts)

- 1에서 10까지 세어보기, 2000을 2로 나누어보기, 그림이나 나무나 창문 등을 보면서 색깔을 세어보기, 퍼즐하기, TV보기, 독서하기, 논문쓰기, 실험하기, 수필쓰기 등에 몰두하라.

(7) 감각을 깨우라!(Sensations)

- 손에 차가운 얼음을 올려놓기, 얼음을 손으로 꼭 쥐어보기, 뜨거운 물로 샤워하기, 음악을 시끄럽게 틀어놓고 듣기, 섹스, 손목에 고무줄을 걸고 당기기.

(8) 상상하라!(Imagery)

- 마음을 편안하게 하는 풍경을 상상하라.
- 마음속에 있는 비밀의 방을 상상하고 그 방이 어떻게 장식되어 있는지 상상해 보라.
- 무언가 위협적으로 느껴지거나 마음에 상처를 주는 것이 있으면 그 방에 남겨 두고 문을 닫아라.
- 모든 것을 잘 극복할 수 있다는 긍정적이고 낙천적인 상상을 하라.
- 아름답고도 평화로운 상상 세계를 만들고 그 안에 마음을 머물러라.
- 부정적인 감정이 하수구로 빠져나가는 것을 상상하라. 또한 호기(呼氣)를 통해 내보내기를 하라.

(9) 의미를 두어라!(Meaning)

- 고통 속에서 의미, 목적, 가치를 찾아내거나 만들어내라.
- 영성에 관한 것(잠언)을 듣거나 읽고 암기하고 기억하라.
- 고통스러운 상황에서도 긍정적인 측면을 찾아내라.
- 고통스러운 상황을 피할 수 없다면 차라리 그 고통을 즐겨라(레몬으로 레 몬레이드를 만들어 마셔라).

(10) 기도를 하라!(Prayer)

- 초월적 존재, 하나님 혹은 나의 지혜의 마음상태로 가슴을 열어라.
- 고통의 순간을 참을 힘을 달라고 하나님께 기도하라.
- 하나님이나 초월적인 존재에게 모든 것을 맡기고 의지하라.

(11) 근육을 이완하라!(Relaxation)

- 주요 근육을 긴장시키고 풀어주기(근육이완), 머리에서 손과 발까지 이완하라.
- 마음 · 챙김 · 명상을 실시하라.
- 땀이 흐를 때까지 운동하라.
- 샤워나 목욕을 하라.
- 따뜻한 우유를 마셔라.
- 목과 머리 부분, 허벅지와 발을 마사지하라.
- 욕조에 찬물이나 따뜻한 물을 채워 두고 그 안에 들어가 미지근해질 때까지 앉아 있어라.
- 복식호흡을 하라.
- 살짝 미소 지으라.
- 얼굴 표정을 바꿔라(웃음치료를 하라).

(12) 한순간에 한 가지만을 주의하라!(One thing in the moment)

- 지금 하는 일에 모든 주의를 집중시켜라.
- 지금 여기에서 이 순간에 주의를 모아라.
- 마음을 미래와 과거가 아닌 현재에 두어라.
- 정신노동을 하고 있지 않을 때, 육체적 감각에 모든 주의를 집중하라.(예: 걸을 때, 씻을 때, 설거지할 때, 청소할 때)
- 일을 할 때, 몸이 어떻게 움직이는지 섬세하게 자각해 보라.

(13) 여행을 즐겨라!(Vacation)

- 잠시 휴식시간을 가져라.
- 침대에 들어가 이불을 머리끝까지 덮고 20분 동안 누워있어라.
- 하루 또는 이틀 동안 조용한 바다에 가서 휴식시간을 가져라.
- 수건을 그냥 바닥에 내버려 두어라.
- 친구, 남편, 아내, 룸메이트에게 침대로 커피를 가져다 달라고 요청하거나 저녁 식사를 해달라고 요청하라.
- 잠자리에서 맛있는 것을 먹으면서 잡지나 신문 등을 읽어라.
- 공원에 자리를 펴고 오후 내내 휴식을 취하라.
- 하루 동안 전화 코드를 빼놓거나 자동응답기를 켜 놓아라.
- 힘겨운 일을 할 때는 1시간 동안 휴식을 취하라.

(14) 격려하라!(Encouragement) : 자신 스스로를 지지하고 격려하라.

- "나는 이것을 참을 수 있어"라고 자신을 지지하고 격려하라.
- "조금만 참으면 이 고통은 지나갈 거야"라고 자신을 지지하고 격려하라.
- "나는 반드시 이루고 말 거야"라고 자신을 지지하고 격려하라.
- "나는 최선을 다하고 있어"라고 자신에게 지지하고 격려하라.

(15) 장 · 단점을 생각하라!(Think of Merits & Demerits)

- 고통을 감내하는 것에 대한 장점과 단점 목록 만들기. 고통을 감내하지 않는 것에 대한 장점과 단점 목록 만들기(예: 몸에 상처를 내는 자해행위로 고통을 극복하려고 하는 것, 술과 마약을 하는 것, 충동적인 폭력행위 등).

A. 고통을 감내하는 장점.	B. 고통을 감내하는 단점.
1. ______	1. ______
2. ______	2. ______
3. ______	3. ______
4. ______	4. ______
5. ______	5. ______
※ 목표설정하기	※ 비워버리기

- 고통을 감내하는 것에 대한 장점과 단점 목록의 예시

A. 고통을 감내않는 장점.	B. 고통을 감내않는 단점.
1. 사건을 키우지 않을 수 있다.	1. 고통으로 인해 마음이 답답해질 수 있다.
2. 성숙해질 수 있다.	2. 부정적인 감정이 이어질 수 있다.
3. 타인을 이해할 수 있게 된다.	3. 충동적인 생각이 들 수 있다.
4. 평화를 지킬 수 있다.	4. 하고 싶은 것을 참아야 한다.
5. 자신을 지킬 수 있다.	5. 고통을 참았는데 성과가 기대에 미치지 못하면 후회할 수 있다.
※ 목표설정하기	※ 비워버리기

- 장기적인 목표에 초점을 맞춰라(터널의 끝에 보이는 한 줄기 빛을 생각해 보라). 아무리 고통스러운 순간도 끝이 났었던 경험을 상기하라.
- 고통을 감내하는 것에 대한 긍정적인 결과에 대해 생각해보기. 스스로 목표를 달성할 때, 혹은 충동적으로 행동하지 않았을 때 얼마나 기분이 좋았는지를 상상해 보라.
- 현재의 고통을 감내하지 않았을 때 생기는 부정적인 결과에 대해 생각하기. 순간을 모면하기 위해 충동적으로 행동했을 때 무슨 일이 발생했는지 상기 해보라.

(16) 철저히 수용하라!(Radical Acceptance)

- 괴로움을 떨쳐내 버리기 위해서는 마음 속 깊은 곳에서의 수용의 지혜가 필요하다. 나 자신을 주어진 현실에 철저하고 자유롭게 놓아두고, 현실과의 투쟁에서 벗어나라.
- 수용은 지옥에서 벗어나는 유일한 방법임을 명심하라.
- "고통은 우리가 고통을 받아들이기를 거부할 때만 괴로움을 만들어낸다."
- 바로 이 순간을 감내하겠다고 마음을 먹는 것이 바로 수용의 지혜이다.
- 수용은 현실을 인정하는 것이다.
- 무엇인가를 수용하는 것은 그것이 좋다고 판단하는 것과 같은 것이 아니다.

(17) 마음을 바꿔라!(Turning the Mind)

- 현실을 있는 그대로 수용하는 것은 적극적인 선택을 하는 것이다. 이는 마치 갈림길에 서 있는 것과 같다. 우리는 우리의 마음을 현실 거부라는 길에서 수용이라는 길로 바꾸어야만 한다.
- 스스로 받아들이겠다고 다짐하라.
  a. 받아들이겠다는 다짐은 수용과 같은 의미는 아니다. 다짐은 수용의 길로 향하도록 재정향(redirection)을 하는 첫 걸음이다.
  b. 마음을 돌려 수용하겠다는 다짐을 끊임없이 계속하라. 어떤 때는 이 다짐을 몇 분 동안에 수없이 반복하라.

(18) 기꺼이 행하라!(Willingness) : 모든 상황에서도 기꺼이 하려는 반응을 보이도록 노력하라.

- 기꺼이 행함은 각 순간에 꼭 필요한 일을 자만하지 않고 하는 것이다. 오직 효과와 효율성에만 초점을 맞춘 태도를 말한다.
- 기꺼이 행함은 지혜의 마음상태에 주의하며 마음속 깊은 곳에서 진심으로 실행하는 것을 의미한다.
- 기꺼이 행함은 내가 우주에서 바로 이 지구, 지금 서 있는 땅, 앉아있는 의자, 지금 이야기를 나누고 있는 사람, 이 모두가 관계를 이루고 있음을 자각할 기회를 우리에게 제공한다.

(19) 외고집을 버리라!(Willfulness) : 외고집을 기꺼이 행함으로 바꿔라.

- 외고집은 행동이 필요할 때 변화하려고 하지 않고 두 손을 놓고 가만히 앉아있는 것이다.
- 외고집은 포기하는 것을 의미한다.
- 외고집은 효과적이고 할 수 있는 것을 하는 것에 반대되는 마음의 상태를 의미한다.
- 외고집은 모든 상황을 고집하고 강압하려 한다.
- 외고집은 한순간도 인내하려 하지 않는다.

5 사고전환기법

고도의 구조화·전문화된 기법들은 많은 문화권에서 여러 형태로 나타나고 있다. 이 방법에서, 당신은 사고, 느낌 및 지각의 흐름을 하나씩 그 의미나 다른 것과의 관계에 대해 생각하지 않고 수동적으로 관찰하게 된다. 이는 마음속에 떠오른 것이 무엇인지 알게 해주고 그런 후 그 생각을 사라지게 해 준다.

① 자세를 가다듬고 자신에게 집중하라. 깊게 몇 번 호흡하라.

② 눈을 감고 깊은 수영장 바닥에 앉아있다고 상상하라. 생각, 느낌 및 지각이 떠오르면, 그것이 거품인 것처럼 생각하고, 그 물거품이 위로 올라가서 사라지게 하라. 그것이 사라지면, 다음 것이 나타날 때까지 기다린 후 이 과정을 반복하라. 그 거품의 내용에 대해 생각하지 마라. 단지 그 거품을 관찰하라. 때로 똑같은 거품이 여러 번 나타날 수도 있고, 또는 여러 개의 거품이 서로 관계되어 있는 것처럼 보일 수도 있으며, 또는 거품이 비어 있을 수도 있다. 모두 괜찮다. 그 내용에 관여하지만 말아라. 단지 마음의 눈앞에서 그 거품들이 지나쳐 가는 것을 보아라.

③ 물속에 있는 것을 상상하는 것이 불편하다면, 천천히 아래쪽으로 떠내려가는 나뭇잎을 보면서 강둑에 앉아 있는 장면을 상상하라. 하나의 사고, 느낌 또는 지각을 나뭇잎인 것처럼 보고, 그런 후 그것이 시야에서 떠내려가게 하라. 다시, 강을 바라보면서, 새로운 생각의 나뭇잎이 떠오르는 것을 기다려라. 아울러 흘러가는 흰구름과 연기에 자신의 모든 사념(邪念)을 담아 멀리 멀리 멀리 바람과 함께 날려 보내는 상상을 하라.

6 보기명상하기

당신은 회의 동안, 버스에서 또는 대기실에서 어떤 것을 응시할 수 있다. 이는 놀랍게도 눈에 띄지 않는 명상훈련이다(Davis, M., Eshelman, E. R., & McKay, M., 2000: 손정락, 2006).

① 시야 내에 있는 대상 중 눈을 고정시키고 싶은 대상을 탐색하라. 그런 후 선택한 대상에 눈을 고정하고 있는 동안 몇 차례 복식호흡을 하라. 그 대상이 당신 주위에 있는 유일한 대상일지라도, 그 물체에 당신의 관심을 주의 집중하라. 보고 있는 대상에 대해 판단하지 말고 또는 어떠한 생각도 하지 마라. "단지 보는" 경험을 하고 있는지 알아보라. 다른 생각이 떠오르면, 그러한 생각을 알아차린 후 다시 그 대상에 주의집중(초점)하라.

② 다양한 실제적인 대상을 선정하여 당신은 훈련을 할 수 있다.

- 구체적 대상: 일반적으로 움직이지 않고 크기와 형태가 뚜렷한 대상.
- 자연대상: 구름, 별, 모래, 나뭇잎, 바다, 꽃, 바위, 가로수 등과 같은 대상.
- 움직이는 대상: 군중, 바쁜 거리의 차들 등. 이러한 특성의 대상들의 경우, 개별 형태에 시선을 맞추지 마라. 대신 공간의 한 점에 눈을 고정하고 눈앞을 지나가는 움직임에 주의를 집중하라.

7 통증과 불편감에 대한 움직임을 통제하기(Davis, M., Eshelman, E. R., & McKay, M., 2000; 손정락, 2006).

① 자세를 가다듬고 스스로에게 집중하라. 깊게 몇 번 복식호흡을 하라.

② 미리 정해진 시간 동안 움직이지 않을 것이라고 스스로에게 약속하라. 그런 후 기본적인 명상을 시작하라.

③ 시간이 지남에 따라, 깨닫지 못한 사이에 머리를 움직이거나 자리를 옮기고 있는 자신을 발견할 수도 있다. 그래도 괜찮다. 움직임에 주목하고 다시 명상으로 돌아가라. 잠시 후 실제로 몸을 움직이기 전에 몸의 한 부분을 움직이고 싶은 마음이 들 것이다.

④ 움직이고 싶은 마음을 확인할 수 있다면, 정확하게 원하는 것이 무엇인지에 초점을 맞춰라.

⑤ 불편감에 집중하면서, 그 주변을 부드럽게 만들어 보아라. 근육이 긴장되어 있다면, 이완하도록 하라. 이 근육은 이완된 채로 있고 싶어 하지 않을 것이기 때문에, 자주 체크해야 한다. 호흡은 어디로 하고 있는가? 가슴으로 호흡하는가? 만일 그렇다면, 아랫배 쪽으로 내리도록 노력하라. 불편감에 초점을 맞춰라. 거기에서 어떠한 느낌이 느껴지는가? 잠시 동안 그 느낌에 머물러라.

⑥ 시간이 다 되었으면 앉고 싶어 했던 자세를 취하도록 몸을 천천히 움직여라. 그 감각에 집중하라. 불편함이 사라지는가? 불편감이 점진적으로 사라지는가? 어떠한 방식으로 몸이 더 나아지는가? 긴장감이 있지는 않은가? 만일 그렇다면 긴장을 풀어라.

C 프로그램 토의 및 평가

프로그램 내용 및 진행에 대한 전반적인 피드백을 제공하기

D 과제소개

1. 통증과 불편감에 대한 마음 · 챙김 · 명상 시연하기
2. 자신의 한(恨)풀이수기쓰기

자신의 한(恨)풀이수기

당신 자신의 맺힌 한(恨)을 어떻게 풀 것인지에 대해 기술하시오.

자신의 한(恨)풀이수기

당시 자신의 맺힌 한(恨)을 어떻게 풀 것인지에 대해 기술하시오.

나는 어렸을 때부터 유난히 내성적인 성격으로 말수도 적어 학창 시절 친구들과 어울리며 노는 게 많이 힘들었다. 몸도 왜소한 편이라 소위 말하는 '일진'아이들에게 놀림감이 되기 쉬웠고 날이 갈수록 아무 말도 못 하는 나를 놀리는 수위도 점점 세지기 시작하였다. 학교에 가는 날이면 내 책상은 언제나 더러워져 있었고 사물함에 있던 내 체육복은 어디론가사라지고 없었다. 사물함에 내 체육복이 있을 때는 항상 더럽혀진 상태로 있었고 누가 한 짓인지 알면서 아무 말도 못 하는 자신이 너무 초라해 미칠 것만 같았다. 차라리 몸살이라도 걸려 학교에 안 갔으면 좋겠다는 생각으로 비가 오는 날이면 일부로 비를 맞기도 했다. 내 몸과 마음은 점점 지쳐갔고 집에서 걱정하기 시작했다. 저녁을 먹을 때면 말도 안하고 밥만 먹고 내 방으로 들어가 나오지 않는 내 모습에 부모님은 답답하기만 했을 것이다. 주말에는 밖에도 안 나가고 밥도 제대로 먹지 않던 내 모습을 보고는 어머니가 무슨 일이냐고 물었고, 계속 아니라고 얼버무리던 나는 너무 힘든 나머지 그동안 있었던 일들을 말하기 시작했다. 더 이상 그 학교에서 생활하는 것이 무리라고 생각한 부모님과 나는 전학을 가기로 했고 전학과 동시에 심리상담을 받기 시작했다. 그 덕분에 자존감과 자신감이 부족했던 나는 자존감과 자신감을 키우는 법을 배웠고 그 결과 자기주장을 할 줄 아는 사람으로 변해있었다. 덕분에 밝은 성격을 가질 수 있었고 더 이상 나를 괴롭히는 친구들은 없고 나를 진심으로 생각해주는 친구들을 만나 아픔을 이길 수 있었다. 물론 아직 다 나아진 건 아니다. 내가 오늘 실수한 행동은 없는지 조마조마할 때도 있지만 그럴 땐 불안한 감정을 떨쳐낼 수 있도록 나만의 취미생활을 만들어 지내고 있다.

자신의 한(恨)풀이수기

당시 자신의 맺힌 한(恨)을 어떻게 풀 것인지에 대해 기술하시오.

나의 가정환경은 썩 그렇게 좋은 편은 아니다. 술만 마시면 폭력적으로 변하는 아버지와 아무 말도 못 하고 나와 동생을 보호하며 아버지의 폭력을 무덤덤하게 맞기만 하는 어머니의 환경 속에서 자란 나는 집에 들어가는 게 너무 싫었다. 어두운 집안 분위기가 싫어 일부로 친구들과 늦게까지 놀기도 했고 어린 나이에 일찍 술과 담배에 손을 대기도 했다. 맞벌이하시는 부모님이 계시는 아이들이 있으면 부모님이 오시기 전까지 그 친구 집에서 지내기도 하며 나와 비슷한 환경에 처한 아이들이 있으면 모아 밤늦게까지 공원에서 시간을 보내며 시간을 버리기 시작했다. 이런 생활이 익숙해진 나는 학교도 빠지며 친구들과 피시방과 공원에서 하루하루 시간을 낭비하면서 지냈다. 아는 학교 선배의 도움으로 식당 아르바이트를 시작했고 일부로 전일제 근무를 하기도 했다. 최대한 집에 있는 시간이 줄어들고 밖에서 일하는 시간이 많아지니 점점 더 집에 가기 싫었다. 학교에 다닐 이유가 사라지고 결국 자퇴한 나는 20대 초반까지 계속 아르바이트만 하며 지내왔다. 어느 날 집에 가니 여느 때처럼 집안 분위기는 침울했다. 더 이상 이렇게 피하기만 해선 안 되겠다고 생각했다. 그동안 모은 돈을 다 털어 엄마와 동생과 셋이 살 수 있는 작은 방을 얻어 생활했다. 그동안 하지 못했던 말들을 하면서 속을 비워내니 시원했다. 내가 사는 구에서 지원해주는 심리상담으로 우리 가족은 심리치료를 결정했고 아버지는 알코올 중독 센터로 들어가 치료받으면서 점차 나아지는 모습을 보여줬다. 일하는 아르바이트에서도 어두웠던 내가 요새 밝아졌다면서 더 열심히 일하는 모습을 좋게 봤는지 정직원으로 일하는 게 어떻겠냐고 물어봤다. 조금씩 검정고시 준비도 하고 있다. 하나씩 하나씩 극복해 가는 중이다.

주제 IX

결초보은(結草報恩)을 행하라!

제11회기

부모교육과 자녀교육 : 관계치료

A 목적

부모교육, 자녀교육, 청소년 성교육 및 청소년 음주교육을 실시한다.

B 회기 진행 과정

1 과제확인 및 피드백 주기

2 결초보은(結草報恩)교육

結 : 맺을 결, 草 : 풀 초, 報 : 갚을 보, 恩 : 은혜 은. 즉, 은혜가 사무쳐 죽어서도 잊지 않고 갚는다는 뜻을 가지고 있다.

3 부자유친(父子有親)교육

父 : 아비 부, 子 : 아들 자, 有 : 있을 유, 親 : 친할 친. 즉, 가정윤리의 실천덕목인 오륜(五倫)의 하나로, 부모는 자식에게 인자하고 자녀는 부모에게 존경과 섬김을 다하라는 뜻을 가지고 있다.

4 부부간에 건설적·합리적·긍정적 사고전환 및 대화기법(Beck, 1988: 제석봉, 2008).

1) 다음 표 1은 부부간의 분노유발상황에서의 일차적/이차적 자동적 사고이다.

표 1 부부간의 분노유발상황에서의 일차적/이차적 자동적 사고

분노유발상황	일차적(분노) 자동적 사고	이차적(분노) 자동적 사고
남편이 일찍 귀가했다. 아내가 책을 반납했다. 남편이 요리솜씨를 칭찬한다.	집안이 엉망이라 비판할 것이다. 나를 믿지 않는다. 내가 잘하는 거라곤 그것밖에 없다고 여길 거야.	나를 감시하려는 걸까? 자신을 내세우려 하는구나. 칭찬거리를 찾고 있구나.

2) 다음 표 2는 부부간의 자동적 사고/언어적 반응/비언어적 반응이다.

표 2 부부간의 자동적 사고/언어적 반응/비언어적 반응

구분	자동적 사고	언어적 반응	비언어적 반응
남편	아내는 아이들을 너무 아무렇게나 놔둔다. 항상 짜증나게 만들어.	여보, 아이들 좀 조용히 시켜야 되지 않겠어?	목소리가 날카롭다.
아내	또 시작이다. 항상 불만투성이야 (화가 난다).	재미있게 놀고 있잖아요.	얼굴근육이 긴장된다.
남편	사사건건 반대만 해. 차라리 내가 나서야 되겠어.	그럼 내가 들여보내?	목소리가 커진다. 주먹을 불끈 쥔다.
아내	자기 성질을 못 참아. 아이들에게 어떤 말을 퍼부을지 모르겠어. 차라리 내가 지는 게 낫지.	놔둬요. 내가 재울게요.	말이 퉁명스럽다.

3) 다음 표 3은 부부간의 자동적 사고 및 숨겨진 감정반응이다.

자동적 사고	숨겨진 감정
1. 나는 왜 이렇게 멍청한가. 아내는 항상 이기려든다. 말로 이기려고 하고 내가 입만 열면 떠나겠다고 위협한다.	슬픔을 느낀다.
2. 심보가 고약한 여자다.	분노를 느낀다.

자동적 사고	숨겨진 감정
1. 그녀가 옳을지도 모른다. 내가 아이들에게 심했을지도 모르지.	죄의식을 느낀다.
2. 아내는 왜 항상 내 기분을 잡치게 할까? 나를 괴롭히는 것이 즐겁나 봐.	슬픔을 느낀다.
3. 나와 아이들 간의 관계를 해치고 있어.	분노를 느낀다.

자동적 사고	숨겨진 감정
1. 나에게는 아무도 관심을 보이지 않는다. 내게 무슨 문제가 있는 가봐. 나는 왜 웨슬리처럼 인기가 없지? 그는 누구와도 잘 지내잖아.	마음이 상한다.
2. 사람들은 나를 별 볼일 없는 남자로 본다.	더욱 상처를 받는다.
3. 그이라도 나에게 관심을 보여야 돼.	화가 난다.
4. 나에게는 전혀 관심을 보이지 않아.	더욱 화가 난다.

부정적 감정	합리적·긍정적·건설적·손익적 사고 대처하기
아내는 지배적이다.	아내는 사실 과단성이 있고, 일을 많이 하며 가계에도 크게 이바지한다.
아내는 비관적이다.	아내는 날카롭고 예리하고 성공가도를 달리고 있다. 나에게 상처를 줄 의도는 없을 것이다.

(아내에 대한 남편의 이면 감정분석)

부정적 감정	합리적·긍정적·건설적·손익적 사고 대처하기
남편은 게으르다.	남편은 성격이 느긋한 천하태평이다.
남편은 지나치게 수동적이다.	남편은 전적으로 나를 수용하고 있다.
남편은 무책임하다.	남편은 내가 이룬 일에 감탄하고 있다.
남편은 만사를 농담 삼아 말하고, 진지한 구석이 없다.	남편은 유머감각이 뛰어나다. 기분이 좋지 않을 때 항상 웃게 만든다.

(남편에 대한 아내의 이면 감정분석)

표 3 부부간의 자동적 사고 및 숨겨진 감정반응

관련된 상황 또는 사건	자동적 사고	사고문제
부부관계를 맺고 있는데 남편이 갑자기 내게 짜증을 냈다.	미친 거 아냐!	부정적 낙인
	항상 저렇게 성질을 부린다.	과잉일반화
	함께 살기가 불가능할 것 같아.	파국적 사고

4) 다음 표 4는 부부간의 자동적 사고 및 부정적 대화이다.

표 4 부부간의 자동적 사고 및 부정적 대화

구분	자동적 사고	부정적 대화
아내	직장에서 이러한 어려움을 겪지 말았어야 해. 남편은 내 말을 들어야 하고, 마땅히 동정해주어야 해.	오늘 직장에서 정말 혼났어요.
남편	나는 아내의 짐을 지지 말아야 해. 아내는 나에게 덮어씌울 권리가 없어. 아내는 퇴근할 때 즐거운 마음으로 나를 맞아주어야만 해. 항상 나의 하루를 망치려고 해.	다른 주제를 얘기하면 안 돼?
아내	내가 기분이 좋지 않을 때는 남편에게 말할 수 있어야 해. 남편이라면 당연히 도와줘야지.	당신은 내 말을 듣고 싶어 하지 않는군요. 항상 자기 문제만 꺼낼 줄 알았지.
남편	이런 비난을 참지 말아야 해.	당신이 늘 하는 것이라고는 한숨 쉬고 불평하는 것밖에 없잖아. 직장생활이 그렇게 힘들면 왜 그만두지 않지?
아내	나에게 화내고 비판할 권리가 없어.	내가 어려움에 부닥칠 때마다 더 기분 상하게 해. 당신은 자기중심적인 사람이라 어떤 사람의 말도 듣고 있지를 못해.
남편	나에게 공격할 권리가 없어. 그냥 참고 있을 수가 없어.	계속 심술궂게 굴면 여기서 나가버릴 거야.

5) 다음 표 5는 부부간의 분노유발상황과 자동적 사고이다.

표 5 부부간의 분노유발상황과 자동적 사고

상황	자동적 사고
집에 늦게 왔다고 비난했다. 아내는 "왜 이렇게 늦게 왔어." 하고 말했다.	1. 저런 식으로 말하는 것을 보면, 나에 관한 생각은 조금도 없는 모양이다. [상처] 2. 나를 약한 존재로 보고 있음이 틀림없다. [상처] 3. 아마 내가 약한 존재인지 모르고, 또 아내가 그런 뜻으로 말하지 않았어야 했다. [고통의 감정] 4. 결코, 이대로 놔둘 수 없다. [때리려는 충동]

a. 싸움의 배후의 기본적 신념 : 남편은 다음과 같은 자동적 왜곡된 신념을 가지고 배우자에게 반응한다.

- 내가 항상 정상에 놓여 있어야 다른 사람이 나의 약점을 못 본다.
- 사람들이 나의 약점을 안다면, 나를 얕볼 것이다.
- 나는 어떤 상황에서든 사람들을 통제할 수 있어야 한다.
- 아내의 기를 꺾지 않으면 그치지 않고 계속할 것이다.
- 아내는 나를 누르는 것을 즐기고 있다.
- 이렇게 하면 안 된다는 것을 깨닫게 하는 유일한 방법은 손찌검뿐이다.

b. 아내 또한 다음과 같은 자동적 왜곡된 신념을 가지고 갈등한다.

- 나는 너무 억압받고 있다.
- 내 자신을 표현하지 않는다는 것은 무력하다는 뜻이다.
- 내가 무력하다면 나는 그야말로 아무것도 아니다.
- 남편을 항상 체크해야 한다. 그렇게 하지 않으면 나를 얕볼 것이다.
- 집안일을 하게 하려면 제대로 하지 못하고 있다는 사실을 알려 주어야 한다.

c. 분노의 통제

- 부부는 가정 살림, 자녀 양육, 기타 가정 문제에 관해 이야기할 때 필요 이상으로 상대방의 감정을 상하게 한다. 상대방에게 자신이 원하는 것을 말하려고 할 때 원하는 것을 전달하는 것보다는 상대방을 속상하게 하거나 조소하거나 비판하는 데 더 비중을 둔다.
- 부부는 자신이 옳다고 여기기 때문에 이러한 투의 말을 사용하는 경우가 많다. 이러한 말투는 자랄 때 자주 사용해 왔던 기법인 경우가 많다. 이러한 방법이 역효과를 냄에도 불구하고 바꾸려 하지 않는다. 그것은 다른 방법을 생각해보지 못했거나, 기존의 방법이 좋다고 생각하기 때문일 것이다. 이러한 방법이 분개, 대립, 보복을 불러일으키는 역효과를 낸다는 사실은 안중에도 없다.

- 원시적인 분노와 증오와 적대감이라는 정서가 야생에서는 맞을지 몰라도 가정생활에서는 '죽고 죽이려는' 투쟁이 어울리지 않는다. 부부는 지나친 적대감을 표현하기보다 이를 통제하고 감소시키는 방법을 학습해야 한다.
- 통제기법으로는 화가 난 상태에서 행동하는 것을 자제하고, 'Hot Zone(열대)'에서 'Blue Zone(온대)'로 나아가도록 노력하고, 논쟁이 과열될 때에는 타임아웃을 선언하여 여유를 갖는 상식적인 방법도 있다.
- 부부가 적대감 이면에 자리한 자동적 사고와 기저신념을 찾는 법을 배우게 되면, 위장된 심리적인 게임을 연출하지 말고 문제의 핵심에 접근하여 건설적으로 해결하는 길을 찾을 수 있을 것이다.

6) 다음 표 6은 부부간의 분노/자동적 사고/합리적 사고이다.

표 6 부부간의 분노/자동적 사고/합리적 사고

정서적 반응	자동적 사고	합리적 사고
분노	공평하지가 못해. 나도 직장에 나가고 있잖아. 마음만 먹으면 왜 제시간에 못 와? ↓ 나에 대한 배려는 전혀 없어.	그의 직장은 나와 다르지 않은가. 그의 고객들은 다들 퇴근 후에 오니까. ↓ 늦는다고 전화까지 했잖아. 늦는다고 해서 배려하는 마음이 없다고 말할 수는 없지 않은가. 그리고 평소에는 관심과 애정을 잘 표현하지 않는가.

(아내의 자동적 사고)

정서적 반응	자동적 사고	합리적 사고
분노	성질이 나서 저렇게 해. 오늘 밤 또 다 망쳤군. ↓ 나에 대한 배려는 전혀 없어. 자기 직장 외에는 신경 쓰는 것이 없어. ↓ 자기 일 밖에는 다른 일들은 전혀 신경 쓸 줄 몰라.	성가시게 굴어도 몇 분만 지나면 좋아지지 않았는가. ↓ 저녁 준비를 하지 않는다고 해서 나와 집안에 대한 배려가 없다고 말할 수는 없지 않은가. 평소에 집안을 잘 이끌어 가고, 내 요구를 잘 들어주지 않았는가. 오늘은 내가 한번 하자. ↓ 직장에 신경을 써도, 나와의 관계가 더 중요하다고 말하지 않았는가. 내가 그 말을 왜 믿지 못하지?

(남편의 자동적 사고)

7) 다음 표 7은 부부간의 자동적 사고와 합리적 · 건설적 사고 재구성을 시사한다.

표 7 부부간의 자동적 사고와 합리적 • 건설적 사고재구성

자동적 사고	합리적 사고
친구들과 술을 마시러 나갔다. 이것만 보더라도 나와 아이들에게 아무 관심이 없다는 증거다.	그러면 긴장이 좀 풀릴 것이다. 친구들과 술을 한 잔 마시고 들어오면 항상 기분이 좋지 않았는가.
참 못 말릴 여자다. 아이들이 들볶아도 찍 소리 하지 않는다. 아이들을 제멋대로 살도록 버려두고, 아무리 나쁜 짓을 해도 내버려 둔다.	애정이 깊다. 아이들도 엄마를 좋아한다. 그 외에도 아이들은 착해서 문제를 일으키지 않는다. 아이들이란 잘못도 저지를 수 있지 않은가. 별문제가 없다.
아내는 사사건건 잔소리를 한다.	아내는 가정을 아주 잘 꾸려가고 있지 않은가. 잔소리라도 하지 않으면 아마 집구석이 말이 아닐 것이다.
아내는 여행할 때 아무에게나 말을 건다. 바람기 있는 여자가 아닌가.	아내는 사교성이 많다. 그래서 여행이 더욱 즐겁다.
남편은 구두쇠다. 동전 한 푼 내놓기 아까워 한다.	남편은 가계를 잘 꾸려나간다. 누군가가 이런 일을 맡아야 한다.

남편의 자동적 사고	남편의 합리적 사고
항상 잔소리를 퍼붓는다.	(과잉일반화) 내가 할 일을 하지 않을 때에만 잔소리를 한다.
나를 무시하기를 즐기는 모양이다.	(독심술) 아내가 즐긴다는 증거는 전혀 없다. 사실 아내는 잔소리하기가 싫다고 말한다.
나를 아이같이 취급한다. 무엇이든지 자기 원하는 대로 해주기를 바란다.	(독심술) 나를 아이처럼 취급하기를 원하지 않는다. 나는 아내 목소리 톤을 좋아하지는 않는데, 이것을 아내에게 직접 말할 수 있다. 아내가 원하는 것은 깨끗하게 치우라는 것이지, 아내 마음대로 다하려는 것은 아니다.

아내의 자동적 사고	아내의 합리적 사고
그는 항상 물건을 버려둔다.	(흑백 논리적 사고) 물건을 치울 때도 있다. 그리고 집안이 어지러워도 귀찮은 줄 모르기 때문에 아마 의식하지 못하고 있을 것이다.
그는 나를 하인으로 여기는 모양이다.	(독심술) 그가 나에게 무엇을 기대하는지 알지 못한다. 나는 물어볼 수 있을 것이다.
내가 어떻게 느끼는지 전혀 배려할 줄 모른다.	(개인화) 집안을 어지럽힌다고 해서 배려가 없다고 할 수는 없다.
입을 다물어 버리면, 아무 말도 할 수가 없다. 적대감으로 가득 차 있다.	(과잉일반화) 그는 어떤 일을 시키면 아주 민감한 반응을 보인다. 아마 자신의 어머니 때문인 듯하다. 보통 때는 사랑스럽고 따뜻한 배려를 나타내지 않는가.

분노를 유발하는 대화	합리적 · 긍정적 · 건설적 대화
친정어머니에게 전화하는 데 그렇게 잔소리를 해대는 사람이 어디 있어?	나는 당신이 전화할 때에 잔소리하면 제일 싫어요.
당신같이 고약한 사람은 처음 봤어. 아이들 앞에서 비판해대니.	나는 당신이 아이들 앞에서 비판할 때 어찌할 바를 모르겠어요. 권위도 떨어지고.
당신은 왜 그렇게 게을러빠졌어요. 나갈 때 불도 끄지 않고 나가다니.	나는 당신이 나갈 때 불을 끄고 나갔으면 좋겠어요.

8) Semmelroth(2002)의 비판적 사고(critical thoughts)와 사실적 사고(factual thoughts)를 식별하라!

Semmelroth(2002)에 따르면, 만일 자신의 사고가 타인이 반드시 변해야만 한다는 사고에 몰입하거나 모든 것이 자신이 원하는 대로만 되어야 한다는 사고에 집착한다면, 자신은 어떻게 변화할 수 있을까?

만일 자신의 사고가 타인의 행동과 변화에만 초점을 맞추고 있다면, 이는 비판과 분노이며, 결코 자신에게 좋은 것이 아니다. 자신의 분노유발상황에서 자신의 사고를 잠시 멈추고(Stop), "사고에 대한 사고(thinking of thoughts)"할 시간을 갖는 것이 중요하다. 이런 사고는 크게 비판적 사고(critical thoughts)와 사실적 사고(factual thoughts)로 분류된다.

- 사실적 사고(factual thoughts)는 우리가 무엇을 결정하는 데 조력한다.
- 비판적 사고(critical thoughts)는 우리가 어떤 사람이나 세상일이 우리가 원하는 방식대로 이루어지지 않는다는 것을 기억하도록 조력한다.

다음 그림은 사실적 사고와 비판적 사고의 예이다.

그림 1 • 사실적 사고와 비판적 사고의 예.

그림 2 • 사실적 사고와 비판적 사고의 예.

5 Albert Ellis & Ted Crawford(2000)의 회전토론순서(RDS: Revolving Discussion Sequence).

본 회전토론순서(RDS) 의사소통기술(意思疏通技術)의 3단계를 구체적으로 살펴보고자 한다.

그림 3 • 회전토론순서(RDS, Revolving Discussion Sequence).

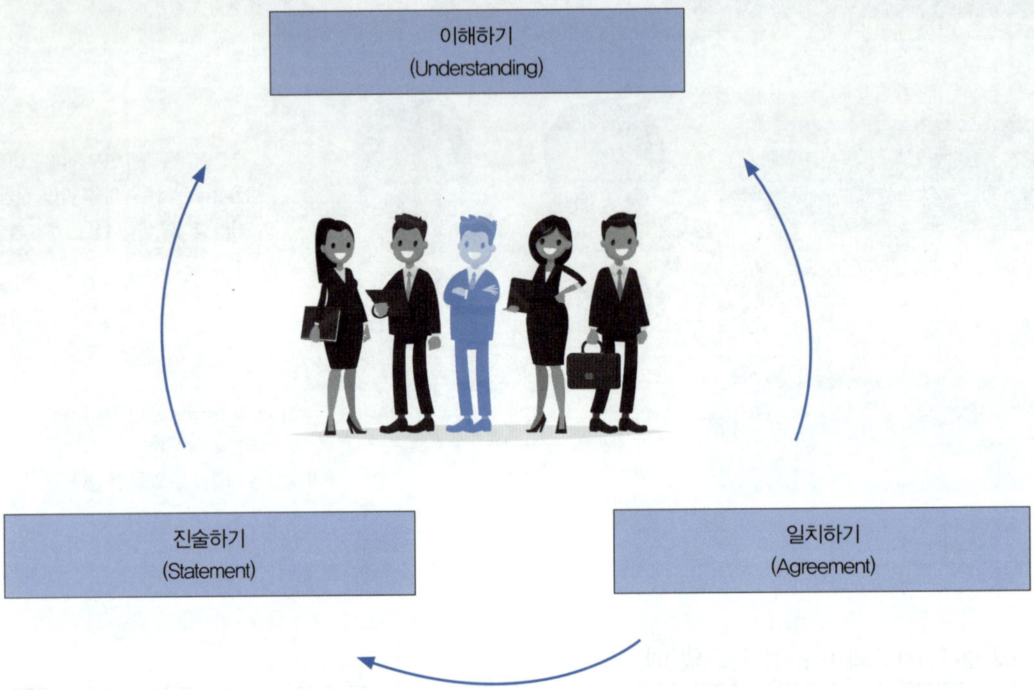

1단계 : 이해하기(Understanding)

태도 : 타인을 먼저 이해하려고 기꺼이 노력하라.

의도 : 타인의 이슈(issue)를 그/그녀가 의미(意味)를 두고 있는 방식(方式) 그대로 이해하라.

절차 : (a) 의견의 일치(一致)와 불일치(不一致)에 상관없이, 타인의 감정(感情), 요지(要旨), 그리고 의미(意味)에 대한 당신 자신의 이해를 패러프레이즈(paraphrase)[1]하라.

(b) 당신 자신의 이해에 대한 적합성(fit)을 체크하라. "이것이 바로 당신이 의미했던 것입니까?"

(c) 송신자(送信者, sender)[2]가 당신 자신의 이해를 적합하게 수정할 수 있도록 허용하라. 당신이 아닌 송신자가 당신이 얼마나 잘 이해하고 있는 지를 평가할 수 있는 주관자(主管者)이다. 이는 송신자의 정직성(正直性)을 보호해준다.

(d) 송신자가 "바로 그거예요"라고 말할 때까지 다시 재진술을 시도하라.

---

1) 패러프레이즈(paraphrase) : 상대방의 말을 경청한 후 자신의 말로 바꾸어서 재진술하는 것을 의미한다.

2) 송신자(送信者, sender) : 의사소통 선형 모델의 처음과 끝에 놓이는 개인 또는 조직으로서 정보 또는 메시지를 보내는 사람을 송신자(sender)라 하고, 받는 사람을 수신자(receiver)라고 한다.

2단계 : 일치하기(Agreement)

태도 : 송신자(送信者)와 함께 자신의 일치(agreement)를 정직하게 공유하기를 바라라.

의도 : 당신 자신의 공통점(common ground)을 확장하라.

절차 : (a) 타인의 입장에서 타당한 몇 가지 견해들을 확인하라.

(b) 아직 상호 간에 불일치들(disagreements)을 공유하지 말고 오직 정직한 일치들(honest agreements)만을 공유하라. 어떤 의견에 일치를 하는 것에 대한 주관자(主管者)는 바로 당신이다. 이는 당신 자신의 정직성(正直性)을 보호해준다.

(c) 당신 자신의 일치들(agreements)을 극대화(極大化)하라.

(d) 역할을 바꾸고 다시 순서대로 시연하라.

3단계 : 진술하기(Statement)

태도 : 윈윈(win-win)을 지향하는 대화로 변화시킬 수 있도록 바라라.

의도 : 경청자((傾聽者)가 당신 자신의 감정(feeling), 요지(content), 그리고 의미(meaning)를 이해할 수 있도록 조력하라.

절차 : (a) 오직 한 가지 이슈(issue)만을 명확하고 간략하게 진술하라. 당신 자신의 감정들(feelings)을 포함시켜라.

(b) 만일 당신이 의견에 불일치(不一致)한다면, 타인의 입장(立場)에 대한 당신 자신의 차이점(difference)을 진술하라.

※ 만일 필요하다면, 회전토론순서(RDS)를 1~3회 정도 지속적으로 시연하라!

5-1 회전토론순서의 예시

주제

부모님이 나의 개인 시간을 존중하지 않는 경우

엄마(아빠)가 통금시간을 마음대로 6시로 정해두고 혜민이 6시 10분에 귀가하자 버럭 화를 냈고, 이에 평소 쌓아 둔 불만이 폭발한 혜민이 짐을 챙겨 가출하겠다고 하는 상황

이해하기

내(엄마, 아빠)가 혜민이의 의견을 듣지 않고 마음대로 통금시간을 정하고 이를 어겼다고 화를 내니 혜민이도 불만이 쌓여 폭발했구나. 또한, 혜민이가 시간을 맞춰주려고 노력한 것도 알아주지 못하고 10분을 늦었다고 혼을 낸 것이 혜민이 입장에선 억울할 것 같네. 엄마(아빠)가 미안해.

일치하기

생각해보니 나(엄마, 아빠)도 학창시절에 할머니, 할아버지께서 늦게 들어온다고 뭐라고 하실 때 친구들과 시간을 더 보내고 싶은 엄마(아빠)의 마음을 이해 못 해주시는 모습에 속상했어.

진술하기	나(엄마, 아빠)는 혜민이가 갑자기 짐을 챙기면서 가출하겠다고 하니까 당황스럽고 놀랐어. 혜민이가 화가 나고 억울했던 마음은 이해하지만, 앞으로는 바로 행동하기보다는 엄마(아빠)에게 의견을 표현하고 대화로 풀어나갈 수 있었으면 좋겠어. 엄마(아빠)도 앞으로는 일방적으로 의사결정을 하지 않고 혜민이의 입장도 존중할게. 엄마(아빠)가 버럭 화를 내서 미안해.

6 Albert Ellis & Ted Crawford(2000)의 최상의 관계형성과 효과적인 의사소통을 위한 7가지 지침들.

지침 1 : "당신의 배우자를 있는 그대로 수용하라!(Accept your partner 'as is!')"

당신의 배우자를 있는 그대로 수용하라! 비난을 없애라! 당신은 스스로 즐길 수 있는 관계를 유지하겠다고 결심하고, 당신 자신의 배우자를 고치려 들거나, 개선하려 들거나, 교정하려 들거나, 또한 생각을 바로잡으려고 시도하지 마라! 당신 자신의 감정들에 대한 책임을 전적으로 자신 스스로가 져라! 당신 자신의 배우자에게 영향을 미칠 수 있도록 자신 스스로에게 허용하라! 그러나 그/그녀가 틀림없이(must) 변해야만 한다고 요구하지 마라! 또한, 그/그녀가 당신에게 영향을 끼칠 수 있는 자유를 주어라! 그렇다. 당신 자신의 배우자가 당신을 설득(說得)하고 권고(勸告)할 수 있도록 허용하라!

지침 2 : "자주 감사를 표현하라!(Express appreciation frequently!)"

아주 사소한 일을 완수(完遂)했을 때에도 자주 당신 자신의 배우자를 인정해 주어라! 당신 자신의 배우자에 대해 진실로 가치를 부여할 수 있는 일들(사소한 일들 포함)을 찾거나, 탐색하고, 또는 고안(考案)해서라도 지지하라! 이로써 그/그녀의 자기효능감(self-efficacy)을 더더욱 고양(高揚)해 줄 수 있기 때문이다. 다음 문구를 크게 따라서 말하라. "정직(正直, honesty)은 여기서 가장 중요하다!" 당신 자신의 배우자에 대해 잦은 비판(frequent criticism)을 하려는 "주된 관계성 킬러(the main relationship killer)"를 과감(果敢)하게 없애라!

지침 3 : "정직하게 의사소통을 하라!(Communicate from integrity!)"

현재 발생하고 있는 어떤 사항(事項)에 대한 당신 자신의 의견과 대립되는 신념과 증거에 관련하여 정직하라! 즉, 당신 자신의 배우자가 옳았을 때, 이를 진솔하게 인정하라! 그리고 정직하고 공손하게 처신하라! 또 다른 견해들이 존재한다는 것을 인정하라! 각자 당신 자신의 정직(正直, honesty)을 내세우기 위해 서로를 궁지에 몰아넣는 행동들은 이제 그만 멈추기로 동의하라! 상호간에 정직하게 의사소통(意思疏通)을 하겠다는 견해에 모두 동의하라! 아울러 상대 배우자에게 정직한 대화를 할 수 있도록 허용하라!

지침 4 : "당신의 배우자와의 차이점들을 탐색하고 공유하라!(Share and explore differences with your partner!)"

양쪽 모두의 부분적인 견해들을 수용할 수 있는 더욱더 나은 해결책(higher resolution)을 지향하기 위해서 당신 자신의 배우자와의 불일치들(disagreements)을 탐색하라! 또한, 당신 자신의 배우자의 의견에 일치(一致)할 수도 불일치(不一致)할 수도 있다는 점을 인정하라! 게다가 당신 자신의 배우자의 의견에 실제로 동의하지 않을 때, 당신이 동의하는 척 가장(假裝)을 하지 않고 타협(compromise)할 수 있도록 준비하라!

지침 5 : "당신의 배우자의 목표들을 지지하라!(Support your partner's goals!)"

당신 자신의 배우자의 목표들과 목적들을 지지하라! 또한 당신 자신의 정직(正直), 중요한 욕구들, 그리고 견해들을 포기하지 마라! 심지어 당신이 확연히 불일치할 때에도 당신 자신의 배우자를 정직하게 지지하라!

지침 6 : "당신의 배우자에게 실수할 수 있는 권리를 주어라!(Give your partner the right to be wrong!)"

인간은 모두가 실수하기 쉬운 불완전한 존재(存在)인 동시에 그러한 실수를 할 수도 있는 권리도 가지고 있음을 인정하라! 당신 자신의 배우자에게 실수할 수 있는 권리를 주어라! 불완전한 인간들이 될 수 있는 자신들의 권리들을 모두 존중하라! 즉, 실수할 수 있는 당신 자신의 절대적 권리(inalienable right)를 존중하고, 아울러 당신 자신의 시행착오(試行錯誤)로부터 배우라! 오류유발인간(error-prone person)이 될 수 있는 절대적 권리(inalienable right)를 오직 당신 자신의 권리에만 부여하지 마라!

지침 7 : "당신의 원하는 목표들을 재고하라!(Reconsider your wants as goals!)"

당신 자신의 원하는 목표들을 향후(向後)에라도 성취할 수 있도록 재고하라! 당신이 원하거나 바라던 것을 얻지 못할 때도 당신이 원하는 것을 지금 당장 얻을 필요는 없다는 보편적(普遍的)인 진리를 자신 스스로에게 자각시키고 상기시켜라! 또한 당신 자신의 목표들을 향후(向後)에 성취할 수도 있고 없을 수도 있다는 가능성을 인정하라!

주목 : 당신 자신의 배우자가 실천하든 않든 상관없이 단독헌신(unilateral commitment)으로서 본 7가지 지침들(Seven Guidelines)을 실행하기로 선택하라. 당신은 매번 성공할 수는 없을 것이며, 당신이 범할 수 있는 실수를 탐색하라. 당신은 또한 대화(對話)하고 경청(傾聽)하는 당신 자신의 방법에 관련한 무엇인가 중요한 것을 배우게 될 것이다.

7 부모역할(Parental Role)

공격적 청소년들의 부모들은 비공격적 청소년들의 부모들보다 더 무관심한 경향이 있다. 부모들은 자신들의 아이들을 돕기 위해서 아무것도 하지 않는다. 그러나 그들은 아이들이 말썽을 일으키면 체벌을 가하고, 책임감(責任感)을 다른 사람들에게 돌린다. 예를 들면, 선생님들에게 책임을 전가하는 경향이 있으며, 반면에 비공격적 청소년들의 부모들은 더욱더 도움, 관리, 그리고 조언을 아끼지 않는다(Pakaslahti, Asplund-Peltola, & Keltikangas-Jarvinen, 1996: Pakaslahti, Spoof, Asplund-Peltola, & Keltikangas-Jarvinen, 1998).

공격적 아이들의 가족과 비공격적 아이들의 가족에 있어 문제해결을 위해 모친이 부친보다 더 적극적인 역할을 한다. 부친은 자식의 동료들로부터 범죄행위에 참여하라고 압력을 받거나 자녀들이 불법적 · 부도덕적 행위를 범했다고 보고 받게 되었을 때, 이러한 상황에서는 모친보다 더 적극적인 역할을 한다.

공격행동을 파생시키는 정보처리결함은 관찰, 강화, 그리고 다양한 상황에서의 개인적 경험을 통해서 학습된다(Huesmann, 1988: Huesmann & Eron, 1989). 이러한 과정은 생의 유년기부터 시작되고, 일반적으로 가족 내에서 이루어진다. 부모들이 행동모델(behavior model)과 강화자(reinforcers)로서의 역할을 담당한다. 부모의 공격성과 유아양육에 대한 무관심과 체벌(體罰)은 아이들이 준수해야할 모델과 공격성을 그들의 행동저장소에 통합시킨다(Dodge, Pettit, & Bates, 1994: Huesmann & Eron, 1989; Parke & Slaby, 1983).

아이들의 인지처리는 또한 부모의 인지처리에 의해서 영향을 받을 수도 있다. 공격적 아이들의 부모들은 자신들 스스로가 사회상황에 필요로 하는 사회문제해결기술이 결여되어 있다(Dodge et al., 1994).

부모와 유아의 관계는 부모의 성에 의해서 영향을 받는다. 아들에게는 부친이 보다 더 중요한 역할모델을 하고, 딸에게는 모친이 그러하다(Huston, 1983). 부모역할에서 아이들은 그들의 부친에게 기대하는 것과 모친에게 기대하는 것이 서로 다르게 나타났다. 아이들은 모친을 사회지지를 해줄 수 있는 가장 좋은 제공자로 인식하는 반면에 부친을 정보지원의 훌륭한 원천이라고 생각하며, 그들의 이용도와 직접적인 도움과 공급에 있어서는 보다 충족시키지 못하는 경향이 있다고 느낀다(Huston, 1983: Reid, Landesman, Treder, & Jaccard, 1989).

부친-유아의 상호작용은 모친-유아의 관계보다 아이들의 공격성을 더 예측할 수 있다(East, 1991). 예를 들면, 부친은 모친보다 더 격한 유아양육을 사용하고(Power & Shanks, 1989), 모친은 부친보다 더 아이들의 공격성에 대한 정보탐색방법들을 활용한다(Mills & Rubin, 1990).

부모의 평가는 청소년의 묘사와는 사뭇 모순을 이룬다. 실제적으로 주요 연구에서는 부모의 기대는 아이의 동료평가행동과 일치한다고 여기지만, 아이가 지닌 사고, 동기, 그리고 목표와는 일치하지 않았다고 나타났다. 공격적 소년들의 생각과는 반대로, 자신들의 부모들은 그들이 건설적인 방법으로 문제를 해결할 수 없다고 생각하지만, 그러나 자신들의 자식들이 부도덕적 행동과 범죄를 저지를 것이라는 기대하진 않는다.

부모들은 사교성 있는 소녀들이 동료압력에서도 승복하지 않을 것이라고 기대를 한다는 것이다. 이는 소녀들 자신들에게서 종종 사실로 나타나기도 한다. 게다가 부모들은 사교성 있는 소년들이 자신들의 생각과는 달리 항상 사회문제를 적극적으로 건설적인 방법으로 해결할 것이라고 기대한다는 것이다(Keltikangas-Jarvinen & Aspund-Peltola, 1995).

"부모에게 말하기(telling the parents)"라는 논점에서는 비공격적 소녀들의 부모들은 자녀들이 자신들에게 모든 것을 말할 것이라고 호언장담한다. 이와는 반대로 그들은 실제로 이렇게 행동하지 않는 경향이 있다. 반대로, 공격적 소년들은 부모에게 자신의 문제점을 말하기를 원하지만, 부모들은 그렇게 기대하고 있지 않는다는 점이다. 더욱이 공격적 소녀들은 자신들의 소망과는 달리 자주 부모의 도움에서 방치된다(Keltikangas-Jarvinen & Aspund-Peltola, 1995).

8 A.A.모임의 12단계 및 12전통

A.A(Alcoholic Anonymous)는 알코올 중독자들의 모임으로 현재 140여 개국 이상에 조직되어 있으며 수백만 이상의 회원이 가입되어 있다. 회원들은 성별이나 연령, 직업, 종교 등에 상관없이 자신들의 공통되는 문제를 해결하며 서로 간의 경험을 나누고 격려하고 희망을 주며 조언하며 중독자 스스로가 회복에 대한 힘과 용기를 얻을 수 있다. A.A모임은 공개모임과 비공개모임이 있다. 알코올로부터 회복하려는 모임인 A.A모임에 대한 12단계별 주요내용은 다음과 같다(Schulz, 1991).

1단계 : 우리는 알코올(약물)에 무력했으며, 스스로 생활을 처리할 수 없게 되었다는 것을 깨닫고 시인했다.

2단계 : 우리보다 위대하신 '힘'이 우리를 건전한 본정신으로 돌아오게 해 주실 수 있다는 것을 믿게 되었다.

3단계 : 우리가 이해하게 된 대로 하나님(God)의 보살피심에 우리의 의지(意志)와 생명(生命)을 완전히 맡기기로 결정했다.

4단계 : 철저하고 두려움 없이 우리의 도덕적 생활을 검토했다.

5단계 : 정직하고 정확하게 우리가 잘못했던 점을 하나님(God)과 자신에게 또는 어느 한 사람에게 시인했다.

6단계 : 하나님(God)께서 우리의 이러한 모든 성격상 약점을 제거해 주시도록 우리는 준비를 완전히 했다.

7단계 : 겸손한 마음으로 하나님(God)께서 우리의 약점을 없애 주시기를 간청했다.

8단계 : 우리가 해를 끼친 모든 사람의 명단을 만들어서 그들에게 기꺼이 보상할 용의를 갖게 되었다.

9단계 : 어느 누구에게도 해가 되지 않는 한, 할 수 있는 데까지 어디서나 그들에게 직접 보상했다.

10단계 : 계속해서 자신을 반성하여 잘못이 있을 때마다 즉시 시인했다.

11단계 : 기도와 명상을 통해서 우리가 이해하게 된 대로의 하나님(God)과 의식적인 접촉을 증진하려고 노력했다. 그리고 우리를 위한 그의 뜻만 알도록 해 주시며, 그것을 이행할 수 있는 힘을 주시도록 간청했다.

12단계 : 이러한 단계로서 생활해 본 결과, 우리는 영적으로 각성되었고, 약물중독자들에게 이 메시지를 전하려고 노력했으며, 우리 생활의 모든 면에서도 이러한 원칙을 실천하려고 했다.

다음은 알코올로부터 회복하려는 모임인 A.A모임에 대한 12전통에 관한 주요내용이다(Schulz, 1991).

1. 우리의 공동복리가 무엇보다 우선되어야 한다. 개인의 회복은 A.A.의 공동유대에 달려 있다.
2. 우리의 집단 목적을 위한 궁극적 원리는 하나이다. 이는 우리 집단의 양심 안에 당신 자신을 드러내 주시는 사랑이 많으신 하나님(God)이시다. 우리의 지도자는 신뢰받는 봉사자일 뿐이지 다스리는 사람들은 아니다.
3. 술을 끊겠다는 열망이 A.A.의 구성원이 되기 위한 유일한 조건이다.
4. 각 집단은 다른 집단이나 A.A. 전체에 영향을 끼치는 문제를 제외하고는 반드시 자율적이어야 한다.
5. 각 집단의 근본 목적은 아직도 고통받는 알코올중독자들에게 메시지를 전하는 것이다.
6. A.A. 집단은 관계기관이나 외부의 기업에 보증을 서거나 융자를 해주거나 A.A.의 이름을 빌려주는 일 등을 일체 하지 말아야 한다. 돈이나 재산, 명성의 문제는 우리를 근본 목적에서 벗어나게 할 우려가 있기 때문이다.
7. 모든 A.A. 집단은 외부의 기부금을 사절하며, 전적으로 자립해 나가야 한다.
8. A.A.는 항상 비직업적이어야 한다. 그러나 서비스센터에서는 전임직원을 고용할 수가 있다.
9. A.A.는 결코 조직화되어서는 안 된다. 그러나 봉사부나 위원회를 만들 수는 있으며, 그들은 봉사대상자들에 대한 직접적 책임을 갖게 된다.
10. A.A.는 외부의 문제에 대해서는 어떤 의견도 가지지 않는다. 그러므로 A.A.의 이름이 공론에 들먹여져서는 안 된다.
11. A.A.의 홍보원칙은 적극적 선전보다 A.A.의 본래의 매력에 기초를 둔다. 따라서 대중매체에서 익명을 지켜야 한다.
12. 익명은 우리의 모든 전통의 영적 기본이며, 이는 각 개인보다 항상 A.A.의 원칙을 앞세워야 한다는 것을 일깨워 주기 위해서이다.

9 A.A. 회복을 위한 10대 강령(김기태, 2004).

1단계 : 나는 알코올에 무력했으며 스스로의 생활을 처리할 수 없게 되었다는 것을 깨닫고 시인했다.

2단계 : 나는 내가 생각했던 만큼 무력한 것은 아니었으며 또한 나에게는 절대 병들지 않는 건강한 영적 측면이 있음을 알게 되었다.

3단계 : 나의 영적 차원의 자원은 개발되었고 이러한 영적인 힘은 두려움, 열등감, 우울감 등과 일치되는 것이 아니라는 사실을 충분히 인식하게 되었다.

4단계 : 나는 변화의 주체가 바로 나 자신임을 분명히 깨닫게 됨으로써 더 이상 생물적 · 심리적 · 사회적 운명의 무력한 희생자가 아니라는 사실을 인식하게 되었다.

5단계 : 나는 현재의 상황을 계속하지 않을 것이며 스스로의 변화를 통하여 어떤 상황에서든지 맞설 수 있다는 자신감을 갖게 되었다.

6단계 : 나는 이제 나 자신의 삶에 대한 새로운 태도를 갖게 되었다. 즉, 지금까지 직면하기를 기피한 것과 지금까지의 알코올로 인한 나의 행위는 옛날의 피치 못할 습관 때문은 아니었다.

7단계 : 나는 나에게 맡겨진 일을 할 수 있는 한 최선을 다할 의무가 있으며 다른 사람을 위해 사는 삶이 보람되고 가치 있음을 알게 되었다.

8단계 : 나는 지금껏 나로 인해 피해를 본 사람들의 명단을 작성하여 그들에게 보상할 용의를 갖고 있고 또 나의 잘못을 시인했다.

9단계 : 나는 매일 계속해서 나 자신을 점검하며 잘못이 있을 때마다 이러한 잘못이 나 자신으로부터 시작됨을 인식할 수 있게 되었다.

10단계 : 나는 명상을 통해 나 자신의 삶의 의미를 확실히 알게 되었고 가치도 명료하게 되었으며 또 주위 사람들을 실존적 좌절로부터 보호할 책임도 갖게 되었다.

10 시간구조화하기(Davis, M., Eshelman, E. R., & McKay, M., 2000: 손정락, 2006).

다음은 당신의 시간을 구조화하고 자신이 선택한 삶을 창조하도록 당신의 관심을 집중하기 위한 12가지 제안이다.

① 일정관리수첩을 구하라.

② 당신의 가치, 목표, 행동계획 및 자기계약서를 종이에 써서 그 내용들을 자주 생각나게 해주는 장소에 붙여놓아라. 눈에 쉽게 띄도록 밝은 색상의 종이와 잉크를 사용하라. 일정관리 수첩에 또는 달력, 욕실 거울 등과 같이 당신이 자주 바라보는 장소에 그 사본을 붙여 놓아라.

③ 매일 목표 목록과 달력에 장기, 중기 및 단기목표가 반영되어 있는지 확인하라. 만일 당신이 신체적으로 건강하고 이완하길 원한다면, 매일 운동과 근육이완연습시간을 일정표에 넣어라. 사랑하는 사람과 좋은 시간을 보내는 것이 높은 우선순위에 해당한다면, 이를 위해 달력상에 정기적으로 시간을 비워 놓고 이 시간을 자신이 매일 할 일 목록에 포함시켜라. 만약 주간 또는 월간단위로 활동계획을 세운다면, 당신은 자신의 모든 중요한 목표들을 수행할 시간을 가지고 있음을 발견할 것이다.

④ 효율적으로 계획을 세워라. 운동, 다림질 또는 설거지를 하면서 좋아하는 TV 쇼를 보는 것과 같이 동시에 할 수 있는 활동들을 묶어라. 시간을 절약하도록 활동들을 배열하라.

⑤ 시간낭비를 최소화하라. TV, 전화로 인한 방해, 갑작스러운 손님, 비생산적인 회의, 비효과적인 일 떠맡기, 위기, 목적 없는 활동들, 그리고 지나치게 야심적인 목표들을 감소시켜라. 예상되는 시간낭비는 가능한 많이 줄이는 방향으로 계획을 세워야 하지만, 예기치 못하게 방해받는 것에 대해서도 약간의 시간을 배정할 정도로 충분히 현실적으로 일정을 세워라.

⑥ "아니요(No)"라고 말하는 법을 배워라. 당신의 다른 사람들을 위해 기꺼이 할 수 있는 일의 정도를 제한하라. 마지못해서 승낙하지 말고, 당신의 소신 있는 의사결정을 명료하고 정확하게 "아니요"라고 밝혀라.

⑦ 기다리는 동안에 할 일의 목록을 작성하라. 훈련된 이완요법들을 사용하고, 내일의 목표 목록을 계획하고, 우선순위와 목표를 체크하라.

⑧ 조용한 자신만의 시간활용을 위해서 시간을 비워 놓아라. 깊은 이완훈련을 하기 위해서 이 시간을 사용하라. 이는 다른 사람들의 요구에 반응하기 위하여 빠르게 더 빠르게 서두르기보다는 자신에게 가장 중요한 것이 무엇인지를 깨닫게 해준다.

⑨ 높은 우선순위대로 역할수행을 할 때, 모든 주의와 에너지를 그 곳에 모두 집중하라. 일상적으로 자신의 주의를 산만하게 하는 것들의 목록을 작성하고 그 각각을 어떻게 하면 막을 수 있는지 계획을 세워라. 예를 들면, 일이나 공부를 해야 할 때 헛된 공상을 하는 자신의 모습이 종종 발견된다면, 조용한 시간 중에 시각화 회기나 심상을 활용할 수 있는 다른 방법을 찾도록 일정을 세워라.

⑩ 주변 환경이 당신의 가치와 목표를 지지하도록 조정하라. 당신의 우선순위가 주의집중을 필요로 한다면, 책을 읽거나 글을 쓰고, 깊은 이완을 연습하거나 자신의 계획을 생각할 수 있는 조용한 방이나 한적한 곳에서 있는 시간을 가져라.

⑪ 똑같은 매력적이거나 중요하지 않은 선택상황에서 결정하는 데 시간을 소비하지 마라. 이러한 상황에서 선택해야 하는 난처한 상황에 처했을 경우, 그저 갖고 있는 동전을 던져서 결정하라.

⑫ 시간관리가 향상된 것에 대해 스스로에게 보상을 해주어라. 효과적인 시간관리에 대한 가장 큰 보상 중 하나는 당신의 인생에서 중요한 것을 달성하기 위해 서두를 필요가 없다는 것을 명심하라. 자신의 활동에 대한 우선순위를 매기고 계획을 세움으로써, 당신은 더 여유롭게 인생을 즐길 것이다.

C 프로그램 토의 및 평가

프로그램 내용 및 진행에 대한 전반적인 피드백을 제공하기

D 과제소개

부모님께 감사와 용서수기 쓰기(※ 고인이 되셨을 땐 상상을 토대로 기술해보라)

부모님께 감사와 용서수기

부모님에 대한 감사와 은혜와 용서의 수기를 기술하시오.

주제 X

긍정의 힘

(The Power of Positive!)

제12회기

부긍정심리치료 : 감사치료와 웃음치료

A 목적

- 긍정심리치료를 삶의 현장에 적용하라!
- 미래를 보다 낙관적 · 긍정적 관점에서 바라보고 기대하고 대처하라!
- 삶의 대처능력을 향상하라!
- 웃음을 생활화 하자!–웃 · 생 · 웃 · 사!(웃으며 살고 웃으며 죽자!)
- 임사체험(臨死體驗) 시연하기(유언 남기기)
- 인생의 마지막 순간에 웃자!

B 회기 진행 과정

1 과제확인 및 피드백 주기

2 긍정심리치료(Positive Psychological Therapy)

Martin Seligman은 "심리학은 인간의 약점과 장애에 대한 학문만이 아니라 인간의 강점과 덕성에 대한 학문이기도 해야 한다. 진정한 치료는 손상된 것을 고치는 것만이 아니라 우리 안에 있는 최선의 가능성을 이끌어내는 것이어야 한다.", Publilious Syrus는 "스스로 행복하다고 생각하지 않으면서 행복한 사람은 없다.", 그리고 Thomas Jefferson은 "행복이 삶의 목표라면, 덕성은 행복의 바탕이다."고 언급하고 있다.

새로운 상황과 변화에 대한 적응과 관련해 중요한 요인은 대처능력(coping ability)이다. 적응은 수동적인 과정이 수반되지만, 대처는 능동적인 적응과정을 의미한다. 신경질적 대처를 하는 사람보다는 즐기며(성숙한) 대처를 하는 사람이 더욱더 즐거움과 유쾌감을 느끼게 된다. 새로운 상황과 변화를 회피하지 않고 용기 있게 직면하여 보다 긍정적 삶의 의미를 부여하고, 합리적 · 건설적으로 행동하며, 필요할 때는 도움을 주거나 요청할 줄 알고, 고난과 역경 속에서도 긍정적 의지를 가지고 분발하여 문제해결을 하는 사람은 행복감을 많이 느끼면서 일생을 살아가게 된다(권석만, 2009).

대처(coping)에 있어 낙관성은 매우 중요하다. 미래에 대한 낙관적인 사람들은 삶에 대한 만족감과 행복감이 더욱 높게 나타난다(Diener et al., 1999). 미래에 대한 긍정적 결과의 기대와 낙관성은 우리의 기분을 한층 더 고양시키며, 스트레스와 고뇌 가운데에도 더욱 효과적 · 효율적 · 능률적인 대처방안을 착수하고 사용하게 된다. 이는 실제 삶의 현장에서도 자기자존감, 자기통제감, 자기효능감, 자기성취감을 향상시킨다. 또한, 대인관계에 성공적인 사람들의 미래관은 보다 더 낙관적 희망과 긍정적 기대로 바라보는 경향이 있다(권석만, 2009). 즉, 우리는 자신의 미래를 보다 낙관적 · 긍정적 관점에서 바라보고 기대하고 대처해야 한다.

삶의 적응과 대처능력을 향상하기 위해서는 다음과 같이 3가지를 주의해야 한다(권석만, 2009).

① 긍정적 변화에 주의하라. 미세하고 작은 긍정적 변화가 발생 시엔 그 부분을 자각하라.

② 상황과 사건의 부적측면을 무시하지 말고, 정적측면을 더욱더 주의를 모아라.

③ 상황과 사건의 의미를 보다 낙관적 · 긍정적인 측면으로 해석을 하고 수용을 하라. 시행착오를 통해서 새로운 경험과 문제해결능력과 삶의 지혜를 배우고, 이를 토대로 미래의 대안적 대처방안으로 삼아라.

3 삶의 대처능력(coping ability)을 향상시켜라!

1) 안정된 애착(Secure Attachment) 형성하기

안정된 애착형성을 통한 애착장애(Attachment Injury)를 치료하는 것이 주요 개념이다.

① 상대와 함께 5분 동안 아무런 말도 하지 않고서 꼭 안아준다. 안아주는 5분 동안에는 서로의 체감을 느껴보면서 자신의 사랑, 축복, 용서, 자비, 칭찬, 격려, 지지, 용기, 감사, 수용의 마음을 가슴으로 전달한다.

② 먼저 상대방을 뚫어지게 3분 동안 쳐다본다. 그런 후에 상대를 보면서 3분 동안 크게 웃는다. 그런 후에 또다시 3분 동안 상대방을 편안하고 부드럽게 보면서 서로의 모습 그대로를 인정하고 존중해 준다.

2) 믿음걷기(Trust Walk)

두 눈을 감고 상대방의 손을 잡고 또는 혼자서(상대의 안내와 지시아래) 걷기를 10분 동안 실시한다. 마음을 비우고(empty yourself) 상대를 신뢰하도록 혼신의 노력을 다한다.

3) 죽는 법 배우기(Death Practice)[1]

2000년 전에 세네카는 "삶 전체를 통해서 사람들은 살아가는 방법을 배워야 한다. 또한, 더욱 놀라운 것은 인생을 통해서 죽는 법을 배워야만 한다는 것을 깨달아야 하는 것이다!"라고 말했다. 즉, 우리의 인생에서 반드시 우리는 사는 법과 죽는 법을 동시에 공유하고 있다는 것을 지각하고 주어진 우리의 삶의 여정을 소중히 여기고, 최선을 다해 주어진 시간을 활용할 수 있는 주체자가 되어야 한다. 엘리자베스 퀴블러-로스는 죽음과 성장의 단계를 다음과 같이 5단계로 설명해 주고 있다.

그림 1 • 엘리자베스 퀴블러-로스는 죽음과 성장의 5단계

부인(否認) → 분노(忿怒) → 타협(妥協) → 우울(憂鬱) → 수용(受容)

자신의 최후를 상상하면서 아픔을 체험하고 인내하면서 지긋이 미소를 띠고 사랑하는 배우자와 자녀들에게 유언의 메시지를 전한다. "여호와를 경외하고 그를 의지하고 웃으며 살아라!" "당신(배우자) 고맙소!" "얘들아 사랑한다!" "주님 감사합니다! 나의 영혼을 주님께 의탁합니다. 받아 주소서!" "미소를 지으며, 감사합니다! 한 평생 잘 살다 갑니다!" 또는 자신의 유언장과 비문을 작성한다.

"The Man Of God, Faith, Action, Humility, Humanity, Hope, Humor, Honesty, Generosity & Laughter!"

자신의 비문작성하기 : "______________________________!"

4) Yes! Or No! 자기의사표현연습
(Yes! Or No! Self Opinion Expression Practice)

자신의 의사결정을 확실하게 상대방에게 전달하기 위한 연습이다.

5) 왜(Why?)의 부정적 사고유형에서 어떻게(How?)의 긍정적 사고로 바꾸기!

왜(Why?) 부적사고유형	어떻게(How?) 정적사고유형
왜 내가 이 일을 하지?	이 일을 통해서 어떻게 하면 내 장점과 잠재력을 발휘 할 수 있을까?
이 문제는 왜 이렇게 안 풀리지?	어떻게 하면 이 문제를 해결할 수 있을까?
사는 게 왜 이렇게 힘들고 지겹지?	어떻게 하면 고난과 역경을 웃음으로 직면하고 인내하여 승화된 삶을 개척할 수 있을까?

1) 죽는 법 배우기(Death Practice), 즉 임사체험(臨死體驗)을 시연하기(유언 남기기 또는 입관체험하기)

6) 하루에 한 가지씩 칭찬하기(Compliment Once A Day)

Ken Blanchard(2004)는 "칭찬은 고래도 춤추게 한다!"고 칭찬의 중요성을 묘사해주고 있다. 다음은 Blanchard의 칭찬 10계명을 살펴보고자 한다.

1. 칭찬할 일이 생겼을 때 즉시 칭찬하라.
2. 잘한 점을 구체적으로 칭찬하라.
3. 가능한 한 공개적으로 칭찬하라.
4. 결과보다는 과정을 칭찬하라.
5. 사랑하는 사람을 대하듯 칭찬하라.
6. 거짓 없이 진실한 마음으로 칭찬하라.
7. 긍정적인 눈으로 보면 칭찬할 일이 보인다.
8. 일이 잘 풀리지 않을 때 더욱 격려하라.
9. 잘못된 일이 생기면 관심을 다른 방향으로 유도하라.
10. 가끔씩 자기 자신을 칭찬하라.

Ken Blanchard는 업무수행(job performance)의 효과적 · 효율적인 요소를 다음과 같이 제시하고 있다(조천제, 2004).

- 신뢰를 쌓아라.
- 긍정적인 면을 강조하라.
- 실수할 때에는 에너지를 전환시켜라.

Ken Blanchard(2004)의 전환반응을 다음과 같이 언급하고 있다(조천제, 2004).

- 잘못이나 문제점을 가능한 한 빨리, 정확하게, 책망하지 않으면서 설명한다.
- 잘못된 일의 좋지 않은 결과를 알려준다.
- 일을 명확하게 알려주지 못한 것에 대한 책임을 진다.
- 업무를 자세히 설명하고 명확하게 이해했는지 확인한다.
- 상대방에 대한 지속적인 신뢰와 확신을 표현한다.
- 과정을 칭찬하라.
- 과정을 동기화하여 진행시키는 것이 칭찬의 목표이다.

우리를 격분시키고 상처를 준 대상들에게 마음의 문을 쉽게 열 수는 없을 것이다. 그럼에도 불구하고 우리 자신의 마음의 문을 열지 않으면 그 분노와 상처에 의해서 우리의 삶이 더욱더 좌절, 그늘에 가려진 분노, 그리고 저항 속에서 악화되어 살아가게 될 것이다. 이렇게 분노를 유발시키고 상처를 주는 대상이 우리 주변에만 있는 것이 아니고, 바로 우리의 가족 내부의 삶 속에서도 더욱 크게 영향을 끼치고 있다. 필자는 이러한 대상과의 좋은 관계를 형성하고 유지하기 위해 다음과 같이 하루에 한 가지씩 의미 있고 좋은 일을 실천해 보는 것을 적극 추천한다.

상대방에게(배우자, 자녀, 친구, 피의자, 원수) ____ !

1. 하루에 한 가지씩 칭찬하라!
2. 하루에 한 가지씩 존경하라!
3. 하루에 한 가지씩 사랑의 표현을 하라!
4. 하루에 한 가지씩 용서하라!
5. 하루에 한 가지씩 작은 선물을 하라!
6. 하루에 한 가지씩 선을 행하라!
7. 하루에 한 가지씩 그를 위해서 기도하라!
8. 하루에 한 번씩 그와 함께 박장대소(拍掌大笑)하라!
9. 하루에 한 번씩 축복하라!
10. 하루에 한 번씩 가볍게 춤을 추고 노래를 하라!
11. 하루에 한 번씩 "당신은 할 수 있어!"라고 용기를 북돋아 주라!
12. 하루에 한 번씩 "당신 때문에 정말 행복합니다!"라고 지지하라!

※ 하루에 많은 것을 실행하는 것보다는 한 가지씩 실행에 옮기도록 노력한다면 상대방도 닫혔던 마음의 문을 조금씩, 천천히, 점진적으로 열게 될 것이다.

7) 감사치료(Thanksgiving Therapy)

우리는 미국과 외국 사람들에 비해서 "감사하다"라는 표현을 적게 사용하는 사회문화성을 이루며 살고 있다. 왠지 모르게 "고맙습니다!" 또는 "감사합니다!"라고 표현하는 것을 상당히 어색해하고, 속보이고, 비아냥거리고, 겉치레 같다는 느낌을 갖는다. 아마도 이러한 감사 없는 사회문화형성은 997번이나 겪은 외국으로부터의 잦은 침입으로 인한 사회혼돈(social chaos)과 가난하게 살았던 문화습성(cultural habits) 때문이라고 생각된다. 그럼에도 불구하고 우리의 사회문화정서바탕에는 "향약"과 "품앗이"를 통해서 서로를 돕고, 선을 권장하고, 그리고 고마움을 표출해오고 있다. 즉, 우리 민족의 사회문화정서는 외적으로는 감사표현이 무척 서툴지만, 반면에 내적인 온정과 고마움을 깊고 오래 간직하는 결초보은(結草報恩)의 "아름다운 마음(beautiful mind)"를 지녔다고 볼 수 있다.

성경은 우리들에게 범사에 감사하며 살아가라고 천명하고 있다. 범사(凡事)란 "모든 일(all matters) 또는 평범한 일(every-thing)"을 의미한다. 즉, 인생을 살면서 매순간 순간마다 감사하면서 살아가라는 것이다. 좋은 일이 있어도 감사! 슬픈 일이 있어도 감사! 병이 걸려도 감사! 분노가 일어나도 감사! 기쁜 일이 있어도 감사! 이처럼 모든 일에 감사하며 사는 것이 우리의 생리적, 정서적, 심리적, 영적 건강을 향상시키기 때문에 하나님은 지금도 우리에게 오늘도 감사하는 하루를 살아가라고 명하신다. "항상 기뻐하라!, 쉬지 말고 기도하라!, 범사에 감사하라 이것이 그리스도 예수 안에서 너희를 향하신 하나님의 뜻이니라."(살전5:16~18).

다음은 신촌에 위치한 세브란스병원 심장병동에 걸려있는 "때때로 병들게 하심을 감사합니다."라는 제목의 아름다운 익명의 시(詩)이다.

『주님!
때때로 병들게 하심을 감사합니다.
인간의 약함을 깨닫게 해주시기 때문입니다.
가끔 고독의 수렁에 내던져 주심도 감사합니다.
그것은 주님과 가까워지는 기회입니다.
일이 계획대로 안 되게 틀어주심도 감사합니다.
그래서 나의 교만이 반성될 수 있습니다.

아들딸이 걱정거리가 되게 하시고
부모와 형제가 짐으로 느껴질 때도 있게 하심을 감사합니다.
그래서 인간된 보람을 깨닫기 때문입니다.

먹고사는데 힘겹게 하심을 감사합니다.
눈물로써 빵을 먹는 심정을 이해할 수 있기 때문입니다.
불의와 허위가 득세하는 시대에 태어난 것도 감사합니다.
하나님의 의가 분명히 드러나기 때문입니다.
땀과 고생의 잔을 맛보게 하심을 감사합니다.
그래서 주님의 사랑을 깨닫기 때문입니다.

주님!
감사할 수 있는 마음을 주심을 감사합니다.
우리는 가능성이 있습니다.
우리에게 있는 과거도, 현재도, 그리고 미래도 다 아름다운 것입니다.
우리에게 감사만 있다면 말입니다.』

8) 행복은 자신의 긍정적 · 낙관적 선택에서 시작된다!

Reinholt Niebur의 기도문 『행복한 기도』(권석만, 2009)

『바꿀 수 없는 것에 대해서는
그것을 겸허히 수용할 수 있는 평안을 주시고,
바꿀 수 있는 것에 대해서는
그것을 과감히 변화시킬 수 있는 용기를 주시며,
바꿀 수 있는 것과 없는 것을
냉철히 구별할 수 있는 지혜를 주소서.

새롭게 일어나는 것 중에서
긍정적인 것으로부터는 감사를 배우게 하시고,
부정적인 것으로부터는 교훈을 배우게 하시고,
항상 주어지는 것 중에서
긍정적인 것에 대해서는 "민감화"가 일어나게 하시고,
부정적인 것에 대해서는 "둔감화"가 일어나게 하소서.

지나간 과거의 일에 대해서는
후회와 자책을 하기보다는 수용과 감사를 하게 하시고,
지금 여기 현재의 일에 대해서는
거부와 방황을 하기보다 참여와 몰입을 하게 하시며,
다가올 미래의 일에 대해서는
걱정과 회피를 하기보다는 기대와 도전을 하게 하소서.

이미 갖고 있는 것에 대해서는 만족과 감사를 하게 하시고,
아직 갖지 못한 것에 대해서는 희망과 기대를 갖게 하소서.
좋아하는 사람에 대해서는 사랑과 신뢰를 하게 하시고,
미워하는 사람에 대해서는 용서와 화해를 하게 하소서.

하고 싶지만 해서는 안 되는 일에 대해서는
포기와 망각을 통해서 영원히 결별하게 하시고,
하고 싶지 않지만 해야만 하는 일에 대해서는
결단과 실천을 통해서 조속히 실행하게 하소서.』

9) 자신의 열등감을 천부적인 재능과 전문성으로 바꿔라!

인간은 자신의 신분이 높든 낮든 간에 누구나 어떤 측면에서 열등감을 가지고 있다. 인간은 현재보다 나은 환경과 조건을 만들기 위해 분투(奮鬪)하는 존재이다. 또한, 가족과 사회의 구성원으로서 다른 사람들과 비교하여 평가하며 살아간다.

Adler는 "자기실현" 또는 "자기완성"을 이루기 위해 자신의 열등감을 극복해야 하는 긍정적인 측면으로 이해한다. 즉, 개인의 열등감으로부터 자기완성에 도달하기 위해 스스로의 우월성추구를 통한 건설적 · 긍정적 · 진취적 생활방식을 선택하여 심리적 건강을 완성하게 되며, 이러한 사람들은 자신들의 결점과 열등감을 스스로 인정하고 수용하여 극복하려는 자발적인 의지와 노력을 통해 "자기실현"과 "자기완성"을 이루어 간다.

Adler는 사회적 관심과 활동수준에 근거한 생활방식을 4가지 유형들로 설명하고 있다. 즉, 지배형(the ruling type), 기생형(the getting type), 회피형(the avoiding type), 그리고 사회적 유용형(the socially useful type) 등과 같이 분류한다(노안영, 2008).

1. 지배형(the ruling type)은 부모가 자녀들을 양육할 때에 강압적으로 통제하는 독재적인 생활방식이다.
2. 기생형(the getting type)은 자신이 삶을 스스로 독립적으로 책임을 가지고 생활하는 것이 아닌 부모, 배우자, 형제, 또는 자신보다 더 나은 자들에게 의존하며 기생하는 생활방식을 선택하는 유형이다. 이러한 생활방식은 부모가 자녀를 지나치게 과잉보호할 때도 유래된다.
3. 회피형(the avoiding type)은 모든 일에 수동적이고 부정적으로 반응하는 생활방식을 지닌다.
4. 사회적 유용형(the socially useful type)은 적극적인 사회적 관심과 왕성한 사회참여를 한다. 이 유형은 성숙하고, 긍정적이고, 적극적이고, 낙관적인 정서적으로 건강한 사람의 표본이다. 또한 사회적인 관심이 많아서 자신과 타인의 욕구를 동시에 충족시키며 인생과제를 완수하기

위해 사람들과도 협력할 수 있는 강한 의지의 소유자이다. 사회적 문제를 해결하기 위해서 협력하고, 자발적인 삶의 직면할 수 있는 용기와 책임을 지고, 개인과 다른 사람들을 수용하고, 그리고 사회복지와 안녕에 공헌하려는 의지와 목표를 지향한다.

결론적으로 자신의 심리적 건강을 유지하기 위해서는 자신의 열등감을 통제하고 지배해야만 한다. 만약에 자신의 열등감에 대한 통제력을 갖추지 못한 사람은 열등감 콤플렉스(inferiority complex)에 빠져서 개인의 우월성추구의 집착과 파과적인 삶을 선택하여, 즉 자승자박(自繩自縛)하여 신경증과 정신장애를 유발시킨다. Adler는 열등감 콤플렉스(inferiority complex)에 빠진 사람들을 "주어진 문제를 사회적으로 유용한 방식으로 해결하기에는 충분히 강하지(건강하지) 못한 사람이다."고 제기한다. 이에 대한 요인들을 기관열등감, 과잉보호, 양육태만 등을 예로 설명해주고 있다(노안영, 2008).

다음은 자신의 열등감을 천부적인 전문성으로 바꾼 사람들의 일례들이다.

예 1

자신의 ADHD(주의력 결핍 및 과잉행동장애)를 뛰어넘어라!

자신의 ADHD(주의력 결핍 및 과잉행동장애)를 뛰어넘어라!

"마이클 펠프스는 어린 시절에 ADHD를 진단받았다. 그럼에도 불구하고 자신의 주의력 결핍 및 과잉행동장애를 수영이란 긍정의 사고와 행동으로 전환하게 되었다. 이에 지대한 영향력을 끼친 분이 바로 스승인 밥 보우멘 코치이다. 스승의 한 마디 충고가 지금의 미국의 수영계의 신화인 '펠프스 신화'를 만들었다."

예 1

열등감을 희망으로 바꾼 미국 최초의 흑인 대통령 Barack Obama!

열등감을 희망으로 바꾼 미국 최초의 흑인 대통령 Barack Obama!

"미국을 넘어 세계인들에게 '희망을 상징하는 리더'로서 떠오른 Barack Obama. 그는 1961년 아프리카 케냐 출신의 흑인 아버지와 미국 캔자스 출신의 백인 어머니 사이에 태어났다. 하와이와 인도네시아를 오가는 유년기, 부모의 이혼과 아버지의 부재, 어머니의 재혼과 실패가 주는 불안정한 성장과정 속에서 정체성의 혼란과 환경적 열등감에 방황하는 청소년기를 보냈다. 그러나 자신의 상처 속에서 희망의 씨앗을 발견하고, 서서히 눈길을 돌려 이웃들의 고민과 아픔에 관심을 갖기 시작했다. 1985년 시카고에서 지역사회 운동가로서의 활동을 시작했으며, 1996년 일리노이 주 상원의원에 당선되어 정계에 입문했다. 이후 2004년까지 3선 의원으로 활동하다 그해 일리노이 주 연방 상원의원에 당선되었다. 2007년 전국적인 연방정치에 진입한지 3년 만에 민주당 대선 후보경선에 도전, '오바마 신드롬'을 만들어내며 2008년 민주당 대선 후보가 되었다. 그리고 마침내 '미국 최초의 흑인 대통령'이라는 새로운 역사를 이룩해냈다. 미국인들에게는 잊고 있던 미국의 정신을 다시 흔들어 깨우는 사람으로, 세계적인들에게는 새로운 꿈을 선물해주는 사람으로, 늘 '도전하는 삶'을 살고 있다."(Obama, 2009).

10) 복식호흡웃음치료(류창현, 2006, 2008, 2009)

복식호흡을 활용하여 웃는 요법이다. 즉, 호흡을 들이쉬고(들숨), 내쉬면서(날숨) 웃는다.

(1) 스타팅웃음요법실시 I

- 웃으면서 손뼉을 치면서 원을 그리면서 큰소리로 웃기(2박자). 이때 복식호흡을 하며 웃는 것이 중요하다.

"~하~하, ~호~호, ~히~히, ~흐~흐, ~허~허, ~크~크, ~키~키, ~카~카,
~헤~헤, ~해~해, ~야~야, ~여~여, ~어~어, ~예~예, ~얘~얘, ~으~으,
~오~오, ~요~요, ~우~우, ~꼬~꼬, ~까~까, ~킬~킬, ~칼~칼, ~낄~낄,
~깔~깔, ~캬~캬, ~커~커, ~켜~켜, ~파~파, ~프~프, ~츠~츠, ~치~치."
"~하~하, ~호~호, ~히~히, ~흐~흐, ~허~허, ~크~크, ~키~키, ~카~카,
~헤~헤, ~해~해, ~야~야, ~여~여, ~어~어, ~예~예, ~얘~얘, ~으~으,
~오~오, ~요~요, ~우~우, ~꼬~꼬, ~까~까, ~킬~킬, ~칼~칼, ~낄~낄,
~깔~깔, ~캬~캬, ~커~커, ~켜~켜, ~파~파, ~프~프, ~츠~츠, ~치~치."
"~하~하, ~호~호, ~히~히, ~흐~흐, ~허~허, ~크~크, ~키~키, ~카~카,
~헤~헤, ~해~해, ~야~야, ~여~여, ~어~어, ~예~예, ~얘~얘, ~으~으,
~오~오, ~요~요, ~우~우, ~꼬~꼬, ~까~까, ~킬~킬, ~칼~칼, ~낄~낄,
~깔~깔, ~캬~캬, ~커~커, ~켜~켜, ~파~파, ~프~프, ~츠~츠, ~치~치."

- 웃으면서 손뼉을 치면서 원을 그리면서 큰소리로 웃기(2/3박자). 이때 복식호흡을 하며 웃는 것이 중요하다.

"~하~하, ~하~하~하, ~호~호, ~호~호~호, ~히~히, ~히~히~히, ~흐~흐,
~흐~흐~흐, ~허~허, ~허~허~허, ~크~크, ~크~크~크, ~키~키, ~키~키~키,
~카~카, ~카~카~카, ~헤~헤, ~헤~헤~헤, ~해~해, ~해~해~해, ~야~야,
~야~야~야, ~여~여, ~여~여~여, ~어~어, ~어~어~어, ~예~예, ~예~예~예,
~으~으, ~으~으~으, ~오~오, ~오~오~오, ~꼬~꼬, ~꼬~꼬~꼬, ~까~까,
~까~까~까, ~킬~킬, ~킬~킬~낄, ~낄~낄, ~낄~낄~낄, ~캬~캬, ~캬~캬~캬,
~커~커, ~커~커~커, ~켜~켜, ~켜~켜~켜, ~파~파, ~파~파~파, ~프~프,
~프~프~프, ~푸~푸, ~푸~푸~푸, ~피~피, ~피~피~피, ~티~티, ~티~티~티,
~트~트, ~트~트~트, ~츠~츠, ~츠~츠~츠, ~치~치, ~치~치~치,
~으~으, ~으~으~으, ~오~오, ~오~오~오, ~꼬~꼬, ~꼬~꼬~꼬, ~까~까,
~까~까~까, ~킬~킬, ~킬~킬~낄, ~낄~낄, ~낄~낄~낄, ~캬~캬, ~캬~캬~캬,
~커~커, ~커~커~커, ~켜~켜, ~켜~켜~켜, ~파~파, ~파~파~파, ~프~프,
~프~프~프, ~푸~푸, ~푸~푸~푸, ~피~피, ~피~피~피, ~티~티, ~티~티~티,
~트~트, ~트~트~트, ~츠~츠, ~츠~츠~츠, ~치~치, ~치~치~치."

(2) 스타팅웃음요법실시 II

- 필요한 제스처를 취하면서 복식호흡하면서 크게 웃는 웃음요법.

"~하~하~하~하~하~하~하~하~하~하~하~하~하~하,
~호~호~호~호~호~호~호~호~호~호~호~호~호~호,
~히~히~히~히~히~히~히~히~히~히~히~히~히~히,
~흐~흐~흐~흐~흐~흐~흐~흐~흐~흐~흐~흐~흐~흐,
~허~허~허~허~허~허~허~허~허~허~허~허~허~허,
~크~크~크~크~크~크~크~크~크~크~크~크~크~크,
~키~키~키~키~키~키~키~키~키~키~키~키~키~키,
~카~카~카~카~카~카~카~카~카~카~카~카~카~카,
~혜~혜~혜~혜~혜~혜~혜~혜~혜~혜~혜~혜~혜~혜,
~해~해~해~해~해~해~해~해~해~해~해~해~해~해,
~야~야~야~야~야~야~야~야~야~야~야~야~야~야,
~여~여~여~여~여~여~여~여~여~여~여~여~여~여,
~어~어~어~어~어~어~어~어~어~어~어~어~어~어,
~예~예~예~예~예~예~예~예~예~예~예~예~예~예,
~애~애~애~애~애~애~애~애~애~애~애~애~애~애,
~으~으~으~으~으~으~으~으~으~으~으~으~으~으,
~오~오~오~오~오~오~오~오~오~오~오~오~오~오,
~요~요~요~요~요~요~요~요~요~요~요~요~요~요,
~우~우~우~우~우~우~우~우~우~우~우~우~우~우,
~꼬~꼬~꼬~꼬~꼬~꼬~꼬~꼬~꼬~꼬~꼬~꼬~꼬~꼬,
~까~까~까~까~까~까~까~까~까~까~까~까~까~까,
~킬~킬~킬~킬~낄~킬~킬~킬~킬~킬~킬~킬~킬~킬,
~칼~칼~칼~칼~칼~칼~칼~칼~칼~칼~칼~칼~칼~칼,
~낄~낄~낄~낄~낄~낄~낄~낄~낄~낄~낄~낄~낄~낄,
~깔~깔~깔~깔~깔~깔~깔~깔~깔~깔~깔~깔~깔~깔,
~캬~캬~캬~캬~캬~캬~캬~캬~캬~캬~캬~캬~캬~캬,
~커~커~커~커~커~커~커~커~커~커~커~커~커~커,
~켜~켜~켜~켜~켜~켜~켜~켜~켜~켜~켜~켜~켜~켜."

(3) 스타팅웃음요법실시 III : 추임새를 활용한다.

- 필요한 제스처를 취하면서 복식호흡을 하면서 크게 웃는 웃음요법.

"~하! ~하~하~하~하~하~하~하~하~하" "~하~하"
"~호! ~호~호~호~호~호~호~호~호~호" "~호~호"
"~히! ~히~히~히~히~히~히~히~히~히" "~히~히"
"~흐! ~흐~흐~흐~흐~흐~흐~흐~흐~흐" "~흐~흐"
"~허! ~허~허~허~허~허~허~허~허~허" "~허~허"
"~크! ~크~크~크~크~크~크~크~크~크" "~크~크"
"~키! ~키~키~키~키~키~키~키~키~키" "~키~키"
"~카! ~카~카~카~카~카~카~카~카~카" "~카~카"
"~헤! ~헤~헤~헤~헤~헤~헤~헤~헤~헤" "~헤~헤"
"~해! ~해~해~해~해~해~해~해~해~해" "~해~해"
"~야! ~야~야~야~야~야~야~야~야~야" "~야~야"
"~여! ~여~여~여~여~여~여~여~여~여" "~여~여"
"~어! ~어~어~어~어~어~어~어~어~어" "~어~어"
"~예! ~예~예~예~예~예~예~예~예~예" "~예~예"
"~얘! ~얘~얘~얘~얘~얘~얘~얘~얘~얘" "~얘~얘"
"~으! ~으~으~으~으~으~으~으~으~으" "~으~으"
"~오! ~오~오~오~오~오~오~오~오~오" "~오~오"
"~요! ~요~요~요~요~요~요~요~요~요" "~요~요"
"~우! ~우~우~우~우~우~우~우~우~우" "~우~우"
"~꼬! ~꼬~꼬~꼬~꼬~꼬~꼬~꼬~꼬~꼬" "~꼬~꼬"
"~까! ~까~까~까~까~까~까~까~까~까" "~까~까"
"~킬! ~킬~킬~킬~낄~킬~킬~킬~킬~낄" "~킬~킬"
"~칼! ~칼~칼~칼~칼~칼~칼~칼~칼~칼" "~칼~칼"
"~낄! ~낄~낄~낄~낄~낄~낄~낄~낄~낄" "~낄~낄"
"~깔! ~깔~깔~깔~깔~깔~깔~깔~깔~깔" "~깔~깔"
"~캬! ~캬~캬~캬~캬~캬~캬~캬~캬~캬" "~캬~캬"
"~커! ~커~커~커~커~커~커~커~커~커" "~커~커"
"~켜! ~켜~켜~켜~켜~켜~켜~켜~켜~켜" "~켜~켜."

(4) **행복반가웃음요법** I(Happy Greeting Laugh I)

• 20년 만에 만난 친구를 한눈에 알아 봤을 때, 너무 기뻐 상대의 양손을 붙잡고 뛰면서 웃는 웃음요법.

"~하~하~하~하~하~하~하~하~하~하~하~하~하~하,
~호~호~호~호~호~호~호~호~호~호~호~호~호~호,
~히~히~히~히~히~히~히~히~히~히~히~히~히~히,
~흐~흐~흐~흐~흐~흐~흐~흐~흐~흐~흐~흐~흐~흐,
~허~허~허~허~허~허~허~허~허~허~허~허~허~허,
~크~크~크~크~크~크~크~크~크~크~크~크~크~크,
~키~키~키~키~키~키~키~키~키~키~키~키~키~키,
~카~카~카~카~카~카~카~카~카~카~카~카~카~카,
~헤~헤~헤~헤~헤~헤~헤~헤~헤~헤~헤~헤~헤~헤,
~해~해~해~해~해~해~해~해~해~해~해~해~해~해,
~야~야~야~야~야~야~야~야~야~야~야~야~야~야."

(5) **행복반가웃음요법** II(Happy Greeting Laugh II)

• 20년 만에 만난 친구를 한눈에 알아 봤을 때, 너무 기뻐 상대의 양손을 붙잡고 뛰면서, 제자리를 돌면서 웃는 웃음요법.

"~하~하~하~하~하~하~하~하~하~하~하~하~하~하,
~호~호~호~호~호~호~호~호~호~호~호~호~호~호,
~히~히~히~히~히~히~히~히~히~히~히~히~히~히,
~흐~흐~흐~흐~흐~흐~흐~흐~흐~흐~흐~흐~흐~흐,
~허~허~허~허~허~허~허~허~허~허~허~허~허~허,
~야~야~야~야~야~야~야~야~야~야~야~야~야~야,
~여~여~여~여~여~여~여~여~여~여~여~여~여~여,
~어~어~어~어~어~어~어~어~어~어~어~어~어~어,
~예~예~예~예~예~예~예~예~예~예~예~예~예~예."

(6) **행복반가웃음요법** III(Happy Greeting Laugh III)

• 상대방과 서로 마주보면서 양손을 잡고 원을 그리면서 웃는 웃음요법.

"~하~하~하~하~하~하~하~하~하~하~하~하~하~하,
~호~호~호~호~호~호~호~호~호~호~호~호~호~호,
~히~히~히~히~히~히~히~히~히~히~히~히~히~히,
~흐~흐~흐~흐~흐~흐~흐~흐~흐~흐~흐~흐~흐~흐,
~허~허~허~허~허~허~허~허~허~허~허~허~허~허,
~크~크~크~크~크~크~크~크~크~크~크~크~크~크,
~키~키~키~키~키~키~키~키~키~키~키~키~키~키,
~카~카~카~카~카~카~카~카~카~카~카~카~카~카,
~헤~헤~헤~헤~헤~헤~헤~헤~헤~헤~헤~헤~헤~헤."

(7) **행복반가웃음요법** IV(Happy Greeting Laugh IV)

• 상대방과 양손을 대고 가볍게 밀고, 당기면서 웃는 웃음요법.

"~하~하~하~하~하~하~하~하~하~하~하~하~하~하,
~호~호~호~호~호~호~호~호~호~호~호~호~호~호,
~히~히~히~히~히~히~히~히~히~히~히~히~히~히,
~흐~흐~흐~흐~흐~흐~흐~흐~흐~흐~흐~흐~흐~흐,
~허~허~허~허~허~허~허~허~허~허~허~허~허~허,
~크~크~크~크~크~크~크~크~크~크~크~크~크~크,
~키~키~키~키~키~키~키~키~키~키~키~키~키~키,
~카~카~카~카~가~카~카~카~카~카~카~카~카~카,
~혜~혜~혜~혜~혜~혜~혜~혜~혜~혜~혜~혜~혜~혜,
~해~해~해~해~해~해~해~해~해~해~해~해~해~해,
~야~야~야~야~야~야~야~야~야~야~야~야~야~야,
~여~여~여~여~여~여~여~여~여~여~여~여~여~여,
~어~어~어~어~어~어~어~어~어~어~어~어~어~어,
~예~예~예~예~예~예~예~예~예~예~예~예~예~예,
~얘~얘~얘~얘~얘~얘~얘~얘~얘~얘~얘~얘~얘~얘."

(8) **행복반가웃음요법** V(Happy Greeting Laugh V)

• 둘씩 또는 모두 손을 잡고 원을 만들면서 웃는 웃음요법.

"~하~하~하~하~하~하~하~하~하~하~하~하~하~하,
~호~호~호~호~호~호~호~호~호~호~호~호~호~호,
~히~히~히~히~히~히~히~히~히~히~히~히~히~히,
~흐~흐~흐~흐~흐~흐~흐~흐~흐~흐~흐~흐~흐~흐,
~허~허~허~허~허~허~허~허~허~허~허~허~허~허,
~크~크~크~크~크~크~크~크~크~크~크~크~크~크,
~키~키~키~키~키~키~키~키~키~키~키~키~키~키,
~카~카~카~카~카~카~카~카~카~카~카~카~카~카,
~혜~혜~혜~혜~혜~혜~혜~혜~혜~혜~혜~혜~혜~혜,
~해~해~해~해~해~해~해~해~해~해~해~해~해~해,
~야~야~야~야~야~야~야~야~야~야~야~야~야~야,
~여~여~여~여~여~여~여~여~여~여~여~여~여~여,
~어~어~어~어~어~어~어~어~어~어~어~어~어~어,
~예~예~예~예~예~예~예~예~예~예~예~예~예~예,
~얘~얘~얘~얘~얘~얘~얘~얘~얘~얘~얘~얘~얘~얘."

(9) **행복반가웃음요법** VI(Happy Greeting Laugh VI)

• 상대방과 서로 마주 보면서 양손을 똑같이 치면서 웃는 웃음요법(임정남). 또는 엇박자로 박수를 치면서 웃는 웃음요법.

"~하~하~하~하~하~하~하~하~하~하~하~하~하~하,
~호~호~호~호~호~호~호~호~호~호~호~호~호~호,
~히~히~히~히~히~히~히~히~히~히~히~히~히~히,
~흐~흐~흐~흐~흐~흐~흐~흐~흐~흐~흐~흐~흐~흐,
~허~허~허~허~허~허~허~허~허~허~허~허~허~허,
~크~크~크~크~크~크~크~크~크~크~크~크~크~크,
~키~키~키~키~키~키~키~키~키~키~키~키~키~키,
~카~카~카~카~카~카~카~카~카~카~카~카~카~카,
~혜~혜~혜~혜~혜~혜~혜~혜~혜~혜~혜~혜~혜~혜,
~해~해~해~해~해~해~해~해~해~해~해~해~해~해,
~야~야~야~야~야~야~야~야~야~야~야~야~야~야,
~여~여~여~여~여~여~여~여~여~여~여~여~여~여,
~어~어~어~어~어~어~어~어~어~어~어~어~어~어,
~예~예~예~예~예~예~예~예~예~예~예~예~예~예."

(10) **행복반가웃음요법** VII(Happy Greeting Laugh VII)

• 상대방과 양손을 잡고 지그재그로 흔들면서 앉았다 일어나면서 웃는 웃음요법.

"~하~하~하~하~하~하~하~하~하~하~하~하~하~하,
~호~호~호~호~호~호~호~호~호~호~호~호~호~호,
~히~히~히~히~히~히~히~히~히~히~히~히~히~히,
~흐~흐~흐~흐~흐~흐~흐~흐~흐~흐~흐~흐~흐~흐,
~허~허~허~허~허~허~허~허~허~허~허~허~허~허,
~크~크~크~크~크~크~크~크~크~크~크~크~크~크,
~키~키~키~키~키~키~키~키~키~키~키~키~키~키,
~카~카~카~카~카~카~카~카~카~카~카~카~카~카,
~혜~혜~혜~혜~혜~혜~혜~혜~혜~혜~혜~혜~혜~혜,
~혜~혜~혜~혜~혜~혜~혜~혜~혜~혜~혜~혜~혜~혜,
~해~해~해~해~해~해~해~해~해~해~해~해~해~해,
~야~야~야~야~야~야~야~야~야~야~야~야~야~야,
~여~여~여~여~여~여~여~여~여~여~여~여~여~여,
~어~어~어~어~어~어~어~어~어~어~어~어~어~어,
~예~예~예~예~예~예~예~예~예~예~예~예~예~예."

(11) 왈츠웃음요법(Waltz Laugh)

• 상대방의 두 손을 잡고, 앞, 뒤, 좌, 우로 두 스텝(two steps)을 밟으면서 왈츠를 추면서 웃는 웃음요법.

"~하~하, ~하~하~하, ~호~호, ~호~호~호, ~히~히, ~히~히~히, ~흐~흐,
~흐~흐~흐, ~허~허, ~허~허~허, ~크~크, ~크~크~크, ~키~키, ~키~키~키,
~카~카, ~카~카~카, ~헤~헤, ~헤~헤~헤, ~해~해, ~해~해~해, ~야~야,
~야~야~야, ~여~여, ~여~여~여, ~어~어, ~어~어~어, ~예~예, ~예~예~예,
~으~으, ~으~으~으, ~오~오, ~오~오~오, ~꼬~꼬, ~꼬~꼬~꼬, ~까~까,
~까~까~까, ~킬~킬, ~킬~킬~낄, ~낄~낄, ~낄~낄~낄, ~캬~캬, ~캬~캬~캬,
~커~커, ~커~커~커, ~켜~켜, ~켜~켜~켜, ~파~파, ~파~파~파, ~프~프,
~프~프~프, ~푸~푸, ~푸~푸~푸, ~피~피, ~피~피~피, ~티~티, ~티~티~티,
~트~트, ~트~트~트, ~츠~츠, ~츠~츠~츠, ~치~치, ~치~치~치."
"~하~하, ~하~하~하, ~호~호, ~호~호~호, ~히~히, ~히~히~히, ~흐~흐,
~흐~흐~흐, ~허~허, ~허~허~허, ~크~크, ~크~크~크, ~키~키, ~키~키~키,
~카~카, ~카~카~카, ~헤~헤, ~헤~헤~헤, ~해~해, ~해~해~해, ~야~야,
~야~야~야, ~여~여, ~여~여~여, ~어~어, ~어~어~어, ~예~예, ~예~예~예."

(12) 핸-인-핸-웃음요법(Hand In Hand Laugh)

• 강강술래를 하듯이 큰 그룹에서 서로서로 손을 잡고서 크게 원을 그리면서 돌면서 웃는 웃음요법.

"~하~하~하~하~하~하~하~하~하~하~하~하~하~하,
~호~호~호~호~호~호~호~호~호~호~호~호~호~호,
~히~히~히~히~히~히~히~히~히~히~히~히~히~히,
~흐~흐~흐~흐~흐~흐~흐~흐~흐~흐~흐~흐~흐~흐,
~허~허~허~허~허~허~허~허~허~허~허~허~허~허,
~크~크~크~크~크~크~크~크~크~크~크~크~크~크,
~키~키~키~키~키~키~키~키~키~키~키~키~키~키,
~카~카~카~카~카~카~카~카~카~카~카~카~카~카,
~헤~헤~헤~헤~헤~헤~헤~헤~헤~헤~헤~헤~헤~헤,
~해~해~해~해~해~해~해~해~해~해~해~해~해~해,
~야~야~야~야~야~야~야~야~야~야~야~야~야~야,
~여~여~여~여~여~여~여~여~여~여~여~여~여~여,
~어~어~어~어~어~어~어~어~어~어~어~어~어~어,
~예~예~예~예~예~예~예~예~예~예~예~예~예~예,
~얘~얘~얘~얘~얘~얘~얘~얘~얘~얘~얘~얘~얘~얘,
~으~으~으~으~으~으~으~으~으~으~으~으~으~으,
~오~오~오~오~오~오~오~오~오~오~오~오~오~오."

(13) **도리도리웃음요법** I(Do-Ri Do-Ri Laugh I)

- 고개를 가볍게 좌우로 흔들고 동시에 양팔을 가볍게 위아래로 흔들면서 원을 그리면서 웃는 웃음요법.

"~하~하~하~하~하~하~하~하~하~하~하~하~하~하,
~호~호~호~호~호~호~호~호~호~호~호~호~호~호,
~히~히~히~히~히~히~히~히~히~히~히~히~히~히,
~흐~흐~흐~흐~흐~흐~흐~흐~흐~흐~흐~흐~흐~흐,
~허~허~허~허~허~허~허~허~허~허~허~허~허~허,
~크~크~크~크~크~크~크~크~크~크~크~크~크~크,
~키~키~키~키~키~키~키~키~키~키~키~키~키~키,
~카~카~카~카~카~카~카~카~카~카~카~카~카~카,
~혜~혜~혜~혜~혜~혜~혜~혜~혜~혜~혜~혜~혜~혜,
~해~해~해~해~해~해~해~해~해~해~해~해~해~해,
~야~야~야~야~야~야~야~야~야~야~야~야~야~야,
~여~여~여~여~여~여~여~여~여~여~여~여~여~여,
~어~어~어~어~어~어~어~어~어~어~어~어~어~어."
~예~예~예~예~예~예~예~예~예~예~예~예~예~예.
~얘~얘~얘~얘~얘~얘~얘~얘~얘~얘~얘~얘~얘~얘,
~으~으~으~으~으~으~으~으~으~으~으~으~으~으,
~오~오~오~오~오~오~오~오~오~오~오~오~오~오."

(14) **도리도리웃음요법** II(Do-Ri Do-Ri Laugh II)

- 둘씩 짝을 이루어(role play) 고개를 가볍게 좌우로 흔들고 동시에 양팔을 가볍게 위아래로 흔들면서 웃는 웃음요법.

"~하~하~하~하~하~하~하~하~하~하~하~하~하~하,
~호~호~호~호~호~호~호~호~호~호~호~호~호~호,
~히~히~히~히~히~히~히~히~히~히~히~히~히~히,
~흐~흐~흐~흐~흐~흐~흐~흐~흐~흐~흐~흐~흐~흐,
~허~허~허~허~허~허~허~허~허~허~허~허~허~허,
~크~크~크~크~크~크~크~크~크~크~크~크~크~크,
~키~키~키~키~키~키~키~키~키~키~키~키~키~키,
~카~카~카~카~카~카~카~카~카~카~카~카~카~카,
~혜~혜~혜~혜~혜~혜~혜~혜~혜~혜~혜~혜~혜~혜,
~해~해~해~해~해~해~해~해~해~해~해~해~해~해,
~야~야~야~야~야~야~야~야~야~야~야~야~야~야,
~여~여~여~여~여~여~여~여~여~여~여~여~여~여,
~어~어~어~어~어~어~어~어~어~어~어~어~어~어."

(15) **포인트웃음요법** I(Point Laugh I)

• 한 손 또는 양손을 사용하여 서로서로 상대방을 집게손가락으로 가리키면서(point) 웃는 웃음요법.

"~하~하~하~하~하~하~하~하~하~하~하~하~하~하,
~호~호~호~호~호~호~호~호~호~호~호~호~호~호,
~히~히~히~히~히~히~히~히~히~히~히~히~히~히,
~흐~흐~흐~흐~흐~흐~흐~흐~흐~흐~흐~흐~흐~흐,
~허~허~허~허~허~허~허~허~허~허~허~허~허~허,
~크~크~크~크~크~크~크~크~크~크~크~크~크~크,
~키~키~키~키~키~키~키~키~키~키~키~키~키~키,
~카~카~카~카~카~카~카~카~카~카~카~카~카~카,
~헤~헤~헤~헤~헤~헤~헤~헤~헤~헤~헤~헤~헤~헤."

(16) **포인트웃음요법** II(Point Laugh II)

• 치매를 사전에 체크할 수 있는 간략한 측정요법으로서, 지남력손상테스트(disorientation test)를 할 수 있도록 고안한 웃음요법이다. 집게손가락으로 상대방과 함께 접촉(Contact)하면서, 오른쪽(R), 왼쪽(L), 교차(R. L. Cross), 양손(Both), 양손크로스(Both-Cross)를 실시하면서 웃는 웃음요법.

"~하~하~하~하~하~하~하~하~하~하~하~하~하~하"
"~호~호~호~호~호~호~호~호~호~호~호~호~호~호"
"~히~히~히~히~히~히~히~히~히~히~히~히~히~히"
"~흐~흐~흐~흐~흐~흐~흐~흐~흐~흐~흐~흐~흐~흐"
"~허~허~허~허~허~허~허~허~허~허~허~허~허~허"
"~헤~헤~헤~헤~헤~헤~헤~헤~헤~헤~헤~헤~헤~헤"
"~해~해~해~해~해~해~해~해~해~해~해~해~해~해"
"~야~야~야~야~야~야~야~야~야~야~야~야~야~야."

(17) **포인트웃음요법** III(Point Laugh III)

• 모두가 원을 그리고 서서 오른쪽(왼쪽) 집게손가락을 펴서 다 같이 중심점(Center)으로 모아 높이 들어 올리면서 웃는 웃음요법.

"~하! ~하~하~하~하~하~하~하~하" "~하~하"
"~호! ~호~호~호~호~호~호~호~호" "~호~호"
"~히! ~히~히~히~히~히~히~히~히" "~히~히"
"~흐! ~흐~흐~흐~흐~흐~흐~흐~흐" "~흐~흐"
"~허! ~허~허~허~허~허~허~허~허" "~허~허"
"~크! ~크~크~크~크~크~크~크~크" "~크~크"
"~키! ~키~키~키~키~키~키~키~키" "~키~키"
"~카! ~카~카~카~카~카~카~카~카" "~카~카"
"~헤! ~헤~헤~헤~헤~헤~헤~헤~헤" "~헤~헤"
"~해! ~해~해~해~해~해~해~해~해" "~해~해"
"~야! ~야~야~야~야~야~야~야~야" "~야~야"
"~여! ~여~여~여~여~여~여~여~여" "~여~여."

(18) **포인트웃음요법** IV(Point Laugh IV)

- 모두가 원을 그리고 서서 양쪽 집게손가락을 펴서 좌우 상대방과 포인트를 맞추면서 높이 들면서 웃는 웃음요법.

"~하! ~하~하~하~하~하~하~하~하~하" "~하~하"

"~호! ~호~호~호~호~호~호~호~호~호" "~호~호"

"~히! ~히~히~히~히~히~히~히~히~히" "~히~히"

"~흐! ~흐~흐~흐~흐~흐~흐~흐~흐~흐" "~흐~흐"

"~허! ~허~허~허~허~허~허~허~허~허" "~허~허"

"~크! ~크~크~크~크~크~크~크~크~크" "~크~크"

"~키! ~키~키~키~키~키~키~키~키~키" "~키~키."

(19) **하이파이브웃음요법** I(Hi-Five Laugh I)

- 상대방과 "Hi-Five"를 하며 인사하면서 웃는 웃음요법.

"~하~하~하~하~하~하~하~하~하~하~하~하~하~하,
~호~호~호~호~호~호~호~호~호~호~호~호~호~호,
~히~히~히~히~히~히~히~히~히~히~히~히~히~히,
~흐~흐~흐~흐~흐~흐~흐~흐~흐~흐~흐~흐~흐~흐,
~허~허~허~허~허~허~허~허~허~허~허~허~허~허,
~크~크~크~크~크~크~크~크~크~크~크~크~크~크,
~키~키~키~키~키~키~키~키~키~키~키~키~키~키,
~카~카~카~카~카~카~카~카~카~카~카~카~카~카,
~헤~헤~헤~헤~헤~헤~헤~헤~헤~헤~헤~헤~헤~헤,
~해~해~해~해~해~해~해~해~해~해~해~해~해~해,
~야~야~야~야~야~야~야~야~야~야~야~야~야~야,
~여~여~여~여~여~여~여~여~여~여~여~여~여~여,
~어~어~어~어~어~어~어~어~어~어~어~어~어~어,
~예~예~예~예~예~예~예~예~예~예~예~예~예~예,
~얘~얘~얘~얘~얘~얘~얘~얘~얘~얘~얘~얘~얘~얘,
~으~으~으~으~으~으~으~으~으~으~으~으~으~으."

(20) **하이파이브웃음요법** II(Hi-Five Laugh II)

- 상대방과 "Hi-Five"를 하며 인사를 하면서 웃는 웃음요법. 단, 추임새를 사용한다.

"~하! ~하~하~하~하~하~하~하~하~하" "~하~하"
"~호! ~호~호~호~호~호~호~호~호~호" "~호~호"
"~히! ~히~히~히~히~히~히~히~히~히" "~히~히"
"~흐! ~흐~흐~흐~흐~흐~흐~흐~흐~흐" "~흐~흐"
"~허! ~허~허~허~허~허~허~허~허~허" "~허~허"
"~크! ~크~크~크~크~크~크~크~크~크" "~크~크"
"~키! ~키~키~키~키~키~키~키~키~키" "~키~키"
"~카! ~카~카~카~카~카~카~카~카~카" "~카~카"
"~헤! ~헤~헤~헤~헤~헤~헤~헤~헤~헤" "~헤~헤"
"~해! ~해~해~해~해~해~해~해~해~해" "~해~해"
"~야! ~야~야~야~야~야~야~야~야~야" "~야~야"
"~여! ~여~여~여~여~여~여~여~여~여" "~여~여."

(21) **하이파이브웃음요법** III(Hi-Five Laugh III)

- 상대방과 함께 제스처를 취하면서 인사하며 웃는 웃음요법.

"~하~하~하~하~하~하~하~하~하~하" "~하~하"(Right)
"~호~호~호~호~호~호~호~호~호~호" "~호~호"(Left)
"~히~히~히~히~히~히~히~히~히~히" "~히~히"(Both, D.)
"~흐~흐~흐~흐~흐~흐~흐~흐~흐~흐" "~흐~흐"(Both, up)
"~허~허~허~허~허~허~허~허~허~허" "~허~허"(Clapping)
"~크! ~크~크~크~크~크~크~크~크~크" "~크~크"(Big Hug)
"~하~하~하~하~하~하~하~하~하~하" "~하~하"(Right)
"~호~호~호~호~호~호~호~호~호~호" "~호~호"(Left)
"~히~히~히~히~히~히~히~히~히~히" "~히~히"(Both, D.)
"~흐~흐~흐~흐~흐~흐~흐~흐~흐~흐" "~흐~흐"(Both, up)
"~허~허~허~허~허~허~허~허~허~허" "~허~허"(Clapping)
"~크! ~크~크~크~크~크~크~크~크~크" "~크~크."(Big Hug)

(22) **사자웃음요법** I(Lion Laugh I)

- 사자처럼 웃기 "~으~와~하~앙" 무릎을 45° 도 각도로 굽히고 낮은 자세를 취하고, 혀를 밖으로 내놓고, 양팔을 어깨 위로 들고 양손을 Lion의 손 모양을 취하며 웃는 웃음요법.

"~으~와~하~앙" "~으~와~하~앙" "~으~와~왕~앙" "~으~와~하~앙"
"~으~와~하~앙" "~으~와~하~앙" "~으~와~왕~앙" "~으~와~하~앙"
"~으~와~하~앙" "~으~와~하~앙" "~으~와~왕~앙" "~으~와~하~앙"
"~으~와~하~앙" "~으~와~하~앙" "~으~와~왕~앙" "~으~와~하~앙."

(23) **사자웃음요법** II(Lion Laugh II)

• 사자처럼 웃으면서 상대방과 가볍게 기싸움(power fighting)을 하면서 웃는 웃음요법.

"~으~와~하~앙" "~으~와~하~앙" "~으~와~왕~앙" "~으~와~하~앙"
"~으~와~하~앙" "~으~와~하~앙" "~으~와~왕~앙" "~으~와~하~앙"
"~으~와~하~앙" "~으~와~하~앙" "~으~와~왕~앙" "~으~와~하~앙"
"~으~와~하~앙" "~으~와~하~앙" "~으~와~왕~앙" "~으~와~하~앙"
"~으~와~하~앙" "~으~와~하~앙" "~으~와~왕~앙" "~으~와~하~앙"
"~으~와~하~앙" "~으~와~하~앙" "~으~와~왕~앙" "~으~와~하~앙."

(24) **사자웃음요법** III(Lion Laugh III)

• 사자처럼 웃으면서 상대방과 가볍게 양손을 대고 밀면서 서로 기 싸움(power fighting)을 하며 웃는 웃음요법.

"~으~와~하~앙" "~으~와~하~앙" "~으~와~왕~앙" "~으~와~하~앙"
"~으~와~하~앙" "~으~와~하~앙" "~으~와~왕~앙" "~으~와~하~앙"
"~으~와~하~앙" "~으~와~하~앙" "~으~와~왕~앙" "~으~와~하~앙"
"~으~와~하~앙" "~으~와~하~앙" "~으~와~왕~앙" "~으~와~하~앙"
"~으~와~하~앙" "~으~와~하~앙" "~으~와~왕~앙" "~으~와~하~앙"
"~으~와~하~앙" "~으~와~하~앙" "~으~와~왕~앙" "~으~와~하~앙."

(25) **사자웃음요법** IV(Lion Laugh IV)

• 사자처럼 웃으면서 상대방과 가볍게 양손을 잡고 밀고 당기면서 기싸움(power fighting)을 하며 웃는 웃음요법

"~으~와~하~앙" "~으~와~하~앙" "~으~와~왕~앙" "~으~와~하~앙"
"~으~와~하~앙" "~으~와~하~앙" "~으~와~왕~앙" "~으~와~하~앙"
"~으~와~하~앙" "~으~와~하~앙" "~으~와~왕~앙" "~으~와~하~앙"
"~으~와~하~앙" "~으~와~하~앙" "~으~와~왕~앙" "~으~와~하~앙"
"~으~와~하~앙" "~으~와~하~앙" "~으~와~왕~앙" "~으~와~하~앙"
"~으~와~하~앙" "~으~와~하~앙" "~으~와~왕~앙" "~으~와~하~앙"
"~으~와~하~앙" "~으~와~하~앙" "~으~와~왕~앙" "~으~와~하~앙"
"~으~와~하~앙" "~으~와~하~앙" "~으~와~왕~앙" "~으~와~하~앙"
"~으~와~하~앙" "~으~와~하~앙" "~으~와~왕~앙" "~으~와~하~앙"
"~으~와~하~앙" "~으~와~하~앙" "~으~와~왕~앙" "~으~와~하~앙"
"~으~와~하~앙" "~으~와~하~앙" "~으~와~왕~앙" "~으~와~하~앙."

(26) 축하웃음요법(Compliment Laugh)

• 집, 마을, 국가 안에서 경사로운 일이 생겼을 때, 함께 축하하고 기뻐하며 웃는 웃음요법.

"경사 났네!" "~하~하."
"경사 났어!" "~호~호."
"우리 집에 경사 났어!" "~히~히" "우리아들 합격했네!" "~축~하~축~하."
상대방의 손을 잡고 흔들고 뛰면서 웃는다.
"~하~하~하~하~하~하~하~하~하~하" "~하~하."

"경사 났네!" "~하~하."
"경사 났어!" "~호~호."
"우리 동네 경사 났어!" "~히~히" "우리 동네 부자됐네!" "~축~하~축~하."
상대방의 손을 잡고 흔들고 뛰면서 웃는다.
"~호~호~호~호~호~호~호~호~호~호" "~호~호."

(27) 잠깨기웃음요법 I(Wake-up Laugh I)

• 아침에 일어나기 힘들거나 잠이 깨지 않을 때에 웃는 웃음요법이다. 엎드린 채로 양 손을 쭉 펴고 입가에 살짝 웃음을 지으면서, 복식호흡을 실시한다. 침묵으로 웃는 웃음요법.

"~하! ~하~하~하~하~하~하~하~하~하" "~하~하"
"~호! ~호~호~호~호~호~호~호~호~호" "~호~호"
"~히! ~히~히~히~히~히~히~히~히~히" "~히~히"
"~흐! ~흐~흐~흐~흐~흐~흐~흐~흐~흐" "~흐~흐"
"~허! ~허~허~허~허~허~허~허~허~허" "~허~허"
"~크! ~크~크~크~크~크~크~크~크~크" "~크~크"
"~키! ~키~키~키~키~키~키~키~키~키" "~키~키"
"~카! ~카~카~카~카~카~카~카~카~카" "~카~카"
"~킬! ~킬~킬~킬~낄~킬~킬~킬~킬~낄" "~킬~킬"
"~하! ~하~하~하~하~하~하~하~하~하" "~하~하"
"~호! ~호~호~호~호~호~호~호~호~호" "~호~호"
"~히! ~히~히~히~히~히~히~히~히~히" "~히~히"
"~흐! ~흐~흐~흐~흐~흐~흐~흐~흐~흐" "~흐~흐."

(28) **잠깨기웃음요법** II(Wake-up Laugh II)

- 아침에 일어나기 힘들거나 잠이 깨지 않을 때에 웃는 웃음요법이다. 정좌로 앉은 상태에서 양손을 쭉 위로 기지개를 펴면서 힘차게 웃는 웃음요법이다.

"~하! ~하~하~하~하~하~하~하~하~하" "~하~하"
"~호! ~호~호~호~호~호~호~호~호~호" "~호~호"
"~히! ~히~히~히~히~히~히~히~히~히" "~히~히"
"~흐! ~흐~흐~흐~흐~흐~흐~흐~흐~흐" "~흐~흐"
"~허! ~허~허~허~허~허~허~허~허~허" "~허~허"
"~크! ~크~크~크~크~크~크~크~크~크" "~크~크"
"~키! ~키~키~키~키~키~키~키~키~키" "~키~키"
"~킬! ~킬~킬~킬~낄~킬~킬~킬~킬~낄" "~킬~킬."

(29) **잠깨기웃음요법** III(Wake-up Laugh III)

- 아침에 일어나기 힘들거나 잠이 깨지 않을 때에 웃는 웃음요법이다. 자리에서 벌떡 일어나서 힘차게 양손에 주먹을 쥐고 기압을 외치면서, 양손을 위로 지그재그로 올리면서 웃는 웃음요법이다.

"얍!, 난 오늘도 할 수 있다!"

"~하! ~하~하~하~하~하~하~하~하~하" "~하~하"
"~호! ~호~호~호~호~호~호~호~호~호" "~호~호"
"~히! ~히~히~히~히~히~히~히~히~히" "~히~히"
"~흐! ~흐~흐~흐~흐~흐~흐~흐~흐~흐" "~흐~흐"
"~흐! ~흐~흐~흐~흐~흐~흐~흐~흐~흐" "~흐~흐"
"~허! ~허~허~허~허~허~허~허~허~허" "~허~허"
"~크! ~크~크~크~크~크~크~크~크~크" "~크~크"
"~키! ~키~키~키~키~키~키~키~키~키" "~키~키."

(30) **잠깨기웃음요법** IV(Wake-up Laugh IV)

- 아침에 일어나기 힘들거나 잠이 깨지 않을 때에 웃는 웃음요법이다. 자리에서 벌떡 일어나서 힘차게 양손에 주먹을 쥐고 기압을 외치면서, 양손을 위로 지그재그로 올리면서 웃는 웃음요법이다.

"얍!, 난 오늘도 승리한다!"

"~하! ~하~하~하~하~하~하~하~하~하" "~하~하"
"~호! ~호~호~호~호~호~호~호~호~호" "~호~호"
"~히! ~히~히~히~히~히~히~히~히~히" "~히~히"
"~흐! ~흐~흐~흐~흐~흐~흐~흐~흐~흐" "~흐~흐"
"~허! ~허~허~허~허~허~허~허~허~허" "~허~허"
"~흐! ~흐~흐~흐~흐~흐~흐~흐~흐~흐" "~흐~흐."

(31) 잠깨기웃음요법 V(Wake-up Laugh V)

• 아침에 일어나기 힘들거나 잠이 깨지 않을 때에 웃는 웃음요법이다. 자리에서 벌떡 일어나서 힘차게 양손에 주먹을 쥐고 기합을 외치면서, 양손을 위로 지그재그로 올리면서 웃는 웃음요법이다.

"얍!, 난 오늘도 타인을 존중하고 배려한다!"

"~하! ~하~하~하~하~하~하~하~하~하" "~하~하"
"~호! ~호~호~호~호~호~호~호~호~호" "~호~호"
"~히! ~히~히~히~히~히~히~히~히~히" "~히~히"
"~흐! ~흐~흐~흐~흐~흐~흐~흐~흐~흐" "~흐~흐"
"~허! ~허~허~허~허~허~허~허~허~허" "~허~허"
"~흐! ~흐~흐~흐~흐~흐~흐~흐~흐~흐" "~흐~흐"
"~키! ~키~키~키~키~키~키~키~키~키" "~키~키."

(32) 잠깨기웃음요법 VI(Wake-up Laugh VI)

• 아침에 일어나기 힘들거나 잠이 깨지 않을 때에 웃는 웃음요법이다. 자리에서 벌떡 일어나서 힘차게 양손에 주먹을 쥐고 기합을 외치면서, 양손을 위로 지그재그로 올리면서 웃는 웃음요법이다.

"얍!, 난 오늘도 최선을 다한다!"

"~하! ~하~하~하~하~하~하~하~하~하" "~하~하"
"~호! ~호~호~호~호~호~호~호~호~호" "~호~호"
"~히! ~히~히~히~히~히~히~히~히~히" "~히~히"
"~흐! ~흐~흐~흐~흐~흐~흐~흐~흐~흐" "~흐~흐"
"~허! ~허~허~허~허~허~허~허~허~허" "~허~허."

(33) 잠깨기웃음요법 VII(Wake-up Laugh VII)

• 아침에 일어나기 힘들거나 잠이 깨지 않을 때에 웃는 웃음요법이다. 자리에서 벌떡 일어나서 힘차게 양손에 주먹을 쥐고 기합을 외치면서, 양손을 위로 지그재그로 올리면서 웃는 웃음요법이다.

"얍! 난 오늘도 웃으며 시작한다!"

"~하! ~하~하~하~하~하~하~하~하~하" "~하~하"
"~호! ~호~호~호~호~호~호~호~호~호" "~호~호"
"~히! ~히~히~히~히~히~히~히~히~히" "~히~히"
"~흐! ~흐~흐~흐~흐~흐~흐~흐~흐~흐" "~흐~흐."

"얍! 난 오늘도 웃으며 끝마친다!"

"~하! ~하~하~하~하~하~하~하~하~하" "~하~하"
"~호! ~호~호~호~호~호~호~호~호~호" "~호~호"
"~히! ~히~히~히~히~히~히~히~히~히" "~히~히"
"~흐! ~흐~흐~흐~흐~흐~흐~흐~흐~흐" "~흐~흐."

(34) **풍선놀이웃음요법** I(Balloon Play Laugh I)

• 한 줄씩 서서 풍선을 양손으로 앞에서 뒤로 치면서 웃는 웃음요법. 놀이치료적용하기

"~하! ~하~하~하~하~하~하~하~하~하" "~하~하"

"~호! ~호~호~호~호~호~호~호~호~호" "~호~호"

"~히! ~히~히~히~히~히~히~히~히~히" "~히~히"

"~흐! ~흐~흐~흐~흐~흐~흐~흐~흐~흐" "~흐~흐"

"~허! ~허~허~허~허~허~허~허~허~허" "~허~허"

"~크! ~크~크~크~크~크~크~크~크~크" "~크~크"

"~키! ~키~키~키~키~키~키~키~키~키" "~키~키."

(35) **풍선놀이웃음요법** II(Balloon Play Laugh II)

• 한 사람씩 풍선을 발로 차면서 몰고 꼭짓점을 돌면서 웃는 웃음요법. 놀이치료적용하기

"~하! ~하~하~하~하~하~하~하~하~하" "~하~하"

"~호! ~호~호~호~호~호~호~호~호~호" "~호~호"

"~히! ~히~히~히~히~히~히~히~히~히" "~히~히"

"~흐! ~흐~흐~흐~흐~흐~흐~흐~흐~흐" "~흐~흐"

"~허! ~허~허~허~허~허~허~허~허~허" "~허~허"

"~크! ~크~크~크~크~크~크~크~크~크" "~크~크"

"~키! ~키~키~키~키~키~키~키~키~키" "~키~키"

"~카! ~카~카~카~카~카~카~카~카~카" "~카~카."

(36) **풍선놀이웃음요법** III(Balloon Play Laugh III)

• 한 사람씩 양손으로 풍선을 위로 치면서 몰고 꼭짓점을 돌면서 웃는 웃음요법. 놀이치료적용하기

"~하! ~하~하~하~하~하~하~하~하~하" "~하~하"

"~호! ~호~호~호~호~호~호~호~호~호" "~호~호"

"~히! ~히~히~히~히~히~히~히~히~히" "~히~히"

"~흐! ~흐~흐~흐~흐~흐~흐~흐~흐~흐" "~흐~흐"

"~허! ~허~허~허~허~허~허~허~허~허" "~허~허"

"~크! ~크~크~크~크~크~크~크~크~크" "~크~크"

"~키! ~키~키~키~키~키~키~키~키~키" "~키~키"

"~카! ~카~카~카~카~카~카~카~카~카" "~카~카"

"~하! ~하~하~하~하~하~하~하~하~하" "~하~하"

"~호! ~호~호~호~호~호~호~호~호~호" "~호~호"

"~히! ~히~히~히~히~히~히~히~히~히" "~히~히"

"~흐! ~흐~흐~흐~흐~흐~흐~흐~흐~흐" "~흐~흐"

"~허! ~허~허~허~허~허~허~허~허~허" "~허~허"

"~크! ~크~크~크~크~크~크~크~크~크" "~크~크."

(37) **풍선놀이웃음요법** IV(Balloon Play Laugh IV)

• 한 사람씩 입으로 압착하고 꼭짓점을 돌면서 웃는 웃음요법. 놀이치료 적용하기

"~하! ~하~하~하~하~하~하~하~하~하" "~하~하"
"~호! ~호~호~호~호~호~호~호~호~호" "~호~호"
"~히! ~히~히~히~히~히~히~히~히~히" "~히~히"
"~흐! ~흐~흐~흐~흐~흐~흐~흐~흐~흐" "~흐~흐"
"~허! ~허~허~허~허~허~허~허~허~허" "~허~허"
"~크! ~크~크~크~크~크~크~크~크~크" "~크~크"
"~키! ~키~키~키~키~키~키~키~키~키" "~키~키"
"~카! ~카~카~카~카~카~카~카~카~카" "~카~카"
"~하! ~하~하~하~하~하~하~하~하~하" "~하~하"
"~호! ~호~호~호~호~호~호~호~호~호" "~호~호"
"~히! ~히~히~히~히~히~히~히~히~히" "~히~히"
"~흐! ~흐~흐~흐~흐~흐~흐~흐~흐~흐" "~흐~흐"
"~허! ~허~허~허~허~허~허~허~허~허" "~허~허"
"~크! ~크~크~크~크~크~크~크~크~크" "~크~크"
"~키! ~키~키~키~키~키~키~키~키~키" "~키~키"
"~카! ~카~카~카~카~카~카~카~카~카" "~카~카."

(38) **풍선놀이웃음요법** V(Balloon Play Laugh V)

• 두 사람씩 풍선을 배에 대고 몰고 꼭짓점을 돌면서 웃는 웃음요법. 놀이치료적용하기

"~하! ~하~하~하~하~하~하~하~하~하" "~하~하"
"~호! ~호~호~호~호~호~호~호~호~호" "~호~호"
"~허! ~허~허~허~허~허~허~허~허~허" "~허~허"
"~크! ~크~크~크~크~크~크~크~크~크" "~크~크"
"~키! ~키~키~키~키~키~키~키~키~키" "~키~키"
"~카! ~카~카~카~카~카~카~카~카~카" "~카~카"
"~하! ~하~하~하~하~하~하~하~하~하" "~하~하"
"~호! ~호~호~호~호~호~호~호~호~호" "~호~호"
"~히! ~히~히~히~히~히~히~히~히~히" "~히~히"
"~흐! ~흐~흐~흐~흐~흐~흐~흐~흐~흐" "~흐~흐"
"~허! ~허~허~허~허~허~허~허~허~허" "~허~허"
"~크! ~크~크~크~크~크~크~크~크~크" "~크~크"
"~키! ~키~키~키~키~키~키~키~키~키" "~키~키"
"~카! ~카~카~카~카~카~카~카~카~카" "~카~카."

(39) **풍선놀이웃음요법** VI(Balloon Play Laugh VI)

- 한 사람씩 풍선을 머리, 손, 어깨, 그리고 발로 차고 몰면서 웃는 웃음요법. 놀이치료적용하기

"~하! ~하~하~하~하~하~하~하~하~하" "~하~하"
"~호! ~호~호~호~호~호~호~호~호~호" "~호~호"
"~히! ~히~히~히~히~히~히~히~히~히" "~히~히"
"~흐! ~흐~흐~흐~흐~흐~흐~흐~흐~흐" "~흐~흐"
"~허! ~허~허~허~허~허~허~허~허~허" "~허~허"
"~크! ~크~크~크~크~크~크~크~크~크" "~크~크"
"~키! ~키~키~키~키~키~키~키~키~키" "~키~키"
"~하! ~하~하~하~하~하~하~하~하~하" "~하~하"
"~호! ~호~호~호~호~호~호~호~호~호" "~호~호"
"~히! ~히~히~히~히~히~히~히~히~히" "~히~히"
"~흐! ~흐~흐~흐~흐~흐~흐~흐~흐~흐" "~흐~흐"
"~허! ~허~허~허~허~허~허~허~허~허" "~허~허"
"~크! ~크~크~크~크~크~크~크~크~크" "~크~크"
"~키! ~키~키~키~키~키~키~키~키~키" "~키~키"
"~카! ~카~카~카~카~카~카~카~카~카" "~카~카."

(40) **풍선놀이웃음요법** VII(Balloon Play Laugh VII)

- 상대방에게 풍선을 던져 마치면서 웃는 웃음요법. 놀이치료적용하기

"~하! ~하~하~하~하~하~하~하~하~하" "~하~하"
"~호! ~호~호~호~호~호~호~호~호~호" "~호~호"
"~히! ~히~히~히~히~히~히~히~히~히" "~히~히"
"~흐! ~흐~흐~흐~흐~흐~흐~흐~흐~흐" "~흐~흐"
"~허! ~허~허~허~허~허~허~허~허~허" "~허~허"
"~크! ~크~크~크~크~크~크~크~크~크" "~크~크"
"~크! ~크~크~크~크~크~크~크~크~크" "~크~크"
"~키! ~키~키~키~키~키~키~키~키~키" "~키~키."

(41) **풍선놀이웃음요법** VIII(Balloon Play Laugh VIII)

- 풍선을 가장 많이 자기 의자 위에 모으면서 웃는 웃음요법. 놀이치료적용하기

"~하! ~하~하~하~하~하~하~하~하~하" "~하~하"
"~호! ~호~호~호~호~호~호~호~호~호" "~호~호"
"~히! ~히~히~히~히~히~히~히~히~히" "~히~히"
"~흐! ~흐~흐~흐~흐~흐~흐~흐~흐~흐" "~흐~흐"
"~허! ~허~허~허~허~허~허~허~허~허" "~허~허"
"~크! ~크~크~크~크~크~크~크~크~크" "~크~크"
"~키! ~키~키~키~키~키~키~키~키~키" "~키~키"
"~카! ~카~카~카~카~카~카~카~카~카" "~카~카."

(42) **풍선놀이웃음요법** VIII(Balloon Play Laugh VIII)

• 두 명씩 풍선을 이마에 대고 꼭짓점을 돌면서 웃는 웃음요법. 놀이치료 적용하기

"~하! ~하~하~하~하~하~하~하~하~하" "~하~하"
"~호! ~호~호~호~호~호~호~호~호~호" "~호~호"
"~히! ~히~히~히~히~히~히~히~히~히" "~히~히"
"~흐! ~흐~흐~흐~흐~흐~흐~흐~흐~흐" "~흐~흐"
"~허! ~허~허~허~허~허~허~허~허~허" "~허~허"
"~크! ~크~크~크~크~크~크~크~크~크" "~크~크"
"~키! ~키~키~키~키~키~키~키~키~키" "~키~키"
"~카! ~카~카~카~카~카~카~카~카~카" "~카~카"
"~하! ~하~하~하~하~하~하~하~하~하" "~하~하"
"~호! ~호~호~호~호~호~호~호~호~호" "~호~호"
"~히! ~히~히~히~히~히~히~히~히~히" "~히~히"
"~흐! ~흐~흐~흐~흐~흐~흐~흐~흐~흐" "~흐~흐"
"~허! ~허~허~허~허~허~허~허~허~허" "~허~허"
"~크! ~크~크~크~크~크~크~크~크~크" "~크~크."

(43) **풍선놀이웃음요법** IX(Balloon Play Laugh IX)

• 두 명씩 풍선을 오른손만으로 치면서 꼭짓점을 돌면서 웃는 웃음요법. 놀이 치료적용하기

"~하! ~하~하~하~하~하~하~하~하~하" "~하~하"
"~호! ~호~호~호~호~호~호~호~호~호" "~호~호"
"~히! ~히~히~히~히~히~히~히~히~히" "~히~히"
"~흐! ~흐~흐~흐~흐~흐~흐~흐~흐~흐" "~흐~흐"
"~허! ~허~허~허~허~허~허~허~허~허" "~허~허"
"~크! ~크~크~크~크~크~크~크~크~크" "~크~크"
"~키! ~키~키~키~키~키~키~키~키~키" "~키~키"
"~카! ~카~카~카~카~카~카~카~카~카" "~카~카"
"~하! ~하~하~하~하~하~하~하~하~하" "~하~하"
"~호! ~호~호~호~호~호~호~호~호~호" "~호~호"
"~히! ~히~히~히~히~히~히~히~히~히" "~히~히"
"~흐! ~흐~흐~흐~흐~흐~흐~흐~흐~흐" "~흐~흐"
"~허! ~허~허~허~허~허~허~허~허~허" "~허~허"
"~크! ~크~크~크~크~크~크~크~크~크" "~크~크"
"~키! ~키~키~키~키~키~키~키~키~키" "~키~키"
"~카! ~카~카~카~카~카~카~카~카~카" "~카~카."

(44) 풍선놀이웃음요법 X(Balloon Play Laugh X)

• 두 명씩 풍선을 오른 발로만 치면서 꼭짓점을 돌면서 웃는 웃음요법. 놀이 치료적용하기

"~하! ~하~하~하~하~하~하~하~하~하" "~하~하"
"~호! ~호~호~호~호~호~호~호~호~호" "~호~호"
"~히! ~히~히~히~히~히~히~히~히~히" "~히~히"
"~흐! ~흐~흐~흐~흐~흐~흐~흐~흐~흐" "~흐~흐"
"~허! ~허~허~허~허~허~허~허~허~허" "~허~허"
"~크! ~크~크~크~크~크~크~크~크~크" "~크~크"
"~키! ~키~키~키~키~키~키~키~키~키" "~키~키"
"~카! ~카~카~카~카~카~카~카~카~카" "~카~카"
"~하! ~하~하~하~하~하~하~하~하~하" "~하~하"
"~호! ~호~호~호~호~호~호~호~호~호" "~호~호"
"~히! ~히~히~히~히~히~히~히~히~히" "~히~히"
"~흐! ~흐~흐~흐~흐~흐~흐~흐~흐~흐" "~흐~흐"
"~허! ~허~허~허~허~허~허~허~허~허" "~허~허"
"~크! ~크~크~크~크~크~크~크~크~크" "~크~크"
"~키! ~키~키~키~키~키~키~키~키~키" "~키~키."

(45) 풍선놀이웃음요법 IX(Balloon Play Laugh IX)

• 두 명씩 풍선을 각자의 머리에 대고 유지하면서 꼭짓점을 돌면서 웃는 웃음 요법. 놀이치료적용하기

"~하! ~하~하~하~하~하~하~하~하~하" "~하~하"
"~호! ~호~호~호~호~호~호~호~호~호" "~호~호"
"~히! ~히~히~히~히~히~히~히~히~히" "~히~히"
"~흐! ~흐~흐~흐~흐~흐~흐~흐~흐~흐" "~흐~흐"
"~허! ~허~허~허~허~허~허~허~허~허" "~허~허"
"~크! ~크~크~크~크~크~크~크~크~크" "~크~크"
"~키! ~키~키~키~키~키~키~키~키~키" "~키~키"
"~카! ~카~카~카~카~카~카~카~카~카" "~카~카"
"~하! ~하~하~하~하~하~하~하~하~하" "~하~하"
"~호! ~호~호~호~호~호~호~호~호~호" "~호~호"
"~히! ~히~히~히~히~히~히~히~히~히" "~히~히"
"~흐! ~흐~흐~흐~흐~흐~흐~흐~흐~흐" "~흐~흐"
"~허! ~허~허~허~허~허~허~허~허~허" "~허~허"
"~크! ~크~크~크~크~크~크~크~크~크" "~크~크"
"~키! ~키~키~키~키~키~키~키~키~키" "~키~키"
"~카! ~카~카~카~카~카~카~카~카~카" "~카~카."

(46) **수평박수웃음요법** I(Horizontal Crapping Laugh I)

• 두 명씩 양손을 어깨 높이에서 짝 펼쳐서, 수평으로 상대방과 박수를 치면서 웃는 웃음요법. 놀이치료적용하기

"~하! ~하~하~하~하~하~하~하~하~하" "~하~하"
"~호! ~호~호~호~호~호~호~호~호~호" "~호~호"
"~히! ~히~히~히~히~히~히~히~히~히" "~히~히"
"~흐! ~흐~흐~흐~흐~흐~흐~흐~흐~흐" "~흐~흐"
"~허! ~허~허~허~허~허~허~허~허~허" "~허~허"
"~크! ~크~크~크~크~크~크~크~크~크" "~크~크"
"~키! ~키~키~키~키~키~키~키~키~키" "~키~키"
"~카! ~카~카~카~카~카~카~카~카~카" "~카~카"
"~하! ~하~하~하~하~하~하~하~하~하" "~하~하"
"~호! ~호~호~호~호~호~호~호~호~호" "~호~호"
"~히! ~히~히~히~히~히~히~히~히~히" "~히~히"
"~흐! ~흐~흐~흐~흐~흐~흐~흐~흐~흐" "~흐~흐"
"~허! ~허~허~허~허~허~허~허~허~허" "~허~허"
"~크! ~크~크~크~크~크~크~크~크~크" "~크~크."

(47) **수평박수웃음요법** II(Horizontal Crapping Laugh II)

• 두 명씩 양손을 어깨 높이에서 짝 펼쳐서, 수평으로 박수를 치며 돌면서 웃는 웃음요법. 놀이치료적용하기

"~하! ~하~하~하~하~하~하~하~하~하" "~하~하"
"~호! ~호~호~호~호~호~호~호~호~호" "~호~호"
"~히! ~히~히~히~히~히~히~히~히~히" "~히~히"
"~흐! ~흐~흐~흐~흐~흐~흐~흐~흐~흐" "~흐~흐"
"~허! ~허~허~허~허~허~허~허~허~허" "~허~허"
"~크! ~크~크~크~크~크~크~크~크~크" "~크~크"
"~키! ~키~키~키~키~키~키~키~키~키" "~키~키"
"~하! ~하~하~하~하~하~하~하~하~하" "~하~하"
"~호! ~호~호~호~호~호~호~호~호~호" "~호~호"
"~히! ~히~히~히~히~히~히~히~히~히" "~히~히"
"~흐! ~흐~흐~흐~흐~흐~흐~흐~흐~흐" "~흐~흐"
"~허! ~허~허~허~허~허~허~허~허~허" "~허~허"
"~크! ~크~크~크~크~크~크~크~크~크" "~크~크"
"~키! ~키~키~키~키~키~키~키~키~키" "~키~키."

(48) **수직박수웃음요법** I(Vertical Crapping Laugh I)

- 두 명씩 양손을 짝 펴고, 수직으로 박수를 치며 웃는 웃음요법(엇박자 박수기법도 가능). 놀이치료 적용하기

“~하! ~하~하~하~하~하~하~하~하~하” “~하~하”

“~호! ~호~호~호~호~호~호~호~호~호” “~호~호”

“~히! ~히~히~히~히~히~히~히~히~히” “~히~히”

“~흐! ~흐~흐~흐~흐~흐~흐~흐~흐~흐” “~흐~흐”

“~허! ~허~허~허~허~허~허~허~허~허” “~허~허”

“~크! ~크~크~크~크~크~크~크~크~크” “~크~크”

“~키! ~키~키~키~키~키~키~키~키~키” “~키~키”

“~하! ~하~하~하~하~하~하~하~하~하” “~하~하”

“~호! ~호~호~호~호~호~호~호~호~호” “~호~호”

“~히! ~히~히~히~히~히~히~히~히~히” “~히~히”

“~흐! ~흐~흐~흐~흐~흐~흐~흐~흐~흐” “~흐~흐”

“~허! ~허~허~허~허~허~허~허~허~허” “~허~허”

“~크! ~크~크~크~크~크~크~크~크~크” “~크~크”

“~키! ~키~키~키~키~키~키~키~키~키” “~키~키”

“~카! ~카~카~카~카~카~카~카~카~카” “~카~카.”

(49) **수직박수웃음요법** II(Vertical Crapping Laugh II)

- 두 명씩 양손을 짝 펴고, 수직으로 박수를 치며 돌면서 웃는 웃음요법(엇박자 박수기법도 가능). 놀이 치료적용하기

“~하! ~하~하~하~하~하~하~하~하~하” “~하~하”

“~호! ~호~호~호~호~호~호~호~호~호” “~호~호”

“~히! ~히~히~히~히~히~히~히~히~히” “~히~히”

“~흐! ~흐~흐~흐~흐~흐~흐~흐~흐~흐” “~흐~흐”

“~허! ~허~허~허~허~허~허~허~허~허” “~허~허”

“~크! ~크~크~크~크~크~크~크~크~크” “~크~크”

“~키! ~키~키~키~키~키~키~키~키~키” “~키~키”

“~카! ~카~카~카~카~카~카~카~카~카” “~카~카”

“~하! ~하~하~하~하~하~하~하~하~하” “~하~하”

“~호! ~호~호~호~호~호~호~호~호~호” “~호~호”

“~히! ~히~히~히~히~히~히~히~히~히” “~히~히”

“~흐! ~흐~흐~흐~흐~흐~흐~흐~흐~흐” “~흐~흐”

“~허! ~허~허~허~허~허~허~허~허~허” “~허~허”

“~크! ~크~크~크~크~크~크~크~크~크” “~크~크”

“~키! ~키~키~키~키~키~키~키~키~키” “~키~키”

“~카! ~카~카~카~카~카~카~카~카~카” “~카~카.”

(50) **태극권웃음요법** I(Taichichuan Laugh I)

- 얼굴에 해맑은 웃음을 띠고 앉아 명상음악을 들으며 마음 · 챙김 · 명상을 하며 웃는 웃음요법.

"~하! ~하~하~하~하~하~하~하~하~하" "~하~하"
"~호! ~호~호~호~호~호~호~호~호~호" "~호~호"
"~히! ~히~히~히~히~히~히~히~히~히" "~히~히"
"~흐! ~흐~흐~흐~흐~흐~흐~흐~흐~흐" "~흐~흐"
"~허! ~허~허~허~허~허~허~허~허~허" "~허~허"
"~크! ~크~크~크~크~크~크~크~크~크" "~크~크"
"~키! ~키~키~키~키~키~키~키~키~키" "~키~키"
"~카! ~카~카~카~카~카~카~카~카~카" "~카~카"
"~하! ~하~하~하~하~하~하~하~하~하" "~하~하"
"~호! ~호~호~호~호~호~호~호~호~호" "~호~호"
"~히! ~히~히~히~히~히~히~히~히~히" "~히~히"
"~흐! ~흐~흐~흐~흐~흐~흐~흐~흐~흐" "~흐~흐"
"~허! ~허~허~허~허~허~허~허~허~허" "~허~허."

(51) **태극권웃음요법** II(Taichichuan Laugh II)

- 얼굴에 해맑은 웃음을 띠고 앉아 명상음악을 들으며 침묵으로 마음 · 챙김 · 명상을 하며 웃는 웃음요법.

"~하! ~하~하~하~하~하~하~하~하~하" "~하~하"
"~호! ~호~호~호~호~호~호~호~호~호" "~호~호"
"~히! ~히~히~히~히~히~히~히~히~히" "~히~히"
"~흐! ~흐~흐~흐~흐~흐~흐~흐~흐~흐" "~흐~흐"
"~허! ~허~허~허~허~허~허~허~허~허" "~허~허"
"~크! ~크~크~크~크~크~크~크~크~크" "~크~크"
"~키! ~키~키~키~키~키~키~키~키~키" "~키~키"
"~카! ~카~카~카~카~카~카~카~카~카" "~카~카"
"~하! ~하~하~하~하~하~하~하~하~하" "~하~하"
"~호! ~호~호~호~호~호~호~호~호~호" "~호~호"
"~히! ~히~히~히~히~히~히~히~히~히" "~히~히"
"~흐! ~흐~흐~흐~흐~흐~흐~흐~흐~흐" "~흐~흐"
"~허! ~허~허~허~허~허~허~허~허~허" "~허~허"
"~크! ~크~크~크~크~크~크~크~크~크" "~크~크"
"~키! ~키~키~키~키~키~키~키~키~키" "~키~키"
"~카! ~카~카~카~카~카~카~카~카~카" "~카~카."

(51) **태극권웃음요법** III(Taichichuan Laugh III)

- 얼굴에 해맑은 웃음을 띠고 명상음악을 들으며 보행명상을 하면서 웃는 웃음요법.

"~하! ~하~하~하~하~하~하~하~하~하" "~하~하"

"~호! ~호~호~호~호~호~호~호~호~호" "~호~호"

"~히! ~히~히~히~히~히~히~히~히~히" "~히~히"

"~흐! ~흐~흐~흐~흐~흐~흐~흐~흐~흐" "~흐~흐"

"~허! ~허~허~허~허~허~허~허~허~허" "~허~허"

"~크! ~크~크~크~크~크~크~크~크~크" "~크~크."

(52) **태극권웃음요법** IV(Taichichuan Laugh IV)

- 얼굴에 해맑은 웃음을 띠고 명상음악을 들으면서 양손으로 미세한 바람 또는 공기를 잡으며 마음 · 챙김 · 명상을 하며 웃는 웃음요법.

"~하! ~하~하~하~하~하~하~하~하~하" "~하~하"

"~호! ~호~호~호~호~호~호~호~호~호" "~호~호"

"~히! ~히~히~히~히~히~히~히~히~히" "~히~히"

"~흐! ~흐~흐~흐~흐~흐~흐~흐~흐~흐" "~흐~흐"

"~허! ~허~허~허~허~허~허~허~허~허" "~허~허"

"~하! ~하~하~하~하~하~하~하~하~하" "~하~하"

"~호! ~호~호~호~호~호~호~호~호~호" "~호~호"

"~히! ~히~히~히~히~히~히~히~히~히" "~히~히"

"~흐! ~흐~흐~흐~흐~흐~흐~흐~흐~흐" "~흐~흐"

"~허! ~허~허~허~허~허~허~허~허~허" "~허~허."

(53) **태극권웃음요법** V(Taichichuan Laugh V)

- 얼굴에 해맑은 웃음을 띠고 명상음악을 들으면서 양손으로 미세한 명상음악소리를 잡으며 마음 · 챙김 · 명상을 하며 웃는 웃음요법.

"~하! ~하~하~하~하~하~하~하~하~하" "~하~하"

"~호! ~호~호~호~호~호~호~호~호~호" "~호~호"

"~히! ~히~히~히~히~히~히~히~히~히" "~히~히"

"~흐! ~흐~흐~흐~흐~흐~흐~흐~흐~흐" "~흐~흐"

"~허! ~허~허~허~허~허~허~허~허~허" "~허~허"

"~크! ~크~크~크~크~크~크~크~크~크" "~크~크"

"~키! ~키~키~키~키~키~키~키~키~키" "~키~키"

"~카! ~카~카~카~카~카~카~카~카~카" "~카~카"

"~하! ~하~하~하~하~하~하~하~하~하" "~하~하"

"~호! ~호~호~호~호~호~호~호~호~호" "~호~호"

"~히! ~히~히~히~히~히~히~히~히~히" "~히~히"

"~흐! ~흐~흐~흐~흐~흐~흐~흐~흐~흐" "~흐~흐."

(54) **태극권웃음요법** VI(Taichichuan Laugh VI)

- 일어선 자세에서 다리를 편안하게 어깨 너비 정도로 벌리고, 정면을 바라보며, 팔과 손은 양쪽에 느슨하게 놓아둔다. 중심을 잡고, 자세를 점검하라. 당신이 할 수 있는 최대한 호흡을 내쉬면서 웃어라. 체내에 공기가 없다고 느껴질 때까지, 추임새로 계속 웃음을 진행하라. 이로써 숨겨져 있는 여분의 공기를 가지고 있음을 확인하라. 손을 바닥에 닿게 하라. 필요하다면 무릎을 굽혀도 괜찮다. 내쉬는 호흡을 5초 동안 참아라. 자! 이젠 코로 조용히 호흡을 들이쉬면서, 천천히 몸을 바로 펴라. 팔을 곧게 펴서 천천히 그리고 부드럽게 들어 올려 마치 날개처럼 수평을 이루도록 하라. 본 동작과 호흡들이 쉬기를 끝마쳤을 때, 두 손을 함께 머리 위로 들어 올려 기도하는 자세를 취하라. 들이쉰 숨을 유지하라. 에너지가 교환되는 것과 몸에 있는 모든 세포에서 생명이 소생하는 것을 느껴라. 자! 이젠 준비가 되었다면, 입으로 조용히 숨을 내쉬면서 천천히 곧은 팔을 수평 바로 밑에 이를 때까지 내려라. 남아있는 모든 호흡을 들을 수 있을 정도의 한숨으로 재빨리 내뱉어라. 그리고 상체를 떨어뜨려서 앞쪽으로 몸을 굽혀 머리를 늘어뜨려라. 더 이상 필요로 하지 않는 사용된 공기를 의식적으로 배출하라. 잠시 동안 휴식을 취하고 전체 운동을 반복하라.

"~하~하~하~하~하~하~하~하~하" "~하~하" "~하~하" "~하~하" "~하~하"
"~호~호~호~호~호~호~호~호~호" "~호~호" "~호~호" "~호~호" "~호~호"
"~히~히~히~히~히~히~히~히~히" "~히~히" "~히~히" "~히~히" "~히~히"
"~흐~흐~흐~흐~흐~흐~흐~흐~흐" "~흐~흐" "~흐~흐" "~흐~흐" "~흐~흐"
"~하~하~하~하~하~하~하~하~하" "~하~하" "~하~하" "~하~하" "~하~하"
"~호~호~호~호~호~호~호~호~호" "~호~호" "~호~호" "~호~호" "~호~호"
"~히~히~히~히~히~히~히~히~히" "~히~히" "~히~히" "~히~히" "~히~히"
"~흐~흐~흐~흐~흐~흐~흐~흐~흐" "~흐~흐" "~흐~흐" "~흐~흐" "~흐~흐"
"~하~하~하~하~하~하~하~하~하" "~하~하" "~하~하" "~하~하" "~하~하"
"~호~호~호~호~호~호~호~호~호" "~호~호" "~호~호" "~호~호" "~호~호"
"~히~히~히~히~히~히~히~히~히" "~히~히" "~히~히" "~히~히" "~히~히"
"~흐~흐~흐~흐~흐~흐~흐~흐~흐" "~흐~흐" "~흐~흐" "~흐~흐" "~흐~흐."

(55) **태극권웃음요법** VII(Taichichuan Laugh VII)

- 양어깨를 벌어지게 하고, 동시에 양팔을 벌리어 양쪽 겨드랑이 부분이 열리게 하고(들숨), 살며시 내리면서(날숨) 웃는 웃음요법이다.

"~하! ~하~하~하~하~하~하~하~하~하" "~하~하"
"~호! ~호~호~호~호~호~호~호~호~호" "~호~호"
"~히! ~히~히~히~히~히~히~히~히~히" "~히~히"
"~흐! ~흐~흐~흐~흐~흐~흐~흐~흐~흐" "~흐~흐"
"~허! ~허~허~허~허~허~허~허~허~허" "~허~허"
"~크! ~크~크~크~크~크~크~크~크~크" "~크~크"
"~키! ~키~키~키~키~키~키~키~키~키" "~키~키"
"~카! ~카~카~카~카~카~카~카~카~카" "~카~카"
"~헤! ~헤~헤~헤~헤~헤~헤~헤~헤~헤" "~헤~헤"
"~해! ~해~해~해~해~해~해~해~해~해" "~해~해."

(56) **태극권웃음요법** VIII(Taichichuan Laugh VIII)

- 양손을 안쪽 가슴 쪽으로 들어 올리고, 내리면서 웃는 웃음요법이다. 단, 내린 상태에서 양손을 가볍게 흔들어 추임새 웃음요법을 실시한다.

"~하! ~하~하~하~하~하~하~하~하~하" "~하~하"
"~호! ~호~호~호~호~호~호~호~호~호" "~호~호"
"~히! ~히~히~히~히~히~히~히~히~히" "~히~히"
"~흐! ~흐~흐~흐~흐~흐~흐~흐~흐~흐" "~흐~흐"
"~허! ~허~허~허~허~허~허~허~허~허" "~허~허"
"~크! ~크~크~크~크~크~크~크~크~크" "~크~크"
"~키! ~키~키~키~키~키~키~키~키~키" "~키~키"
"~카! ~카~카~카~카~카~카~카~카~카" "~카~카"
"~헤! ~헤~헤~헤~헤~헤~헤~헤~헤~헤" "~헤~헤"
"~해! ~해~해~해~해~해~해~해~해~해" "~해~해."

(57) **태극권웃음요법** IX(Taichichuan Laugh IX)

- 양손에 힘을 주고 원을 만들면서 웃는 웃음요법이다. 단, 내린 상태에서 양손을 가볍게 흔들어 추임새 웃음요법을 실시한다.

"~하! ~하~하~하~하~하~하~하~하~하" "~하~하"
"~호! ~호~호~호~호~호~호~호~호~호" "~호~호"
"~히! ~히~히~히~히~히~히~히~히~히" "~히~히"
"~흐! ~흐~흐~흐~흐~흐~흐~흐~흐~흐" "~흐~흐"
"~허! ~허~허~허~허~허~허~허~허~허" "~허~허"
"~크! ~크~크~크~크~크~크~크~크~크" "~크~크"
"~키! ~키~키~키~키~키~키~키~키~키" "~키~키"
"~하! ~하~하~하~하~하~하~하~하~하" "~하~하"
"~호! ~호~호~호~호~호~호~호~호~호" "~호~호"
"~히! ~히~히~히~히~히~히~히~히~히" "~히~히"
"~흐! ~흐~흐~흐~흐~흐~흐~흐~흐~흐" "~흐~흐"
"~허! ~허~허~허~허~허~허~허~허~허" "~허~허"
"~크! ~크~크~크~크~크~크~크~크~크" "~크~크"
"~키! ~키~키~키~키~키~키~키~키~키" "~키~키".
"~카! ~카~카~카~카~카~카~카~카~카" "~카~카"
"~헤! ~헤~헤~헤~헤~헤~헤~헤~헤~헤" "~헤~헤"
"~해! ~해~해~해~해~해~해~해~해~해" "~해~해."

(58) **보행명상웃음요법** I(Walking Meditation Laugh I)

- 양손을 뛰어서 허리와 45°로 유지하고 보행을 실시하면서 웃으며 명상을 하는 웃음요법이다. 단, 대나무숲 속에서 보행하는 자신의 모습을 상상한다.

"~하! ~하~하~하~하~하~하~하~하~하" "~하~하"
"~호! ~호~호~호~호~호~호~호~호~호" "~호~호"
"~히! ~히~히~히~히~히~히~히~히~히" "~히~히"
"~흐! ~흐~흐~흐~흐~흐~흐~흐~흐~흐" "~흐~흐"
"~허! ~허~허~허~허~허~허~허~허~허" "~허~허"
"~크! ~크~크~크~크~크~크~크~크~크" "~크~크"
"~하! ~하~하~하~하~하~하~하~하~하" "~하~하"
"~호! ~호~호~호~호~호~호~호~호~호" "~호~호."

(59) **보행명상웃음요법** II(Walking Meditation Laugh II)

- 양손을 뛰어서 허리와 90°로 유지하고 보행을 실시하면서 웃으며 명상을 하는 웃음요법이다. 단, 대나무숲 속에서 보행하는 자신의 모습을 상상한다.

"~하! ~하~하~하~하~하~하~하~하~하" "~하~하"
"~호! ~호~호~호~호~호~호~호~호~호" "~호~호"
"~히! ~히~히~히~히~히~히~히~히~히" "~히~히"
"~흐! ~흐~흐~흐~흐~흐~흐~흐~흐~흐" "~흐~흐"
"~허! ~허~허~허~허~허~허~허~허~허" "~허~허"
"~크! ~크~크~크~크~크~크~크~크~크" "~크~크"
"~키! ~키~키~키~키~키~키~키~키~키" "~키~키."

(60) **학보행명상웃음요법**(Crane's Walking Meditation Laugh)

- 양손을 뛰어서 허리와 180°로 유지하고 학춤을 추면서 살포시 보행을 실시하면서 웃으며 명상을 하는 웃음요법이다. 단, 대나무숲 속에서 보행하는 자신의 모습을 상상한다.

"~하! ~하~하~하~하~하~하~하~하~하" "~하~하"
"~호! ~호~호~호~호~호~호~호~호~호" "~호~호"
"~히! ~히~히~히~히~히~히~히~히~히" "~히~히"
"~흐! ~흐~흐~흐~흐~흐~흐~흐~흐~흐" "~흐~흐"
"~허! ~허~허~허~허~허~허~허~허~허" "~허~허"
"~크! ~크~크~크~크~크~크~크~크~크" "~크~크"
"~키! ~키~키~키~키~키~키~키~키~키" "~키~키"
"~하! ~하~하~하~하~하~하~하~하~하" "~하~하"
"~호! ~호~호~호~호~호~호~호~호~호" "~호~호"
"~히! ~히~히~히~히~히~히~히~히~히" "~히~히"
"~흐! ~흐~흐~흐~흐~흐~흐~흐~흐~흐" "~흐~흐."

(61) **바람잡기명상웃음요법**(Wind Catching Meditation Laugh)

- 양손을 어깨위로 살포시 올리고, 무릎을 45°로 유지하고, 엄지와 식지로 바람을 잡으면서 얼굴엔 항상 웃음을 지으면서 명상을 하는 웃음요법이다. 단, 대나무숲 속에서 보행하는 자신의 모습을 상상한다.

"~하! ~하~하~하~하~하~하~하~하~하" "~하~하"
"~호! ~호~호~호~호~호~호~호~호~호" "~호~호"
"~히! ~히~히~히~히~히~히~히~히~히" "~히~히"
"~흐! ~흐~흐~흐~흐~흐~흐~흐~흐~흐" "~흐~흐"
"~허! ~허~허~허~허~허~허~허~허~허" "~허~허"
"~크! ~크~크~크~크~크~크~크~크~크" "~크~크"
"~키! ~키~키~키~키~키~키~키~키~키" "~키~키"
"~하! ~하~하~하~하~하~하~하~하~하" "~하~하"
"~호! ~호~호~호~호~호~호~호~호~호" "~호~호"
"~히! ~히~히~히~히~히~히~히~히~히" "~히~히."

(62) **소리잡기명상웃음요법**(Sound Catching Meditation Laugh)

- 양손을 어깨위로 살포시 올리고, 무릎을 45°로 유지하고, 엄지와 식지로 명상음악을 경청하면서 그 소리를 잡으려고 시도하면서 얼굴엔 항상 웃음을 지으면서 명상을 하는 웃음요법이다. 단, 대나무숲 속에서 보행하는 자신의 모습을 상상한다.

"~하! ~하~하~하~하~하~하~하~하~하" "~하~하"
"~호! ~호~호~호~호~호~호~호~호~호" "~호~호"
"~히! ~히~히~히~히~히~히~히~히~히" "~히~히"
"~흐! ~흐~흐~흐~흐~흐~흐~흐~흐~흐" "~흐~흐"
"~허! ~허~허~허~허~허~허~허~허~허" "~허~허"
"~크! ~크~크~크~크~크~크~크~크~크" "~크~크"
"~키! ~키~키~키~키~키~키~키~키~키" "~키~키"
"~하! ~하~하~하~하~하~하~하~하~하" "~하~하"
"~호! ~호~호~호~호~호~호~호~호~호" "~호~호".
"~하! ~하~하~하~하~하~하~하~하~하" "~하~하"
"~호! ~호~호~호~호~호~호~호~호~호" "~호~호"
"~히! ~히~히~히~히~히~히~히~히~히" "~히~히"
"~흐! ~흐~흐~흐~흐~흐~흐~흐~흐~흐" "~흐~흐"
"~허! ~허~허~허~허~허~허~허~허~허" "~허~허"
"~크! ~크~크~크~크~크~크~크~크~크" "~크~크"
"~키! ~키~키~키~키~키~키~키~키~키" "~키~키"
"~하! ~하~하~하~하~하~하~하~하~하" "~하~하"
"~호! ~호~호~호~호~호~호~호~호~호" "~호~호."

(63) 자기버튼누르기웃음요법 I(Self Button Press Laugh I)

- 스트레스, 격노, 분노 유발상황, 슬픔, 우울, 불안, 강박, 편집, 두려움, 죄의식, 수치심 등과 같은 요인들로 인해 자신의 정서가 부적영향(negative affect)을 받을 때, 오른손 검지를 펴고 왼손 손바닥을 가볍게 누르고 떼면서 긍정적 기분(positive mood)으로 바꾸면서 웃는 웃음요법.

"오른손 검지로 자신의 왼손 손바닥을 누르시며 작게(크게) 웃으면서 기분을 전환하라!"

"~하! ~하~하~하~하~하~하~하~하~하" "~하~하"
"~호! ~호~호~호~호~호~호~호~호~호" "~호~호"
"~히! ~히~히~히~히~히~히~히~히~히" "~히~히"
"~흐! ~흐~흐~흐~흐~흐~흐~흐~흐~흐" "~흐~흐"
"~허! ~허~허~허~허~허~허~허~허~허" "~허~허"
"~크! ~크~크~크~크~크~크~크~크~크" "~크~크"
"~키! ~키~키~키~키~키~키~키~키~키" "~키~키"
"~하! ~하~하~하~하~하~하~하~하~하" "~하~하"
"~하! ~하~하~하~하~하~하~하~하~하" "~하~하"
"~호! ~호~호~호~호~호~호~호~호~호" "~호~호"
"~히! ~히~히~히~히~히~히~히~히~히" "~히~히"
"~흐! ~흐~흐~흐~흐~흐~흐~흐~흐~흐" "~흐~흐"
"~허! ~허~허~허~허~허~허~허~허~허" "~허~허"
"~크! ~크~크~크~크~크~크~크~크~크" "~크~크"
"~키! ~키~키~키~키~키~키~키~키~키" "~키~키"
"~하! ~하~하~하~하~하~하~하~하~하" "~하~하"
"~하! ~하~하~하~하~하~하~하~하~하" "~하~하"
"~호! ~호~호~호~호~호~호~호~호~호" "~호~호"
"~히! ~히~히~히~히~히~히~히~히~히" "~히~히"
"~흐! ~흐~흐~흐~흐~흐~흐~흐~흐~흐" "~흐~흐"
"~허! ~허~허~허~허~허~허~허~허~허" "~허~허."

(64) **자기버튼누르기웃음요법** II(Self Button Press Laugh II)

- 스트레스, 격노, 분노 유발상황, 슬픔, 우울, 불안, 강박, 편집, 두려움, 죄의식, 수치심 등과 같은 요인들로 인해 자신의 정서가 부적영향(negative affect)을 받을 때, 오른손 검지를 펴고 왼손 손바닥을 가볍게 누르고 떼면서 긍정적 기분(positive mood)으로 바꾸면서 웃는 웃음요법.

"오른손 검지로 자신의 얼굴을 누르시며 작게(크게) 웃으면서 기분을 전환하라!"

"~하! ~하~하~하~하~하~하~하~하~하" "~하~하"
"~호! ~호~호~호~호~호~호~호~호~호" "~호~호"
"~히! ~히~히~히~히~히~히~히~히~히" "~히~히"
"~흐! ~흐~흐~흐~흐~흐~흐~흐~흐~흐" "~흐~흐"
"~허! ~허~허~허~허~허~허~허~허~허" "~허~허"
"~크! ~크~크~크~크~크~크~크~크~크" "~크~크"
"~키! ~키~키~키~키~키~키~키~키~키" "~키~키"
"~하! ~하~하~하~하~하~하~하~하~하" "~하~하"
"~호! ~호~호~호~호~호~호~호~호~호" "~호~호"
"~히! ~히~히~히~히~히~히~히~히~히" "~히~히"
"~흐! ~흐~흐~흐~흐~흐~흐~흐~흐~흐" "~흐~흐"
"~허! ~허~허~허~허~허~허~허~허~허" "~허~허"
"~크! ~크~크~크~크~크~크~크~크~크" "~크~크"
"~키! ~키~키~키~키~키~키~키~키~키" "~키~키"
"~하! ~하~하~하~하~하~하~하~하~하" "~하~하"
"~호! ~호~호~호~호~호~호~호~호~호" "~호~호"
"~히! ~히~히~히~히~히~히~히~히~히" "~히~히"
"~흐! ~흐~흐~흐~흐~흐~흐~흐~흐~흐" "~흐~흐"
"~허! ~허~허~허~허~허~허~허~허~허" "~허~허"
"~크! ~크~크~크~크~크~크~크~크~크" "~크~크"
"~키! ~키~키~키~키~키~키~키~키~키" "~키~키."

(65) **자기버튼누르기웃음요법** III(Self Button Press Laugh III)

- 스트레스, 격노, 분노 유발상황, 슬픔, 우울, 불안, 강박, 편집, 두려움, 죄의식, 수치심 등과 같은 요인들로 인해 자신의 정서가 부적영향(negative affect)을 받을 때, 오른손 검지를 펴고 왼손 손바닥을 가볍게 누르고 떼면서 긍정적 기분(positive mood)으로 바꾸면서 웃는 웃음요법.

"오른손 검지로 자신의 배를 누르며 작게(크게) 배를 움직이며 웃으면서 기분을 전환하라!"

"~하! ~하~하~하~하~하~하~하~하~하" "~하~하"
"~호! ~호~호~호~호~호~호~호~호~호" "~호~호"
"~히! ~히~히~히~히~히~히~히~히~히" "~히~히"
"~흐! ~흐~흐~흐~흐~흐~흐~흐~흐~흐" "~흐~흐"
"~허! ~허~허~허~허~허~허~허~허~허" "~허~허"
"~크! ~크~크~크~크~크~크~크~크~크" "~크~크"
"~키! ~키~키~키~키~키~키~키~키~키" "~키~키"
"~하! ~하~하~하~하~하~하~하~하~하" "~하~하"
"~하! ~하~하~하~하~하~하~하~하~하" "~하~하"
"~호! ~호~호~호~호~호~호~호~호~호" "~호~호"
"~히! ~히~히~히~히~히~히~히~히~히" "~히~히"
"~흐! ~흐~흐~흐~흐~흐~흐~흐~흐~흐" "~흐~흐"
"~허! ~허~허~허~허~허~허~허~허~허" "~허~허"
"~크! ~크~크~크~크~크~크~크~크~크" "~크~크"
"~키! ~키~키~키~키~키~키~키~키~키" "~키~키"
"~하! ~하~하~하~하~하~하~하~하~하" "~하~하"
"~하! ~하~하~하~하~하~하~하~하~하" "~하~하"
"~호! ~호~호~호~호~호~호~호~호~호" "~호~호"
"~히! ~히~히~히~히~히~히~히~히~히" "~히~히"
"~흐! ~흐~흐~흐~흐~흐~흐~흐~흐~흐" "~흐~흐"
"~허! ~허~허~허~허~허~허~허~허~허" "~허~허"
"~크! ~크~크~크~크~크~크~크~크~크" "~크~크"
"~키! ~키~키~키~키~키~키~키~키~키" "~키~키."

(66) **자기버튼누르기웃음요법** IV(Self Button Press Laugh IV)

- 스트레스, 격노, 분노유발상황, 슬픔, 우울, 불안, 강박, 편집, 두려움, 죄의식, 수치심 등과 같은 요인들로 인해 자신의 정서가 부적영향(negative affect)을 받을 때, 오른손 검지를 펴고 왼손 손바닥을 가볍게 누르고 떼면서 긍정적 기분(positive mood)으로 바꾸면서 웃는 웃음요법.

"오른손 검지로 자신의 어깨를 누르며 작게(크게) 어깨를 전 · 후/아래 · 위로 움직이며 웃으면서 기분을 전환하라!"

"~하! ~하~하~하~하~하~하~하~하~하" "~하~하"
"~호! ~호~호~호~호~호~호~호~호~호" "~호~호"
"~히! ~히~히~히~히~히~히~히~히~히" "~히~히"
"~흐! ~흐~흐~흐~흐~흐~흐~흐~흐~흐" "~흐~흐"
"~허! ~허~허~허~허~허~허~허~허~허" "~허~허"
"~크! ~크~크~크~크~크~크~크~크~크" "~크~크"
"~키! ~키~키~키~키~키~키~키~키~키" "~키~키"
"~하! ~하~하~하~하~하~하~하~하~하" "~하~하"
"~하! ~하~하~하~하~하~하~하~하~하" "~하~하"
"~호! ~호~호~호~호~호~호~호~호~호" "~호~호"
"~히! ~히~히~히~히~히~히~히~히~히" "~히~히"
"~흐! ~흐~흐~흐~흐~흐~흐~흐~흐~흐" "~흐~흐"
"~허! ~허~허~허~허~허~허~허~허~허" "~허~허"
"~크! ~크~크~크~크~크~크~크~크~크" "~크~크"
"~키! ~키~키~키~키~키~키~키~키~키" "~키~키"
"~하! ~하~하~하~하~하~하~하~하~하" "~하~하"
"~하! ~하~하~하~하~하~하~하~하~하" "~하~하"
"~호! ~호~호~호~호~호~호~호~호~호" "~호~호"
"~히! ~히~히~히~히~히~히~히~히~히" "~히~히"
"~흐! ~흐~흐~흐~흐~흐~흐~흐~흐~흐" "~흐~흐"
"~허! ~허~허~허~허~허~허~허~허~허" "~허~허"
"~크! ~크~크~크~크~크~크~크~크~크" "~크~크"
"~키! ~키~키~키~키~키~키~키~키~키" "~키~키."

(67) 자기버튼누르기웃음요법 V(Self Button Press Laugh V)

• 스트레스, 격노, 분노유발상황, 슬픔, 우울, 불안, 강박, 편집, 두려움, 죄의식, 수치심 등과 같은 요인들로 인해 자신의 정서가 부적영향(negative affect)을 받을 때, 오른손 검지를 펴고 왼손 손바닥을 가볍게 누르고 떼면서 긍정적 기분(positive mood)으로 바꾸면서 웃는 웃음요법.

"오른손 검지로 자신의 무릎을 누르며 작게(크게) 개다리 춤을 추며 웃으면서 기분을 전환하라!"

"~하! ~하~하~하~하~하~하~하~하~하" "~하~하"
"~호! ~호~호~호~호~호~호~호~호~호" "~호~호"
"~히! ~히~히~히~히~히~히~히~히~히" "~히~히"
"~흐! ~흐~흐~흐~흐~흐~흐~흐~흐~흐" "~흐~흐"
"~허! ~허~허~허~허~허~허~허~허~허" "~허~허"
"~크! ~크~크~크~크~크~크~크~크~크" "~크~크"
"~키! ~키~키~키~키~키~키~키~키~키" "~키~키"
"~하! ~하~하~하~하~하~하~하~하~하" "~하~하"
"~하! ~하~하~하~하~하~하~하~하~하" "~하~하"
"~호! ~호~호~호~호~호~호~호~호~호" "~호~호"
"~히! ~히~히~히~히~히~히~히~히~히" "~히~히"
"~흐! ~흐~흐~흐~흐~흐~흐~흐~흐~흐" "~흐~흐"
"~허! ~허~허~허~허~허~허~허~허~허" "~허~허"
"~크! ~크~크~크~크~크~크~크~크~크" "~크~크"
"~키! ~키~키~키~키~키~키~키~키~키" "~키~키"
"~하! ~하~하~하~하~하~하~하~하~하" "~하~하"
"~하! ~하~하~하~하~하~하~하~하~하" "~하~하"
"~호! ~호~호~호~호~호~호~호~호~호" "~호~호"
"~히! ~히~히~히~히~히~히~히~히~히" "~히~히"
"~흐! ~흐~흐~흐~흐~흐~흐~흐~흐~흐" "~흐~흐"
"~허! ~허~허~허~허~허~허~허~허~허" "~허~허"
"~크! ~크~크~크~크~크~크~크~크~크" "~크~크"
"~키! ~키~키~키~키~키~키~키~키~키" "~키~키."

(68) 자기버튼누르기웃음요법 VI(Self Button Press Laugh VI)

- 스트레스, 격노, 분노유발상황, 슬픔, 우울, 불안, 강박, 편집, 두려움, 죄의식, 수치심 등과 같은 요인들로 인해 자신의 정서가 부적영향(negative affect)을 받을 때, 오른손 검지를 펴고 왼손 손바닥을 가볍게 누르고 떼면서 긍정적 기분(positive mood)으로 바꾸면서 웃는 웃음요법.

"오른손 검지로 자신의 손을 누르며 작게(크게) 브레이크댄스를 추며 웃으면서 기분을 전환하라!"

"~하! ~하~하~하~하~하~하~하~하~하" "~하~하"
"~호! ~호~호~호~호~호~호~호~호~호" "~호~호"
"~히! ~히~히~히~히~히~히~히~히~히" "~히~히"
"~흐! ~흐~흐~흐~흐~흐~흐~흐~흐~흐" "~흐~흐"
"~허! ~허~허~허~허~허~허~허~허~허" "~허~허"
"~크! ~크~크~크~크~크~크~크~크~크" "~크~크"
"~키! ~키~키~키~키~키~키~키~키~키" "~키~키"
"~하! ~하~하~하~하~하~하~하~하~하" "~하~하"
"~하! ~하~하~하~하~하~하~하~하~하" "~하~하"
"~호! ~호~호~호~호~호~호~호~호~호" "~호~호"
"~히! ~히~히~히~히~히~히~히~히~히" "~히~히"
"~흐! ~흐~흐~흐~흐~흐~흐~흐~흐~흐" "~흐~흐"
"~허! ~허~허~허~허~허~허~허~허~허" "~허~허"
"~크! ~크~크~크~크~크~크~크~크~크" "~크~크"
"~키! ~키~키~키~키~키~키~키~키~키" "~키~키"
"~하! ~하~하~하~하~하~하~하~하~하" "~하~하"
"~하! ~하~하~하~하~하~하~하~하~하" "~하~하"
"~호! ~호~호~호~호~호~호~호~호~호" "~호~호"
"~히! ~히~히~히~히~히~히~히~히~히" "~히~히"
"~흐! ~흐~흐~흐~흐~흐~흐~흐~흐~흐" "~흐~흐"
"~허! ~허~허~허~허~허~허~허~허~허" "~허~허"
"~크! ~크~크~크~크~크~크~크~크~크" "~크~크."

(69) 자기버튼누르기웃음요법 VII(Self Button Press Laugh VII)

• 스트레스, 격노, 분노유발상황, 슬픔, 우울, 불안, 강박, 편집, 두려움, 죄의식, 수치심 등과 같은 요인들로 인해 자신의 정서가 부적영향(negative affect)을 받을 때, 오른손 검지를 펴고 왼손 손바닥을 가볍게 누르고 떼면서 긍정적 기분(positive mood)으로 바꾸면서 웃는 웃음요법.

"오른손 검지로 자신의 머리를 누르며 작게(크게) 머리를 흔들며 웃으면서 기분을 전환하라!"

"~하! ~하~하~하~하~하~하~하~하~하" "~하~하"
"~호! ~호~호~호~호~호~호~호~호~호" "~호~호"
"~히! ~히~히~히~히~히~히~히~히~히" "~히~히"
"~흐! ~흐~흐~흐~흐~흐~흐~흐~흐~흐" "~흐~흐"
"~허! ~허~허~허~허~허~허~허~허~허" "~허~허"
"~크! ~크~크~크~크~크~크~크~크~크" "~크~크"
"~키! ~키~키~키~키~키~키~키~키~키" "~키~키"
"~하! ~하~하~하~하~하~하~하~하~하" "~하~하"
"~하! ~하~하~하~하~하~하~하~하~하" "~하~하"
"~호! ~호~호~호~호~호~호~호~호~호" "~호~호"
"~히! ~히~히~히~히~히~히~히~히~히" "~히~히"
"~흐! ~흐~흐~흐~흐~흐~흐~흐~흐~흐" "~흐~흐"
"~허! ~허~허~허~허~허~허~허~허~허" "~허~허"
"~크! ~크~크~크~크~크~크~크~크~크" "~크~크"
"~키! ~키~키~키~키~키~키~키~키~키" "~키~키"
"~하! ~하~하~하~하~하~하~하~하~하" "~하~하"
"~하! ~하~하~하~하~하~하~하~하~하" "~하~하"
"~호! ~호~호~호~호~호~호~호~호~호" "~호~호"
"~히! ~히~히~히~히~히~히~히~히~히" "~히~히"
"~흐! ~흐~흐~흐~흐~흐~흐~흐~흐~흐" "~흐~흐"
"~허! ~허~허~허~허~허~허~허~허~허" "~허~허"
"~크! ~크~크~크~크~크~크~크~크~크" "~크~크"
"~키! ~키~키~키~키~키~키~키~키~키" "~키~키."

(70) 자기버튼누르기웃음요법 VIII(Self Button Press Laugh VIII)

• 스트레스, 격노, 분노유발상황, 슬픔, 우울, 불안, 강박, 편집, 두려움, 죄의식, 수치심 등과 같은 요인들로 인해 자신의 정서가 부적영향(negative affect)을 받을 때, 오른손 검지를 펴고 왼손 손바닥을 가볍게 누르고 떼면서 긍정적 기분(positive mood)으로 바꾸면서 웃는 웃음요법.

"오른손 검지로 자신의 눈을 누르며 작게(크게) 눈을 깜박이며 웃으면서 기분을 전환하라!"

"~하! ~하~하~하~하~하~하~하~하~하" "~하~하"
"~호! ~호~호~호~호~호~호~호~호~호" "~호~호"
"~히! ~히~히~히~히~히~히~히~히~히" "~히~히"
"~흐! ~흐~흐~흐~흐~흐~흐~흐~흐~흐" "~흐~흐"
"~허! ~허~허~허~허~허~허~허~허~허" "~허~허"
"~크! ~크~크~크~크~크~크~크~크~크" "~크~크"
"~키! ~키~키~키~키~키~키~키~키~키" "~키~키"
"~하! ~하~하~하~하~하~하~하~하~하" "~하~하"
"~하! ~하~하~하~하~하~하~하~하~하" "~하~하"
"~호! ~호~호~호~호~호~호~호~호~호" "~호~호"
"~히! ~히~히~히~히~히~히~히~히~히" "~히~히"
"~흐! ~흐~흐~흐~흐~흐~흐~흐~흐~흐" "~흐~흐"
"~허! ~허~허~허~허~허~허~허~허~허" "~허~허"
"~크! ~크~크~크~크~크~크~크~크~크" "~크~크"
"~키! ~키~키~키~키~키~키~키~키~키" "~키~키"
"~하! ~하~하~하~하~하~하~하~하~하" "~하~하"
"~하! ~하~하~하~하~하~하~하~하~하" "~하~하"
"~호! ~호~호~호~호~호~호~호~호~호" "~호~호"
"~히! ~히~히~히~히~히~히~히~히~히" "~히~히"
"~흐! ~흐~흐~흐~흐~흐~흐~흐~흐~흐" "~흐~흐"
"~허! ~허~허~허~허~허~허~허~허~허" "~허~허"
"~크! ~크~크~크~크~크~크~크~크~크" "~크~크"
"~키! ~키~키~키~키~키~키~키~키~키" "~키~키."

(71) 기관총발사웃음요법(Machine Gun Shot Laugh)

• 기관총을 발사하면서 웃는 웃음요법.

"~따! ~따~따~따~따~따~따~따~따~따" "~따~따~따"
"~따! ~따~따~따~따~따~따~따~따~따" "~따~따~따"
"~따! ~따~따~따~따~따~따~따~따~따" "~따~따~따"
"~따! ~따~따~따~따~따~따~따~따~따" "~따~따~따"
"~크! ~크~크~크~크~크~크~크~크~크" "~크~크~크"
"~크! ~크~크~크~크~크~크~크~크~크" "~크~크~크"
"~크! ~크~크~크~크~크~크~크~크~크" "~크~크~크"
"~크! ~크~크~크~크~크~크~크~크~크" "~크~크~크"
"~트! ~트~트~트~트~트~트~트~트~트" "~트~트~트."

(72) **에너지충전웃음요법**(Energy Recharging Laugh)

- 양손의 엄지를 세우고 상대방에게 에너지노래를 부르면서 웃는 웃음요법.

"~에~너~지! ~아~빠~는 ~나~에 ~에~너~지!"
"~에~너~지! ~엄~마~는 ~나~에 ~에~너~지!"
"~에~너~지! ~당~신~은 ~나~에 ~에~너~지!"
"~에~너~지! ~오~빠~는 ~나~에 ~에~너~지!"
"~에~너~지! ~자~기~는 ~나~에 ~에~너~지!"
"~에~너~지! ~아~빠~는 ~나~에 ~에~너~지!"
"~에~너~지! ~엄~마~는 ~나~에 ~에~너~지!"
"~에~너~지! ~당~신~은 ~나~에 ~에~너~지!"
"~에~너~지! ~오~빠~는 ~나~에 ~에~너~지!"
"~에~너~지! ~자~기~는 ~나~에 ~에~너~지!"
"~에~너~지! ~아~빠~는 ~나~에 ~에~너~지!"
"~에~너~지! ~엄~마~는 ~나~에 ~에~너~지!"
"~에~너~지! ~당~신~은 ~나~에 ~에~너~지!"
"~에~너~지! ~오~빠~는 ~나~에 ~에~너~지!"
"~에~너~지! ~자~기~는 ~나~에 ~에~너~지!"

(73) **자기행복만들기웃음요법** I(Make Oneself Happy Laugh I)

- "나는 행복합니다!"라는 말과 함께 양손으로 하트를 만들어 상대방에게 보내면서 웃는 웃음요법.

"~하! ~하~하~하~하~하~하~하~하~하" "~하~하"
"~호! ~호~호~호~호~호~호~호~호~호" "~호~호"
"~히! ~히~히~히~히~히~히~히~히~히" "~히~히"
"~흐! ~흐~흐~흐~흐~흐~흐~흐~흐~흐" "~흐~흐."

(74) **자기행복만들기웃음요법** II(Make Oneself Happy Laugh II)

- "나는 정말 행복합니다!"라는 말과 함께 양손으로 하트를 만들어 상대방에게 보내면서 웃는 웃음요법("정말"이라는 말과 함께 온몸을 지그재그로 흔들면서).

"~하! ~하~하~하~하~하~하~하~하~하" "~하~하"
"~호! ~호~호~호~호~호~호~호~호~호" "~호~호"
"~히! ~히~히~히~히~히~히~히~히~히" "~히~히"
"~흐! ~흐~흐~흐~흐~흐~흐~흐~흐~흐" "~흐~흐."

(75) 자기축복만들기웃음요법 I(Make Oneself Blessed Laugh I)

- 아침 해를 바라보며 "나는 오늘도 성장할 수 있다. 나는 오늘도 더 강해지고 있다. 오늘도 잘 될 거야. 하는 일마다 잘 될 거야. 좋은 만남이 기다리고 있을 거야. 어제보다 더 멋진 사람이 될거야. 오늘도 최고의 삶을 살 거야. 오늘도 승리의 삶을 살 거야."라고 한번 크게 외치면서 웃는 웃음요법.

"~하! ~하~하~하~하~하~하~하~하~하" "~하~하"
"~호! ~호~호~호~호~호~호~호~호~호" "~호~호"
"~히! ~히~히~히~히~히~히~히~히~히" "~히~히"
"~흐! ~흐~흐~흐~흐~흐~흐~흐~흐~흐" "~흐~흐."

(76) 마무리웃음요법(The Closing Laugh)

- 웃으면서 손뼉을 치면서(~짝~짝, ~짝~짝 또는 ~짝~짝, ~짝~짝~짝) 원을 그리면서 큰소리로 웃는 웃음요법. 이때 복식호흡을 하면서 웃는 방법이 매우 중요하다.

"~하~하, ~하~하~하, ~호~호, ~호~호~호, ~히~히, ~히~히~히, ~흐~흐, ~흐~흐~흐, ~허~허, ~허~허~허, ~크~크, ~크~크~크, ~키~키, ~키~키~키, ~카~카, ~카~카~카, ~헤~헤, ~헤~헤~헤, ~해~해, ~해~해~해, ~야~야, ~야~야~야, ~여~여, ~여~여~여, ~어~어, ~어~어~어, ~예~예, ~예~예~예, ~으~으, ~으~으~으, ~오~오, ~오~오~오, ~꼬~꼬, ~꼬~꼬~꼬, ~까~까, ~까~까~까, ~낄~낄, ~낄~낄~낄, ~껄~껄, ~껄~껄~껄, ~캬~캬, ~캬~캬~캬, ~커~커, ~커~커~커, ~켜~켜, ~켜~켜~켜, ~파~파, ~파~파~파, ~프~프, ~프~프~프, ~푸~푸, ~푸~푸~푸, ~피~피, ~피~피~피, ~티~티, ~티~티~티, ~트~트, ~트~트~트, ~츠~츠, ~츠~츠~츠, ~치~치, ~치~치~치."

C 프로그램 내용에 대한 전반적인 정리 및 평가

프로그램 내용 및 진행에 대한 전반적인 피드백을 제공하기

D 과제소개

프로그램 종결 : 파티 및 수료식

임사체험(臨死體驗) 시연하기
-죽는 법 배우기-

자신의 유언장과 비문을 기술하시오.

1. 유언의 글 :

2 비문완성하기 : *"The Man Of God, Faith, Action, & Laughter!"*

배우자에게 30가지 감사의 글

배우자의 장점, 강점, 재능, 잠재력, 긍정, 배려, 존중, 돌봄, 책임, 지혜, 지식, 지지, 격려, 용기에 대한 감사와 공감의 글을 기술하시오 .

배우자에게 30가지 감사의 글

배우자의 장점, 강점, 재능, 잠재력, 긍정, 배려, 존중, 돌봄, 책임, 지혜, 지식, 지지, 격려, 용기에 대한 감사와 공감의 글을 기술하시오 .

1. 나랑 많이 달라서 내가 보지 못하고 깨닫지 못하는 영역(위생상태, 정리정돈 등)을 잘 챙겨주어 좋다.

2. 공부하길 즐겨하고 열심히 배우니 좋다.

3. 운전을 잘해서 좋다(내가 원하는 곳은 어디든 데려다준다).

4. 몸에 좋은 것들(과일이나 채소 등)을 즐겨하고 기름진 것을 가끔 찾아서 좋다.

5. 먹는 것이나 입는 것에 까다롭지 않아 좋다.

6. 무엇이든 아끼고, 절약하는 습관이 있어 좋다.

7. 분노조절을 잘해서 나와 아이들에게 터뜨리지 않아 좋다.

8. 아내인 나를 좋아하고 함께 하는 시간을 원하니 좋다.

9. 자기에게 맞는 길을 찾아가니 좋다.

10. 자신의 영역을 확실하게 책임지고 알아서 성실히 해나가니 좋다.

11. 승현(둘째)이의 마음을 특히 잘 헤아려주고 공감해주니 좋다.

12. 창현이에 대해 객관적으로 잘 파악해주니 좋다.

13. 교육에 관심이 많아서 좋다.

14. 자신의 개인적 필요보다 가족의 필요를 우선으로 해서 좋다.

15. 함께 말씀으로 교제할 수 있어서 좋다.

16. 나보다 영어를 좋아하고 잘해서 좋다.

17. 내가 바라듯 앞으로 도심이 아닌 변두리의 자연 속에서 아이들을 키우고자 하는 소망이 같아서 좋다.

18. 가끔 설거지도 해주고 집안일도 잘 해주어 좋다.

19. 아이들과 자기 전에 놀거나 책을 읽어주어 좋다.

20. 내가 고생하는 거 알아주어서 좋다.

21. 내가 이벤트를 기획하면 열심히 함께 해주어 좋다.

22. 나에게 매주 점심을 사주어서 좋다.

23. 꿈을 같이 꾸고 꿈을 위해 준비해 나가니 좋다.

24. 돈에 집착하지 않고 자족하는 마음이 있어 좋다.

25. 뭐든 잘 먹고 맛있게 먹으니 좋다.

26. 아이들 노는 모습을 보며 즐길 줄 알아 좋다.

27. 다른 사람의 눈을 의식하지 않고 자기 길을 가니 좋다.

28. 내가 공부하고 관심 있어 하는 것, 나의 열심을 알아주어 좋다.

29. 내가 힘들어하거나 화나 있을 때 눈치보고 조심해주어 좋다.

30. 아이들이 아빠와 놀고 싶어 하니 좋다.

자기긍정수기

자신의 장점, 강점, 재능, 잠재력, 긍정, 배려, 존중, 돌봄, 책임, 지혜, 지식, 지지, 격려, 용기에 대한 감사와 공감의 글을 기술하시오 .

자기긍정수기

자신의 장점, 강점, 재능, 잠재력, 긍정, 배려, 존중, 돌봄, 책임, 지혜, 지식, 지지, 격려, 용기에 대한 감사와 지지의 글을 기술하시오.

매일 배우고, 발전하려고, 성장하려고, 노력하는 내 모습에 고맙다. 지치지 않고 주어진 일을 해낸다는 것은 어려운데 그걸 묵묵히 해내고 있는 것에 내 자신에게 감사를 전한다. 또한, 현재에 안주하지 않고 부지런히 배우고 발전해 가고 있는 것을 지지한다. 힘들지만 해내기 위해 노력하고, 포기하지 않는 나 자신이 자랑스럽고 뿌듯하다. 남들과 비교했을 때 그래도 부족한 부분이 있겠지만 열심히 하는 스스로가 좋다. 꾸준히 무언가를 해내는 것에도 내 자신에게 박수와 지지를 보낸다. 이것이 나의 유일한 장점이라고 생각한다.

자기긍정수기

자신의 장점, 강점, 재능, 잠재력, 긍정, 배려, 존중, 돌봄, 책임, 지혜, 지식, 지지, 격려, 용기에 대한 감사와 지지의 글을 기술하시오.

나는 어려운 상황에서도 굽히지 않는 나의 용기가 자랑스럽다. 어렸을 때 친구 관계에 문제가 잦았는데 이러한 나의 용기를 좋게 봐주는 또다른 친구들을 사귈 수 있었다. 이러한 용기 덕분에 나는 여러 경험들을 겪을 수 있었고 그에 따른 새로운 감정, 교훈 등을 얻을 수 있었다. 앞으로도 이러한 용기를 통해 귀찮고, 두렵고, 부정적인 내 감정을 긍정적으로 바꾸고 여러 경험을 쌓도록 할 것이다. 그래서 나는 어떤 사람인지? 무엇을 할 수 있는지? 어떻게 살아갈 것인지? 등에 대한 확신을 만들어 가고 행복하고 뿌듯한 삶을 살기 위해 노력할 것이다.

제13회기

비행청소년의 분노조절과 분노치료 프로그램

비행청소년의 분노조절과 분노감소를 위한 웃음치료와 인지행동치료의 효과 비교

본 연구는 촉법소년, 우범소년, 범죄소년으로 구분되는 비행청소년들의 분노조절과 분노감소를 위한 집단치료프로그램의 효과를 검증한 것이다. 본 프로그램의 웃음치료에는 복식호흡, 분노조절, 고통감내, 태극권 웃음요법 등을 포함시켰으며, 인지적 재구조화, 마음 · 챙김 · 명상을 통한 이완 훈련기법, 자기통제최면, 수용전념치료(ACT), 용서치료, 사이코드라마(역할극), 대인관계문제해결 등과 같은 인지행동치료요소가 근간을 이루어 진행하였다. 이 프로그램들은 비행청소년들의 분노조절과 분노감소를 측정하기 위해 자기보고식 검사를 통해 검증하였다. 2006년 3월부터 8월까지, 총 5개월 동안, 각각의 치료프로그램집단의 피험자는 45명씩, 주 1회, 120분씩, 총 10회기를 구성하여 진행하였다. 피험자들은 천안소년교도소에 실제 수형 중인 소년수형자(少年受刑子)들로서 임의로 할당되었다. 범죄유형은 절도 24명(29.36%), 강도상해 19명(24.41%), 성폭력 15명(17.17%), 병역법위반 5명(6.13%), 살인 5명(6.16%), 사기 3명(3.78%), 강도살인 3명(3.73%), 공무집행방해 2명(2.45%), 강간 2명(2.42%), 그리고 도주차량, 특수강도, 폭행치사, 강간치상이 각각 1명(1.27%)씩 구성되며, 총 82명(전체 90명 중 탈락자 8명 제외: 웃음치료집단 6명, 인지행동치료집단 2명)대상으로, 연령은 17~24살, 평균 연령은 20.12로 구성되었다. 연구 자료는 치료 전과 치료 후 자기보고식 설문지를 실시한 후, 집단 간의 차이를 검증하였다. 연구결과, 분노사고의 변화에 관한 두 치료집단의 일차적 분노사고와 적대적 자동적 사고척도에 유의한 감소가 나타났고, 분노표현의 변화에 관한 치료집단의 분노표출태도척도상의 부정적 평가에 대한 두려움과 부정적 대인관계 결과예상에서 집단×검사시기의 상호작용효과는 유의한 것으로 나타났다. 즉, 인지행동치료집단은 치료 후에 부정적 평가에 대한 두려움과 부정적 대인관계 결과예상이 증가하였다. 반면에, 웃음치료집단의 분노억제에 대한 부정적 태도 척도점수결과는 판단보류(.06 유의확률)로 검증되었으며, 이에 대해서는 향후 재검증이 필요하다. 이러한 결과에 대한 논의와 더불어 본 연구의 임상적 의의와 제한점과 후속연구에 대한 방향에 대해서 제시하였다.

분노는 우리 자신의 또 다른 얼굴, 또 다른 인격, 또 다른 분노생활습성을 표출한다. 또한 분노는 우리의 삶 전체를 변조, 왜곡시키며, 긍정적인 면보다는 부정적인 면을 더욱더 부각시키는 경향이 있다.

Semmelroth와 Smith(2000)는 "분노는 일상생활 속에서 볼 수 있는 정신이상의 한 종류이다. 그리고 이러한 정신 이상의 특징은 자기 통제력을 잃어버리는 것이다."고 시사하고 있다. 즉, 자신 스스로의 통제력(self-control)을 상실하는 것은 쉽게 분노의 종이 되어 자신, 가족, 사회를 파괴시키는 주요한 요인이다.

분노에 대한 학자들 간의 정의는 매우 다양하다. Reber와 Reber(2001)의 『The Penguin Dictionary of Psychology』에서는 "분노는 일반적으로 다양한 상황에 대한 매우 강하고 감정적인 반응이다. 신체적으로 억압을 당할 때, 심한 간섭을 받을 때, 재산을 빼앗겼을 때, 그리고 공격이나 또는 협박을 받았을 때, 유발하는 격렬한 감정적인 반응으로 정의하고 있다." 특히 분노를 다른 감정반응들에 대해 불확실한 개념과 범위를 설명하기 위한 유사용어로 ; 남성적인 요소, 격노, 적대 행위, 증오, 그리고 공격성 등을 들 수 있다.

Biaggio(1985)는 분노를 "실제적 또는 상상적 좌절, 위협, 또는 불공평한 반응에 의해 발생되는 하나의 강한 정서 또는 경험적 상태이며, 부적자극을 종결하려는 욕구와 연계된 인지반응을 수반하여 유발 된다."고 규정하고, Schiraldi와 Kerr(2002)는 분노를 하나의 일반적 · 자연적으로 이해할 수 있는 감정요소로 한정한다. 그러나 잘못 표출되거나 분산되면, 역기능과 돌이킬 수 없는 치명적 외상과 재앙을 불러올 수 있다. 분노는 고통스럽고 파괴적인 감정이지만, 동시에 위협상황에서 인간의 생존을 돕고 적응하려는 자연적 반응이며, 그 자체가 선하거나 악한 것은 아니다(Bilodeau, 1992; Ellis & Haper, 1975; Izard, 1977; Lazarus, Kranner, & Folkman, 1980). 유아인 경우 생후 2개월 정도면, 분노를 경험하고 표출한다. 이는 분노라는 정서가 인간의 생존적응기능에 본질적 요소임을 시사한다(Lewis, Alessandrini, & Sullivan, 1990). 즉, 분노는 개인의 가치, 본능적 욕구, 기본적 신념들을 보존하려는 의지의 반영이며, 스트레스와 좌절에 대처하기 위한 자연적인 반응이다(Carter & Minirth, 1993; Crockenberg, 1981).

인간의 생리반응은 상당한 부분이 뇌신경계의 상태에 의해서 결정된다(Schiraldi & Kerr, 2002). 만약 스트레스를 받게 되면, 이에 대한 대처반응으로서 부신피질호르몬인 코르티솔(cortisol)이 분비된다. 연구결과, 코르티솔의 수준이 우울증환자, 알츠하이머형 치매환자, 알코올환자들에게 높게 나타나는데, 이는 아마도 시상하부에서의 갑상선자극호르몬(thyrotropin)의 과다 분비 때문이다. 우울증환자에 있어 코르티솔의 과다 분비는 내분비선의 확장에 의해서 파생되며, 일부는 해마의 기능장애를 초래한다(Davidson, Neale, & Kring, 2004).

스트레스와 중독성분노증후군(Toxic Anger Syndrome)과 연계된 잔여기억들은 신경조직상의 과민성을 지속시킨다. 이에 대처하기 위한 치료개입으로서, 분노조절, 인지치료, 행동치료, 규칙적 운동, 마음 · 챙김 · 명상, 복식호흡웃음치료 등과 같은 통합인지행동치료를 통해 신체적 · 정서적 · 생리적 부적영향을 감소시킬 수 있다(Khalsa, & Stauth, 1997; Bioten, 1998; Fry, & Rader, 1977; Fry, 1992; Lloyd, 1938; 류창현, 2006).

일부 학자들은 분노감을 가벼운 성가심, 짜증에서부터 격노, 격분, 강한 흥분 상태에 이르기까지 강도가 다양한 감정들로 구성된 정서 상태로 구분한다(Spielberger et al., 1983; Yerkes & Dodson, 1980). DiGiuseppe, Eckhardt, Tafrate, & Robin (1994)은 분노감을 인지적 · 생리적 각성양상과 연합된 내적 · 정신적 · 주관적 감정으로, Buss & Perry(1992)는 분노감을 공격을 위한 생리적 각성과 준비상태로, Novaco(1994)는 분노감을 혐오적인 사건을 초래한 사람과 사물을 향한 적대적 · 부적정서경험으로, 그리고 Berkowitz(1993)는 분노감을 표적을 향한 공격경향성을 수반하는 정서로 간주한다. 따라서 인간에게 있어서의 분노감은 인지적 · 생리적 · 정서적으로 각성될 뿐만 아니라 부적감정(상처, 고통, 수치심, 죄책감, 시기, 질투, 열등의식)과 부적정서를 수반하여 내 · 외적인 파괴와 외상을 파생시키는 주요한 기저요인들이다.

Harbin(2000)은 일반적으로 남성들은 여성들보다 폭력적이며, 대체로 분노유발상황에서 여성에 비해 그들의 감정을 다스리고, 통제하지 못하는 경향이 있고, 또한 분노조절과 통제에 문제를 갖고 있는 남성과 여성들은 어느 누구나 불화를 일으킬 가능성이 높다고 시사한다. 특히 밤늦게까지 거리를 배회(徘徊)하는 비행청소년들에게 있어서는 더 높게 타나난다. 이러한 견해에서 비행청소년과 분노유발자를 대상으로 실질적 도움을 주기 위해 제작된 분노조절과 분노감소를 위한 인지행동치료 프로그램은 치료현장에서 가장 폭넓게 선호되고 있으며, 피험자들의 분노감 감소, 언어 · 신체적 공격성 감소, 스트레스 감소, 그리고 재범률 감소 등에 있어 유의미한 경험적 연구결과를 보여주고 있다(Beak & Fernandez, 1998; Landenberger & Lipsey, 2005; Schlichter & Horan, 1981; Sukhodolsky & Ruchkin, 2004; Saigh, Yasik, Oberfield, & Halamandaris, 2007; Edmondson & Conger, 1996; Eckhardt & Barbour, 1997; Kassinove, 2007; 류창현, 2006).

최신 연구들을 살펴보면, 다양한 분노유발대상자와 구체적 분노상황에 있어 보다 더 효과적 · 효율적으로 조절, 통제, 그리고 해결하기 위한 문제해결중심에 초점을 두고 고안된 것이 바로, "분노조절"과 "분노치료" 이다. 즉, 격분과 분노유발을 호소하는 여러가지 대상과 상황에서도 실제적 · 적응적 · 합리적 · 건설적 대처능력을 높이기 위한 개인별 처치 인지행동치료와 집단별 처치 인지행동치료에 관한 연구 설계가 선호되어 발전하고 있다(Edmondson & Conger, 1996; Vecchio & O'Leary, 2004; Howells & Day, 2003).

다음은 최근 유망하게 부각되고 있는 새로운 분노조절과 분노감소를 위한 대안기법으로서 웃음치료(Laughter Therapy)를 소개하고자 한다. 인종, 문화, 국가를 초월하여 전 세계적으로 공통적 · 생물학적인 사람들의 얼굴표정인식을 크게 4가지로 구분하여 표현한다: 행복한 표정, 슬픈 표정, 분노표정, 혐오스러운 표정 등이다(Gazzaniga & Heatherton, 2006). 이러한 여러 얼굴표정 중에서도 얼마나 우리는 삶의 현장에서 웃음(행복한 표정)을 짓고 살아가는가? 이에 대한 해결방안을 웃음치료를 통해서 얻고자 한다.

웃음치료는 웃음을 잃어버린 성인들뿐만 아니라 특히 아동과 청소년들의 분노감, 스트레스, 우울, 불안장애, 게임중독, 왕따, 행동장애, 주의력 결핍 및 과잉 행동 장애, 류머티스성 관절염, 유방암, 난소암, 외상 후 스트레스장애에 관한 새로운 치료대안이며, 체내의 면역 활성화, 관계만족과 삶의 질 향상, 삶의 의미 추구, 긍정적 대처행동형성, 안정된 애착행동형성, 삶의 개선, 그리고 임종간호 등에 이르기까지 다양한 분야에 실제적인 정적영향을 미치고 있다(류창현, 2006, 2008; Gelkopf & Kreitler, 1996; Dossey, 1996; Lengacher et al, 2006; Nakajima, Hirai, & Yoshino, 1990).

웃음(Laughter), 유머(Humor), 그리고 농담(Joke)은 최근 심리치료회기 동안에 치료자와 내담자 간의 자발적 · 긍정적 · 건설적 치료적 동맹관계와 동기부여를 형성하는 데 있어 매우 중요한 역할을 담당한다(Bottorff et al, 1995; Bazzini et al, 2007; Bowes et al, 2002; Dillon et al, 1985; Nelson, 2008; Westburg, 2003; Cernerud & Olsson, 2004; Saper, 1988; Richardson, 2007). 이에 준거한 임상 심리학자와 의학자들은 웃음과 유머가 인간의 삶의 질과 뇌기능과 신체에 미치는 영향에 관한 연구를 활발하게 진행하고 있다(Martin & Dobbin, 1988; McGhee, 1996; Morreall, 1983; Richman, 1996; Sobel & Ornstein, 1997; Bennett, 2003; Bazzini, Stack, Martincin, & Davis, 2007).

Lefcourt, Davidson-Katz, & Kueneman, Guillemin, Berk, Felten, & Tan, 그리고 Fry는 유쾌한 웃음이 우리의 신체에 끼치는 면역성과 긍정적 영향에 관해 구체적인 신체변화를 관찰하고자, 심리적, 생리적, 신경 · 심리적 임상실험을 실시했다(Lefcourt et al, 1990; Guillemin, 1985; Berk & Tan, 1989, 89; Berk, Felten, & Tan, 2001; Fry, 1971, 77, 79). 연구결과, 웃음 처치 후에 스트레스와 체내면역성을 억제시키는 코르티솔(cortisol)이 현저하게 감소했으며, 반면에 호흡운동과 산소교환증가, 근육운동과 심박수증가, 심혈관계활성화, 카테콜아민생성, 엔도르핀생성 및 체내에서 순환하고 있는 항체의 면역증가지수가 36시간 동안 지속력을 유지한다는 것을 검증하였다(Fry, 1977).

Berk, Felten, Tan, Bittman, & Westengard(2001)은 유머와 연관된 유쾌한 웃음을 지을 때, 디스트레스의 현저한 감소와 유스트레스의 생성, 그리고 그 생성되는 기간 동안에 신경면역상의 생리적 지표가 어떻게 조성되는지에 관해 연구하였다. 건강한 남자피험자(N=52)를 대상으로 한 연구로서, 집단처치는 코미디 비디오를 1시간 시청, 시청 전후의 체액을 비교한 임상실험결과 암을 일으키는 종양세포를 공격하고 신체 내에 백혈구를 다양으로 증식시키는 자연 · 살상 · 세포(Natural Killer Cell)와 신체의 예방적 면역성을 활성화시켜주는 면역글로불린A(IgA), 면역글로불린G(IgG), 면역글로불린M(IgM) 등이 각각 면역지표상에 유의미한 결과가 나타났다. 『토요일 논평(Saturday Review)』의 전 편집장 Norman Cousins(1979)는 의학 단체에서 "웃음은 치료적 잠재력이 있다."고 언급했다. Cousins는 1964년에 자신의 관절척추염과 콜라겐에 퇴행성 질환을 치료하기 위해서 Hans Selye(1956)의 논문 『The Stress of Life』 중 "우리의 몸은 스트레스에 반응한다.", "부적감정들은 우리의 몸 안에서 화학적 변화를 가져와 결국에는 부신의 소모를 가져 온다."는 두 가지 가설을 토대로 연구했다. 연구결과, Cousins는 웃음이 중금속 침전물의 비율을 감소하도록 자극한다는 것을 검증했다. 즉, 웃음과 유모는 신체의 염증성 반응에 대한 반전(反轉)의 의미를 나타냈다는 것이다.

Roach(1996)는 "보통 아이들은 하루에 200~400번을 웃는 반면에 어른들은 하루에 15~20번을 웃는다."고 주장한다. "만약에 웃음이 매우 유익을 가져다준다면, 우리가 웃는데 더욱 노력을 기울이는 것이 당연하지 않겠는가?"라는 취지 아래 공원, 직장, 웃음 방, 학교, 군대, 교도소, 양로원, 병원 등에서 양손을 공중에 높이 들고, "Ha, Ho, Hi"라고 웃는 연습을 Dr. Madan Kataria의 지도 아래 인도 봄베이에서 웃음요가가 최초로 시작되었다. Kataria는 1995년 3월에 웃음클럽을 국제적으로 창설하여, "웃음요가"를 통해 건강, 즐거움, 행복, 안도감을 환자, 고객, 노인, 수형자, 군인, 노동자, 가족들에게 전해주는데 주목적을 두었고, 또한 웃음요가를 통해서 몸, 마음, 정신을 통합할 수 있다고 주장한다. 이를 계승한 현시대에 가장 널리 "웃음치료"를 보편화시킨 공헌자는 다름 아닌 Steven Wilson이다(웃음치료의 창시자, 임상심리학자, 그리고 해학자).

Wilson(2004)은 웃음치료의 기원인 Dr. Madan Kataria의 웃음요가를 보다 더 심리학적 접근과 경험적 연구를 토대로 발전시켰다. Wilson(2004)은 현재 미국에서 250개의 『World Laughter Tour, Inc.』을 운영하는 CEO로 활동 중이며, 전 세계에 550개의 『World Laughter Clubs』를 형성하고 있다.

필자는 웃음의 정의를 다음과 같이 내려 보고자 한다. "웃음은 인간의 의식과 무의식의 내면에 담고 있는 모든 정서, 즉 희로애락[喜怒哀樂; 기쁨, 노여움, 슬픔과 즐거움]을 자발적 또는 비자발적인 인지 · 부호화 · 과정(Cognitive Encoding Process)을 통해서 외부로 표출하는 현상(現象)이다." 다시 말하면, 인간은 기뻐도 마음 껏 웃을 수 있으며, 분노가 쌓인 상태에서도 복식호흡웃음으로 마음을 다스릴 수 있으며, 슬픔의 감정 또한 복식호흡 웃음으로 정화할 수 있으며, 보다 즐거운 삶을 영위해 나가기 위해서, 의식, 무의식, 자발적, 또는 비자발적인 상호관계를 형성하는 동시에 스스로 웃음을 자아낼 수 있는 주체자이다. 또한 "웃음(laughter)은 인간의 영혼의 꽃(human spiritual flower)이며, 이를 피상(皮相)으로 현상화(現像畵) 하는 것이다."고 정의를 내리고자 한다. 즉, "얼굴에 웃음을 잃은 사람은 자신의 영혼이 사망의 음침한 골짜기를 거니는 자들이다."고 대언 할 수 있다(류창현, 2008).

허준의 『동의보감(東醫寶鑑)』에 따르면, 『영추』에서는 "심기가 허하면 슬퍼하고 실하면 웃음을 그치지 않는다."고 진술하고 있으며, 『내경』에서는 "심(心)은 신(神)을 간직하는 데 신이 넘치면(실하면) 웃음을 그치지 않고, 신이 부족하면 슬퍼한다." 또한 "심(心)의 소리는 웃는 것이며, 기뻐하는 것과 웃는 것은 모두 심화(心火)에서 속한다."고 기술하고 있다. 이와 유사한 예로, 황보밀은 "심이 실하면 웃는데, 웃는다는 것은(지나치게) 기뻐하는 것이다."고 설명하고 있으며, 유완소는 "기뻐하는 것은 심화(心火)의 지(志)이다. 기쁨이 지나쳐서 웃는 것은 마치 불이 타올라 불타는 소리가 나는 것과 같으니 바로 이것이 웃음의 상(象)이다. 그러므로 병적으로 웃는 것은 심화(心火)가 성한 것이다."고 정의 해 주고 있다(허준, 2002).

허준의 웃음에 관한 심화의 진단에서도 시사해 주듯이, 웃음의 조절과 통제력의 중요성을 시사하고 있다. 연구자는 이러한 웃음의 조절과 통제력을 보완하기 위해서 이완감, 자유감, 평온감을 제공해 줄 수 있는 복식호흡(Abdominal Breathing)을 웃음에 적용하여 복식호흡웃음치료(Abdominal Breathing Laughter Therapy)를 창안하여 발전시켰다(류창현, 2006; Bioten, 1998; Fry & Rader, 1977; Lloyd, 1938). 즉, 우리는 복식호흡웃음치료(ABLT)를 활용하여 자신의 희로애락(喜怒哀樂)의 감정들이 심화(心火)에 의한 극단적 편파성을 인지하고, 관찰하고, 분석하고, 통제할 수 있게 되며, 또한 혼신을 다한 시연과 학습된 복식호흡웃음치료를 통해서 자신의 분노조절과 분노감을 통제하고 경감할 수 있다(류창현, 2006). 이러한 관점에서 Escamilla(2000)의 자기교시인지행동치료와도 유사하다.

Provine(2000)은 "웃음은 인간이 성장하면서 음성의 공동체에서 배우는 것이며, 서로의 관계성을 형성해 준다. 또한, 웃음은 인간의 유전자로 인한 본능적인 행동에 의해서 만들어진다."고 기술한다. 즉, 웃음은 인간의 본능적인 것이며, 이는 중추신경계(CNS)에 의해서 통제를 받는다. 웃음은 유머에 대한 반응보다는 실질적으로 사람과 사람 간의 좋은 관계성을 형성하는 데 매우 밀착한 관련성을 이루고 있다. 예를 들면, 웃음은 메시지를 다른 사람에게 전달해 주는 역할을 하며,

상호간의 유대관계를 형성하는 데 도움을 준다. 화자가 자주 웃으면서 말을 하면, 친밀감이 생겨 보다 더 사적인 대화를 할 수가 있게 된다. 임상실험에 따르면, 남성은 웃고 있는 여성에게 더욱 끌리며, 동시에 여성들은 남성들이 그들을 잘 웃게 만들어 주는 남성에게 더욱 관심을 보인다는 것이다.

Ekman(1984)은 사람의 특정한 감정표현을 흉내 내면, 몸도 거기에 따른 생리적 유형에 따라서 반응하게 된다고 주장한다. 즉, 억지로 웃는 웃음치료(억지 웃음치료 또는 비자발적 웃음치료)를 통해서도 건강에 도움을 얻게 되며, 또한 "웃는 것도 연습이 필요하다. 억지로 웃는 연습을 자꾸 하다 보면 어느새 찡그린 표정은 사라진다."고 단언한다.

Klein(1989)과 Wilson(1998)은 웃음을 통해서 새로운 힘을 얻을 수 있으며, 심리학적 이점에서는 스트레스를 발산시켜 주며, 긴장, 공포, 적개심, 분노, 격분을 경감시켜 준다. Goodheart(1994)는 뼈아픈 감정과 긴장을 웃음과 눈물을 통해서 정화시킬 수 있으며, 이로 인해 우리는 보다 더 명확한 사고와 분별력 있고 적절한 행동을 선택할 수 있게 된다고 기술한다.

Grotjahn(1957)은 "유머감각을 갖는다는 것은 인생의 수난과 고통에 관해 진정한 이해심을 갖게 되는 것이다.", "유머는 우리의 연약성과 좌절의식을 받아들일 수 있는 하나의 슬픔을 담는 수용체이지만, 웃음은 진정한 자유를 가져다주는 의미가 있다."고 유머와 웃음에 관한 비교설명을 해주고 있다.

Wilson(2004)의 "World Laughter Club"에서 사용되는 세계 공통 웃음 음성용어는, "~하~하(~Ha~Ha)", "~호~호(~Ho~Ho)", 또는 "~히~히(~He~He)" 등이다. 연구자는 이밖에 다양한 웃음 음성용어들을 고안하여, "~흐~흐", "~허~허", "~크~크", "~키~키", "~카~카", "~헤~헤", "~해~해" 등의 총 36가지의 새로운 웃음 음성용어들을 활용했다. 위의 모든 웃음 음성용어의 선정기준은, 발음을 할 때에 입 꼬리가 위로 올라가는 것을 준거로 삼았다. 또한, 우리 정서와 부합되고 분노를 통제할 수 있은 1,300개의 복식호흡웃음치료를 보완하여 본 임상실험에서 소개하고 진행했다.

인간의 생리현상에 관한 웃음과 유모의 긍정적 효과들의 주요한 이점에 관한 임상연구들(Averill, 1985, 1969; Godkewitsch, 1976; Langewin & Day, 1972; Levi, 1965; McGhee, 1983)에 따르면 웃음은 심장병, 뇌졸중, 암, 우울증, 만성스트레스, 류머티스성 관절염, 긴장감, 불안, 두려움, 분노감 등을 예방하고 경감해주며(Fry, 1977, 1979; Fry & Stoft, 1971; Kuhlman, 1984; Segerstrom & Miller, 2004), 정신치유(psychiatric healing)와 HIV에서의 면역성변화에도 지대한 영향을 준다(Saper, 1988; Bower et al., 1998).

웃음(Laughter)과 유머(Humor)는 우리의 일상에서 무거운 짐이 되어 어깨 위를 억압하고 짓누르는 스트레스, 분노, 격분, 공격성, 난관(難關), 실망감, 좌절, 두려움, 지루함으로부터 해방시켜주고(let go), 현실을 더욱더 긍정적 · 건설적 · 적극적 · 자발적 · 합리적으로 수용하고 반응하게 하며, 높은 업무수행능력과 창의력을 발휘하며, 주변에 웃지 않는 사람들에게조차 웃음을 쉽게 전염시키는 경향이 있다(Klein, 1987; Goodheart, 1994; Wooten, 2002; Provine, 2000).

최근 가정과 사회에 대한 분노로 인한 파괴적 재앙들로는 유영철, 정남규, 조승희, 대구지하철 참사, 정성현 등의 사례들을 들 수 있다. 이들은 분노와 불안정한 애착과 편집성으로 귀인된 반사회적 성격과 행동의 현저한 산물이다. 가정과 사회는 간접적 · 직접적 폭력의 범람으로 인하여 고통을 겪고 있다. 이러한 가정폭력과 반사회성의 이면에는 자신의 왜곡 · 편향된 부적정서와 중독성분노증후군(toxic anger syndrome)로 인한 자기통제력 상실이 주원인으로 있다. 이는 또한 방치된 청소년들의 비행에 직접적인 영향을 미치게 된다.

청소년에 관한 한 분노는 이점보다는 결점 쪽으로 더욱 편중되는 경향이 있다. 이로 인해 청소년폭행, 언어폭력, 소외(왕따), 반사회성성격 등의 문제들을 파생시킨다. 이러한 분노의 공격적 행동들은 결국엔 청소년들에게 비행에 가담하도록 부추긴다. 청소년이 일탈행동이나 법에 어긋나는 행동을 하였을 때, 그들을 비행청소년이라고 부른다. 사회에서 청소년이 행하기에 바람직하지 않다고 생각하는 청소년의 일탈 및 문제행동 등을 일컬어 비행이라는 용어를 사용하고 있다(이수정, 2006).

학자들 간에 웃음치료를 통해서 분노를 통제하고 감소시킬 수 있다는 가설은 설정되었지만, 이를 뒷받침해 줄 수 있는 실제적 · 경험적 선행연구는 부족한 현실이다. 본 연구에서는 비행청소년들을 대상으로 분노조절을 위한 인지행동치료와 복식호흡웃음치료를 소개하고 실행하였으며, 이 두 처치의 효과를 두 집단 간 비교분석을 통해서 분노감소의 효과를 체계적으로 검증하고자 하였다.

방법

연구대상

본 연구에 참여한 피험자들은 청소년 비행행위에 의한 소년법 상에 범죄소년으로 구분되어, 피험자들은 천안소년교도소에 실제 수용중인 남자 소년수형자(少年受刑子)들로서 무작위로 표집 되었다.

분노조절과 분노감소를 위해 웃음치료 프로그램집단과 인지행동치료 프로그램집단을 2006년 3월부터 8월까지 총 5개월 동안 진행하였다. 각각의 프로그램집단의 피험자는 45명씩, 주 1회, 120분씩, 총 10회기로 구성하여 실시하였다. 두 처치프로그램집단 진행 중에 3번 이상 결석한 피험자는 조기 탈락시켰다. 본 연구결과, 인지행동치료 프로그램집단에서는 2명을 탈락시킨 43명과 웃음치료 프로그램집단에서는 6명을 탈락시킨 39명, 실제적 연구피험자는 총 82명이었다. 총 82명을 대상으로 사전 · 사후 자기보고식 설문지를 실시한 후, 집단 간의 차이를 분석하였다.

표 1 프로그램 참여자의 집단별 특징

구분	범주	N	평균	표준편차	t	유의도
연령	웃음치료	39	22.56	1.188	3.035	.003
	분노치료	43	21.72	1.315		
범수	웃음치료	39	1.45	.602	-.466	.643
	분노치료	43	1.52	.833		
최종 학력	웃음치료	39	9.68	2.338	-.969	.335
	분노치료	43	10.12	1.651		
구분	**죄명**	**살인**	**강간**	**강도**	**절도**	**기타**
현재 죄명	웃음치료	4	10	7	12	6
	분노치료	4	8	13	12	6

먼저 표 1은 연구대상들의 집단별 특성을 나타낸 것이다. 이를 구체적으로 보면, 연령에 있어서는 두 집단 간에 P〈.05 수준에서 통계적으로 유의한 차이가 있었으나, 범수와 최종학력에 있어서 두 집단 간에는 유의한 차이가 없음을 알 수 있다. 그리고 현재죄명별로 보면 두 집단 간에 Pearson 카이제곱검정을 한 결과 통계적으로 유의한 차이가 없었다(×2=2.674, df=4, prob=.614).

요약하면 연구대상의 두 집단 간에는 집단별 분포에서 연령을 제외한 범수, 최종학력, 그리고 현재죄명에 있어서는 동질적인 집단이라고 볼 수 있다.

측정도구

본 연구의 평가도구로써는 서수균(2004)이 번안한 분노사고(일차적 분노사고척도, 이차적 분노사고척도, 적대적 자동적 사고척도), 서수균, 이훈진, 권석만(2004)이 번안한 분노표현(분노표출 태도 척도, 분노억제 태도 척도, 언어성 분노 행동 척도), 그리고 이훈진과 원호택(1995)과 서수균(2004)이 번안한 자존감 및 사고(Rosenberg 자존감 척도, 수평판 일반적 태도 및 신념척도) 등의 측정도구들을 사용하였다. 이들 척도도구들을 통한 두 집단 간의 치료효과의 변인 및 기제 분석과 상호작용을 보고자 사용했다.

분노사고

일차적 분노사고척도(Primary Anger Thought Scale)

서수균(2004)이 개발한 것으로 일상적으로 경험하는 타인의 부당하고 이기적인 행동에 대한 예민성을 측정하는 11문항과 친밀한 관계상황에서 경험하는 무시와 실망감을 측정하는 9문항, 전체 20문항으로 구성되어 있다. Likert형의 5점 척도(1: 전혀 일치하지 않음, 2: 약간 일치함, 3: 어느 정도 일치함,

4: 상당히 일치함, 5: 거의 정확히 일치함)상에 평정하도록 하였다. 점수가 높을수록 해당 특징이 강한 것이며, 타인의 부당하거나 이기적인 행동에 대한 예민성 요인의 Cronbach α 값은 .86이었고, 친밀한 관계상황에서 경험하는 무시와 실망감 요인의 α 값은 .89였다.

이차적 분노사고척도(Secondary Anger Thought Scale).

서수균(2004)이 개발한 것으로 '타인 비난/보복'(19문항), '무력감'(7문항), '분노통제/건설적 대처'(8문항)로 구성되어 있다. 타인비난/보복 요인은 타인을 경멸하고 모욕하거나, 정신적 혹은 물리적으로 보복하는 내용이 주가 되고, 무력감 요인은 분노상황에서 적극적으로 대처하지 못하고 무기력해 하는 내용이 주가 된다. 분노통제/건설적 대처 요인은 분노감정을 의식적으로 통제하고 분노상황을 객관적으로 살펴보거나 문제해결적인 노력을 취하는 내용의 문항들을 포함하고 있다. Likert형의 5점 척도(1: 전혀, 2: 가끔, 3: 종종, 4: 자주, 5: 항상)상에 평정하도록 하였다. 타인비난/보복 요인의 Cronbach α 값은 .96이었고, 무력감 요인은 .78, 분노통제/건설적 대처 요인은 .75였다.

적대적 자동적 사고 척도(Hostile Automatic Thought Scale : HATS).

HATS는 Snyder, Crowson, Houston, Hurylo, & Poirier(1997)에 의해 적대적인 사고를 측정하기 위해서 개발된 것으로, 신체적 공격성(11문항), 타인 비하(10문항), 보복(9문항)이라는 3대 요인으로 구성되어 있다. Snyder(1997)등의 연구에 따르면 HATS의 내적 합치 도는 .94였고, 각 요인별로는 신체적 공격성이 .92, 타인 비하가 .88, 보복이 .91이었다. 서수균(2004)은 HATS를 번안하였으며, 번안한 척도 값은 다음과 같다: 총점 .96, 신체적 공격성 .89, 타인비하 .91, 보복 .91. 본 연구에서는 서수균(2004)의 번안을 사용했다.

분노표현

분노표출 태도 척도(Anger-Out Attitude Scale).

서수균, 이훈진, 권석만(2004)이 개발한 척도로 타인의 부정적 평가에 대한 두려움(10문항), 부정적인 대인관계 결과 예상(9문항), 적극적인 분노표현 지지(10문항), 소극적인 분노표현 지지(7문항) 이렇게 4개 하위 척도로 구성되어 있다. 7점 척도 상에서 평정되었으며(1: 전적으로 반대한다, 2: 상당히 반대한다, 3: 약간 반대한다, 4: 중간이다, 5: 약간 동의한다, 6: 상당히 동의한다, 7: 전적으로 동의한다), 내적 합치도는 타인의 부정적 평가에 대한 두려움이 .86, 부정적인 대인관계 결과 예상이 .86, 적극적인 분노표현 지지가 .85, 소극적인 분노표현 지지가 .79였다.

분노억제 태도 척도(Anger-In Attitude Scale).

서수균, 이훈진, 권석만(2004)이 개발한 척도로 분노억제에 대한 부정적인 태도(17문항)와 분노억제에 대한 긍정적인 태도(6문항)로 구성되어 있다. 7점 척도 상에서 평정되었으며, 내적 합치도는 분노억제에 대한 부정적인 태도가 .89, 분노억제에 대한 긍정적인 태도가 .76이었다.

언어성 분노 행동 척도(Anger Behavior-Verbal Scale : AB-VS).

Chamber(1999)에 의해 개발된 언어성 분노 행동 척도는 화가 났던 상황이나 그 경험에 대한 표현 방식을 측정하기 위해서 개발되었다. 이 척도는 건설적 언어표현, 정당화, 반추적 사고라는 3요인을 포함하고 있다. 건설적 언어표현 요인은 타인의 입장이 되어 보거나 분노 유발 사건에 대한 이해를 넓혀서 분노를 느끼게 했던 문제를 해결하고자 하는 노력을 반영하는 문항들로 구성되어 있다. 정당화 요인은 타인을 책망하고 자신은 책임이 없다는 것을 강조하는 것으로, 타인의 관점을 이해하려 들지 않고 자신의 행동을 정당화하고 방어하려는 의도를 반영하는 문항들로 구성되어 있다. 반추적 사고 요인은 분노 유발 사건과 관련된 생각에 반추적으로 몰입하려는 경향을 반영하는 문항들로 구성되어 있다. Chamber는 정당화와 반추적 사고 요인을 함께 묶어서 파괴적 언어표현으로 명명하였다. 각 문항은 Likert 형의 4점 척도(1 : 전혀 그렇지 않다, 2 : 가끔 그렇다, 3 : 자주 그렇다, 4 : 거의 항상 그렇다)상에서 평정되었다. 건설적 언어표현 하위 척도는 12문항, 정당화 하위 척도는 6문항, 반추적 사고 하위 척도는 5문항으로 구성되어 있으며, 각각의 내적 합치도는 .90, .84, .77이었다(Chamber, 1999). 서수균(2004)은 Chamber의 언어성 분노행동 척도를 번안하였다. Chamber가 제안한 3요인 모델을 그대로 지지되었고, 각 요인의 내적 합치도는 건설적인 표현 .87, 정당화는 .84, 반추적 사고는 .69였다. 또한 서수균(2004)은 정당화와 반추적 사고 요인을 구분하지 않고 함께 묶어서, 파괴적 언어표현으로 놓고 분석하였다.

자존감 및 사고

Rosenberg 자존감 척도(Self-Esteem Scale: SES).

SES는 Rosenberg(1965)가 개발한 것으로 자기개념의 특정 영역에 국한되지 않는 전반적인 자존감을 측정한다. 본 연구에서는 이훈진과 원호택(1995)이 번안한 한국판 척도를 사용하였다. 총 10문항이며 5점 척도 상에서 자신에게 해당되는 정도에 따라 평정하도록 하였다. 한국판 척도의 내적합치도는 .89였다.

수정판 일반적 태도 및 신념 척도(Revised General Attitude and Belief Scale: R-GABS).

R-GABS는 DiGiuseppe, Leaf, Exner와 Robin(1988)이 개발한 GABS를 서수균(2004)이 번안하여 탐색적 요인분석과 문항분석을 거쳐 수정한 것으로, 5개의 하위 비합리적 신념 척도와 한 개의 합리적 신념 척도로 구성되어 있으며 총 38문항으로 이루어져 있다. 5개의 하위 비합리적 신념 척도에는 성취에 대한 집착(7문항), 자기비하(6문항), 불편감이나 좌절에 대한 낮은 인내력(6문항), 무시나 부당한 대우에 대한 과민성(7문항), 호감이나 인정에 대한 집착(5문항)이 포함되어 있으며, 합리적 신념 척도는 7문항으로 구성되어 있다. 각 문항은 Likert 형의 5점 척도(1: 전혀 동의하지 않는다, 2: 동의하지 않는다, 3: 중간이다, 4: 동의한다, 5: 강하게 동의한다)상에서 평정되었다. 본 연구자의 연구에 따르면 하위 비합리적 신념 척도들의 내적합치도는 .81에서 .87사이였으며, 비합리적 신념 척도 전체의 내적합치도는 .92였다. 합리적 신념 척도의 내적합치도는 .67이었다.

결과

웃음치료와 인지행동치료가 분노수준에 미치는 영향을 검증하기 위해 처지 전·후의 분노사고 변화(일차적 분노사고척도, 이차적 분노사고척도, 적대적 자동적 사고 척도), 분노표현 변화(분노표출태도척도, 분노억제태도척도, 언어성 분노행동 척도), 자존감 및 사고 변화(Rosenberg의 자존감 질문지, 일반적 태도 및 신념 척도)를 측정하였다. 위의 결과내용을 정리하면 다음과 같다.

분노사고

분노사고의 변화를 알아보기 위해 일차적 분노사고와 이차적 분노사고를 측정하였다. 집단별 평균 및 표준편차는 표 2와 같다.

표 2 집단별 분노사고 척도점수의 평균(괄호 안은 표준편차)

척도	웃음치료집단		인지행동치료집단		집단 F값	시기 F값	상호작용 F값
	사전검사	사후검사	사전검사	사후검사			
일차적 분노사고척도	55.94 (14.57)	51.13 (17.51)	58.32 (13.35)	55.72 (16.65)	.21	5.43*	.68
이차적 분노사고척도							
타인비난/보복	44.74 (16.60)	39.80 (19.34)	49.09 (17.12)	48.02 (19.09)	2.72	3.48	1.44
무력감	16.94 (6.03)	15.12 (7.54)	15.12 (4.52)	14.75 (5.54)	.86	2.89	1.21
분노통제/건설적 대처	22.33 (5.88)	20.02 (7.23)	22.90 (5.12)	22.65 (6.05)	1.97	2.56	1.68
적대적 자동적 사고척도 (HATS)	67.50 (27.84)	58.39 (29.91)	78.88 (30.67)	68.46 (30.71)	3.14	9.05**	.01

* p<.05, ** p<.01

웃음치료와 인지행동치료가 일차적 분노사고에 미치는 영향을 구체적으로 살펴보기 위해서 치료집단(웃음치료집단/인지행동치료집단)과 검사 시기(사전/사후)를 독립변인으로, 일차적 분노사고 척도점수를 종속변인으로 하여 변량분석을 실시하였다. 집단의 주 효과는 통계적으로 유의하지 않았으며, $F(1,80)=0.21$, ns, 검사시기의 주 효과는 유의한 것으로 나타났고, $F(1,80)=5.43$, $p<.05$, 집단×검사시기의 상호작용효과는 유의하지 않은 것으로 나타났다, $F(1,80)=0.68$, ns. 즉, 치료집단과는 무관하게 치료 이전에 비해 이후에 일차적 분노사고가 낮아진 것으로 나타났다.

이차적 분노사고 척도점수를 종속변인으로 하여 변량분석을 실시한 결과, 이차적 분노사고 중 타인비난/보복 하위척도점수에 대한 집단의 주 효과는 통계적으로 유의하지 않았으며, $F(1,75)=2.72$, ns, 검사시기의 주효과도 유의하지 않은 것으로 나타났고, $F(1,75)=3.48$, ns, 집단×검사시기의 상호작용효과도 유의하지 않은 것으로 나타났다, $F(1,75)=1.44$, ns. 즉 치료 이전과 이후 간 차이는 유의하지 않았다. 무력감 하위척도 점수에 대한 집단의 주 효과는 통계적으로 유의하지 않았으며, $F(1,77)=0.86$, ns, 검사시기의 주효과도 유의하지 않은 것으로 나타났고, $F(1,77)=2.89$, ns, 집단×검사시기의 상호작용효과도 유의하지 않은 것으로 나타났다, $F(1,77)=1.21$, ns. 분노통제 하위척도 점수에 대한 집단의 주효과도 통계적으로 유의하지 않았으며, $F(1,75)=1.97$, ns, 검사시기의 주효과도 유의하지 않은 것으로 나타났고, $F(1,75)=2.56$, ns, 집단×검사시기의 상호작용효과도 유의하지 않은 것으로 나타났다, $F(1,75)=1.68$, ns.

적대적 자동적 사고 척도점수를 종속변인으로 하여 변량분석을 실시한 결과, 적대적 자동적 사고 척도점수에 대한 집단의 주 효과는 통계적으로 유의하지 않았으며, $F(1,80)=3.14$, ns, 검사시기의 주 효과는 유의한 것으로 나타났고, $F(1,80)=9.05$, $p<.01$), 집단×검사시기의 상호작용효과는 유의하지 않은 것으로 나타났다, $F(1,80)=0.01$, ns. 즉, 치료집단과는 무관하게 치료 이전에 비해 이후에 적대적 자동적 사고가 낮아진 것으로 나타났다.

분노표현

분노표현양식의 변화를 알아보기 위해 분노표현, 분노표출태도, 분노억제태도, 언성 분노행동 등을 측정하였다. 집단별 평균 및 표준편차는 표 3과 같다.

치료집단(웃음치료집단/인지행동치료집단)과 검사 시기(사전/사후)를 독립변인으로, 분노표출태도척도의 하위척도점수를 종속변인으로 하여 변량분석을 실시한 결과, 분노표출태도척도 중 부정적 평가에 대한 두려움 하위척도점수에 대한 집단의 주 효과는 통계적으로 유의하지 않았으며, $F(1,72)=0.001$, ns, 검사시기의 주효과도 유의하지 않은 것으로 나타났고, $F(1,72)=0.34$, ns, 집단×검사시기의 상호작용효과는 유의한 것으로 나타났다, $F(1,72)=11.42$, $p<.01$(그림 1). 통계적으로 유의한 집단×검사 시기 상호작용효과의 성질을 알아보기 위해 단순 주 효과를 검증하였다. 집단과 검사 시기에 따른 부정적 평가에 대한 두려움 점수를 도식화하면 그림 1과 같다.

표 3 집단별 분노표현 척도점수의 평균(괄호 안은 표준편차)

척도	웃음치료집단		인지행동치료집단		집단 F값	시기 F값	상호작용 F값
	사전검사	사후검사	사전검사	사후검사			
분노표출태도척도							
부정적 평가에 대한 두려움	46.60 (10.39)	40.40 (9.81)	39.28 (12.96)	44.00 (12.33)	.00	.34	11.42**
부정적 대인관계 결과예상	40.55 (9.93)	39.41 (11.84)	37.64 (12.88)	42.11 (12.92)	.01	1.30	6.43
적극적 분노표현 지지	38.37 (11.15)	39.48 (11.48)	38.73 (11.55)	38.47 (11.96)	.00	.00	.05
소극적 분노표현 지지	29.58 (6.92)	30.02 (8.44)	31.66 (5.93)	31.04 (6.37)	.79	.01	.31
분노억제태도척도							
분노억제에 대한 부정적 태도	75.30 (17.55)	66.00 (21.58)	76.54 (19.80)	75.35 (20.13)	1.96	5.82*	3.45
분노억제에 대한 긍정적 태도	26.44 (6.15)	25.63 (7.03)	27.31 (6.94)	28.41 (6.23)	2.29	.01	1.79
언어성 분노행동 척도(AB-VS)							
건설적 언어표현	28.73 (6.92)	28.78 (6.79)	28.00 (6.85)	29.90 (6.80)	.12	2.53	1.83
정당화	13.18 (3.91)	12.63 (3.49)	12.97 (4.23)	12.35 (4.03)	.02	2.28	.00
반추적 사고	9.92 (3.29)	8.84 (2.85)	9.46 (3.28)	8.74 (2.88)	.11	5.96*	.16

* p<.05, ** p<.01

그림 1 • 부정적 평가에 두려움 척도에서 나타난 치료기법과 사전사후 상호작용의 효과

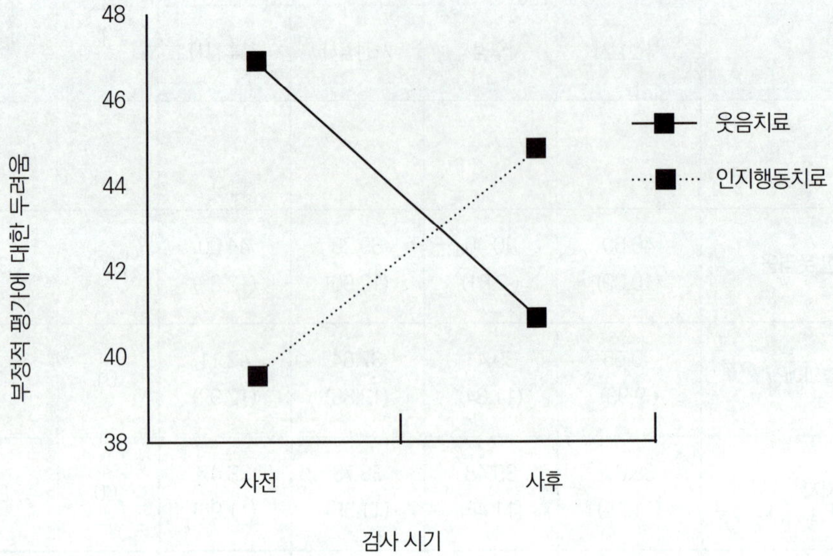

검사 시기에 따라 집단의 단순주효과를 검증해본 결과, 치료시작 전 집단 간 차이가 통계적으로 유의하지 않았으며, $F(1,72)=2.24$, ns, 치료 이후에도 집단 간 차이가 유의하지 않은 것으로 나타났다, $F(1,72)=2.28$, ns.

집단별로 검사 시기에 따른 단순주효과를 검증하였더니 웃음치료집단의 경우에는 사전검사와 사후검사 간 차이가 통계적으로 유의하지 않은 것으로 나타났으나, $F(1,35)=3.27$, ns, 인지행동치료집단의 경우에는 사전검사와 사후검사 간 차이가 유의한 것으로 나타났다, $F(1,37)=9.56$, $p<.01$. 즉, 인지행동치료집단은 치료를 실시한 이후 부정적 평가에 대한 두려움 점수가 높아졌으나, 웃음치료집단의 경우에는 변화가 나타나지 않았다.

분노표출태도척도 중 부정적 대인관계 결과예상 하위척도점수에 대한 집단의 주 효과는 통계적으로 유의하지 않았으며, $F(1,77)=0.01$, ns, 검사시기의 주효과도 유의하지 않은 것으로 나타났고, $F(1,77)=1.30$, ns, 집단×검사시기의 상호작용효과는 유의한 것으로 나타났다, $F(1,77)=6.43$, $p<.05$(그림 2). 통계적으로 유의한 집단×검사 시기 상호작용효과의 성질을 알아보기 위해 단순주효과를 검증하였다. 집단과 검사시게에 따른 부정적 대인관계 결과예상을 도식화하면 그림 2와 같다.

그림 2 • 부정적 대인관계 결과예상 척도에서 나타난 치료기법과 사전사후 상호작용의 효과

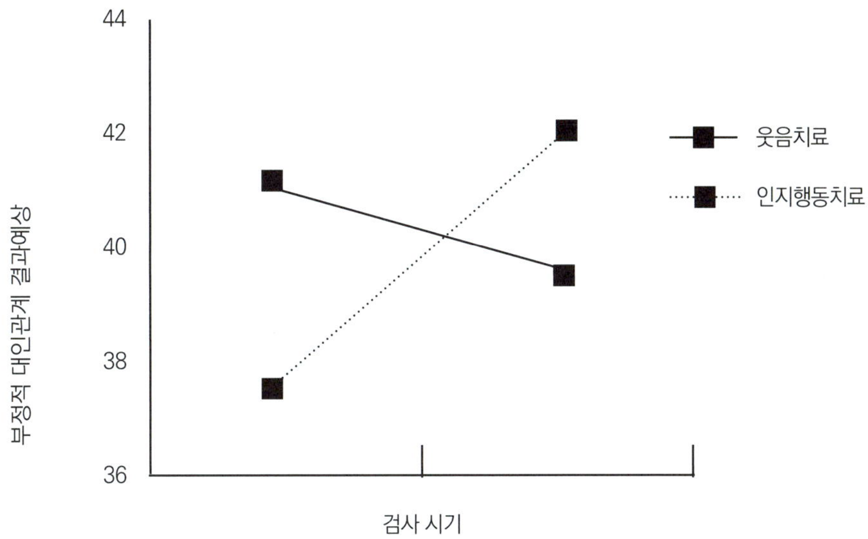

검사 시기에 따라 집단의 단순주효과를 검증해본 결과, 치료시작 전 집단 간 차이가 통계적으로 유의하지 않았으며, $F(1,77)=1.17$, ns, 치료 이후에도 집단 간 차이가 유의하지 않은 것으로 나타났다, $F(1,77)=1.38$, ns.

집단별로 검사 시기에 따른 단순주효과를 검증하였더니 웃음치료집단의 경우에는 사전검사와 사후검사 간 차이가 통계적으로 유의하지 않은 것으로 나타났으나, $F(1,36)=1.06$, ns, 인지행동치료집단의 경우에는 사전검사와 사후검사 간 차이가 유의한 것으로 나타났다, $F(1,41)=6.44$, $p<.05$. 즉, 인지행동치료집단은 치료를 실시한 이후 부정적 대인관계 결과예상 점수가 높아졌으나, 웃음치료집단의 경우에는 변화가 나타나지 않았다.

적극적 분노표현 지지 하위척도 점수에 대한 집단의 주 효과는 통계적으로 유의하지 않았으며, $F(1,78)=0.00$, ns, 검사시기의 주효과도 유의하지 않은 것으로 나타났고, $F(1,78)=0.00$, ns, 집단×검사시기의 상호작용효과도 유의하지 않은 것으로 나타났다, $F(1,78)=0.05$, ns.

소극적 분노표현 지지 하위척도 점수에 대한 집단의 주 효과는 통계적으로 유의하지 않았으며, $F(1,53)=0.79$, ns, 검사시기의 주효과도 유의하지 않은 것으로 나타났고, $F(1,53)=0.01$, ns, 집단×검사시기의 상호작용효과도 유의하지 않은 것으로 나타났다, $F(1,53)=0.31$, ns.

분노억제태도척도의 하위척도점수를 종속변인으로 하여 변량분석을 실시한 결과, 분노억제태도척도 중 분노억제에 대한 부정적 태도 하위척도점수에 대한 집단의 주 효과는 통계적으로 유의하지 않았으며, $F(1,77)=1.96$, ns, 검사시기의 주 효과는 유의한 것으로 나타났고, $F(1,77)=5.82$, $p<.05$, 집단×검사시기의 상호작용효과는 유의하지 않은 것으로 나타났다, $F(1,77)=3.45$, ns. 즉, 치료집단과는 무관하게 치료이전에 비해 이후에 분노억제에 대한 부정적 태도는 낮아진 것으로 나타났다.

분노억제태도척도 중 분노억제에 대한 긍정적 태도 하위척도점수에 대한 집단의 주 효과는 통계적으로 유의하지 않았으며, $F(1,78)=2.29$, ns, 검사시기의 주 효과는 유의하지 않은 것으로 나타났고, $F(1,78)=0.01$, ns, 집단×검사시기의 상호작용효과도 유의하지 않은 것으로 나타났다, $F(1,78)=1.79$, ns.

언어성 분노행동척도의 하위척도점수를 종속변인으로 하여 변량분석을 실시한 결과, 언어성 분노행동 척도 중 건설적 언어표현 하위척도점수에 대한 집단의 주 효과는 유의하지 않았으며, $F(1, 79) = 0.12$, ns, 검사시기의 주효과도 유의하지 않은 것으로 나타났고, $F(1, 79) = 2.53$, ns, 집단×검사시기의 상호작용효과도 유의하지 않은 것으로 나타났다, $F(1, 79) = 1.83$, ns.

정당화 하위척도점수에 대한 집단의 주 효과는 유의하지 않았으며, $F(1, 79) = 0.02$, ns, 검사시기의 주효과도 유의하지 않은 것으로 나타났고, $F(1, 79) = 2.28$, ns, 집단×검사시기의 상호작용효과도 유의하지 않은 것으로 나타났다, $F(1, 79) = 0.00$, ns.

반추적 사고 하위척도점수에 대한 집단의 주 효과는 통계적으로 유의하지 않았으며, $F(1, 80) = 0.11$, ns, 검사시기의 주 효과는 유의한 것으로 나타났고, $F(1, 80) = 5.96$, $p < .05$, 집단×검사시기의 상호작용효과는 유의하지 않은 것으로 나타났다, $F(1, 80) = 0.16$, ns. 즉, 치료집단과는 무관하게 치료 이전에 비해 이후에 반추적 사고 점수는 낮아진 것으로 나타났다.

자존감 및 사고

웃음치료 처치 후에 자존감 및 일반적인 태도에 변화가 있었는지 측정하기 위해서 Rosenberg의 자존감 질문지와 일반적 태도 및 신념척도를 사용하였다. 집단별 평균 및 표준편차는 표 4와 같다.

표 4 집단별 분노표현 척도점수의 평균(괄호 안은 표준편차)

척도	웃음치료집단		인지행동치료집단		집단 F 값	시기 F 값	상호작용 F 값
	사전검사	사후검사	사전검사	사후검사			
Rosenberg 자존감 질문지	32.55 (5.37)	34.10 (5.76)	34.51 (5.62)	37.38 (5.18)	5.10*	17.66***	1.39
일반적 태도 및 신념척도							
합리적 신념	22.97 (4.29)	22.21 (5.16)	23.02 (3.21)	24.30 (4.65)	2.09	.26	4.21*
성취에 대한 집착	19.97 (5.06)	19.05 (5.40)	20.58 (5.23)	17.92 (6.20)	.06	8.53*	2.00
자기 비하	15.97 (4.37)	15.66 (4.39)	16.53 (4.31)	14.02 (4.77)	.46	7.53**	4.11*
불편감이나 좌절에 대한 인내	16.69 (4.05)	16.47 (4.80)	17.37 (5.10)	15.92 (4.62)	.02	2.31	1.09
무시나 부당대우에 대한 과민성	21.31 (4.99)	19.89 (4.99)	22.37 (5.45)	19.76 (6.66)	.19	10.25**	.89
호감 및 인정에 대한 집착	12.83 (3.91)	12.78 (3.79)	14.21 (4.15)	12.26 (4.69)	.34	4.28*	2.77

* $p < .05$, ** $p < .01$, *** $p < .001$

치료집단(웃음치료집단/인지행동치료집단)과 검사 시기를 독립변인으로, Rosenberg의 자존감 점수를 종속변인으로 하여 변량분석을 실시하였다.

집단의 주 효과는 통계적으로 유의하였으며, $F(1,76)=5.10$, $p<.05$, 검사 시기의 주 효과는 유의한 것으로 나타났고, $F(1,76)=17.66$, $p<.001$, 집단×검사시기의 상호작용효과는 유의하지 않은 것으로 나타났다, $F(1,76)=1.39$, ns. 즉, 치료집단과는 무관하게 치료 이전에 비해 치료 이후에 Rosenberg의 자존감 점수가 높아졌으며, 인지행동치료집단이 웃음치료집단보다 Rosenberg의 자존감 점수가 높은 것으로 나타났다.

일반적 태도 및 신념척도의 하위척도점수를 종속변인으로 하여 변량분석을 실시하였다. 일반적 태도 및 신념척도 중 합리적 신념 하위척도점수에 대한 집단의 주 효과는 통계적으로 유의하지 않았으며, $F(1,80)=2.09$, ns, 검사시기의 주효과도 유의하지 않은 것으로 나타났으나, $F(1.80)=0.26$, ns, 집단×검사시기의 상호작용효과는 유의한 것으로 나타났다, $F(1,80)=4.21$, $p<.05$(그림 3). 통계적으로 유의한 집단×검사 시기 상호작용효과의 성질을 알아보기 위해 단순주효과를 검증하였다. 집단과 검사시기에 따른 합리적 신념 점수를 도식화하면 그림 3과 같다.

그림 3 • 합리적 신념척도에서 나타난 치료기법과 사전사후 상호작용의 효과

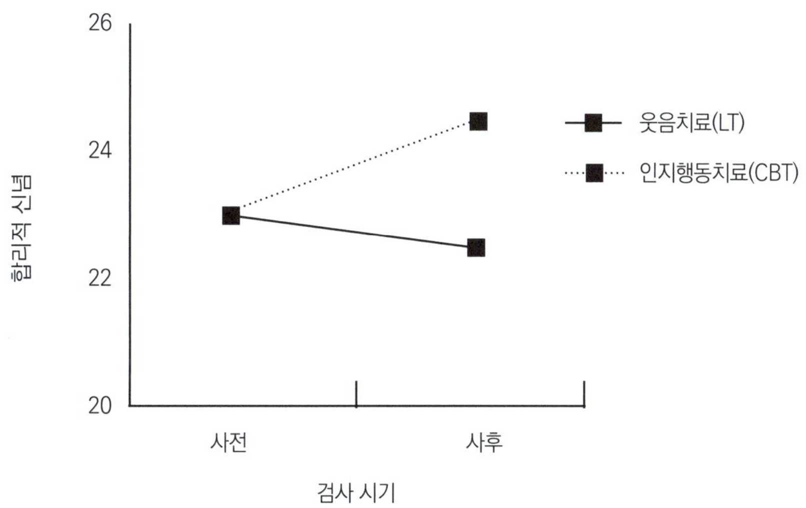

검사시기에 따라 집단의 단순주효과를 검증해본 결과, 치료시작 전 집단 간 차이가 통계적으로 유의하지 않았으나, $F(1,80)=0.64$, ns, 치료이후에는 집단 간 차이가 유의한 것으로 나타났다, $F(1,80)=4.20$, $p<.05$. 즉, 치료 이전에는 웃음치료집단과 분노치료집단 간 합리적 신념 점수에서 차이가 없었으나, 치료 이후에는 웃음치료집단에 비해 인지행동치료집단의 합리적 신념 점수가 높은 것으로 나타났다.

집단별로 검사 시기에 따른 단순주효과를 검증하였더니 웃음치료집단의 경우에는 사전검사와 사후검사 간 차이가 통계적으로 유의하지 않은 것으로 나타났으며, $F(1,38)=8.59$, ns, 인지행동치료집단의 경우에도 사전검사와 사후검사 간 차이가 유의하지 않은 것으로 나타났다, $F(1,42)=3.02$, ns.

성취에 대한 집착 하위척도점수에 대한 집단의 주 효과는 통계적으로 유의하지 않았으나, $F(1,78) = 0.06$, ns, 검사시기의 주 효과는 유의한 것으로 나타났고, $F(1,78) = 8.53$, $p < .05$, 집단×검사시기의 상호작용효과는 유의하지 않은 것으로 나타났다, $F(1,78) = 2.00$, ns. 즉, 치료집단과는 무관하게 치료 이전에 비해 이후에 성취에 대한 집착 점수가 낮아진 것으로 나타났다.

일반적 태도 및 신념척도 중 자기비하 하위척도점수에 대한 집단의 주 효과는 통계적으로 유의하지 않았으나, $F(1,76) = 0.46$, ns, 검사시기의 주 효과는 유의한 것으로 나타났으며, $F(1,76) = 7.53$, $p < .01$, 집단×검사시기의 상호작용효과도 유의한 것으로 나타났다, $F(1,80) = 4.11$, $p < .05$. 통계적으로 유의한 집단×검사 시기 상호작용효과의 성질을 알아보기 위해 집단과 검사 시기에 따른 자기비하 점수를 도식화하면 그림 4와 같다.

그림 4 • 자기비하 척도에서 나타난 치료기법과 사전사후 상호작용의 효과

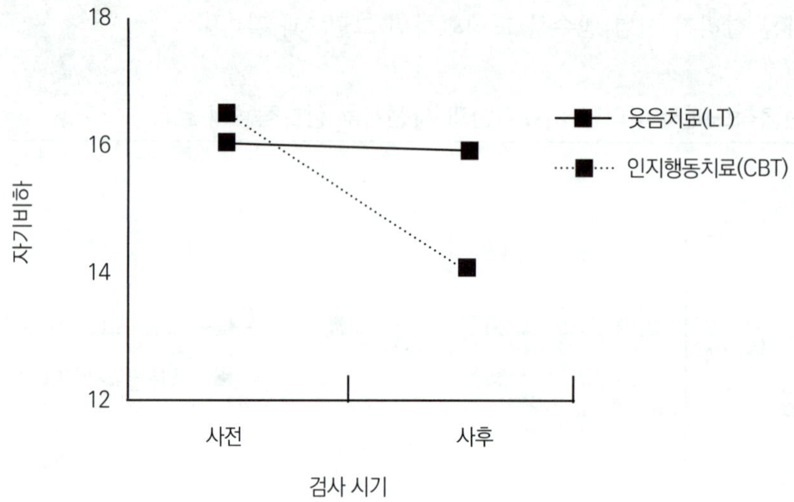

집단별로 검사 시기에 따른 단순주효과를 검증하였더니 웃음치료집단의 경우에는 사전검사와 사후검사 간 차이가 통계적으로 유의하지 않은 것으로 나타났으나, $F(1,36) = 0.28$, ns, 인지행동치료집단의 경우에는 사전검사와 사후검사 간 차이가 유의한 것으로 나타났다, $F(1,40) = 10.78$, $p < .01$. 즉, 웃음치료집단은 사전검사와 사후검사 점수 간 차이가 나타나지 않았으나, 인지행동치료집단의 경우에는 치료 후에 자기비하가 감소한 것으로 나타났다.

불편감이나 좌절에 대한 인내 하위척도점수에 대한 집단의 주 효과는 통계적으로 유의하지 않았으며, $F(1,75) = 0.02$, ns, 검사시기의 주효과도 유의하지 않은 것으로 나타났고, $F(1,75) = 2.31$, ns, 집단×검사시기의 상호작용효과는 유의하지 않은 것으로 나타났다, $F(1,75) = 1.09$, ns.

무시나 부당대우에 대한 과민성 하위척도점수에 대한 집단의 주 효과는 통계적으로 유의하지 않았으며, $F(1,79) = 0.19$, ns, 검사시기의 주 효과는 유의한 것으로 나타났고, $F(1,79) = 10.25$, $p < .01$, 집단×검사시기의 상호작용효과는 유의하지 않은 것으로 나타났다, $F(1,79) = 0.89$, ns. 즉, 치료집단과는 무관하게 치료 이전에 비해 이후에 무시나 부당대우에 대한 과민성 점수가 낮아진 것으로 나타났다.

호감 및 인정에 대한 집착 하위척도점수에 대한 집단의 주 효과는 통계적으로 유의하지 않았으

나, $F(1,78)=0.34$, ns, 검사시기의 주 효과는 유의한 것으로 나타났고, $F(1,78)=4.28$, $p<.05$, 집단 ×검사시기의 상호작용효과는 유의하지 않은 것으로 나타났다, $F(1,78)=2.77$, ns. 즉, 치료집단과는 무관하게 치료 이전에 비해 이후에 호감 및 인정에 대한 집착점수가 낮아진 것으로 나타났다.

논의

본 연구는 연구자의 선행연구인 "비행청소년의 분노조절: 웃음요법과 인지 행동요법의 효과비교"(류창현, 2006)를 재검증하기 위한 추적연구이다.

연구결과, 분노사고의 변화에 관한 웃음치료집단과 인지행동치료집단의 일차적 분노사고와 적대적 자동적 사고척도에 있어, 검사시기의 주 효과는 유의한 것으로 나타났다.

분노표현의 변화에 관한 치료집단의 분노표출태도척도상의 부정적 평가에 대한 두려움과 부정적 대인관계 결과예상에서 집단×검사시기의 상호작용효과는 유의한 것으로 나타났다. 즉, 인지행동치료집단은 처치 후에 부정적 평가에 대한 두려움과 부정적 대인관계 결과예상이 증가하였다. 반면에, 웃음치료집단의 분노억제에 대한 부정적 태도척도점수 결과는 판단보류(.06 유의확률)로 검증되었으며, 이에 대해서는 향후 재검증연구가 필요하다. 분노억제태도척도상의 분노억제에 대한 부정적 태도는 두 치료집단 모두가 유의하게 감소하였다.

자존감 및 사고에 관한 Rosenberg의 자존감 질문지에서는 집단의 주 효과는 통계적으로 유의미하게 나타났으며, 처치 후에 인지행동치료집단이 웃음치료집단보다 더 자존감이 높은 것으로 나타났다. 일반적 태도 및 신념척도 중 합리적 신념에서는 집단×검사시기의 상호작용효과가 유의미하게 나타났고, 처치 후에 인지행동치료집단이 웃음치료집단 보다 더 합리적 신념 점수가 높은 것으로 나타났다. 성취에 대한 집착은 검사시기의 주 효과는 유의하게 나타났고, 처치 후에 성취에 대한 집착이 줄어들었다. 자기비하에서는 집단×검사시기의 상호작용효과가 유의하게 나타났고, 인지행동치료집단에서만 자기비하가 감소했다. 무시나 부당대우에 대한 과민성과 호감 및 인정에 대한 집착에서는 두 집단 모두가 검사시기의 주 효과는 유의하게 나타났다. 즉, 처치 후에 집단과는 무관하게 부당대우에 대한 과민성과 호감 및 인정에 대한 집착점수가 낮아진 것으로 나타났다. 집단 간에 애초부터 자존감 수준이 다른 이유들을 분석해보면, 본 연구가 실시된 임상실험현장이 교도소라는 특수성 때문에 피험자들을 모든 척도를 고려하여 무선할당하기 어려웠다. 결국 임의적으로 할당하여 일부척도에서는 사전검사시기부터 집단 간의 차이가 존재했다. 이러한 현장의 경험적 연구의 한계성을 지각하고 보완하기 위한 추후 추적연구를 통한 재검증이 필요하다 사려 된다.

두 집단 간의 치료기법과 사전사후의 상호작용효과의 주원인을 살펴보면, 일정한 척도상의 인지행동치료의 효과측정에서 보다 더 민감하게 반응하기 때문이라 사려 된다. 예를 들면, 부정적 평가에 대한 두려움 척도에 대한 인지행동치료집단의 처치 후 평가에서 자신의 부정적 평가에 있어 더욱 더 적절하고 사려 깊은 대처능력을 시사한다. 반면에, 웃음치료집단은 효과가 검증되지 않은 프로그램의 구성으로 인한 위에 관련한 척도상의 구체적 · 지시적 · 합리적 처치 개입은 불가능했으며, 또한 처치 후 효과를 직접 평가할 수 있는 척도에 관해서도 무력감을 검증했다. 따라서 향후 이를 극복하기 위해서 웃음치료의 본질적인 효과를 검증할 수 있는 척도개발의 필요성이 우선시되어야 만 한다고 사려 된다.

부정적 대인관계 결과예상 척도에 대한 인지행동치료집단의 처치 후 평가에서 자신의 부정적 대인관계 결과예상에 있어 더욱더 신중하게 고려하는 합리적 · 건설적인 대처능력을 시사한다. 이 결과는 웃음치료집단 프로그램에 비교하여 인지행동집단 프로그램의 보다 더 적응적 · 건설적 · 합리적 대인관계형성을 위한 효과적 · 효율적 · 구체적 · 체계적 · 실용적 처치개입이 주요한 요인이라 사려 된다.

합리적 신념척도에 대한 인지행동치료집단의 처치 후 평가에서 자신의 합리적 사고와 판단에 있어 더욱더 적절한 대처능력을 시사한다. 이 결과는 인지행동집단 프로그램이 웃음치료집단 프로그램 보다 더 합리적 · 건설적 · 적응적 · 긍정적 사고와 판단을 위한 효과적 · 효율적 · 구체적 · 체계적 · 실용적 처치개입이 주요한 요인이라 사려 된다.

자기비하척도에 대한 인지행동치료집단의 처치 후 평가에서 자신의 자기비하로 인한 우울, 좌절, 분노, 열등의식으로부터 벗어나 더욱더 긍정적 · 적극적 · 창의적 · 자발적 신념을 가지고 현실을 직시(直視)하고 적응할 수 있는 대처능력을 시사한다. 이 결과는 인지행동집단 프로그램이 웃음치료집단 프로그램 보다 더 긍정적 · 적극적 · 창의적 · 자발적 신념을 위한 효과적 · 효율적 · 구체적 · 체계적 · 실용적 처치개입이 주요한 요인이라 사려 된다.

본 연구에서 얻은 웃음치료 임상실험연구결과는 국내외적으로는 최초로 복식호흡웃음치료(ABLT)를 활용한 인간의 분노를 사전에 조절하고, 분석하고, 통제할 수 있다는 이점과 내면의 분노감을 감소시킬 수 있다는 가설을 검증해주었다는 데 의미가 있다. 또한 웃음치료(LT)에 비하여 인지행동치료(CBT)가 상대적으로 더욱 높은 치료효과를 가져왔다. 이에 대한 주요 매개요인들을 분석해보면, 인지행동치료집단은 매우 지시적 · 직접적 · 적응적 · 합리적 · 건설적 · 체계적 처치개입, 자기교시학습 프로그램 강화, 그리고 보다 더 구체적이고 명확한 목표지향에 초점을 두고 진행했기 때문에 높은 기대효과를 얻게 되었다 사려 된다. 반면에, 웃음치료집단은 비지시적 · 비자발적 · 비적응적 · 비구체적 · 비체계적인 프로그램 진행구성, 참여자들의 부적응 및 무력감, 그리고 웃음치료의 효과검증을 위한 적합한 평가척도결여 등으로 인한 가시적 결과를 산출하는 데에 어려움을 갖게 되었다 사려 된다.

본 연구결과에서 웃음치료와 인지행동치료는 분노, 우울, 두려움, 불안, 낮은 자존감, 공격성, 자기비하, 과민성, 반추적 사고, 집착, 적대적 자동적 사고 등과 같은 정서들에 있어 보다 더 긍정의 심리와 삶의 질을 향상시켜주며, 무엇보다도 비행청소년 자신들의 분노를 통제할 수 있는 자가 치료와 자기 통제력을 학습된 교육과 훈습을 통해서 얻을 수 있다는 것을 검증한 객관적인 임상실험연구이다.

향후의 연구방향에 대한 제시는 다음과 같다. 첫째, 보다 정확하고 엄격한 통제된 연구 설계를 바탕으로 연구가 진행되어야만 할 것이다. 즉, 피험자의 할당에 있어서 임의로 할당하는 것이 아닌, 무선할당을 하여 사전에 편향되는 것을 통제하는 것이다. 둘째, 본 연구 프로그램에서는 웃음치료와 인지행동치료를 포함하여 실시하였으나, 이후 임상실험연구에서는 자율훈련법, 심리사회기술훈련, 사회문제해결기법, 대처능력기법, 문제해결중심치료, 변증법적 행동치료, 긍정의 인지행동치료(Positive CBT) 등과 같은 통합적 인지행동치료 프로그램 접근과 개입을 활용한 효과비교를 통해서 어떤 치료접근과 개입들이 피험자들에게 보다 더 적합하고 효율적 · 효과적 처치방법인지를 검증해야 할 것이다. 셋째, 피험자의 대상을 비행청소년에게만 국한(局限)시키지 않고, 성인범죄자와 약물중독 대상자까지도 확대시켜 임상실험연구가 진행되어야 할 것이다. 넷째, 프로그램들을 통한 치료적 성과와 변화에 귀인된 주요한 변인과 기제들을 분석하고, 검증하여, 이를 토대로 한 이론적 연구로 발전시켜야 할 것이다. 다섯째, 본 연구 주제와 관련된 후속연구들이 지속적으로 축적된 경험적 실험연구결과를 바탕으로 활발하게 검증되기 위해서는 종단연구, 반복연구, 재범률평가(recidivism rate) 등과 같은 장기적 추적연구를 통해서 연구효과에 대한 재검증을 할 필요가 있을 것이다. 여섯째, 웃음치료의 효과를 검증할 수 있는 다양하고 적절한 평가척도개발을 필요로 할 것이다. 즉, 웃음치료에 의한 폭넓고 구체적 처치개입과 적용을 현실화하기 위한 효과적 · 체계적 · 합리적 · 실용적 웃음치료 프로그램을 보다 더 객관적으로 평가할 수 있는 척도개발이 뒷받침되어야 할 것이다. 마지막으로, 향후 이러한 실질적 · 경험적 임상실험연구의 산물에 기초를 한 동기부여개입 프로그램(Motivational Intervention Program), 사회문제해결 프로그램(Social Problem Solving Program), 보호관찰 프로그램(Probations Program), 교정 프로그램(Corrections Program), 범죄예방 프로그램(Crime Prevention Program), 회복적 사법 프로그램(Restorative Justice Program), 긍정의 심리학(Positive Psychology), 그리고 긍정의 인지행동치료(Positive CBT) 등과 같은 현장의 실제적인 처치 프로그램들이 적극 활용되어야 하며, 이에 대한 효과를 또한 검증해야 할 것이다.

『분노수기 임상사례』
(Anger Memoranda Clinical Cases)

다음은 분노수기 임상사례(Anger Memoranda Clinical Cases)로서 실제적으로 다루었던 가족치료, 분노치료, 심리치료과정에서 얻은 경험적 분노수기사례와 용서수기사례들 바탕으로 사이코드라마 역할극 연습(Psychodrama Role-Play Practice)에 실제적으로 접목하여 사용하였고, 이를 사이코드라마 역할극 시연에 활용될 수 있는 사례들을 예로 들어 소개하고자 한다.

본 분노수기 임상사례(Anger Memoranda Clinical Cases)는 나사렛대학교 평생교육원 분노치료, 웃음치료, 가족치료, 심리상담 과정과 천안소년교도소, 안산보호관찰소, 수원보호관찰소, 평택보호관찰소 등에서 실시한 전인격치유세미나(The Whole Personality Healing Seminar), 분노조절, 문제해결중심 및 심리사회대인관계기술훈련 과정에서 수확한 주요 자료들을 수집하고 정리한 것이다.

돌이켜 보건대, 회기를 진행하면서 많은 도움과 치료의 역사가 일어난 분들도 계시고, 반대로 회기 진행 중에 분노가 폭발해서 중도에 하차하신 분들도 있었다. 많은 시행착오를 거쳐 필자는 8년 동안의 자료를 수집하여, 그중에서도 누구나 쉽게 같이 공유할 수 있고 생각해볼 수 있는, 또한 자신의 삶에 반영해 볼 수 있는 실질적 · 경험적 · 실용적 사례들로 구성해보았다.

구성된 사례들은 일반적, 전형적인 사례들로서, 우리 가정, 사회, 학교, 직장 등과 같은 공동체에서 겪을 수 있는 공통적인 정황들이다. 간혹 어떤 사례들은 이해할 수가 없고 자신에게 새로운 간접적인 경험으로서 다가올 수도 있고, 때로는 혼란을 가져다줄 수도 있을 것이다. 그럼에도 불구하고 이 귀중한 사례들을 통해서 분노치료와 심리사회기술훈련 임상학습과 발전과 진화를 위해서 공헌해주신 여러분의 사려 깊은 관심과 사랑에 감사함을 전한다.

『분노수기사례』

사례1 "요리사가 되고파!" Y군(21, 남)

아직 제대로 된 직장을 가지고 있지는 않습니다. 저의 가족은 4년 전에 아버지가 돌아가시는 바람에 저를 낳아주신 어머니와 형과 함께 살아가고 있습니다.

지금까지 살아오면서 저에게 분노와 스트레스를 유발시키는 사람은 없었고, 지금은 나에게 있어서 가장 힘들고 걱정을 시키는 것은, 내 주위에도 나를 괴롭히는 사람이 있겠지만, 지금은 나 자신이 나를 분노하게 하고, 스트레스를 쌓이게 하고, 나 자신을 생각만 해보아도 정말 한심합니다. 그리고 지금 나에게 있어서 가장 미운 사람은 고등학교에 다닐 때 나를 괴롭혔던 복학생 형을 아직까지 가슴에 남아있고 복수하고 싶은 한 사람이고 이성을 잃었을 때는 주위에 있는 물건을 사정없이 던지고 막 행동을 거칠게 반응합니다.

지금 현재 저의 꿈은 요리사입니다. 이 꿈을 생각한 것은 17살 때부터이고 그때부터 요리 만드는 것을 좋아했고, 지금까지 아직 나의 꿈을 이루려고 노력을 하지 못하였지만, 나의 요리를 먹고 맛있어하는 것을 보고 싶어서 요리사가 되고 싶다는 꿈을 갖게 되었고 지금부터라도 조금씩 노력하고 실천하여서 저의 꿈을 이루고 싶습니다.

제가 지금 심리치료를 받고 싶은 것은, 제일고치고 싶은 것은 게임문제에 관한 것입니다. 지금은 그나마 많이 나아진 것 같지만, 게임을 스트레스를 풀기 위해서 해야 하는 데 저는 그게 아니라 게임 때문에 일도 제대로 하지 못하기 때문에 저는 지금 치료를 받을 수 있다면, 게임중독에 관해서 치료를 받고 싶고 이것을 고치고 일을 열심히 하고 싶습니다.

저는 앞으로 10년 후의 나의 모습을 아직 생각해보지 않았지만 5년 후라면 제가 지금까지 졸업하지 못한 고등학교 검정고시에 합격하고, 나의 꿈인 요리사를 목표로 삼고 나의 이름이 있는 조그만 가게라도 차려서 요리사가 되어있고 싶습니다.

사례2 "다시 웃고 싶다!" L군(18, 남)

저의 분노는 언제 생기냐 하면 친구 또는 상대방과 서로 마음에 들지 않는 행동이랑 또한 제가 이해하지 못하는 행동을 할 때 생깁니다. 저 자신이 분노를 느낄 때 엄마가 맨날 나를 의심하거나 잔소리할 때 저의 분노가 시작되고 친구들이랑 재미있게 놀다가 그 사람이 저를 약 올리거나 무시하거나 욕을 심하게 한다거나 저를 소외시키면 분노가 시작됩니다. 대부분 엄마와 내가 노는 친구들이랑 분노 싸움을 합니다. 분노대처를 할 때 그 상대방을 아예 무시하거나 속으로 참거나 계속 생각하거나 같이 말싸움을 하거나 욕을 퍼붓고 성질을 아무에게나 냅니다. 아니면 노래방을 가서 노래로 풀고 친구들이 웃겨주면 금방 풀립니다.

제가 만약에 분노를 참았더라면 지금 고등학교도 다니면서 이렇게 보호관찰에 와서 교육도 받지 않고 여기에 아침부터 저녁까지(9~6시까지) 공부도 하지 않았으며 재판받을 일도 없었고 친구들도 많았을 것입니다.

부모님과 친구들은 언제나 말합니다. 제가 분노폭발을 할 때 아무에게나 성질을 내고 아무리 웃긴 일이 있어도 잘 안 웃고 매일 참을 인 3번을 생각하라고 합니다. 제가 분노유발을 하지 않았으면 이렇게 보호관찰을 안 받고 있을 것입니다. 앞으로 분노폭발을 하면 여기서 교육받았던 것을 생각하고 부모님 생각하면서 참을 것입니다.

저의 부모님은 제가 여태 사고 쳤던 건만 생각하면 10년 일찍 죽을 것 같다고 말씀하십니다. 특히 엄마는 저 때문에 학교, 경찰서, 법원, 보호관찰소를 왔다갔다 반복하셨고 판사님에게, 학교 선생님에게, 경찰에게 온갖 죄송하다고 빌고 다니셨습니다. 정말 죄송한 마음뿐입니다. 그리고 사고 쳤을 때 피해자들은 아직 재수 없습니다. 생각하면 분노가 일어나서 참고 있습니다.

앞으로 이런 유사한 사건이 발생할 때는 뒤에 따를 일을 한 번 더 생각해 보고 판단을 제대로 한 다음 그 행동을 할 것입니다. 절대 다신 이런 일이 없도록 노력할 것입니다.

정말이지 저는 부모님과 동생에게 죽고 싶을 정도로 미안합니다. 아버지는 가족을 위해 힘들게 일하시고 어머니는 저 때문에 마음고생 심하게 하고 어디서나 빌고 많이 울었기 때문에 너무 미안합니다. 부모님 없이 못 살 것 같습니다. 동생에게는 형으로서 본받지 못하고 이상한 모습만 보여줘서 미안하고 앞으로는 잘하겠습니다. 지켜봐 주세요.

피해자에게는 제가 생각을 깊게 하고 행동했으면 이런 일이 없겠지만 잠깐의 실수로 생겨서 죄송합니다. 하지만 아직도 생각하면 재수가 없습니다.

분노조절 프로그램을 하면서 느낀 점은 일단 선생님께 감사하고 받으면서 저의 분노를 고쳐 갈 것이며, 이런 곳에 다신 오지 않고 친구들과 가족과 사이좋게 분노폭발 안하며 지내겠습니다.

사례 3 "후회는 이미 늦었고!" B군(19, 남)

저의 분노유발상황은 정신력과 판단력이 흐려지고 의견이 어긋나고 남들이 참으라고 말해주어도 참지 못하고 주먹과 욕을 행사하면서 상황이 심각해 졌습니다. 저는 제 생각 이외에는 생각하지 않고 행동하여서 이런 상황까지 왔습니다. 원인은 상대방이 술을 먹고 욕하기에 화나고 짜증나고 분노가 유발해서 참지 못하고 폭력을 행사했습니다. 싸우고 난 후 후회했지만 이미 늦었고 상대방이 그 이후에도 약 올려서 더 짜증이 나고 죽이고 싶다는 생각이 들게 했습니다. 그동안 열 받고 분노가 생기면 생기는 대로 욕과 시비를 걸어 분노를 풀곤 했습니다. 대처한다면 집에 가 혼자 물건을 던지거나 부수는 행동을 해서 대처하고 있습니다.

당시에 저의 분노를 통제할 수 있었다면, 모든 일에 책임감을 가지고, 공부와 미래에 대해 생각하고, 부모님께 당당하고, 그리고 남의 시선과 상관없이 떳떳한 생활을 했을 것 같습니다. 법원, 경찰서도 항상 들락날락할 일도 없었을 것 같습니다.

부모님께서 모든 행동에 생각 1번씩만 더하라고 말씀하셨습니다. 예전에는 그 말을 한 귀로 듣고 한 귀로 흘렸습니다. 앞으로 부모님께서 하신 말씀 제대로 듣고 행동해야겠다 생각합니다. 저의 부모님도 속상해하시고 밥도 제대로 못 드시고 잠도 설치셨습니다. 상대방 부모님도 그랬을 것 같습니다. 모든 가족이 자식 챙기듯 상대 부모님도 챙기는데 저 때문에 힘드셨을 것 같습니다.

앞으로 판단을 할 때 2~3번 이상 생각하고 행동하고 말로 해결하던 걸 참고 이해하도록 해야겠습니다. 다른 방법을 찾아서라도 참도록 노력해야 할 것 같습니다.

제가 여태껏 행동을 잘못하여 부모님과 가족이 고생했습니다. 제가 법에 어긋나는 행동만 하지 않았어도 그나마 마음이라도 편했을 텐데 제가 사고 쳐서 어디 나가기만 하면 불안해하셨던 것도 죄송하게 생각합니다. 무슨 행동을 하든, 생각 더해보겠습니다. 피해자 가족들에게도 죄송합니다. 저 때문에 병원에 자식을 두고 힘들었던 것 같습니다. 제가 행동을 잘 못 처리해서 그렇게 됐고 앞으로 잘 살겠습니다.

분노를 잘 조절했었다면 지금쯤 꿈에 좀 더 가까워졌을 것 같습니다. 지금은 비록 멀어졌지만, 다시 열심히 해서 꿈을 이루려고 합니다.

사례 4 "아! 예전에 나와 다르구나!" K군(19, 남)

분노유발상황은 주위에 있는 사람들이 먼저 시비를 걸어오고 먼저 욕을 하면서 저를 무시하고 비웃었습니다. 저의 분노대처사고 및 행동은 그냥 무시하고 저 자신을 억누르고 지난날 저 자신이 잘못했던 것을 생각하며 가족과 미래를 생각합니다. 당시에 제 분노를 통제할 수 있었다면, 웃으면서 그 사람들과 나중에 밥 한 끼를 같이 먹고 지금 이런 자리에도 제가 없을 것이며 재밌는 하루하루를 보낼 것 같습니다.

당시 제 심정보다는 어머니가 매우 마음이 찢어지게 아팠을 것 같습니다. 저 하나 잘되라고 바라보고 계시는데 어머니는 매일 눈물로 하루를 보내셨을 것 같습니다. 피해자 부모님도 저와 저의 어머니와 똑같이 마음이 찢어지게 아팠을 것입니다.

앞으로 두 번 다시 주먹보다는 말로 풀고 지난날 저의 과거를 떠올리며 반성하며 저 자신의 분노를 억누르고 앞으로 미래를 생각하고 가족을 생각하며 분노를 억제할 것입니다.

이런 모습 안 보이고 저 자신이 얼마나 변했는지를 보여주고 이제 누구보다 착한 사람이 되어 가겠습니다. 저 자신보다 가족을 생각하고 사랑하는 사람을 생각하고 그들에게 실망이라는 두 글자가 입에서 안 나오게 하고 이제부터라도 저 자신을 바꾸는 데 많이 노력하겠습니다.

피해자와 가족분들에게 제가 지난날에 아프게 했던 날들을 용서를 구합니다. 철없던 저의 모습을 잊어버리시고 이제는 그 누구보다 잘하고 사람을 때리지 않고 대화로 푸는 습관을 기르고 아프게 했던 것에 진심으로 용서를 구합니다. 그리고 변하겠습니다. 새로운 저로 말입니다. 과거를 잊은 채 한번 바뀌어 보겠습니다.

이 프로그램을 통해서 저의 분노가 통제되고 조율이 된다면, 가장 먼저 믿음이 생기고 신뢰감에 큰 변화가 찾아올 것이고, "아! 예전에 나와 다르구나!" 이런 생각이 들게 하고, 보호관찰소 교육을 끝내고 난 후에 사람을 때리지 않고, 상대방과 분노유발상황이 발생하면, 내가 먼저 "죄송합니다! 또는 미안합니다!"라는 다섯 글자를 말할 것입니다. 무엇보다 가족이 기뻐할 것이며 저 자신도 엄청나게 기뻐할 것입니다. 지난날들의 모습을 잊어버리고 새로운 저로 다시 태어날 것입니다.

사례5 "아! 나의 허송세월!" B군(20, 남)

분노는 항상 저를 따라다닙니다. 그 분노를 뿌리치지 못하고 반응을 해서 분노를 일으키는 것 같습니다. 원인을 보면 제가 먼저 부모님과의 약속을 지키지 않아 말싸움이 시작되는데 저는 제 잘못을 인정하지 못하고 무조건 잔소리만 한다고 생각했습니다. 결국, 분노를 이기지 못하고 격분했습니다. 제 행동은 주위에 있는 걸 던지든가 울어 버립니다. 제가 아끼는 물건이나 중요한 물건이라도 분노하면 사정없이 부십니다. 말싸움을 하다보면 감정을 이기지 못하고 울어 버립니다. 그리고 벽을 쳐서 손의 고통으로 분노를 삭입니다.

통제했다면 잘 얘기해서 저의 문제점을 조금이나마 고치려고 노력했을 것이고 사고도 치지 않았을 것이며 지금쯤 고등학교를 졸업해서 취직을 해 지금보다는 낫고 보람 있는 삶을 살고 있을 것 같습니다.

나의 부모님은 그 사건으로 인해서 무척이나 속상하고 화가 나셨습니다. 집에선 막내라 귀하게 키우셨는데, 나는 그 기대에 배신한 것입니다. 부모님은 저에게 배신감을 느끼실 것이지만 마음 한편으로는 잘되길 바라실 것입니다. 피해자와 피해자 부모님도 속상할 것입니다. 만약 제 자식이 남의 자식에게 맞고 들어 왔다고 생각하면 화가 나서 합의도 안 해주고 벌 받으라고 했을 것입니다. 피해자 부모님도 더 가슴 아프고 속상했을 것입니다.

앞으로 유사상황이 전개된다면, 제가 화나고 열 받아도 한걸음 물러나 싸우는 일을 피해 갈 것입니다. 이제까지 허송세월 산 것을 잘못했고 앞으로 모든 일에 최선을 다해서 살겠습니다. 하고 싶은 일이 안 될 거라 생각을 갖지 않고 될 거로 생각하고 도전하는 정신으로 살아가고 다시 이러한 일이 생길만한 사건들을 피해 가겠습니다.

일단 피해자와 피해자 부모님께 죄송하고 다음에는 이런 일 없도록 열심히 살겠습니다. 저를 용서해주시고 합의 해주시면서 원래 살다가 한 번의 실수는 할 수 있으니 이번을 계기로 다신 이런 실수를 하지 말라고 얘기해주실 때 힘이 되고 감사했습니다. 지금도 죄송하고 사죄하는 뜻으로 사고 안 치고 성실히 살아가겠습니다.

분노조절 및 심리사회기술훈련 프로그램을 통해서 제 분노가 통제되고 조율이 된다면, 사소한 일에 분노를 일으키지 않고 가족이 예전보다 저를 더 믿으리라 생각이 듭니다. 지금은 부모님과 사이가 좋지 않아 누나와 따로 나와서 살고 있는데 제가 정상적으로 자리를 잡고 성공한 모습으로 부모님을 찾아가 용서를 빌고 믿음을 드리겠습니다.

사례6 "사소한 잔소리!" K군(18, 남)

저는 자기가 기대한 만큼 일이 제대로 되지 않을 때나 가족들의 사소한 잔소리 때문에 분노유발이 됩니다. 원인은 친구들과 가족 때문인데 일단 왜 이런 일 벌어졌는가! 다시 한번 생각하고 다시는 이러한 일 때문에 분노하지 않으려고 노력을 합니다.

제가 그때 분노를 통제하는 방법을 알았더라면 이곳에 와서 교육도 받지 않았고 친구들과 가족들과의 관계도 더욱 좋았을 거고 보호관찰도 절대 받지 않았을 것입니다.

분노유발로 인해 부모님 가슴이 아팠을 것이고, 그 모습을 보고 저도 정말 가슴이 아팠을 것입니다. 피해자와 피해자 부모님에게도 정말 많은 상처와 힘이 들었을 것입니다.

앞으로 유사상황이 전개 된다면 여기서 배운 분노치료를 생각하면서 과거에 분노를 참지 못해 생겨난 일들을 생각하면서 잘 대처할 것입니다.

제가 과거에 정말 많은 죄를 지었지만, 지금까지 저를 포기하지 않고 저를 길러주신 부모님께 감사하고 앞으로는 절대로 화가 나는 일이 있어도 꼭 참을 것입니다. 저로 인하여 피해를 보신 피해자와 그 가족들에게 정말 사죄하고 이 기회로 삼아 정말 새사람이 될 것입니다.

만약 이 프로그램을 통해 분노가 조절된다면 가족들의 사소한 잔소리도 제가 기대한 만큼 일이 잘되지 않아도 꾹 참고 잘 살 것 같습니다.

사례 7 "사소한 의견이 충돌!" J군(19, 남)

친구나 가족과 얘기를 나누다가 의견 충돌이 되었을 때 분노유발상황이 발생합니다. 원인은 누가 먼저 제공하는 것을 떠나서 서로에 의견이 달라서 서로 말싸움을 하다 싸우는 것이기 때문에 누가 원인을 제공하냐는 것보다 상대방과 같이 제공하는 것으로 생각합니다. 분노유발이 되면 표정이 심하게 변화하고 얼굴이 붉어지면서 막 욕을 합니다.

제 분노를 통제할 수 있었다면, 서로의 의견을 존중해 주면서 막 싸우는 것보다 서로에게 더 편한 쪽으로 이야기를 나누고 좋은 쪽으로 생각할 것입니다. 특히 부모님과 의견 충돌이 될 때는 저절로 욕이 나옵니다. 조금만 양보를 했더라면 부모님에게 반항하지 않고 서로가 기분 좋게 넘어갔을 듯합니다.

의견이 충돌되었을 때, 저는 막 소리를 지르고 표정에 변화가 심해지고 욕을 엄청나게 쏟아진다고 부모님께서 저에게 항상 그러십니다. 고치려고 열심히 노력하고 있고 되도록 다른 사람이 화내는 것보다 더 참아야 할 것 같습니다. 서로에 의견이 달라도 존중도 해줘야 할 것 같습니다.

앞으로는 저의 행동 말투 표정까지 모든 것을 다 참고 남에게 상처 주지 않도록 조심할 것입니다. 여태까지 저의 행동, 말투, 표정 모든 게 다른 사람에게 기분 나쁘게 하고 상처를 주는지 모르고 살아온 것 같습니다. 항상 제가 하고 싶은 대로 하려 하고 싸우고 욕하고 화내고 그랬었는데 너무 잘못한 것 같습니다. 앞으론 이러한 행동들을 안 하도록 노력하고 올바른 행동으로 고치도록 노력할 것입니다. 피해자와 피해자 부모님께도 너무 죄송합니다. 앞으로는 모든 것을 고치려고 노력을 하겠습니다. 정말 죄송합니다.

아직 분노조절 및 심리사회기술훈련 프로그램을 다 받은 것은 아니지만 여태까지 프로그램을 받으면서 솔직하게 느낀 것과 변화된 것은 없었던 것 같습니다. 12주 동안 받으면서 느낀 것과 변화된 모습으로 바꾸고 싶습니다.

사례8 "사소한 자존심 때문에!" L군(19, 남)

저 자신이 분노유발이 되면 서로 자존심 때문에 말싸움하게 됩니다. 그러면서도 제가 먼저 자존심을 조금이라도 죽이고 먼저 사과를 합니다. 원인이 누가 되든 간에 누가 먼저 분노가 폭발하면 원인제공이 된다고 생각합니다. 자존심이 강한 친구라면 자존심이 센 쪽이 원인 제공자가 된다고 생각합니다. 서로 장난으로 욕을 주고 나누면서 싸움이 시작됩니다. 제가 먼저 이건 제가 잘못했다고 하면서 사과를 하지만 그것마저 안 되면 싸우게 됩니다. 그리고 그것을 풀려고 소리를 지르거나 유리창을 깨거나 지나가다가 벽을 치곤 합니다.

그때 분노를 참았더라면 친구와도 멀어지지 않았을 것이고 그 친구로 인해 저는 이익을 봤을 것입니다. 또한, 그 친구로 인해 더 많은 친구를 만났을 것이고 지금이라면 저는 그 친구 만나서 사과를 하고 싶습니다.

짜증이 날 때 부모님은 저를 보고는 딱 알아보시면서 짜증을 더욱더 내십니다. 그러면 속으로 '엄마가 나를 어떻게 생각하실까?' 생각하고 어머니 심정은 저를 위해서 하는 것인데 속상해하실 것 같습니다. 피해자의 부모님께 일단 미안하고 저놈의 실수로 분노를 참지 못하고 견디지 못해 했지만 큰 실수를 했기 때문에 용서할 수 없고 죗값을 치러야 한다고 생각할 것입니다. 저 또한 그만큼의 죗값을 치를 것입니다. 앞으로 유사상황이 발생한다면 그 상황이 되기 전에 과거에 있던 상황을 생각해서 그 상황에 반대로 행동하고 참고 자제할 것입니다.

저는 여태까지 살면서 부모님께 실망을 준 적이 없습니다. 그러므로 요번 일로 인해 부모님께 실망을 드려서 용서를 구하고 싶습니다. '부모님 저는 귀여움을 받으면서 커왔지만 제가 자제를 하지 못하고 참지 못해 이렇게 됐습니다. 다시는 그런 일 있으면 있어서는 안 되지만 만약 있다면 정말 자제하고 참을 것입니다. 죄송합니다.'

피해자의 부모님에게 무조건 죄송하고 '제가 그때 자제를 하지 못하고 사고를 저질렀습니다. 다시 그런 일이 생긴다면 저의 팔목을 잘라도 괜찮습니다. 정말 죄송하고 다시는 그런 일 없을 것입니다.'

분노조절 프로그램을 받으면서 짜증 나는 일이 있어도 그것을 자제할 수 있고 화를 억누를 수 있게 되는 것 같습니다. 그리고 한 번 다시 폭발하면 그것을 참을 수 있을지 그것이 궁금합니다.

사례9 "저의 큰 죄 때문에!" K군(18, 남)

어머니나 아버지께서 저에게 잔소리하셨을 때 그 잔소리가 너무 싫어서 분노가 유발되는 상황이 일어납니다. 분노를 일으킬 때는 주위에서 듣기 싫은 소리를 하거나 짜증 나게 하면 분노가 일어납니다. 그리고 제가 하고 싶은 게 있는데 그것을 못 하게 하면 저도 모르게 분노가 치밀어 오르게 됩니다. 제 일에 간섭하는 것을 싫어하는 데 참견하면 짜증 나서 분노를 일으키는데 참다 참다 욱해서 분노가 일어나기 때문에 제 감정을 자제할 수 없습니다. 분노유발상황 시 제 행동은 방에 들어가서 노래를 틀고 누워서 자려고 노력을 합니다. 아니면 아예 분노를 유발한 사람을 상대하지 않고 무시를 합니다.

만일 그 당시에 제 분노를 통제할 수 있었더라면, 이곳 보호관찰소에 오지 않았을 것이고 죄책감에 시달리지 않았을 것이며 학교에 다니고 있었을 것입니다. 또한, 저의 자유도 박탈당하지 않았을 거고 스트레스도 받지 않을 것 같습니다.

부모님의 심정은 저의 잘못이 부모님 잘못이라고 생각하시고 죄책감에 시달리셨을 것이고 매우 힘들어하셨을 것입니다. 매일 걱정하셨을 것이고 합의금과 여러 가지 이유로 많이 고뇌하시고 걱정하시면서 저보다 더 힘들어하셨을 것 같습니다. 또 제가 더 잘못될까 봐 많이 노력하셨을 것이며 그만큼 힘들어하셨을 것 같습니다.

부모님도 이렇게 모자라고 속만 썩이는 아들을 많이 걱정해 주시고 돌봐주시고 챙겨주시며 제가 잘못되거나 아프면 많이 걱정하시는 데 피해자 부모님들께서도 저의 부모님과 똑같은 심정이었을 텐데 그런 생각을 차마 하지 못하고 우발적으로 일어난 저의 큰 죄 때문에 피해자 부모님들께서는 아주 힘들고 마음이 몹시 아프셨을 것 같으며 저를 당연히 미워하셨을 것이고 죽여 버리고 싶으셨을 것 같습니다.

앞으로 유사상황이 생기게 된다면 저는 세 번은 더 생각하고 행동을 할 것이며 그러고도 안 될 것 같으면 지금까지 보호관찰소에 나와서 배웠던 여러 가지 교육들과 방법들을 활용하면서 참고 또 참을 것입니다. 그래서 두 번 다시는 실수하는 상황과 행동들을 안 할 것입니다.

'어머니, 아버지 제가 사고치고 어긋나는 일만 하고 다니면서 부모님 속 썩여서 죄송합니다. 앞으로는 좋은 일만 해서 멋지게 자라나서 공부도 열심히 하고 멋진 아들이 되어서 나중에 효도하도록 하겠습니다. 어머니, 아버지 죄송합니다.'라고 부모님께 용서를 구하고 싶습니다.

피해자 부모님께 '아끼고 먼저 하나 챙겨주면서 키워온 자식을 제가 순간적인 잘못된 행동들로 마음에 상처를 드려서 죄송합니다. 저는 지금도 그때의 상황과 행동을 많이 후회하고 있습니다. 용서를 못 해주시겠지만 한 번만 용서해주세요. 많이 반성하고 있습니다.'

제 행동과 분노가 개선된다면 가족들과 다투게 될 이유도 없을 것이고 조금 더 편해질 것 같고 저에게 기대가 되는 일은 제가 바뀌면 다른 사람을 먼저 생각하고 이해할 수 있는 사람이 되었으면 하는 기대가 됩니다.

사례 10 "그때뿐!" S군(18, 남)

제 생활 속에서 분노유발을 자주 하는 상황은 엄마와의 갈등입니다. 큰 문제는 아니지만 밤늦게까지 잠을 자지 않고 아침 늦게 일어나는 것입니다. 그럴 때마다 엄마는 꾸지람하시고 전 그게 너무 듣기 싫어 큰 소리로 말을 합니다. 생각해보면 원인제공은 저 자신이 했는데 그때그때 마다 인정을 하지 않고 잘났다는 듯이 받아치며 말을 합니다. 엄마와의 충돌이 있고 그 후의 행동은 그냥 토라져 있거나 조용히 제 할 일을 합니다. 친구들 간에 충돌이 있으면 욕설을 하거나 약간의 폭력을 행사합니다.

그 당시에 분노를 통제할 수 있었다면, 좋은 상황을 이끌어 갈 수 있었다고 생각합니다. 사고를 칠 때마다 부모님이 속상해하고 화나시는 건 당연하여서 죄송하고 창피할 따름입니다. 하지만 그때뿐인 것 같고 또 사고를 치곤 했습니다. 지금 와서 생각해보면, 부모님에게 진실로 감사하고 존경스럽습니다. 피해자와 피해자 부모님의 심정은 더 화가 나고 분하고 손해 본 것이 많았을 것 같습니다.

앞으로 유사상황이 전개된다면 좋은 건지 나쁜 건지 생각하고 그에 맞추어 행동할 수 있을 것 같습니다.

그때뿐이었던 저를 매번 봐주시고 용서해주셨던 우리 부모님들께 감사하다는 말을 하고 싶습니다. 지금에서야 늦었지만, 예전에는 진짜 못되고 나쁜 짓만 골라 했었는데 생각해보면 정말 창피하고 수치스럽습니다. 저로 인해 피해를 본 피해자분들에게 죄송하고 감사하다는 말 해드리고 싶습니다.

이 프로그램을 통해 저에 대한 안 좋은 버릇, 행동들을 고쳤으면 좋겠고 고쳐지지 않더라도 좋아졌다고 생각할 것입니다. 끝까지 빠지지 않고 교육에 참여하겠습니다.

사례 11 "잔소리!" O군(17, 남)

저를 무시하거나 제 뜻대로 되지 않았을 때 그리고 엄마가 잔소리하면 짜증이 나고 또 친구들과 가끔가다 의견이 안 맞으면 약간의 말다툼을 합니다. 원인을 보면 모르는 애가 저를 욕하거나 엄마가 저한테 잔소리하면 저도 모르게 짜증이 나고 화가 갑자기 옵니다. 제 성격이 다혈질이라서 사소한 것에 화를 잘 내고 금방 가라앉습니다. 화가 났을 때 화가 금방 가라앉는 성격이라서 상대방과 싸웠을 때 오히려 자리를 되도록 피합니다. 그리고 잠을 자거나 목소리를 높이고 때립니다. 혹은 모르는 사람도 그냥 때리기도 합니다.

그 당시에 통제할 수 있었더라면 경찰서, 유치소에도 안 갔을 것이고 돈도 안 물어 줬을 테고 보호관찰도 안 받았을 것입니다. 또한, 공부를 열심히 했을 것 같습니다.

옛날에 엄마와 자주 싸우곤 했습니다. 엄마와 싸우고 나면 항상 후회되고 그때 조금 참았더라면 더 좋은 모습의 아들이 될 수 있었을 텐데 후회가 됩니다. 엄마의 심정은 많이 놀라셨을 것 같고 실망을 많이 하셨을 것 같습니다. 사고치고 나서 엄마에게 너무 죄송한 마음이 들었습니다. 우리 부모님도 그렇게 속상해하시는데 피해자 가족은 아들이 밖에서 맞고 온 걸 보시면 얼마나 속상하고 마음이 아프셨을까 생각합니다. 다시 한번 정말 죄송합니다.

앞으로 유사상황이 일어난다면 부모님을 생각해서라도 한 번쯤 참아야겠다는 생각을 할 것입니다. 다시 한번 이런 일들이 일어나게 되면 진짜 부모님 볼 면목이 없을 것이고 분노를 참도록 노력하겠습니다.

일단 저 때문에 고생하시는 엄마에게 죄송하고 이제부터 무슨 일을 하더라도 제 생각대로 바로 행동하지 않고 차근차근 생각하면서 조심성 있게 행동하겠습니다. 예전에는 욕이 먼저 나오곤 했는데 이제는 말로 잘 풀도록 노력하겠습니다. 피해자 가족분들에게도 정말 죄송합니다. 죽을죄를 지었습니다. 용서해주시면 앞으로 좋은 모습 보여 드리고 절대 이런 일이 없도록 노력할 것이고 진심으로 죄송한 마음뿐입니다.

프로그램을 통해서 제 성격에 안 좋은 습관들을 버릴 수 있어서 좋은 것 같고 보호관찰교육이 끝나면 다시는 이런 데 오지 않게 열심히 살 것이고 꿈을 위해서 공부를 열심히 하고 최선을 다하는 사람이 되겠습니다.

사례 12 "이해하지 못해서!" H군(21, 남)

친구들과 사소한 일에 싸움이 일어나고 다툼이 일어납니다. 친구들끼리 이해를 하지 못하면서 이런 일이 생긴 것 같습니다. 누군가 참았다면 일들이 일어나지 않았을 것입니다. 자기 생각과 하고 싶은 것들이 있어서 싸움이 일어나고 누가 먼저 제공한 것에 대해서 다 각자의 생각이 달라서 친구들과 다툼이 생기면서 분노가 일어나며 욕이 나옵니다. 그리고 분노가 많아지면 친구들끼리 치고받고 싸움이 일어납니다. 이 일로 괜히 지나가는 사람들과도 말다툼이 일어납니다.

만약에 그 상황에서 참고 통제할 수 있었다면, 지금 보호관찰소에 나오지 않고 수강명령을 받지도 않고 학교를 중간에 안 나가게 되지도 않고 법원 가는 일이 없었을 것 같습니다.

부모님께서는 절 믿고 계실 텐데 많은 실망을 하셨을 것 같고 속도 상하시고 울기도 많이 우셨을 것 같습니다. 이렇게 해서 제가 화를 내면 불안해지실 느낌이 들것입니다. 피해자와 피해자 가족들은 저를 밉고 보기도 싫으면서 죽이고 싶은 심정까지 들것 같습니다.

앞으로 같은 상황이 일어난다면 혼자 스트레스를 풀거나 참을 것입니다.

부모님이 용서해주신다면 정말 감사한 마음을 감추지 못할 것 같습니다. 다시는 실망하게 해드리고 싶지 않습니다. 피해자와 피해자 부모님께도 분노를 이기지 못해 일어난 일 죄송하다는 말씀을 드리고 싶습니다.

이 프로그램을 통해서 저의 잘못되어 있는 습관들과 앞으로 분노가 일어날 때의 대처법을 깨달아 다시는 보호관찰소, 법원 같은 곳을 두 번 다시 오지 않을 것입니다.

사례 13 "다혈질!" B군(17, 남)

저는 친구가 무시할 때, 욕할 때 화가 나서 친구들끼리 싸운 적이 있습니다. 밖에서 친구들이랑 놀다가 친구랑 이야기하는 데 어떤 애가 무시하는 말투로 나한테 말을 해 말싸움을 하다 몸싸움할 뻔했지만 친구들이 말려 싸우지 않았습니다. 다른 사람이 저한테 재수 없게 하면 때리고 싶은 생각이 들어서 학교 다닐 때 같은 반이었던 친구를 때렸습니다. 성격이 다혈질이라서 별것 아닌 거에 욱하고 참을 수 없게 됩니다. 그것 때문에 같은 반이었던 친구가 재수 없어서 때렸습니다. 그래야 화가 풀리는 것 같았기 때문입니다.

그 당시 분노를 통제했다면 친구를 때리지 않고 그냥 얘기로 잘 풀었을 것입니다. 그것도 안 되면 그냥 참고 일부러 신경을 안 썼을 것입니다. 자신의 분노를 통제할 줄 알아야 친구랑 싸우지도 않고 나쁜 짓도 안 하고 통제를 못 하면 친구랑 치고받고 하고 때리고 싸우고 나쁜 짓만 했을 것입니다. 싸웠던 친구와 사이가 나쁘게 되지 않고 잘 지냈을 것입니다.

제가 이번에 사고 쳐서 보호관찰을 받게 되었는데 그때 부모님은 저한테 무척 실망하셨을 것입니다. 어머니, 아버지도 너무 힘들어하시고 걱정하시고 아버지는 저 때문에 너무 힘들고 걱정하기 싫다고 하셨는데 그 말을 듣고 나서 이제부터 잘해야겠다는 생각이 들었습니다.

앞으로 이런 일이 생길 것 같으면 그 자리에서 빠져나오거나 친구를 말리고 말려도 안 되면 때려서라도 말려서 이런 일 없게 하고 정 안되면 저 혼자라도 그 자리에서 빠져나올 것입니다.

저는 아직 정신을 못 차린 것 같아 저 자신을 용서하기 싫습니다. 그래도 하루빨리 정신 차리고 공부 열심히 해서 검정고시에 합격할 것입니다. 다시는 이런 일 없도록 하겠습니다. 부모님과 피해자, 피해자 부모님께 정말 죄송한 마음뿐입니다.

사례 14 "군인!" K군(18, 남)

검정고시를 준비 중이고 어머니는 주부이고 아버지는 교수로 있으시며 수원에서 살고 있습니다. 어릴 적부터 아버지와 사이가 안 좋아서 많이 맞고 싸워서 지금도 아버지와 사이가 좋지 않아 말도 하지 않고 항상 방안에만 있었습니다. 그래서 그런지 우울증이라는 병을 판명받고 약을 먹고 있습니다. 아버지가 하신 말씀은 항상 부정적으로 받아들여 스트레스도 많이 받고 아버지가 너무 미워서 아버지를 보면 화가 나고 다 나쁜 말로 들렸습니다. 가출도 많이 하고 아버지가 하지 말라는 말, 행동을 일삼았습니다.

저의 어린 시절 꿈은 군인이 되고 싶었습니다. 왜냐하면, 어릴 적에 TV에서 본 군인 아저씨가 너무 멋있어 보였고 지나다니는 군인 아저씨를 볼 때 각이 있고 옷도 엄청나게 멋있어 보였습니다. 그리고 월급도 준다고 하여 편해 보일 줄 알았는데 커서 보니 힘들고 월급도 적다 하여 포기하였습니다.

저는 분노폭발에 대해서 치료받고 싶습니다. 지금 우울증도 있고 성격이 B형이라서 욱하는 성질을 잘 쉽게 표현합니다. 사람들과도 엄청나게 잘 싸우고 시비가 잘 붙는 성격이라서 저희 부모님이 고생을 많이 하셨습니다. 이제는 그 분노폭발을 치료받고 싶습니다.

앞으로 10년 후는 28살이 되는데 결혼을 하였고 자식이 있어 아버지라는 큰 짐이 생길 것입니다. 돈도 엄청나게 모을 것이고 아내와 자식을 위해 일하고 좋은 아빠, 좋은 남편이 되도록 노력할 것입니다. 행복한 가정을 만들도록 노력할 것입니다.

저는 죽기 전에 자식들에게 돈을 남기고 편안하게 늙어 죽을 것입니다. 자녀들에게는 근검절약하라는 말을 남기고 아내를 사랑하고 자식들을 아껴주라고 할 것이며 돈도 아끼고 예절을 지키며 살라고 하고 싶습니다. 묘비에는 근검절약이라고 쓰고 싶습니다.

사례 15 "경찰!" L군(16, 남)

아빠, 엄마, 누나 두 명과 수원에 살고 있습니다. 가족들이 나를 화나게 했고 최근에는 나한테 매일 이것 하라, 저것 하라고 계속 시켜서 한 대 패주고 싶긴 한데 요즘에는 다 잊고 살고 있습니다. 제가 이성을 잃었을 때는 물건을 부수거나 누나 엄마한테 욕을 하고 누나들을 때립니다. 그리고는 누나, 엄마 말들을 무시하고 그냥 제 할 일만 하고 방에 확 들어가서 문을 잠그고 소리를 지릅니다.

어린 시절 꿈은 부모님이 매일 경찰 되라고 하셨고 지금은 아직 생각은 안 해봤지만, 프로게이머가 꿈입니다. 게임을 워낙 좋아하기 때문입니다. 게임은 온종일하고 화가 날수록 성격이 이상해지고 사람을 죽일 수도 있다고 생각해 봤습니다. 그래서 이번 심리치료 프로그램을 통해서 게임, 성격, 분노폭발을 도움받고 싶습니다.

5년 후 대학교에 다니다가 군대에 가게 될 것 같고 10년 후 결혼을 하게 되어 직장을 다니고 성공해서 살고 있을 것 같습니다. 저의 최후의 순간에 그냥 아프지 않게 고통받지 않고 눈을 감고 자는 것 같이 죽고 싶습니다. 부모님께 죄송하다고 꼭 얘기하고 싶습니다. 유언은 '인생은 한 번이다. 마음대로 살지 말고 부모님, 친구, 다른 사람한테 피해 가는 일을 만들지 말자.'입니다.

상대방이 저에게 자꾸 시비를 걸면 분노가 나옵니다. 참고 또 참아도 자꾸 시비를 걸어옵니다. 그때는 저 자신을 다스릴 수 없게 됩니다. 원인은 상대방 쪽에서 시비를 걸어 제가 계속 참아도 저랑 싸우고 싶은 것 같아 주먹질합니다. 제 행동으로는 무조건 참거나 아예 상종을 안 한 거나 그냥 맞습니다.

당시 제 분노를 통제할 수 있었다면, 지금 보호관찰소를 받고 있지 않았을 것입니다. 하지만 후회는 되지 않습니다. 그 일로 인해 참을성과 인내심을 더 길렀기 때문이고 이젠 싸움을 안 할 자신이 있습니다.

부모님 가슴이 무척 아파하셨을 것입니다. 어머니 얼굴을 볼 자신이 없고 그러기 위해서 싸움을 피할 것입니다. 싸움뿐만이 아닌 제 분노가 나올만한 생각, 행동까지도 피할 것입니다. 다신 부모님께 실망하게 해드리지 않을 것입니다. 피해자의 부모님에게도 제 부모님처럼 가슴이 찢어질 것입니다. 상대방이 못 참는다면 제가 참을 것입니다.

사례 16 "알 것 없다!" P군(16, 남)

엄마, 아빠, 형, 누나와 함께 수원에 살고 현재 수원북중학교를 다니고 있습니다. 저를 열 받게 한 사람은 학교 학생주임 선생님이고 아무 잘못도 하지 않았는데 교무실로 데리고 가서 욕하고 때리고 자기 열 받아있으면 화풀이로 때리고 욕하고 제가 왜 맞아야 하냐고 물어보면 알 것 없다고 말씀하시고 체육 선생님은 길 가다 만났는데 때리고 가시고 그래서 그 선생님 두 분이 제일 싫고 짜증이 납니다. 이성을 잃었을 때는 상대가 누구든 저를 이유 없이 때리고 갈 때입니다.

꿈은 자동차경주자고 비전은 오토바이를 갖고 싶습니다. 차를 좋아하고 운전하는 것도 좋아하며 집에서도 경주게임밖에 없고 영화도 자동차경주 나오는 것만 봅니다. 오토바이를 갖고 싶은 이유는 걸어 다니기 귀찮아서입니다.

도움받고 싶은 것은 성격입니다. 누가 시비를 걸어오면 너무 참거나 못 참아서 사고도 치고 제 일상생활이 안 좋아지고 부모님에게도 관심이 없어지고 제 말을 안 믿어줘서입니다. 10년 후에 열심히 일도 해서 돈도 벌어서 부모님께 효도하고 제가 가지고 싶은 것도 사고 나쁜 짓 안 하고 성공하면 부모님도 좋고 저도 좋고, 가족이 화목해질 것 같습니다.

최후의 순간에 편하게 살다가 제 미래에 자식들이 시집이나 장가를 가는 걸 보고 늙어서 죽을 나이가 되면 죽고 싶습니다. 유언은 나쁜 짓을 하지 말고 착하게 살고 돈을 많이 벌어서 화목하게 지내라고 하고 싶습니다.

사례 17 "비난 할 때!" L군(18, 남)

학교는 안양상고를 다니고 아버지와 어머니, 누나와 군포시에 살고 있습니다. 저에게 분노와 스트레스를 주는 사람은 가족들이 날 비난할 때랑 친구들이 날 무시할 때와 학교 선생님들 등등 난 내가 무시당하거나 절 비난하는 것을 정말 싫어합니다. 제가 생각해 낸 것에 대해 비난하고 이의를 제기하는 의견이 있을 때도 화가 나고 스트레스를 받습니다. 저에게 피해를 주거나 옛날에 절 화나게 한 사람에게 복수를 꼭 해야겠다는 생각은 항상 듭니다.

제가 어렸을 때는 경찰이 꿈이었는데 지금은 요리사나 직업군인이 되는 것이 꿈입니다. 요리를 조금 배워보고 제가 정말 좋아하고 즐거워하는 일이 생기면 전 그 목표를 이루려고 많이 노력할 것입니다. 지금은 요리사가 되는 것이 꿈입니다. 요리를 배워서 한식, 중식, 일식 자격증을 하나하나 따가면서 꿈을 이루기 위해 노력할 것입니다.

저는 지금 가족문제, 분노폭발, 성격, 게임, 도박, 술, 약물, 성문제, 절도 등의 문제는 거의 없고 성격에 대해 만족하고 제가 하는 모든 행동에 대해 불평불만이 없습니다. 전 저 자신에 만족하고 더는 도움을 받을 것이 없다고 생각합니다. 5년 후나 10년 후에 제 모습은 일단 그동안에 배운 기술(오토바이 수리)을 보고 일을 하고 있다거나 요리 자격증을 따면서 요리사로 거듭나고 있다거나 군대에 가서 직업군인이 되기 위해 노력을 하고 있을 것 같습니다. 아니면 그때 돼서 저에게 맞는 진로를 찾았을 것 같기도 합니다.

인생의 최후의 순간에 웃으면서 죽고 싶습니다. 저의 자녀들에게는 제가 살았던 것처럼 인생을 즐기고 각자에게 맞는 진로를 찾아 꿈을 이루라고 말하고 싶습니다. 제가 죽어 묘비에 비문에 쓸 말은 "피할 수 없으면 즐겨라!"입니다.

사례 18 "나의 걱정!" G군(16, 남)

부모님, 조부모님, 누나와 수원에 살고 있습니다. ㅇㅇ중학교 애들이 우리한테 맞은 것을 찔러서 재판을 받을지도 몰라서 그 애들을 한 번 더 때려주려고 합니다. 저는 화나면 말이 더듬어 지면서 물불을 안 가리고 때리고 부수고 욕을 퍼붓습니다. 그 애가 저한테 무릎 꿇게 만듭니다. 그리고 이 일 때문에 제 상황이 곤란해질까 봐 걱정되고 또 너무나 걱정하시는 부모님 때문에 더 걱정됩니다.

저의 현재의 꿈은 요리사가 꿈이고 얼른 군대를 갔다 오고 싶습니다. 또한, 빨리 학교에 복학해서 못다 한 학업을 이루고 싶고 졸업장을 딸 것입니다. 그래서 일류 호텔의 주방장도 될 것입니다. 이번 심리치료 프로그램을 통해서 가족문제와 성격에 도움을 받고 싶습니다. 가족의 화목했던 시절을 되찾고 싶고 다혈질인 제 성격을 좀 더 성실하고 착하게 고치고 싶습니다. 또 저의 소심한 성격을 고칠 것입니다.

10년 후 요리사가 될 것이고 그때 우리 가족들은 화목함을 되찾게 될 것입니다. 좀 더 성실하고 정직해져 있을 것입니다. 제 마지막 날은 저의 배후자와 편히 잠들다 죽고 싶고 자녀들에겐 후회하지 않을 삶을 살라고 하고 싶고 마지막 말은 누구보다 평범한 남자였다고 말하고 싶습니다.

사례 19 "담배를 끊고 싶어라!" K군(18, 남)

가족은 아버지, 어머니, 동생과 수원에 살며 아버지는 형제 중에 장남이고 어머니도 장녀이며 저도 장남입니다. 가족 중에는 사촌 누나가 제일 짜증 나게 귀엽다고 쇼를 하고 귀찮게 해서 스트레스를 받았고 저를 가장 힘들게 한 사람은 고1 담임 김 선생님이었습니다. 학교에 몇 번 빠지면 선생님이 학생과에 데려가서 주임에게 넘기고 다른 담임선생님들은 다 봐주시고 그러시는데 담임만 절 못 괴롭혀서 안달이었습니다. 예전에 이수진이라는 친구와 호프집에서 시비가 걸려 싸웠는데 여자라 말도 못 하고 여자애들끼리 싸우는데 제 욕을 해서 패고 싶었습니다.

어린 시절에는 경찰이었고 현재 꿈은 피시방이나 당구장 하나 차려서 사업하는 것이고 그걸 위해 지금부터 차근차근 돈을 모으면서 미래에 가게 차릴 돈을 마련하는 것입니다. 본 심리치료 프로그램을 통해서 금연에 도움을 받고 싶습니다. 담배 끊고 싶은데 정말 안 끊어집니다. 금연초까지 실패하고 어쩔 수 없이 피고 있습니다. 건강 생각하며 금연 교육받고도 끊고 싶은데도 못 끊고 제 자신이 미련해집니다.

5년 후에는 군대 갔다가 와서 아르바이트해 돈을 벌고 차츰차츰 모아가면서 PC방 차리고 PC 방에서 부족한 지식을 채우고 공부하며 대학 갈 재력이 되면 대학 다니면서 운영하고 지낼 것입니다. 최후에 편안히 죽고 싶고 묘비에는 "노력하는 자가 성공한다!"라고 써놓고 싶습니다. 이유는 자손들이 매년 절하러 오게 되면 묘비를 보고 열심히 일하고 인생을 뒤돌아보며 살라고 하고 싶기 때문입니다.

사례 20 "나의 한 주 동안의 분노!" R군(18, 남)

2일 전에 친구들이랑 친구네 집에서 놀고 있었다. 그런데 놀다가 한 친구가 중학교 때 얘기를 했다. 그래서 얘기를 하고 있었는데 예전에 'A'라는 친구가 'B'친구를 욕하고 따돌리려고 했다고 한다. 그래서 그때 우린 뒤에서 욕하고 그러지 말고 행동으로 보이라고 비꼬았다. 어제 그 'B'친구가 있었는데 친구인 우리가 그 A친구한테 화가 나고 그랬었다. 그래서 그 'A'친구에게 예전 이야기를 하면서 먼저 화를 냈다. 그랬더니 'A'친구는 예전일 가지고 왜 그러냐고 얘기했다. 그래서 우리가 'A'친구한테 네가 'B'친구에게 먼저 연락해서 미안하다고 한적 있냐고 얘기를 했다. 그랬더니 'A'친구도 욕하고 그런지 미안하다고 했다. 그래서 그냥 넘기고 화가 난 상태에서 그냥 넘어갔다. 다신 이런 일 없었으면 좋겠다.

사례 21 "버스에 사람이 많아서 짜증나!" J군(17, 남)

어제 버스에서 사람이 많아서 짜증이 났었다. 오늘 아침에는 버스에서 어떤 아저씨가 내 발을 밟아서 짜증이 났다. 그리고 버스를 두 대나 놓쳤을 때 짜증이 난다. 버스에 사람이 많으면 좁고 답답하니까 짜증 난다. 그리고 추운 날에 버스를 두 대나 놓쳐서 짜증 난다.

추울 때 놓치니까 더 짜증 난다. 그리고 여기 공부방에서 담배 뺏겼을 때 짜증 난다. 돈도 아까우니까 화난다. 그리고 아침에 밥이 없어서 못 먹고 올 때 배가 고프니까 짜증 난다. 공부해야 하는 데 밥 못 먹으니까. 그리고 검정고시 공부방에 지각해서 늦게 끝날 때도, 집도 멀고 늦게 끝나면 집에 늦게 도착하니까 짜증이 난다.

사례 22 "아! 짜증 나!" C군(21, 남)

분노수기 이런 거 적으라고 하니까 짜증 나!
볼펜이 잘 안 나와서 짜증 나!
화장실 가고 싶어서 짜증 나!
추워서 짜증 나!
운전면허 필기 떨어져서 짜증 나!
외로워서 짜증 나!
신호 지킬 때 짜증 나!
대화할 때 짜증 나!
아! 짜증 나서 짜증 나!
일거리 많으면 짜증 나!
이거 해라 저거 해라 간섭할 때 짜증 나!

사례 23 "아! 내 담배!" K군(18, 남)

2008년 12월 4일 목요일 보호관찰소에서 오기 전에 담배를 사서 하나를 폈는데, 그리고 또 두 개를 피고 들어왔는데, 선생님께서 뜨거운 물을 떠달라 하셔서 1층으로 내려갔다 온 사이에 선생님께서 내 가방을 뒤지셔서 담배를 뺏으셨었습니다. 그래서 가위로 그 17개를 자르시는 모습을 보고 기분이 정말 안 좋았습니다.

다른 날보다 산 지 1시간도 안 되고 3개 밖에 못 핀 상태였는데 나머지를 뺏겨버려서 돈 아깝기도 하고 했습니다. 막 차라리 이럴 거면 아예 사지 말 걸 그런 생각도 들었고, 뺏길 걸 알았으면 조금이라고 더 피고 뺏길 걸 이런 생각도 했습니다. 그래도 아쉬웠지만 잘 참았습니다.

사례 24 "입맛 없어 짜증 나!" L군(19, 남)

지난 토요일 날 친구한테 연락이 왔었다. 그리고 집에서 일어나서 씻고 준비하고 나갔다. 중앙동에서 만나기로 했는데 친구가 갑자기 연락을 안 했다. 그래서 30분 정도 기다리다가 연락이 와서 빨리 오라 해서 만났는데 늦었으면 미안하단 사과를 해야 하는데 사과도 안 하고 계속 웃고 그래서 진짜 화났었다. 이번 주 화요일은 보호관찰소에서 3시 30분쯤에 선생님이 오셨다. 그래서 공부를 하다가 선생님이 수학문제를 프린터로 뽑아온 걸 풀라고 하셨다. 그래서 문제를 막 풀다가 갑자기 잘 안 풀리고 그래서 너무 짜증 났었다. 오늘 엄마가 아침에 갑자기 깨우더니 밥을 먹으라 했었다. 난 별로 아침에 입맛이 없어서 잘 안 먹는다. 근데 계속 먹으라 하셔서 짜증 났다.

사례 25 "심부름 때문에 살인 충동!" O군(21, 남)

일할 때 저장고에서 무엇 좀 가지고 오라 하면 나는 진짜 그 사람을 죽이고 싶을 정도로 화가 난다. 그래서 몇 번이나 살인 충동이 일었다. 나는 일을 할 때 내 차례가 아닌데 나를 시킬 때 진짜 그때 만큼은 그 사람을 욕한다거나 때리거나 진짜 망치 같다가 머리를 찍고 싶다는 생각이 든다. 오늘 차를 타고 오는데 어떤 X놈이 앞을 가로막고 있기에 차에서 내린 다음 '왜 안 꺼져! 아저씨 나 알아? 왜 반말이야!' 하면서 욕을 내면서 분노했다.

『용서수기사례』

사례 1 "부모님께 용서를 구하며!" L군(남, 19)

제가 어려울 때부터 학교에서 사고만 쳐서 부모님께서 학교에 한 달에 1–2번 왔다 갔다 했는데 예전에는 철이 없어서 사고를 많이 치고 다녔지만(애들 때리고, 오토바이 무면허 운전, 오토바이 절도 때문에) 수원지방법원에 재판을 받으러 갈 때 제 앞에서 수갑이 채워져 버스로 들어가는 애들을 많이 봤는데 그때는 정말 겁이 많이 났었다. 앞으로는 사고도 안 치고 열심히 착하게 살아가겠습니다. 진짜 예전 생각만 하면 저 때문에 부모님 돈도 많이 들어갔지만 어찌하여 저 같은 아들을 낳으셔서 나는 왜 태어났을까? 죽고 싶은 생각도 있었습니다. 하지만 여태까지 부모님께 속상하게 한 걸 다 갚아주고 죽을 겁니다.

평생을 부모님께 바치고 정말로 잘해줄 겁니다. 내가 길바닥에 사는 한이 있어도 부모님 집은 꼭 사줄 겁니다. 저 같은 아들 때문에 고생 많이 하셨지만, 이제부터 내 몸을 바쳐서라도 열심히 일해서 돈 많이 벌고 부모님께 효도할 겁니다. 세상에 하나뿐인 우리 부모님! 엄마, 아빠 진심으로 사랑합니다. 진심으로 존경스럽습니다. 저를 이 세상에 태어나게 해주셔서 감사합니다. 사랑합니다. 저는 엄마, 아빠가 우리 자녀 때문에 산다고 하지만 정말로 우리 엄마, 아빠는 추운데서 우리 먹여 살리려고 고생하며 일하시는 것을 보면 정말 슬픕니다. 그런 부모님이 일하시는 것을 보면 눈물만 나오고 정말 나 같은 게 왜 태어났을까? 생각도 많이 했지만 정말로 저는 부모님께 잘하고 싶어도 뜻대로 되지 않습니다.

엄마는 지금 내가 학교 다니는 게 꿈이라고 하십니다. 엄마는 아침에 나갈 때마다 학교에 교복을 입고 가방을 메고 가는 애들을 보면 제가 불쌍해 보인다고 하십니다. 그래서 고등학교를 복학할 것입니다. 정말 술도 그만 마시고 사고 그만 치고 앞으로는 맘 잡고 열심히 하는 모습을 보일 것이고 부모님께 내 몸을 바쳐서라도 효도하겠습니다. 엄마, 아빠 그동안 저 때문에 많이 힘드시고 저 때문에 눈물도 많이 흘리셨지만 여태까지 흘린 눈물 제가 지금부터 노력해서 다 갚아드리겠습니다.

사례 2 "엄마에게 더 잘하고 싶은데!" R군(남, 19)

처음엔 중학교 2학년 때 담배를 피우는 것이 걸렸습니다. 그래서 담배 끊기로 약속했는데 아직도 못 끊고 있습니다. 그 후로 중학교 2학년 중반쯤 오토바이를 훔쳤는데 걸려서 처음으로 파출소, 경찰서 법원을 왔다 갔다 했습니다. 그리고 중학교 3학년 때 후배 얘들을 때렸는데 맞은 애들이 신고해서 그 일로 소년원 들어간 친구들도 있고 보호관찰 받은 친구들도 있습니다. 그 일로 저 때문에 엄마, 아빠가 재판장에 가게 되었습니다. 그리고 저는 무면허도 많이 걸렸었습니다. 언제는 제가 마포에서 오토바이 타다 쉬고 있었는데 경찰이 우리를 잡으려고 미행하고 있는 걸 그럴 눈치채지 못하고 있다가 갑자기 경찰 아저씨들 들어와서 결국 잡혔는데 무면허 걸려서 새벽 3시쯤 마포경찰서에 갔었습니다. 그리고 전 평소에 엄마가 조금만 잔소리를 하시거나 뭐 물어보시면 항상 짜증 나는 말투로 얘기했었어요. 아빠한텐 그러지 않으면서. 엄마가 만만해 보여서 절대 그런 게 아닙니다. 앞으로는 말 하나하나 잘하고 다시는 보호관찰 받을 일 없게 하겠습니다.

사례 3 "오토바이가 나를 미치게 해!" P군(남, 19)

제가 학교도 안 다니고 두 번 전학을 가고 자퇴하고 검정고시 학원에 다니고. 사고 쳐서 보호관찰 받고, 이번에 열심히 해서 4월에 보는 검정고시시험도 합격하겠습니다. 대학도 가고, 열심히 하겠습니다. 이제는 사고도 안 치겠습니다. 사실 전 중학교만 다니고 학교 그만두고 나서 사고만 치고 다녔는데 학교도 안 나가고 오토바이 타고 다니고 그랬는데. 이제는 오토바이도 안 타고 집에도 일찍 들어가고 열심히 하겠습니다. 공부도 열심히 해서 검정고시 붙겠습니다.

사례 4 "단 한 분뿐인 우리 엄마!" K군(남, 20)

사랑하는 우리 세상에 단 한 분뿐인 우리 엄마에게 글을 씁니다. 요즘 날씨가 무척 추워지는군요. 옷은 따뜻하게 입고 있는지요. 마음은 어떠세요? 크크크 내가 누구? 세상에 단 하나뿐인 엄마의 아들이랍니다. 제가 살아오면서 본의 아니게 많은 잘못과 실수들, 지금 와서 이렇게 용서 드리고 싶습니다. 항상 제 옆엔 가족이 보이질 않고 탐욕스러운 저 자신과 저 자신의 분노를 못 이겨 결국 어머니께 서글픈 눈물을 맺히게 해 드렸군요. 정말 죄송합니다. 저 자신도. 지금 와서야 부끄럽고 면목이 없지만 저는 어머니에게 동물원에 가면 귀여운 판다도 아닌 호랑이처럼 매섭게 생기지도 않았지만, 어머니 옆에서 하늘을 날 수 있는 작은 새가 되고 싶군요. 이게 제 희망입니다. 크크 어머니의 사랑 받은 만큼 다시 돌려 드리겠습니다. 열매를 맺기 위해선 많은 경험과 실수들 후회도 하지만 이번 계기로, 진심으로, 어머니를 다시 한 번 생각하고 다짐합니다. 당신의 조각들을 보며 제 삶을 참았답니다. 사랑합니다.

사례 5 "오늘만이라도 용서를!" K군(남, 21)

저는 고등학교 때부터 가출해서 사고를 쳤을 때마다 항상 저를 위해 감싸주시고 저를 끝까지 믿고 기다려줘서 감사했습니다. 어머니, 아버지 그렇게 믿고 기다려 주셨지만 전 끝까지 실망하게 해드릴 때마다 정말 죄송했었습니다. 오늘만이라도 용서를 구하고 싶습니다. 안녕히 계세요.

사례 6 "진짜 그러고 싶지 않았는데!" O군(남, 21)

엄마에게 예전에 사고 쳐서 경찰서 많이 가고 엄마한테 경찰서 왔다 갔다 하게 해서 너무 죄송합니다. 학교도 안 다니고 공부도 안 하고 매일 친구들이랑 놀러 다니고 이상한 짓만 하고 그런 것 때문에 매일 엄마 속 썩인 것 같아서 너무 죄송합니다. 그리고 엄마랑 얘기하다 제 성격이 좋지 못해서 엄마 얘기 듣지도 않고 대들고 그러는 게 진짜 그러고 싶지 않았는데 그래서 너무나 죄송합니다. 그래서 제가 나중에 크면 어렸을 때 사고치고 엄마 마음 아프게 했던 것들 다 갚아드리고 싶습니다. 그래서 지금 검정고시 준비하면서 공부 열심히 해서 효도하고 싶습니다. 진심으로 죄송합니다. 앞으로 자랑스러운 아들이 되겠습니다.

사례 7 "나를 무조건 이해줄 것이라는 오해!" L군(남, 22)

제가 부모님께 용서 구할 것은 매일 차 끌고 나가서 매일 일 끝나고 늦게 들어가고 부모님께 화를 내고 매일 돈이 없어 용돈을 받아가고 했던 것들을 용서받고 싶습니다. 그리고 9개월 동안 나가 살면서 내가 부모님께 해준 게 없다는 것에 대해 너무나도 용서받고 싶습니다. 돈 많이 벌어가겠다고 약속했지만, 그 약속하나 못 지켰다는 게 내가 정말 한심스럽다고 생각하고 있습니다. 부모님은 나를 무조건 다 이해해 주실 거라고 믿는 내가 한심스럽습니다. 나는 이런 것들을 정말 부모님께 용서받고 싶습니다. 그리고 차를 사달라고 떼를 쓰다가 사준다고 해서 기대했는데 갑작스럽게 못 사준다고 하여서 하루 이틀 말을 안 한 적도 있습니다. 그래서 저는 불효자라 생각합니다.

부 록

부록1. 공격성 질문지(AQ-K)(서수균·권선만, 2002)[1]

이 질문지는 여러분이 일상생활에서 경험할 수 있는 내용들로 구성되어 있습니다. 각 문항들을 자세히 읽어 보시고, 일상적인 자신을 얼마나 잘 나타내는지 그 정도를 표시에 주시기 바랍니다. 각 문항별로 평소의 자신을 잘 나타낸다고 생각되는 정도를 옆 선다형의 적당한 숫자에 "○"표를 하여 주십시오.

	문 항	전혀 그렇지 않다	약간 그렇다	왠만큼 그렇다	꽤 그렇다	매우 그렇다
1	때로 나는 누군가를 치고 싶은 충동을 통제하기 어렵다.	1	2	3	4	5
2	나는 친구와 의견이 다를 때 솔직하게 얘기 한다.	1	2	3	4	5
3	나는 화가 빨리 치밀지만 또 빨리 풀어진다.	1	2	3	4	5
4	나는 때로 시기나 질투에 차 있다.	1	2	3	4	5
5	누군가 화를 한번 돋우면, 나는 그 사람을 칠지도 모른다.	1	2	3	4	5
6	나는 다른 사람과 의견 충돌이 많다.	1	2	3	4	5
7	일이 뜻대로 안 되었을 때 나는 화를 참기 어렵다.	1	2	3	4	5
8	내가 부당하게 대우받고 있다고 느낄 때가 때때로 있다	1	2	3	4	5
9	누군가 나를 때리면, 나도 되받아친다.	1	2	3	4	5
10	사람들이 나를 짜증나게 하면, 나도 그에 맞서 그들에게 한마디 해줄 수 있다.	1	2	3	4	5
11	나는 때로 울분이 치밀어 참기 어려워 금방이라도 폭발해버릴 것 같다.	1	2	3	4	5

1) 신체적 공격성: 1, 5, 9, 13, 17, 21, 22, 24, 27
언어적 공격성: 2, 6, 10, 14, 18
적대감: 4, 8, 12, 16, 19, 20, 23, 26
분노감: 3, 7, 11, 15, 25

	문 항	전혀 그렇지 않다	약간 그렇다	왠만큼 그렇다	꽤 그렇다	매우 그렇다
12	다른 사람들은 항상 운이 좋아 보인다.	1	2	3	4	5
13	나는 보통 사람들보다 좀 더 많이 치고받고 싸우는 편이다.	1	2	3	4	5
14	나는 다른 사람과 의견이 다를 때, 흔히 논쟁을 벌이게 된다.	1	2	3	4	5
15	나는 쉽게 흥분하지 않는 사람이다.	1	2	3	4	5
16	나는 때로는 스스로도 놀랄 정도의 심한 적대감에 휩싸이곤 한다.	1	2	3	4	5
17	나의 권리를 보호하기 위해서 폭력을 행사해야 한다면, 나는 기꺼이 그렇게 하겠다.	1	2	3	4	5
18	친구들은 내가 따지기를 좋아한다고 말한다.	1	2	3	4	5
19	누가 내게 지나치게 친절하면, 나는 그 사람이 내게 원하는 게 있어 그러지 않나 생각된다.	1	2	3	4	5
20	나는 소위 '내 친구'라는 사람들이 나에 대해 몰래 이야기하고 다닌다는 것을 알고 있다.	1	2	3	4	5
21	나는 몰아세운 사람과 주먹다짐을 한 적이 있다.	1	2	3	4	5
22	나는 너무 화가 나서 물건을 부순 적이 있다.	1	2	3	4	5
23	나는 지나치게 친한 척 하는 낯선 사람을 보면 의심이 든다.	1	2	3	4	5
24	나는 누굴 때리는 것은 어떤 이유로도 정당화될 수 없다고 생각 한다.	1	2	3	4	5
25	나는 화나는 것을 통제하는 데 어려움을 겪는다.	1	2	3	4	5
26	나는 때로 사람들이 내가 모르게 나를 비웃고 있다는 느낌이 든다.	1	2	3	4	5
27	나는 내가 아는 사람을 위협해 본 적이 있다.	1	2	3	4	5

부록2. 상태-특성분노 척도(STAXI-K)(전겸구·한덕웅·이장호, 1998)

아래에는 사람들이 자신을 표현하는 데 사용하는 문구들이 문항별로 적혀 있습니다. 각 문항을 잘 읽으시고 평소에 일반적으로 느끼고 있는 자신의 성향을 가장 잘 나타낸다고 생각되는 숫자에 "○"표를 하여 주십시오. 이러한 문제에는 옳고 그른 답이 없습니다. 어느 한 문항에 너무 오래 생각하지 마시고, 당신의 일반적인 성향을 가장 잘 나타내고 있다고 생각되는 숫자에 "○"표를 하여 주십시오

	평소에 일반적으로 느끼는 바로는 ______	거의 전혀 아니다	가끔 그렇다	자주 그렇다	거의 언제나 그렇다
1	나는 성미가 급하다.	1	2	3	4
2	나는 불같은 성질을 지녔다.	1	2	3	4
3	나는 격해지기 쉬운 사람이다.	1	2	3	4
4	나는 다른 사람이 잘못해서 내 일이 늦어지게 되면 화가 난다.	1	2	3	4
5	나는 일을 잘하고도 다른 사람으로부터 인정받지 못하면 분통이 터진다.	1	2	3	4
6	나는 쉽게 화를 낸다.	1	2	3	4
7	나는 화가 나면 욕을 한다.	1	2	3	4
8	나는 다른 사람 앞에서 비판을 받게 되면 격분한다.	1	2	3	4
9	나는 내 일이 막히면, 누군가를 때려 주고 싶다.	1	2	3	4
10	나는 일을 잘 했는데도 나쁜 평가를 받게 되면 격분을 느낀다.	1	2	3	4

부록3. 적대적 자동적 사고 척도(HATS)(서수균, 2004)[2]

다음은 적대적인 상황에서 우리의 머릿속에 떠오르는 여러 가지 생각들을 열거한 것입니다. 각 문장을 읽고 최근 몇 주 동안 얼마나 자주 이러한 생각들이 떠올랐는지를 표시해 주시기 바랍니다. 각 문장을 읽고 아래와 같이 그 빈도에 따라 적당한 숫자에 "○"표를 해 주십시오.

1. 전혀 이런 생각을 하지 않는다. 2. 가끔 이런 생각을 한다.
3. 종종 이런 생각을 한다. 4. 자주 이런 생각을 한다.
5. 항상 이런 생각을 한다.

	문항	전혀	가끔	종종	자주	항상
1	나는 이 사람을 죽이고 싶을 정도로 밉다.	1	2	3	4	5
2	바보 같은 놈!	1	2	3	4	5
3	나는 이 사람이 순조롭게 잘 되는 것을 원하지 않는다.	1	2	3	4	5
4	나는 이 사람을 죽이고 싶다.	1	2	3	4	5
5	이 사람, 몹쓸 인간이구만.	1	2	3	4	5
6	나는 이 사람에게 앙갚음을 해주고 싶다.	1	2	3	4	5
7	나는 이 사람이 죽어버렸으면 좋겠다.	1	2	3	4	5
8	나는 이 멍청한 사람을 경멸한다.	1	2	3	4	5
9	이 사람이 날 괴롭혔듯이, 나도 그를 괴롭히고 싶을 뿐이다.	1	2	3	4	5
10	처벌만 피할 수 있다면, 나는 이 사람을 죽일 수도 있을 것 같다.	1	2	3	4	5
11	정말 머저리 같은 인간이구만!	1	2	3	4	5
12	나는 복수하고 싶다.	1	2	3	4	5

2) 신체적 공격성: 1, 4, 7, 10, 13, 16, 19, 22, 25, 26, 29
타인비하: 2, 5, 8, 11, 14, 17, 20, 23, 27, 30
보복: 3, 6, 9, 12, 15, 18, 21, 24, 28

	문 항	전혀	가끔	종종	자주	항상
13	이 인간을 실컷 두들겨 패주고 싶다.	1	2	3	4	5
14	이 사람 정말 짜증난다.	1	2	3	4	5
15	이 사람이 내게 한 것처럼 나도 이 사람에게 해주고 싶다.	1	2	3	4	5
16	이빨이 부러져 나가도록 때려주고 싶다.	1	2	3	4	5
17	도대체 이 인간이 무슨 짓을 하고 있는 거야?	1	2	3	4	5
18	나는 이 사람에게 본때를 보여줄 거다.	1	2	3	4	5
19	그 사람에게 일어났으면 하는 온갖 몹쓸 일들을 떠올린다.	1	2	3	4	5
20	이 사람이 무례하다고 생각된다.	1	2	3	4	5
21	나는 이 사람을 그냥 둘 수 없다.	1	2	3	4	5
22	나는 이 사람에게 귀싸대기를 올리고 싶다.	1	2	3	4	5
23	이 인간이 제발 입 좀 닥쳤으면 좋겠다.	1	2	3	4	5
24	누가 이 사람처럼 날 공격한다면 나 역시 되받아 공격할 것이다.	1	2	3	4	5
25	나는 이 사람에게 주먹을 한방 먹이고 싶다.	1	2	3	4	5
26	나는 지금 당장 뭔가를 깨부수고 싶다.	1	2	3	4	5
27	입 닥치고 꺼져버렸으면 좋겠다.	1	2	3	4	5
28	이 사람은 쓴맛을 좀 봐야 정신을 차리겠어.	1	2	3	4	5
29	내 일을 방해하려는 사람이 있다면, 그런 사람은 혼나도 싸다.	1	2	3	4	5
30	이 사람이 날 화나게 만든다.	1	2	3	4	5

부록4. 언어성 분노행동 척도(AB-VS)(서수균, 2004)

누구나 화가 났을 때 다른 사람들과 이야기를 하고 싶어 합니다. 아래에는 화가 났을 때 타인과 이야기를 나누고 싶어 하는 이유나, 혹은 이야기를 나눈 뒤에 갖는 경험에 대한 기술들이 열거되어 있습니다. 각 문항을 읽고 여러분이 얼마나 종종 그렇게 느끼거나 행동하는지를 평가하고 해당되는 숫자에 "○"표를 하시면 됩니다. 옳거나 틀린 대답은 없습니다. 한 문장에서 너무 시간을 소비하지는 마십시오. 여러분이 대체로 어떻게 느끼거나 행동하는지를 평가하시면 됩니다.

A. 화가 났을 때 타인과 이야기를 나누고 싶어 하는 이유[3]

	나의 분노에 대해 이야기를 나누려는 것은 _________하기 위해서이다.	거의 그렇지 않다	가끔 그렇다	자주 그렇다	거의 항상 그렇다
1	문제를 해결하기 위해서	1	2	3	4
2	건설적인 해결에 이르는 데 다른 사람이 도움이 되지 않을까 해서	1	2	3	4
3	그 상황에 대한 해결책을 찾을 수 있는지를 알아보기 위해서	1	2	3	4
4	타인의 관점에서 이해해 보려는 노력으로	1	2	3	4
5	사람들을 내 편으로 만들기 위해서	1	2	3	4
6	그 상황에서 내가 할 수 있는 가능한 역할들을 더 잘 이해하기 위해서	1	2	3	4
7	내가 옳다는 것을 보여주기 위해서	1	2	3	4
8	앞으로 닥칠 갈등을 최소화하기 위해서	1	2	3	4
9	다음 번에는 그런 상황에 보다 건설적으로 대처하기 위해서	1	2	3	4

3) 건설적 언어표현: 1, 2, 3, 4, 6, 8, 9, 10, 19, 20, 22, 23
정당화: 5, 7, 11, 12, 13, 14
반추적 사고: 15, 16, 17, 18, 21

	나의 분노에 대해 이야기를 나누려는 것은 ________하기 위해서이다.	거의 그렇지 않다	가끔 그렇다	자주 그렇다	거의 항상 그렇다
10	양쪽이 모두 좋은 감정을 갖도록 하기 위해서	1	2	3	4
11	다른 사람들이 얼마나 잘못했나를 보여주기 위해서	1	2	3	4
12	동정심을 얻기 위해서	1	2	3	4
13	내 잘못이 없었다는 것을 남들에게 알리기 위해서	1	2	3	4
14	다른 사람에게 그 상황에서의 내 입장을 알도록 하기 위해서	1	2	3	4
15	나는 날 화나게 했던 상황에 대해 반복해서 다시 이야기를 나누고 싶어진다.	1	2	3	4
16	나는 그 일에 대해서 계속해서 곰곰이 생각한다.	1	2	3	4
17	나는 원한을 품는다.	1	2	3	4
18	나는 훨씬 더 불안해진다.	1	2	3	4
19	내가 분노를 느꼈던 사람을 더 잘 이해하게 된다.	1	2	3	4
20	다른 사람에 대해서 더 좋은 감정을 갖게 된다.	1	2	3	4
21	내가 상대방을 싫어하는 것이 정당하다고 느낀다.	1	2	3	4
22	내가 해결책에 좀 더 가까워졌음을 느끼게 된다.	1	2	3	4
23	상황이 내가 생각했던 것만큼 나빠 보이지는 않게 된다.	1	2	3	4

부록5. 일차적 분노사고 척도(서수균, 2004)[4]

본 질문지는 화가 나는 상황에서 흔히 하게 되는 생각들로 구성되어 있습니다. 각 문장을 읽고 그 상황에 처했을 때 당신이 경험하는 생각이나 느낌과 얼마나 일치하는지를 표시하시면 됩니다. 사람은 각자 생각이 다르기 때문에 여기에 옳고 그른 정답은 없습니다. 어떤 문장의 내용들은 여러분이 경험하지 않은 것들일 수도 있습니다. 그럴 경우는 여러분이 그 상황에 처해있다고 상상을 하시고 평가하시면 됩니다. 그 일치 정도에 따라 적당한 숫자 위에 "○"표를 하시면 됩니다.

	문 항	전혀 일치 하지 않음	약간 일치함	어느 정도 일치함	상당히 일치함	거의 정확히 일치함
1	믿었던 친구가 날 비난하고 내게 공격적인 행동을 하면, 나는 배신감을 느낀다.	1	2	3	4	5
2	누가 나를 무시하는 듯한 말투로 얘기하면, 그 사람이 나를 우습게 본다고 여겨진다.	1	2	3	4	5
3	믿었던 친구의 태도가 삐딱하면, 그가 자기 감정대로 행동하고 남을 배려하지 않는 다는 생각이 든다.	1	2	3	4	5
4	다른 사람을 심하게 비난하는 사람을 보면, 너무 이기적이고 자기감정밖에 모른다는 생각이 든다.	1	2	3	4	5
5	중요하다고 여겼던 사람이 내게 중요한 어떤 사실을 얘기해주지 않으면, 나는 배신감을 느낀다.	1	2	3	4	5
6	아끼던 사람이 나에 대해 험담을 뒤에서 하고 다니면, 내가 바보같이 여겨지고 그 사람에 대한 나의 믿음이 헛되다는 생각이 든다.	1	2	3	4	5
7	친하다고 생각했던 사람이 내 말이나 행동을 받아주지 않으면, 나를 무시한다는 생각이 든다.	1	2	3	4	5
8	바빠서 정신이 없는데 나를 굳이 만나고 싶어 하고 자기한테로 오라고 고집하면, 나는 그 사람이 다른 사람의 상황을 전혀 고려해주지 않는 자기 자신만 생각하는 이기적인 사람이라는 생각이 든다.	1	2	3	4	5
9	자기도 어려운 것을 다른 사람에게 시키는 사람을 보면, 그 사람이 다른 사람을 배려할 줄 모른다는 생각이 든다.	1	2	3	4	5

4) 타인의 부당하고 이기적인 행동에 대한 예민성: 8, 9, 10, 12, 13, 14, 16, 17, 18, 19, 20
친밀한 관계에서 경험하는 무시와 실망감: 1, 2, 3, 4, 5, 6, 7, 11, 15

	문 항	전혀 일치 하지 않음	약간 일치함	어느 정도 일치함	상당히 일치함	거의 정확히 일치함
10	누가 연락도 없이 나를 기다리게 하면, 내 시간을 빼앗았다는 생각과 함께 이기적이라는 생각이 든다.	1	2	3	4	5
11	누가 내 말을 무시하면, 내 자신이 그 사람에게 보잘것없는 존재라는 생각 든다.	1	2	3	4	5
12	잘못을 하고도 내게 사과하지 않다니, 이는 나를 무시하는 것이다.	1	2	3	4	5
13	발표준비기간 동안 한 번도 관심을 보이지 않던 동료가 발표를 앞두고 내게 어떻게 되어 가냐고 물어왔다. 이 동료가 너무 염치도 없고 이기적이다.	1	2	3	4	5
14	내가 미리 전화 걸어서 얘기를 했는데도 상대가 약속을 이행하지 않으면, 이는 나를 무시하는 것이라는 생각이 든다.	1	2	3	4	5
15	친한 사이인 줄 알았던 사람이 갑자기 냉랭한 태도를 보이며 오히려 날 비판하면 내가 이해받지 못하고 수용받지 못한다는 생각이 든다.	1	2	3	4	5
16	누가 자기 기분대로 나를 대하면, 이 사람이 나를 만만히 보고 이런다는 생각이 든다.	1	2	3	4	5
17	나에게 거짓말을 한 것이 들통이 났는데도 미안하다는 말 한마디 없다는 게 정말 참을 수가 없다. 그럴 때는 그 사람이 날 대수롭지 않게 생각한다고 느껴진다.	1	2	3	4	5
18	내 말을 들어 보지도 않고 화부터 내는 사람을 보면, 이 사람은 날 이해하려 하지 않는다는 생각이 든다.	1	2	3	4	5
19	누가 자기입장에서만 생각하고 내 성격과 태도가 잘못 되었다고 고치라고 하면, 이는 날 너무 만만하게 보는 것이다.	1	2	3	4	5
20	부모님이 내 얘기는 들어 보시지도 않고 무조건 화만 내시면, 내 생각은 전혀 해주질 않는다는 생각이 든다.	1	2	3	4	5

부록6. 이차적 분노사고 척도(서수균, 2004)5)

다음은 화가 나는 상황에서 자연스럽게 떠오르는 여러 가지 생각들을 열거한 것입니다. 각 문장을 읽고 최근 몇 주 동안 화가 났던 상황들에서 얼마나 자주 이러한 생각들이 머릿속에 떠올랐는지를 표시해 주시기 바랍니다. 각 문장을 읽고 아래와 같이 그 빈도에 따라 적당한 숫자에 "○"표를 해주십시오.

1. 전혀 이런 생각을 하지 않는다.
2. 가끔 이런 생각을 한다.
3. 종종 이런 생각을 한다.
4. 자주 이런 생각을 한다.
5. 항상 이런 생각을 한다.

	문항	전혀	가끔	종종	자주	항상
1	자신의 잘못을 시인할 때까지 모든 방법을 동원해서 괴롭히고 싶다.	1	2	3	4	5
2	한 대 패주고 싶다.	1	2	3	4	5
3	잘못을 하고도 사과도 안하다니! 너무 기가 막힌다.	1	2	3	4	5
4	내가 뭘 안 해줬나?	1	2	3	4	5
5	그 사람도 기분 나쁘게 해주고 싶다.	1	2	3	4	5
6	나쁜 놈!	1	2	3	4	5
7	이 세상에 나밖에 없구나.	1	2	3	4	5
8	따지고 싶다.	1	2	3	4	5
9	살기 싫다.	1	2	3	4	5
10	이 사람 버릇을 단단히 고쳐주자.	1	2	3	4	5
11	내가 어떻게 해야 하나?	1	2	3	4	5
12	나는, 내 자신은 어떤데?	1	2	3	4	5
13	저 사람이 치면 나도 그럴 것이다.	1	2	3	4	5
14	이걸 확 엎어버려.	1	2	3	4	5

5) 타인비난/보복: 1, 2, 3, 5, 6, 8, 10, 13, 14, 16, 17, 21, 23, 24, 29, 30, 31, 33, 34
무력감: 7, 9, 19, 20, 22, 25, 26
분노통제/건설적 대처: 4, 11, 12, 15, 18, 27, 28, 32

	문 항	전혀	가끔	종종	자주	항상
15	내가 이렇게 흥분한 이유는 뭘까?	1	2	3	4	5
16	앞으로 이 사람에게는 말대꾸도 안하고 쳐다보지도 말아야지.	1	2	3	4	5
17	혼 내줘야겠구만.	1	2	3	4	5
18	참아야지.	1	2	3	4	5
19	모든 게 귀찮다.	1	2	3	4	5
20	아무 소리도 듣고 싶지 않고 말하고 싶지도 않다.	1	2	3	4	5
21	이 자식을 죽여 버려!	1	2	3	4	5
22	막 소리를 지르고 싶다.	1	2	3	4	5
23	재수 없다.	1	2	3	4	5
24	이번에는 절대 그냥 넘어갈 수 없다.	1	2	3	4	5
25	난 왜 이렇게 못났을까?	1	2	3	4	5
26	울고 싶다.	1	2	3	4	5
27	내 상황도 조금 고려해 보고 배려를 해주면 좋겠다.	1	2	3	4	5
28	화를 내면 나만 손해다. 참고 기분 좋게 어울리자.	1	2	3	4	5
29	앞으로 이 사람을 무시해줘야지.	1	2	3	4	5
30	인간쓰레기처럼 보이게 다른 사람에게 이 사람의 실체를 다 알릴까보다.	1	2	3	4	5
31	뭐 이런 인간이 다 있나.	1	2	3	4	5
32	미안하다.	1	2	3	4	5
33	욕을 퍼붓고 싶다.	1	2	3	4	5
34	앞으로 잘 해주지 말자.	1	2	3	4	5

부록7. 분노표현태도 척도(STAXI-K:AXI)(서수균·이훈진·권선만, 2004)[6]

사람들은 누구나 때로 화가 나거나 분노를 느끼지만, 화가 났을 때 반응하는 방식은 서로 다릅니다. 아래에는 사람들이 화가 나거나 분노를 느낄 때 어떻게 반응하는가를 나타내는 문항들이 적혀 있습니다. 각 문항을 잘 읽으신 후, 당신의 화가 나거나 분노를 느꼈을 때 일상적으로 얼마나 자주 아래에 적힌 바와 같이 반응하거나 행동하는가를 "○"표로 표시해 주시기 바랍니다. 이러한 문제에는 옳고 그른 답이 없습니다. 어느 한 문항에 너무 오래 생각하지 마시고 응답하여 주시기 바랍니다.

	화가 나거나 분노를 느낄 때……	거의 전혀 아니다	가끔 그렇다	자주 그렇다	거의 언제나 그렇다
1	나는 화를 참는다.	1	2	3	4
2	나는 화난 감정을 표현한다.	1	2	3	4
3	나는 말을 하지 않는다.	1	2	3	4
4	나는 사람들에게 인내심을 갖고 대한다.	1	2	3	4
5	나는 뚱해지거나 토라진다.	1	2	3	4
6	나는 사람들을 피한다.	1	2	3	4
7	나는 소리를 지른다.	1	2	3	4
8	나는 냉정을 유지한다.	1	2	3	4
9	나는 문을 쾅 닫아버리는 식의 행동을 한다.	1	2	3	4
10	나는 상대의 시선을 피한다.	1	2	3	4
11	나는 나의 행동을 자제한다.	1	2	3	4
12	나는 사람들과 말다툼을 한다.	1	2	3	4
13	나는 아무에게도 말하지 않으나, 안으로 앙심을 품는 경향이 있다.	1	2	3	4
14	나는 목소리를 높인다.	1	2	3	4
15	나는 화가 나더라도 침착하게 자제할 수 있다.	1	2	3	4
16	나는 속으로 다른 사람들보다 진정을 빨리 회복한다.	1	2	3	4
17	나는 나 자신이 인정하고 싶은 것보다 화가 더 나 있다.	1	2	3	4
18	나는 대부분의 사람들보다 진정을 빨리 회복한다.	1	2	3	4
19	나는 욕을 한다.	1	2	3	4
20	나는 참고 이해하려고 노력한다.	1	2	3	4
21	나는 다른 사람들이 알고 있는 것보다 분통이 더 나 있다.	1	2	3	4
22	나는 자제심을 잃고 화를 낸다.	1	2	3	4
23	나는 화난 표정을 짓는다.	1	2	3	4
24	나는 화난 감정을 자제한다.	1	2	3	4

6) 분노표출: 2, 7, 9, 12, 14, 19, 22, 23
분노억제: 3, 5, 6, 10, 13, 16, 17, 21
분노통제: 1, 4, 8, 11, 15, 18, 20, 24

부록8. 분노표출태도 척도(서수균·이훈진·권선만, 2004)[7]

아래에 사람들이 화를 표현하는 것에 대해서 갖고 있는 생각이나 태도에 대한 문장들이 기술되어 있습니다. 각각의 문장을 주의 깊게 읽어보시고 그 문장에 얼마나 동의 혹은 반대하는지를 결정하시고 해당되는 숫자 위에 "○"표로 표시해 주시기 바랍니다.

	화를 표현하면......	전적인 반대	상당히 반대	약간 반대	중간	약간 동의	상당히 동의	전적인 동의
1	상대방이 자신을 어렵게 생각할 것이다.	1	2	3	4	5	6	7
2	상대방도 나에 대해 좋지 않은 감정을 갖게 될 것이다.	1	2	3	4	5	6	7
3	상대방이 놀랄 것이다.	1	2	3	4	5	6	7
4	분위기가 안 좋아진다.	1	2	3	4	5	6	7
5	상대방이 나에 대해서 두려움을 느낄 것이다.	1	2	3	4	5	6	7
6	상대방이 상처받을 거 같다.	1	2	3	4	5	6	7
7	싸움이 일어날 것이다.	1	2	3	4	5	6	7
8	화낸 사람과 사이가 멀어질 것이다.	1	2	3	4	5	6	7
9	내가 남에게 우습게 보일 것이다.	1	2	3	4	5	6	7
10	내 성격이 나빠질 것 같다.	1	2	3	4	5	6	7
11	상대방이 나 자신을 옹졸하게 생각할 것이다.	1	2	3	4	5	6	7
12	화를 자주 내는 사람은 인격적으로 덜 성숙해 보인다.	1	2	3	4	5	6	7
13	서로 어색해질 수 있다.	1	2	3	4	5	6	7

7) 타인의 부정적인 평가에 대한 두려움: 9, 10, 11, 12, 14, 15, 19, 20, 21, 22
부정적인 대인관계 결과 예방: 1, 2, 3, 4, 5, 6, 7, 8, 13
적극적인 분노표현 지지: 16, 17, 26, 27, 28, 29, 33, 34, 35, 36
소극적인 분노표현 지지: 18, 23, 24, 25, 30, 31, 32

	화를 표현하면......	전적인 반대	상당히 반대	약간 반대	중간	약간 동의	상당히 동의	전적인 동의
14	사람들이 나를 난폭하다고 여길 것이다.	1	2	3	4	5	6	7
15	내가 인자하지 못하고 못된 사람이라고 주위로부터 평가받을까 두렵다.	1	2	3	4	5	6	7
16	내 기분이 풀릴 것이다.	1	2	3	4	5	6	7
17	속이 시원하고 오히려 앙금 없이 깔끔한 관계가 될 것이다.	1	2	3	4	5	6	7
18	상대방이 기분 나빠하면서도 어느 정도는 내 심정을 이해하게 될 것이다.	1	2	3	4	5	6	7
19	일을 감정적으로 처리하게 되어서 다른 일에까지 좋지 않은 영향을 미친다.	1	2	3	4	5	6	7
20	상대방이 내 성격에 문제가 있다고 생각할 것 같아 두렵다.	1	2	3	4	5	6	7
21	인간관계를 형성하는 데 있어서 좋지 않다.	1	2	3	4	5	6	7
22	화를 많이 내면 이성적인 사람들에게 왠지 내가 지는 듯한 느낌이 든다.	1	2	3	4	5	6	7
23	서로의 관계가 조금 서먹해질 수 있지만, 보다 발전적인 관계로 나아갈 수 있는 가능성을 찾아 볼 수도 있다.	1	2	3	4	5	6	7
24	화를 표현하는 것 자체는 나쁘지 않다.	1	2	3	4	5	6	7

부록9. 분노억제태도 척도(서수균·이훈진·권선만, 2004)[8]

아래에 사람들이 화를 표현하지 않는 것에 대해서 갖고 있는 생각이나 태도에 대한 문장들이 기술되어 있습니다. 각각의 문장을 주의 깊게 읽어보시고 그 문장에 얼마나 동의 혹은 반대하는지를 결정하시고 해당되는 숫자 위에 "○"표로 표시해 주시기 바랍니다.

	화를 표현하지 않는 것은...... (혹은 화를 내지 않으면......)	전적인 반대	상당히 반대	약간 반대	중간	약간 동의	상당히 동의	전적인 동의
1	타인이 나를 불쾌하게 하는데도 화를 안 내면 상대가 나를 바보로 알 것이다	1	2	3	4	5	6	7
2	화를 표현하지 않는 것은 자신을 병들게 하는 행위이다.	1	2	3	4	5	6	7
3	화를 지나치게 내지 않으면 상대방이 그 사람의 감정이나 심리상태를 알기가 어렵다.	1	2	3	4	5	6	7
4	화가 계속 쌓이게 되면 다른 곳에 화풀이 할 것이다.	1	2	3	4	5	6	7
5	화를 너무 참는 것은 어리석다.	1	2	3	4	5	6	7
6	화가 나는데도 일부러 참는 것이라면 대인관계에 앙금을 남기게 되어 좋지 않다.	1	2	3	4	5	6	7
7	언젠가 폭발할 것이 두렵긴 하지만 그래도 화를 참는 것이 좋다.	1	2	3	4	5	6	7
8	억압된 분노가 나중에 한꺼번에 터져 더 위험하다.	1	2	3	4	5	6	7
9	화를 내지 않으면 사람들이 나를 만만하게 볼 수도 있다.	1	2	3	4	5	6	7
10	화가 나도 표현하지 않으면 나를 힘들게 하는 문제를 다른 사람이 알 수 없기 때문에 내가 계속 힘들 것이다	1	2	3	4	5	6	7

8) 분노억제에 대한 부정적인 태도: 1, 2, 3, 4, 5, 6, 8, 9, 10, 12, 13, 15, 16, 17, 21, 23
분노억제에 대한 긍정적인 태도: 7, 11, 14, 18, 19, 22

	화를 표현하지 않는 것은...... (혹은 화를 내지 않으면......)	전적인 반대	상당히 반대	약간 반대	중간	약간 동의	상당히 동의	전적인 동의
11	화를 내면 낼수록 습관이 되어서 반복적으로 화를 낼 테니까 화를 내지 않는 것이 좋다.	1	2	3	4	5	6	7
12	화를 억누르다보면 은연중에 그 사람을 미워하게 될 것이다.	1	2	3	4	5	6	7
13	억압된 분노는 불신감, 공격적인 생각, 외로움을 만들어 낼 것이다.	1	2	3	4	5	6	7
14	화를 내지 않는 사람을 보면 정말 존경스럽다.	1	2	3	4	5	6	7
15	화를 내지 않는 사람을 보면 너무 착한 것 같아 답답하다.	1	2	3	4	5	6	7
16	화를 내지 않으면 다른 사람들은 사람 좋다고 생각하겠지만 본인은 괴롭다.	1	2	3	4	5	6	7
17	화를 내지 않으면 상대방과 진정한 만남이 이루어지지 않을 것이다.	1	2	3	4	5	6	7
18	화를 표현하지 않으면 주변 사람들과의 관계유지에 매우 유리할 것이다.	1	2	3	4	5	6	7
19	화를 표현하지 않는 것은 자기 통제력이 강한 것이다.	1	2	3	4	5	6	7
20	화를 내지 않으면 타인에게 너무 물렁하거나 너무 착한 사람으로 비쳐져서 악이용당할 수도 있다.	1	2	3	4	5	6	7
21	화가 나는데도 참기만 하는 것은 좋지 않다.	1	2	3	4	5	6	7
22	화가 표현하지 않는 것은 남을 배려하는 행위다.	1	2	3	4	5	6	7
23	화를 내지 않으면 스트레스가 쌓일 것 같다.	1	2	3	4	5	6	7

부록10. 수정판 일반적 태도 및 신념 척도(R-GABS)(서수균, 2004)[9]

아래에 사람들이 생각하고 믿는 것에 대한 일련의 문장들이 기술되어 있습니다. 각각의 문장을 주의 깊게 읽어 보시고 그 문장에 얼마나 동의 혹은 동의하지 않는지를 결정하시면 됩니다. 맞거나 틀린 대답은 없습니다. 여러분이 믿거나 생각하는 대로 해당되는 숫자에 "○"표로 표시해 주시기 바랍니다.

	문항	전혀 동의 하지 않는다	동의 하지 않는다	중간 이다	동의 한다	강하게 동의 한다
1	중요한 일들에서 실패하는 것은 참을 수 없는 일이며, 그런 일들에서 성공하지 못하는 것은 용납할 수 없다.	1	2	3	4	5
2	나는 다른 사람들이 나를 배려하지 않는 것을 참을 수 없으며, 그들이 부당하게 행동할 수도 있다는 것을 용납할 수 없다.	1	2	3	4	5
3	불편하고 긴장되고 불안한 것을 참을 수 없으며, 나는 그런 상태에 있을 때 너무 괴롭다.	1	2	3	4	5
4	내가 중요한 과제들을 잘 수행해내지 못하더라도, 나는 한 인간으로서 가치 있는 존재이다.	1	2	3	4	5
5	내가 중요한 일들을 잘 해내지 못하면, 그것은 참담한 일이 될 것이다.	1	2	3	4	5
6	나는 긴장되거나 불안해지는 것을 참을 수 없으며, 나는 긴장감을 견디기가 어렵다.	1	2	3	4	5
7	중요한 사람들이 나를 싫어한다면, 이는 내가 호감이 가지 않는 나쁜 사람이기 때문이다.	1	2	3	4	5
8	나는 중요한 일에서 반드시 잘 해내야 하며, 만약 내가 잘 해내지 못한다면 나는 그것을 인정하기 어려울 것이다.	1	2	3	4	5
9	나는 사람들로부터 공정하게 대우받아야만 하며, 나는 부당한 행위를 용납하지 못할 것이다.	1	2	3	4	5
10	가끔 나는 일상생활에서 겪게 되는 사소한 어려움들과 짜증스러운 일들을 매우 고통스럽게 여기며 내 인생에서 최악의 일이라도 겪은 것처럼 생각한다.	1	2	3	4	5

9) 합리적 신념: 1, 12, 16, 20, 26, 29, 34
성취에 대한 집착: 1, 5, 8, 14, 22, 31, 36
자기비하: 7, 13, 17, 21, 30, 35
불편감이나 좌절에 대한 낮은 인내력: 3, 6, 10, 24, 27, 32
무시나 부당한 대우에 대한 과민성: 2, 9, 11, 15, 18, 19, 38
호감 및 인정에 대한 집착: 23, 25, 28, 33, 37

	문 항	전혀 동의 하지 않는다	동의 하지 않는다	중간 이다	동의 한다	강하게 동의 한다
11	내가 다른 사람들로부터 무례하게 대해질 때, 세상에는 이처럼 못된 구제불능의 인간들이 있다는 것을 새삼 생각하게 된다.	1	2	3	4	5
12	내가 좋아하는 사람으로부터 내가 거절당하더라도, 나는 자신을 수용하고 여전히 한 인간으로서 나의 가치를 긍정할 수 있다.	1	2	3	4	5
13	나에게 매우 중요한 일들을 잘 해내지 못한다면, 이는 내가 보잘 것 없는 나쁜 사람이기 때문이다.	1	2	3	4	5
14	중요한 일을 잘 못하는 것은 참을 수 없는 일이며, 만약 그런 일이 나에게 일어난다면 그것은 끔직한 일이라고 생각한다.	1	2	3	4	5
15	사람들이 나를 무례하게 대할 때, 나는 그런 행동이 매우 나쁜 짓이라고 생각한다.	1	2	3	4	5
16	사람들이 내게 무례하게 행동하는 것을 좋아하지 않지만, 그들로부터 존중을 받지 못하더라도 나는 참을 수 있다.	1	2	3	4	5
17	내가 좋아하는 사람들이 나를 거부하거나 싫어한다면, 이는 내가 나쁘거나 하찮은 사람이기 때문이다.	1	2	3	4	5
18	나는 부당하게 대우받는 것을 참을 수 없으며, 부당한 행동은 용납될 수 없다고 생각한다.	1	2	3	4	5
19	어떤 사람이 나를 매우 부당하게 대하면, 나는 그가 나쁘고 무가치한 인간이라고 생각한다.	1	2	3	4	5
20	내가 좋아하는 사람이 나를 좋아하지 않는 것은 실망스러운 일이지만, 이것은 불운한 것일 뿐 지독히 고통스러운 일은 아니라고 여긴다.	1	2	3	4	5
21	중요한 사람들이 나를 싫어한다면, 이는 내가 얼마나 무가치한 사람인가를 보여주는 것이다.	1	2	3	4	5
22	중요한 일을 잘 해내는 것은 필수적이므로, 나는 그러한 일들에서 반드시 잘 해내야만 한다.	1	2	3	4	5
23	나는 다른 사람들로부터 존중받아야만 하며, 만약 내가 존중받지 못한다면 나는 그것을 인정하지 못할 것이다.	1	2	3	4	5
24	살아가면서 겪는 사소한 문제들이 내게는 몹시 두려운 일이며, 나는 그런 문제에 부딪히는 것을 인정할 수 없다.	1	2	3	4	5
25	어떤 사람들이 나를 싫어하는 것을 참을 수 없으며, 그들이 나를 싫어할 수도 있다는 것을 인정할 수 없다.	1	2	3	4	5

	문 항	전혀 동의 하지 않는다	동의 하지 않는다	중간 이다	동의 한다	강하게 동의 한다
26	성가신 일들로 짜증이 나더라도, 나는 성가심으로 인한 짜증들을 참아낼 수 있다.	1	2	3	4	5
27	긴장감, 초조감, 좌절감을 경험하는 것이 내게는 매우 괴롭고 두려운 일로 여겨지며, 그런 감정들을 느끼는 것은 내게 일어날 수 있는 최악의 일로 생각된다.	1	2	3	4	5
28	중요한 사람들로부터 호감을 얻는 것은 매우 중요하며, 만약 그들이 나를 좋아하지 않는다면 나는 그것을 받아들일 수 없을 것이다.	1	2	3	4	5
29	사람들이 대부분의 경우 나를 공정하게 대해주기를 원하지만, 단지 내가 그러길 원한다고 해서 그들이 나를 공정하게 대우해야 한다고 생각하지는 않는다.	1	2	3	4	5
30	내가 여러 가지 어려움에 봉착하고 나의 인생이 괴롭게 느껴질 때, 나는 이러한 이유로 내 자신을 무가치 한 사람이라고 생각하게 된다.	1	2	3	4	5
31	내가 중요한 일들을 잘 처리 못한다면, 그것은 끔찍한 일이 될 것이다.	1	2	3	4	5
32	나는 살면서 겪게 되는 사소한 괴로움 일들을 참기 어렵다.	1	2	3	4	5
33	나는 내가 원하는 사람들로부터 호감과 인정을 받아야 하며, 만약 그들이 나를 좋아하지 않는다면 나는 그것을 받아들일 수 없을 것이다.	1	2	3	4	5
34	내가 좋아하는 사람들로부터 사랑과 인정을 받고 싶지만, 단지 내가 그러길 바란다고 해서 그들이 날 좋아해야 한다고는 여기지는 않는다.	1	2	3	4	5
35	생활 속에서 불편함이나 사소한 어려움을 겪을 때, 나는 내가 좋은 사람이 아니라고 생각하는 경향이 있다.	1	2	3	4	5
36	중요하다고 여기는 일들에서 나는 반드시 성공해야 하며, 만약 성공에 이르지 못한다면 나는 그것을 용납하지 못할 것이다.	1	2	3	4	5
37	나를 좋아해 주었으면 하는 사람들이 나를 인정해 주지 않거나 거절할 때, 나는 그들이 나를 싫어한다는 것을 참을 수 없다.	1	2	3	4	5
38	사람들이 나를 무례하게 대한다면, 이는 그들이 얼마나 나쁜 사람들 인가를 보여주는 것이다.	1	2	3	4	5

부록11. Rosenberg 자존감 질문지(SES)(이훈진·원호택, 1995)

다음은 여러분이 자신에 대해서 느낄 수 있는 여러 가지 측면들을 알아보기 위한 것입니다. 각 문장을 읽고 자신이 해당하는 정도의 숫자에 "○"표로 표시해 주시기 바랍니다.

	문 항	전혀 그렇지 않다	대체로 그렇지 않다	중간 이다	대체로 그렇다	전적으로 그렇다
1	나는 내가 적어도 다른 사람만큼은 가치 있는 사람이라고 느낀다.	1	2	3	4	5
2	나는 좋은 자질들을 많이 가지고 있는 것 같다.	1	2	3	4	5
3	대체로 나는 내가 실패자라고 생각하는 경향이 있다.	1	2	3	4	5
4	나는 대부분의 다른 사람들만큼 일을 잘 할 수 있다.	1	2	3	4	5
5	나는 자랑할 만한 것이 별로 없는 것 같다.	1	2	3	4	5
6	나는 나 자신에 대해 긍정적인 태도를 가지고 있다.	1	2	3	4	5
7	대체로 나 자신에 대해 만족하고 있다.	1	2	3	4	5
8	나 자신을 좀 더 존중할 수 있었으면 좋겠다.	1	2	3	4	5
9	나는 때때로 내가 정말 쓸모없는 사람이라고 느낀다.	1	2	3	4	5
10	때때로 나에게 좋은 점이라곤 전혀 없다는 생각이 든다.	1	2	3	4	5

부록12. 심리상담기록지(Psychological Counseling Report)

※ 심리상담기록지 ※

(Psychological Counseling Report)

상담자 : 　　　　　　　　　　접수일 :

이　름 : 　　　　(남, 여)　　　　생년월일 : 　년　월　일(만　세)

전화번호 : 　　　　　　　　　　HP. :

주　소 :

상담의뢰기관(자) : 　　　　　　상담경험 : 유, 무 (유, 상담기관명 : 　　　)

사회경제상태 : 　　　　　　　　혼인상태 : 유, 무, 이혼(　회)

인　종 :

1. 주요 호소(C.C.)

2. 외모

3. 생활상태

4. 현재 보이는 문제의 원인과 발달력

5. 가족력

6. 심리사회적 개인력 및 적응력

7. 왜 상담을 받기를 원하는가?

8. 당신이 탐색하고 싶은 것은 무엇입니까?

9. 심리치료를 통해서 자신과 자신의 삶에 있어 가장 개선하고 싶고 변화하기를 원하는 점은 무엇입니까?

10. 제가 지금 여기서 당신에서 무엇을 도와드리면 되겠습니까?

11. 만일 오늘 당신의 문제가 기적적으로 다 해결된다면, 당신(배우자, 자녀, 가족)은 내일 어떤 점이 가장 먼저 변해있을까요?

12. 지금 상황에서 무엇이 달라지면 또는 어떤 점(일)에 도움을 받으시면 상담받기를 잘했다고 스스로 만족을 하시겠습니까?

접수 후 처리사항(O, X)		
상 담( )	상 담 자 :	
타기관의뢰 ( )	기 관 명 :	담 당 자 :

기 타	

부록13. 심리치료기록지(Psychotherapy Report)

심리치료기록지(Psychotherapy Report) _______회	
내 담 자 :	
날 짜 : 년 월 일( )	오전 / 오후 시 분 ~ 시 분
참 석 자 :	심리치료자 :
1. 계획(목표설정)	
2. 치료과정	
3. 메시지 : 칭찬, 용서, 과제, 제안, 교육	
4. 내담자의 Progress를 매회 V로 반드시 기록할 것	
(부정적)	(긍정적)

내담자 인적사항

1.인적사항

이름		생년월일	년 월 일		
주소					
직업		나이		학력	
전화번호		휴대폰			

2-1. 가족사항

관 계	이 름	나이(만)	동거여부 (O, X)	직 업	학 력	기 타

2-2. 가계도

참고문헌

김기태, 안영실, 최송식, 김주영 (2004). 알코올중독자의 회복 훈련. 파주: 양서원.

김경의, 이금단, 조용래, 채숙희, 이우경(2008). 한국판 자기-자비 척도의 타당화 연구: 대학생을 중심으로. 한국심리학회지: 건강, 13(4), 1023-1044.

권석만 (2009). 긍정심리학. 서울: 학지사.

권석만 (2013). 현대 심리치료와 상담이론. 서울: 학지사

노안영 (2008). 상담심리학의 이론과 실제. 서울: 학지사.

류창현 (2006). 비행청소년의 분노조절: 웃음요법과 인지행동요법의 효과비교. 충북대학교 석사학위논문.

류창현 (2006). 웃음치료. 서울: 북카페.

류창현 (2009). 최신웃음치료. 파주: 교육과학사.

류창현, 이수정 (2009). 비행청소년의 분노조절과 분노감소를 위한 웃음치료와 인지행동치료의 효과 비교. 한국심리학회지: 임상, 28, 55-79.

류창현 (2014). 청소년을 위한 분노조절과 분노치료: 학교폭력예방의 이론과 실제. 파주: 교육과학사.

서수균 (2004). 분노와 관련된 인지적 요인과 그 치료적 함의. 서울대학교 박사학위 청구논문.

서수균, 권석만 (2002). 한국판 공격성 질문지의 타당화 연구. 한국심리학회지: 임상, 21, 487-501.

서수균, 이훈진, 권석만 (2004). 분노표출/분노억제 태도 척도의 개발과 타당화 연구. 한국심리학회지: 임상, 23, 521-540.

이수정 (2006). 범죄심리학. 서울: 북카페.

이민규 (2008). 생각을 바꾸면 세상이 달라진다. 파주: 교육교학사.

이제마 (2003). 東醫壽世保元. 동의학연구소 서울: 여강출판사.

한규석 (2010). 사회심리학의 이해. 서울: 학지사.

허준 (2002). 東醫寶鑑. 동의과학연구소. 서울: 휴머니스트.

Angell, M.(1985). Disease as a reflection of the psyche. New England Journal of Medicine, 312(24), 1570-1572.

Angell, J.(1969). Autonomic response patterns during sadness and mirth. Psychophysiology, 5, 399-414.

Beck, A. T. (2008). 제석봉 역. 사랑만으로는 살 수 없다. 서울: 학지사(원전은 1988년에 출판).

Benson, H., & Proctor, W. (2006). 장현갑 · 권오근 · 박순정 · 장주영 공역. 나를 깨라! 그래야 산다. 서울: 학지사(원전은 2003년에 출판).

Bruno, L. (2003). Stress Reduction. Health A to A(Medical Network, Inc.). Retrieved Sep. 30, 2003. http://www.healthatoz.com.

Berk, L. S., Felten, D. L., Tan, S. A., Bittman, B. B., & Westengard, J. (2001). Modulation of Neuroimmune Parameters during the Eustress of Humor-Associated Mirthful Laughter. Alternative Therapies Health Medicine, 7(2), 62-76.

Berk, L., & Tan, S. (1989). Eustress of mirthful laughter modifies natural killer cell activity. Clinical Research, 37, 115.

Berk, L., & Tan, S. (1989). Neuroendocrine influences of mirthful laughter. American Journal of the medical Science, 298(6), 390–396.

Berk, L., & Tan, S. (1996). The Laughter Immune Connection. Available from: www. eGroups.com/list/depressionsupport1, 1–2.

Berk, I. K., & Steiner T. (2009). 해결중심상담. (유재성, 장은진 공역), 서울: 학지사 (원전은 2003년에 출판).

Bioten, F. A. (1998). The effects of emotional behavior on components of the respiratory cycle. Biological Psychology, 49(1,2), 29–51.

Berkowitz, L. (1990). On the information and regulation of anger and aggression: A cognitive–neoassociationistic analysis. American Psychologist, 45, 494–503.

Berkowitz, L. (1993). Aggression: Its Cause, Consequences, and Control. New York : McGraw–Hill, Inc.

Bilodequ, L. (1992). The Anger Workbook. Hazelden.

Buss, A., & Perry, M. (1992). The aggression questionnaire. Journal of Personality and Social Psychology, 63, 452–459.

Brems. C. (2002). Basic skills in psychotherapy and counseling. Belmont, CA: Wadsworth.

Buss, D. M. (1999a). Human nature and individual difference: The evolution of human personality. In L. A. Pervin & O. P. John(Eds), Handbook of personality: Theory and research(pp.31–56). New York: Guilford.

Biaggio, M. K. (1985). Recent advances in anger assessment. In J. N.

Bottorff J. L., Gogag, M., & Lotzkar, M. E. (1995). Comforting: exploring the work of cancer nurses. Journal of Advanced Nursing. 2, 1077–1084.

Bazzini, D. G., Stack, E. R., Martincin, P. D., & Davis, C. P. (2007). The Effects of Reminiscing about Laughter on Relationship Satisfaction. Motive Emotion, 31, 25–34.

Bowes, D. F., Tamlyn, D., & Butler, L. J. (2002). Women living with ovarian cancer: Dealing with an early death. health care for women international, 23, 135–148.

Bower, J. E., Kemeny, M. E., Taylor, S. E., & Fahey, J. L. (1998). Cognitive processing, discovery of meaning, CD4 decline, and AIDS–related mortality among bereaved HIV–seropositive men. Journal of Consulting and Clinical Psychology, 66, 979–986.

Bennett, H. J. (2003). Humor in Medicine. Review Article. Southern Medical Journal, 96, 1257–1261.

Bernard, M. E. (1991). Staying rational in an irrational world. New York: Carol Publishing Group.

Blanchard, K. (2004). 칭찬은 고래도 춤추게 한다. (조천제 역). 서울: 21세기북스(원전은 2002년에 출판).

Cernerud, L., & Olsson, H. (2004). Humor seen from a public health perspective. Second Journal Public Health, 32, 396–398.

Corey, M. S., Corey, G, & Corey, C. (2012). 집단상담 과정과 실제. (김진숙, 김창대, 박애선, 유동수, 전종국, 천성문 공역). 서울: Cengage Learning Korea(원전은 2010년에 출판).

Cousins, N. (1989). Head First–the Biology of Hope. New York NY: Dutton.

Cousins, N. (1979). Anatomy of an Illness. As perceived by the patient. New York : W. W. Norton & Company, Inc.

Carter, L, & Minirth, F (2001). 분노로부터 평안을 얻는 삶. (이승재 역). 서울: 은혜출판사. (원전은 1993년에 출판).

Crockenberg, S. (1981). Infantile irritability, mother responsiveness, and social support influences on the security of infant–mother attachment. Child Development, 52, 857–865.

Davies, W. (2000). Overcoming Anger and Irritability: A Self–Help Guide Using Cognitive Behavioral

Techniques. New York University Press.

DiGiuseppe, R., Eckhardt, C., Tafrate, R., & Robin, M. (1994). The diagnosis and treatment of anger in a cross-cultural context. Journal of Social Distress and the Homeless, 3, 229-261.

Davis, M., Eshelman, D. R., & McKay, M. (2006). 긴장 이완과 스트레스 감소 워크북. (손정락 역). 서울: 하나의학사. (원전은 2000년에 출판).

Davidson, G. C., Neale, J. M., & Kring, A. M (2007). 이상심리학. (이봉건 역). 서울: 시그마프레스. (원전은 2004년에 출판).

Dillon, K., Minchoff, B., & Baker, K. (1985). Positive emotional states and the enhancement of the immune system. International Journal of Psychiatry in Medicine, 15, 13-18.

Dossey, L. (1996). The trickster: Medicine's forgotten character. Alternative Therapies in Health and Medicine, 2(5), 6-14.

Diener, E., & Lucas, R. (1999). Personality and subjective well-being. In D. Kahnemann, E. Diener, & N. Schwarz (Dds.), Well-being: The foundation of hedonic psychology(pp.213- 229). New York: Russel Sage Foundation.

Enright, R. D. (2001). forgiveness is a choice: A Step by step process for resolving anger and restoring hope. APA LifeTools, American Psychological Association, Washington, DC.

Ellis, A. E. (1962). Reason and emotion in psychotherapy. Secaucus: The Citadel Press.

Ellis, A. E. & Harper, R. (1975). A new guide to rational living. North Hollywood, CA: Wilshire Books.

Ellis, T. E., & Newman, C. F. (1996). Choosing to live. New Harbinger Publications, Inc.

Ellis, A., & Crawford, T. (2011). 의사소통기술: 친밀감 만들기. (류창현 역). 파주: 교육과학사. (원전은 2000년에 출판).

Ekman, P. (1984). Expression and the nature of emotion. In K. Scherer & P. Ekman(Eds.), Approaches to emotion(pp. 319-34). hillsdale, NJ: Erlbaum.

Ellis, A. E & Tafrate, R. C. (1997). How to control your anger before it controls you. New York: Citadel Press.

Edmondson, C. B., & Conger, J. C. (1996). A review of treatment efficacy for individuals with anger problems: Conceptual, assessment, and methodological issues. Clinical Psychology Review, 16(3), 251-275.

Escamilla, A. G. (2000). Effects of self instructional cognitive behavioral techniques on anger management in juveniles. Dissertation. The University of Texas at Austin. Bell & Howell Information and Learning Company.

Eckhardt, C. I, & Barbour, K. A. (1997). Anger and hostility in maritally violent men: conceptual distinctions, measurement issues, and literature review. Clinical Psychology Review, 17(4), 333-358.

East, P. L. (1991). The parent-child relationships of withdrawn, aggressive, and sociable children: Child and parent perspectives. Merrill-Palmer Quarterly, 37, 425-444.

Fry, W, & Stoft P. (1971). Mirth and oxygen saturation of peripheral blood. Psychotherapy and Psychosomatics, 19, 76-84.

Fry, W. (1979). Mirth and the human cardiovascular system. In H. Mindess & J. Turek (Eds.), The Study of Humor. Antioch University Press.

Fry, W., & Rader, C. (1977). The respiratory components of mirthful laughter. Journal of Biological

Psychology, 19(2), 39–50(b).

Fry, W. (1992). The physiologic effects of humor, mirth, and laughter. Journal of the American Medical Association, 267(13), 1857.

Fromm, E. (1956). The Art of Loving. Harper & Row, Inc.

Fiske, S. T., & Taylor, S. E. (1992). 사회인지론. (박오수 역). 파주: 법문사. (원전은 1984년에 출판).

Grotjahn, M. (1959). Beyond laughter: Humor and the subconscious. New York: McGraw–Hill.

Gelkopf, M., & Kreitler, S. (1996). Is humor only fun, an alternative cure or magic? The cognitive therapeutic potential of humor. Journal Cognitive Psychotherapy: An International Quarterly, 10(4), 235–254.

Gazzaniga, M. S., & Heatherton, T. F. (2006). Psychological Science(2nd ed.). W.W. Norton & Company, Inc.

Guilllemin, R. (1985). Neural modulation of immunity. New York: Raven Press.

Goodheart, A. (1994). Laughter therapy. Less Stress Press.

Godkewitsch M. (1976). Physiological and verbal indices of arousal in rated humor. In AJ Chapman & HC Foot (Eds.), Humor and Laughter: Theory, Research, and Application, London: Wiley.

Gilson, M., & Freeman, A. (2006). 최병휘, 이종선 역. 우울증의 인지치료 우울증 BEAST 길들이기. 서울: 시그마프레스(원전은 2006에 출판).

Harbin, J. T. (2000). Beyond anger a guide for men. New York: Marlowe & Company.

Hanh, T. N. (2001). Anger: Wisdom for Cooling the Flames. New York: Riverhead Books.

Heatherton, T. F., & Weinberger, J. L. (1994). Can personality change? Washington, DC: American Psychological Association.

Howells, K., & Day A. (2003). Readiness for anger management: clinical and theoretical issues. Clinical Psychology Review, 23, 319–337.

Hodgkin (1993). Laughter as therapy for patient and care–giver. In pulmonary rehabilitation, ed. Philadelphia: Lippincott.

Izard, C. E. (1977). Human emotion. New York: Plenum Press.

Jacobs, E. Masson, R. L., & Harvill, R. L. (2011). 집단상담 전략과 기술. (김춘경 역). 서울: Cengage Learning Korea(원전은 2002년에 출판).

Klein, A. (1987). Healing power humor of power. Nashville: Broadman Press.

Kassinove, H. (2007) Anger management: cognitive behavioral strategy. 2007 한국인지행동치료학회 춘계 워크숍 및 학술대회. 한국인지행동치료학회, 1–51.

Kabat–Zinn, J. (2007). 장현갑 외 역. 마음챙김 명상과 자기치유 上 下. 서울: 학지사(원전은 1990년에 출판).

Khalsa, D. S., & Stauth, C. (2006). 장현갑, 추선희, 김정모, 허동규 공역. 치매 예방과 뇌 장수법. 서울: 학지사(원전은 1997년에 출판).

Kuhlman T. (1984). Humor and Psychotherapy. Dow–Jones–Irwin, Homewood, Illinois.

Keltikangas–Jarvinen, L., & Asplund–Peltola, R. L. (1995). Agreement between social problem–solving scripts of aggressive and sociable adolescents and their parents. Aggressive Behavior, 21, 419–429

Lazarus, R. T. (1991). Emotion and adaptation. Oxford University Press.

Lazarus, R. S., Kranner, A. D., & Folkaman, S. (1980). An ethological assessment of emotion. In R. Plutchik, & H. Kellerman (Eds.), Emotion: Theory, research, and experience(Vol. I+). New York:

Academic Press, 198–201.

Langewin R., & Day H. (1972). Physiological correlates of humor. In J. H. Goldstein & P. E. McGhee (Eds.), The Psychology of Humor. New York: Academic Press.

Levi L. (1965). The urinary output of adrenalin and noradrenalin during pleasant and unpleasant emotional states. Psychosomatics and Medicine. 27: 1, 80–85.

Lefcourt, H., & Martin, R. (1986). Humor and Llfe stress. New York, NY: Springer–Verlag.

Lefcourt, H., Davidson–Katz K., & Kueneman, K. (1990). Humor and immune system functioning. international. Journal of Humor Research, 3(3), 305–321.

Lewis, M., Alessandrinai S. M., & Sullivan, M. W. (1990). Violation of expectancy, loss of control, and anger expressions in young children. Developmental Psychology, 26, 745–751.

Landenberger, N. A., & Lipsey, M. W. (2005). The positive effects of cognitive behavioral programs for offenders: A meta–analysis of factors associated with effective treatment. Journal of Experiment Criminology, 1, 451–476.

Linehan, M. M. (1993). Skills Training Manual for Treating Borderline Personality Disorder. The Guilford Press.

Lengacher, C. A., Bennett, M. P., Kip, K. E., Gonzalez, L., Jacobsen, P., & Cox, C. E. (2006) Relief of Symptoms, Side Effects, and Psychological Distress Through Use of Complementary and Alternative Medicine in Women With Breast Cancer. Oncology Nursing Forum, 33(1), 97–104.

Lloyd, E. L. (1938). The respiratory mechanism in laughter. Journal of General Psychology, 10, 179–189.

McEwen, B. (2000). The end of stress as we know it. Washington, D.C.: Joseph.

Martin, R., & Dobbin, J. (1988). Sense of humor, hassles, and immunoglobulin A: Evidence stress–moderating effect of humor. International Journal of Psychiatry in Medicine, 18, 93–105.

McCrae, R. R., & Costa, P. T., Jr. (1990). Personality in adulthood. New York: Guilford Press.

Mills, R. S., & Rubin, K. H. (1990). Parental beliefs about problematic social behaviors in early childhood. Child Development, 61, 138–151.

McGhee, P. (1983). The role of arousal and hemisphere lateralization in humor. In McGhee P. and Goldstein J. (Eds.), Handbook of Humor Research, Vol. I, 13–35.

McKay, M., Davis, M, & Fanning, P. (2008). 효과적인 의사소통을 위한 기술. (임철일, 최정임 공역). 서울: 커뮤니케이션북스. (원전은 1995년에 출판).

McGhee, P. (1996). Health, Healing and The Amuse System. Dubuque, IA: Kendall/Hunt.

Morreall, J. (1983). Taking Laughter Seriously. Albany, NY: State University of New York.

Nay, W. R. (2004). Taking Charge of Anger: How to resolve conflict, sustain relationship, and express yourself without losing control. New York: The Guilford Press.

Nakajima, A., Hirai, H., & Yoshino, S. (1990). Reassessment of mirthful laughter in rheumatoid arthritis. The Journal Rheumatology, 26(2), 512–513.

Neff, K. (2003a). Self–compassion: An alternative conceptualization of a healthy attitude toward oneself. Self and identify, 2 85–102.

Nelson, J. K. (2008). Laugh and the world laughs with you: An attachment perspective on the meaning of laughter in Psychotherapy. Clinical Social Work Journal, 36, 41–49.

Novaco, R, W. (1994). Anger as a risk factor for violence among the mentally disordered. In J. Monahan &

H. J. Steadman (Eds), Violence and mental disorder. Chicago: The University of Chicago Press.

Novaco, R. W. (1979). The cognitive regulation of anger and stress. In P. Kendall & S. Hillon (Eds), Cognitive-Behavioral Interventions: Theory, Research and Procedures, New York: Academic Press.

Osteen, J. (2004). Your Best Life Now: 7 steps to living at your full potential. New York, Time Warner Book Group Inc.

Pakaslahti, L. (2000). Children's and adolescents' aggressive behaviour in context: The development and application of aggressive problem-solving strategies. Aggression and Violent Behaviour, 5, 467-490.

Provine, R. R. (2000). Laughter. Penguin Putnam Inc.

Peterson, J. V., & Nisenholz, B. (1999). Orientation to counseling(4th ed.). Boston: Allyn & Bacon.

Peck, M. S. (2007). 신승철, 이종만 역. 아직도 가야 할 길[The Road Less Traveled]. 서울: 열음사(원전은 1991에 출판).

Potter-Efron, R., & Potter-Efron, P. (1995). Letting Go of Anger: The 10 most common anger styles and what to do about them. New Harbinger Publications, Inc.

Power, T. G., & Shanks, J. A. (1989). Parents as socializers: Maternal and paternal views. Journal of Youth and Adolescence, 18, 203-220.

Reber, A. S., & Reber E. (2001). The penguin dictionary of psychology (3rd). London: Penguin Books Ltd.

Roach, M. (1996). Can you laugh your stress away? Health, Sep., 1996.

Robert, W. (1988). Using reality therapy, New York : Harper Collins.

Robert, W. (1991). Understanding reality therapy, New York : Harper Collins.

Rogers, C. R. (1951). *Client-Centered Therapy*, MA: Houghton Mifflin.

Richman, J. (1996). Points of correspondence between humor and psychotherapy. Psychotherapy, 33(4), 560-566.

Richardson, A. (2007). Life in a hospice: Reflections on caring for the dying. Radcliffe Publishing, 22(10), 20-21.

Schiraldi, Glenn R., & Kerr, Melissa Hallmark (2002). The anger management source book. New York: McGraw-Hill, Inc.

Semmelroth, C., & Smith, D. E. P. (2000). The anger habit: Proven principles to calm the stormy mind. New York Lincoln Shanghai: Writer's Showcase, Inc.

Semmelroth, C., & Smith, D. E .P. (2002). The anger habit Workbook: Proven principles to calm the stormy mind. New York Lincoln Shanghai: Writer's Showcase, Inc.

Spielberger, C. D., Jacobs, G., Russell, S., & Crane, R. S. (1983). Assessment of Anger: The State-Trait Anger. In J.N. Butcher & C. D. Spielberger(Eds). Advances in Personality Assessment. Hillsdale, NJ: Erlbaum.

Stinnet, N, Stinnet, N., Beam, J, & Beam, A.(2007). 환상적인 가족 만들기. (제석봉 · 박경 공역). 서울: 학지사. (원전은 1999에 출판).

Selye, H. (1956). The stress of life. New York, NY: Mcgraw-Hill.

Sukhodolsky, D., & Ruchkin, V. V. (2004). Association of normative beliefs and anger with aggression and antisocial behavior in Russian male juvenile offenders and high school students. Journal of Abnormal Child Psychology, 32(2), 225-236.

Saigh, P., Yasik, A. E., Oberfield, R., & Halamandaris, P. V. (2007). Self-reported anger among traumatized children and adolescents. Journal Psychopathology Behavior Assessment, 29, 29-37.

Schlichter K. J., & Horan, J. J. (1981). Effect of stress inoculation on the anger and aggression management skills of institutionalized juvenile delinquents. Cognitive Therapy and Research, 5(4), 359-365.

Saper, B. (1988). Humor In psychiatric healing. psychiatric quarterly. Human Sciences Press, 59(4), 306-319.

Sobel, D. & Ornstein, R. (1997). Good humor, good health. Mind/Bodly Health Newsletter, 6(1), 3-6.

Segerstrom, S., & Miller, G. (2004). Psychological Stress and the Human Immune System: A Meta-Analytic Study of 30 Years of Inquiry. The American Psychological Association, 130(4), 601-630.

Schulz, J. E. (1991). 12 step programs in recovery from drag and alcohol addiction. In Norman S. Miller(Ed.), comprehensive handbook of drug and alcohol addiction. New York : Marcel Decker, Inc.

Slaby, R. G., & Guerra, N. G. (1988). Cognitive mediators of aggression in adolescent offenders: I. assessment. Developmental Psychology, 24, 580-588.

Ughes, R. L., Ginnet, R. C., & Curphy, G. J. (2013). 리더십. (정재삼, 두민명, 김은지, 이영민 공역). 파주: 교육과학사(원전은 2009년에 출판).

Vecchio, T. D., & O'Leary, K. D. (2004). Effectiveness of anger treatment for specific anger problems: A meta-analytic review. Clinical Psychology Review, 24, 15-34.

Walton, F. X. (1998). Use of the most memorable observation as a technique for understanding choice of parenting style. The Journal of Individual Psychology, 54(4), 487-494.

Wilson, S. (1992). Super humor power. DPJ Enterprise, Inc.

Wilson, S. (1992). The art of mixing work and play. Advocate Publishing Group.

Wilson, S. (1998). Chill: 271 tips, practice & secretes for staying healthy, happy & sane under pressure. Steve Wilson and Company.

Wilson, S. (2004). The world laughter tour(DVD): Makes good news!. Volume 1-2003 Contains 5 Videos!. The World Laughter Tour, Inc., Columbus, Ohio.

Wilson, S. D. (2001). Hurt people hurt people. Discovery House Publishers.

Westburg, N. G. (2003). Hope, laughter, and humor in residents and staff at an assisted living facility. Journal of Mental Health counseling, 25(1), 16-32.

Wooten, P. (2002). Compassionate laughter. Jest Press.

Williams, R., & Williams, V. (1998). Anger Kills: 17 strategies for controlling the hostility that can harm your health. New York: Harper Paperbacks.

Wubbolding, R. E. (1988). Using reality therapy. New York: Harper & Row. (김인자 역. 『현실요법의 적용』. 서울: 한국심리상담연구소, 2008).

Wubbolding, R. E. (1991). Understanding reality therapy. New York: Harper & Row.

Wubbolding, R. E. (1996). Reality therapy: Theoretical underpinnings and implementation in practice. Directions in Mental Health Counseling, 6(9), 4-16.

Wubbolding, R. E. (2000). Reality therapy for the 21 century. Philadelphia, PA: Brunner-Routledge.

Yerkes, R. M., & Dodson, J. D. (1980). The relation of strength of stimulus to rapidity of habit formation.

Journal of Comparative and Neurological Psychology, 18, 459–482.

Young, J. E. (1999). Cognitive Therapy for Personality Disorders: A Schema–Focused Approach(3rd Ed.). Professional Resource Press. Sarasota, Florida.

Zelazo, P. D., Carter, A., Reznick, J. S., & Frye, D. (1997). Early development of executive function: A problem–solving framework. Review of General Psychology, 1, 198–226.

찾아보기

ㄱ

ㅅ

ㅇ

ㅈ

저자소개

류 창 현

주요 학력

경기대학교 일반대학원 범죄심리학 심리학박사

충북대학교 일반대학원 임상심리학 문학석사

나사렛대학교 신학대학원 M.Div. 신학석사

미국 State University of New York (SUNY) 항공운항, B.S.

주요 경력

현) 경기대학교 교정상담교육대학원 교수

현) 한국분노조절협회장

전) 을지대중독재활복지학과 교수/중독재활심리치료센터 센터장

국제논문

Effects of an Anger Management Virtual Reality Cognitive Behavioral Therapy Program on EEG Patterns Among Destructive and Impulse-Control Disorder Patients

Effects of Virtual Reality Therapy on Neuro-Cognitive and Behavioral Skills in Alcohol-Dependent Patients: A Quantitative Electroencephalography Imaging Investigation

Using Anger Management Virtual Reality Cognitive Behavior Therapy to Treat Violent Offenders with Alcohol Dependence in South Korea: A Preliminary Investigation

방송출연 및 특강

KBS, MBC, MBN 등 방송 다수 출연, 교도소, 보호관찰소, 법무연수원, 경찰교육원, KT, 학교, 군, 교회 등 특강

분노치료 워크북

초판발행 2022년 12월 30일

지은이 류창현
펴낸이 안종만·안상준

편 집 양수정
기획/마케팅 정연환
표지디자인 이소연
제 작 고철민·조영환

펴낸곳 (주) 피와이메이트
서울특별시 금천구 가산디지털2로 53, 210호(가산동, 한라시그마밸리)
등록 2014. 2. 12. 제2018-000080호
전 화 02)733-6771
f a x 02)736-4818
e-mail pys@pybook.co.kr
homepage www.pybook.co.kr
ISBN 979-11-6519-333-1 93180

정 가 32,000원

박영스토리는 박영사와 함께하는 브랜드입니다.